KB253384

현대 자본주의의 유형

: 세계 경제의 성장과 정체

Models of Capitalism
by David Coates

Models of Capitalism: Growth and Stagnation in the Modern Era

현대 자본주의의 유형
：세계 경제의 성장과 정체

현대의 지성 116

데이빗 코웃츠 지음

이영철 옮김

문학과지성사
2003

데이빗 코우츠David Coates는 영국 옥스퍼드 대학에서 수학하였으며 요크 대학, 맨체스터 대학 등에서 강의하였다. 맨체스터 대학 국제노동연구소 소장을 역임한 뒤 1999년 이후 미국 노스캐롤라이나 소재 웨이크 포레스트 대학 정치학과에서 영미 연구 분야의 석좌 교수로 재직하고 있다. 그는 '제3의 길'의 정치학을 비판적으로 검토하고 있으며 세계화 및 이에 따른 노동조합, 노동 운동의 대응 방식에 많은 관심을 두고 있다. 이 책을 포함하여, 비교의 관점에서 전후 자본주의 발전을 연구한 많은 논문을 집필하였다.

옮긴이 **이영철**은 고려대학교 행정학과를 나온 뒤 같은 대학원에서 석사 학위를, 미국 노트르담 대학에서 정치학 박사 학위를 받았다. 현재 국립 여수대학교 행정학과 조교수로 재직하고 있다.

현대의 지성 116

현대 자본주의의 유형
— 세계 경제의 성장과 정체

제1판 제1쇄 __ 2003년 7월 28일

지은이 __ 데이빗 코우츠
옮긴이 __ 이영철
펴낸이 __ 채호기
펴낸곳 __ ㈜**문학과지성사**

등록 __ 1993년 12월 16일 등록 제10-918호
주소 __ 서울 마포구 서교동 363-12호 무원빌딩 4층(121-838)
전화 __ 편집부 338-7224~5 영업부 338-7222~3
팩스 __ 편집부 323-4180   영업부 338-7221
홈페이지 __ www.moonji.com

ⓒ 이영철, 2003. Printed in Seoul, Korea

ISBN 89-320-1430-2

감사의 말

사회시장연구재단Social Market Foundation이 허락해주어 표 1-1을 게재할 수 있었다. 감사드린다. 표와 그림의 게재를 허락해주신 분들께 감사드린다. 표 1-2, 1-3, 1-6, 1-8은 경제사회연구소National Institute of Economic and Social Research; 표 8-2는 『경쟁과 변화 *Competition and Change*』 편집자; 그림 1-1은 영국 정부인쇄국 감사관; 그림 5-1은 니콜라스 브릴리 출판사; 그림 7-1은 스탠포드 대학 출판사——저작권은 릴랜드 스탠포드 주니어 대학 이사회가 보유; 스트릭의 저서 『사회 제도와 경제 성과 *Social Institutions and Economic Performance*』에서 발췌한 부분은 세이지 출판사에 감사드린다. 제2부 제1장의 내용은 파니치와 레이스가 편집한, 『사회주의자 레지스터 1999 *The Socialist Register 1999*』(멀린 출판사)에 수록되었었고, 부록의 확대된 내용은 『뉴 폴리티컬 이코노미 *New Political Economy*』 제4권 제1호에 실려 있다.

로버트 코우츠Robert Coates와
잭 매케너Jack McKenna를 진심으로 기리며

서문

본서와 같은 종류의 폭넓은 비교 연구를 완결지을 때까지, 필자는 많은 지적인 빚을 질 수밖에 없었다: 일반적인 분석을 하는 데에는 힘겹게 연구를 해온 학자들에게 빚졌고, 그런 학문적 연구 결과를 읽고, 숙고할 수 있도록 분위기와 공간을 마련해준 동료들에게 빚졌고, 그런 글과 숙고한 결과의 일부 또는 전체를 읽어주었거나 토론해준 친구들에게 빚을 졌다. 이 책의 뒤에 인용된 문헌은 이런 빚이 얼마나 컸던가를 증언해준다. 이제는 보다 친한 동료들과 친구들에 대한 감사의 마음을 기록해두고 싶다.

이 책에서 토론된 쟁점을 이해하는 데에는 레오 파니치, 그레그 앨보, 피터 놀런, 제프 헨더슨과의 몇 해를 거듭한 대화로부터 대단히 큰 도움을 받았다. 여기서 전개한 주장의 각 부분은 많은 동료들, 특히 안드레아스 빌러, 필 서니, 토니 엘저, 다이앤 엘슨, 리처드 히고트, 콜린 레이스, 스티브 러들램, 데이빗 마시, 스탠 메트칼프, 제이미 펙, 휴고 래디스, 가레스 아피 리처즈, 엔가이 링 섬, 매슈 윗슨, 로든 윌킨슨, 카렐 윌리엄스 등의 논의를 듣고, 이들로부터 충고를 받음으로써 더욱 견실해졌다. 콜린 헤이는 그의 성격답게 직무상의 필요를 훨씬 넘어서서 관대하게 시간을 내어주고, 엄격하게 초고 전체를 읽어주었다(초고의 내용이 크게 개선되었다). 물론 이들 중 어느 누구도 남아 있는 결함에 대한 책임은 없는데, 이들 각자는 서로 다른 방식이지만 이 결함이 손볼 수 있는 정도가 되도록 도와주었고, 이 점에 대해 필자는 깊은 감사를 전한다.

세 가지 다른 경우에 대해서도 꼭 감사의 말을 전하고자 하며, 그렇게 하는 것이 도리이다. 첫째는 현재 많은 사람이 의존하게 된 고급 정보를 보도하고 있는 『파이낸셜 타임스 *Financial Times*』의 경제 문제 기자들에게 감사드리며, 특히 로버트 테일러에게 감사한다. 둘째, 전에 몸담았던 맨체스터 대학 정부학과의 동료들에게 감사한다. 이들의 지원과 동료애가 없었다면 이 전체 프로젝트는 결코 완결되지 못했을 것이다. 셋째, 가장 심심한 감사는 나의 식구들과 가까운 친지에게 표하고자 한다. 이 책을 집필하는 일은 즐거운 일이었다. 왜냐하면 나의 가족들이 즐거움을 주었기 때문이다. 영국에서는 누구보다도 에일린과 조너선이, 또 에드워드와 토머스, 안나, 벤, 엠마 그리고 미건이 즐거움을 주었고, 미국에서는 메리 제인, 피트와 로런, 마이크와 돈나, 크리스와 캐럴, 스티브와 조가 즐거움을 주었다. 지금 현재 에일린, 조너선과 나는 대서양을 가운데 두고, 다른 편에 와 있으므로, 내가 이들에게 진 빚을 여기서 공개적으로 밝혀둠이 마땅하다고 생각한다. 이같이 좋은 품성과 사랑이 넘치는 가족과 같이 있다 보면, 인간 정신의 가능성에 대한 믿음을 갖지 않을 수 없을 것이다.

차 례

제3부 결론

다양한 자본주의의 모델과 좌파 정치 · 393

[부록] 경제 성장론 · 446

서론 자본주의 유형과 경제 성장

새로운 세기를 둘러싼 낙관론 속에서도 과거의 유산은 살아 있는 자의 뇌리에 악몽처럼 남아 있다. 공산주의가(적어도 유럽에서는) 붕괴되었다지만 선진 자본주의 세계의 정책 결정 집단은 풀어야 할 세 가지 막중한 경제 정책의 과제를 안고 있다. 첫째, 자본주의 경제의 성장 과업을 시장에 맡겨두는 것이 최선인가, 아니면 성장의 조율을 정부의 핵심 과제로 삼아야 하는가? 둘째, 자본주의 경제를 관리해온 옛 방식은 이제 새로운 방식으로 대체되어야 하는가? 셋째, 경제 성장을 추구할 때, 우리는 우리의 경제적·사회적인 삶을 이끄는 단 하나의 '올바른 방식'을 추구해야만 하는가, 아니면 아직도 일정한 범위의 실행 가능한 자본주의 유형 가운데 어떤 것을 선택할 수 있는가?

이런 질문들은 오랫동안 제기되어왔다. 하지만 선진 자본주의 경제 내에서도 경제적 성과의 양상이 급격히 달라짐에 따라, 이 질문들은 새로운 긴급한 문제로 부각되고, 힘을 얻게 되었다. 1980년대에 영국과 미국 두 나라의 정책 토론은 경제 쇠퇴라는 문제에 의해 압도되었고, 시장에 바탕을 둔 자본주의의 주창자들이 행세를 하였으며, 대다수의 비판자들은 보다 성공적으로 보이는 독일형, 혹은 일본형의 관리 경제를 강력히 주창하였다. 이와는 대조적으로 1990년대 후반이 되자, 독일과 일본 경제야말로 곤경에 처해 있다는 인식이 널리 퍼졌고, 워싱턴과 런던의 정권은 중도좌파가 쥐게 되었으며, 이제 정치에 있어서의 새로운

'제3의 길'에 대해 회의적인 반론을 제시한 것은 다름 아닌 규제 받지 않는 자본주의를 주창하는 이들이었다. 세계화가 점차적으로 진행되는 가운데, 오래된 확실성이 갑자기 새로운 의구심에 의해 대체되어버렸다. 이로써 불과 10년 전만 해도 뚜렷하고, 분명하며, 다양한 해답이 가능하다고 보였던 경제 성장의 문제에 대한 해결안을 다시 탐색하게 되었다. 이 같은 불확실성에 직면하게 되자, 현대 정치의 연구가들은 이제까지는 전문 연구가들만 관심을 가졌던 일을 재빨리 숙지해야 할 필요가 생겼다. 즉 다양한 전후 경제 '기적'의 원인, 세계화의 의미와 의의, 유연한 노동 시장의 이점과 해악, 경제 체제 운영에 있어서의 제1, 제2, 제3의 '길'의 차이점, 상이한 자본주의 모델의 특성 등등이 바로 그것이다. 이 책의 목적은 그 같은 학습의 과정을 신속히 촉진하는 데 있다.

전후 경제 성장의 유형

경제 성장을 측정하기란 쉽지 않다. 오히려 경제 문제의 측정에 따르는 경험적인, 개념적인 복잡성은 너무나 많은 이견을 낳기 때문에(그리고 상이한 측정 방식이 그 연구 결과에 지니는 함축은 엄청난 것이어서) '국부의 측정'은 이제 숱한 전문 서적의 주제가 되어버렸다(이에 관해서는 Maddison, 1995a; Shaikh and Tonak, 1994; Coates, 1995a를 보라). 그러나 이런 광범한 문헌의 결론이 무엇이든, 선진 자본주의 경제 내에서조차 경제적 성과의 유형은 전후의 전기간에 걸쳐 의미 있게 변화를 하였고, 또 어떻게 측정 했던 간에 성과가 다양했다는 점도 분명하다. 우리가 명확한 척도(산출의 증가, 자본 또는 노동의 생산성, 무역의 점유율, 투자, 혹은 생활 수준 등)를 사용하든, 아니면 단순히 비교적인 순위표를 사용하든, 전체의 모습은 대체로 같다. 전후의 초기에 미국은 경제적인 주도권을 장악했다(1940년대 후반에는 이 주도권을 제2의 경제력을 가진 영국과 공유하였다); 이후에는 점차적으로 북유럽과 아시아의 몇몇 국가에 의한 수렴 현상이 나타나고, 격차를 따라잡는 모습이 나타났다; 최근에는 예기치 않은 경제적인 격변의 모습이 나타난다.

우리가 표 1-1의 수치를 논의의 출발점으로 삼는다면, 우리는 1950년 미국의 1인당 소득이 세계 어느 곳의 그것보다 상당한 정도로 높았음을 확인할 수 있고, 영국의 생활 수준은 적어도 1950년에는 서유럽에서는 예외적으로만 추월당하였는데, 그 이후로는 달랐음을 확인할 수 있다. 또한 40년 후에는 미국의 1인당 평균 소득이 여전히 세계의 어느 지역보다 높고(물론 격차는 훨씬 줄었다), 일본의 생활 수준은 미국의 수준에 근접했고, 영국의 생활 수준은 대다수 북유럽 국가의 평균치 훨씬 아래로 떨어졌음을 표의 수치는 보여주고 있다. 또 이 수치는 두 시기가 굉장히 다른 성장 활동에 의해 연결되고 있음을 보여준다. 즉 미국과 영국이 230퍼센트의 1인당 소득 증가를 보인 반면, 대조적으로 일본과 대만의 경우엔 1인당 국내 총소득이 9백 퍼센트 이상 증가했고, 서독과 이탈리아에서도 약 5백 퍼센트의 변화가 있었다.

물론 통계 수치란 대단히 가변적이며, 따라서 자료의 구성 방식에 대해, 밑바닥에 깔린 가정의 틀에 관해, 고도로 예민한 주의력을 갖고 접근할 것이 요구된다. 표 1-1의 경우, 1950년을 기준연도로 삼았다는 사실이 결정적으로 중요하다. 1950년은 제2차대전의 주축국들이 전후의 극심한 파탄을 겪고 있을 시기이며, 연합국들은 짧은 기간 동안 누구의 도전도 없이 세계의 주도권을 만끽하고 있을 때이다. 최종 연도로 선택한 1994년도 역시 의미

표 1-1 1인당 실질 GDP, 1950~94(1990년 기준, 달러)

	1950		1973		1994*	
1	미국	9,573	스위스	17,903	미국	22,569
2	스위스	8,939	미국	16,607	스위스	20,830
3	뉴질랜드	8,495	캐나다	13,644	홍콩	19,592
4	오스트레일리아	7,218	스웨덴	13,494	일본	19,505
5	캐나다	7,047	덴마크	13,416	덴마크	19,305
6	영국	6,847	독일	13,152	독일	19,097
7	스웨덴	6,738	프랑스	12,940	싱가포르	18,797
8	덴마크	6,683	네덜란드	12,763	노르웨이	18,372
9	네덜란드	5,850	뉴질랜드	12,575	캐나다	18,350
10	벨기에	5,346	오스트레일리아	12,485	프랑스	17,968
11	프랑스	5,221	영국	11,992	오스트리아	17,285
12	노르웨이	4,969	벨기에	11,905	벨기에	17,225
13	독일	4,281	오스트리아	11,308	네덜란드	17,152
14	핀란드	4,131	일본	11,017	오스트레일리아	17,107
15	오스트리아	3,731	핀란드	10,768	스웨덴	16,710
16	아일랜드	3,518	이탈리아	10,409	이탈리아	16,404
17	이탈리아	3,425	노르웨이	10,229	영국	16,371
18	스페인	2,397	스페인	8,739	뉴질랜드	15,085
19	포르투갈	2,132	그리스	7,779	핀란드	14,779
20	싱가포르	2,038	포르투갈	7,568	대만	12,985
21	홍콩	1,962	아일랜드	7,023	아일랜드	12,624
22	그리스	1,951	홍콩	6,768	스페인	12,544
23	일본	1,873	싱가포르	5,412	한국	11,235
24	대만	922	대만	3,669	포르투갈	11,083
25	한국	876	한국	2,840	그리스	10,165

출처: Crafts, 1997a : 15.

* 1997년의 자료에 의한 잠정적인 계산에 따르면 표에 나타난 움직임이 그대로 이어지고 있다. 일본은 6위로, 독일은 13위로, 스웨덴은 17위로 밀려났다. 미국마저도 2위가 되었다(싱가포르 다음). 관심거리인 주요한 다섯 나라 중, 영국만이 1994년과 1997년 사이에 상향 이동하여 14위가 되었다. 이 정보를 알려준 리처즈에게 감사드린다.

있는 해이다. 왜냐하면 이때는 일본 경제가 전후 최초로 중대한 불황에 완전히 빠져든 시기이며, 미국과 영국 경제는 성장과 일자리 창출이 장기간 지속된 1990년대를 맞이했었기 때문이다.

기준 연도의 선택도 똑같이 중요하다. 출발점이 낮은 경우라면
(1950년 일본의 경우처럼), 경제가 성장의 단계상 상이한 시점에
처해 있다면(한국의 경우에 잘 나타나듯), 그리고 쉽게 모방이 가
능한 우수한 기술을 가지고 있으며, 침투받을 수 있는 시장을 가
지고 있는 경제가(미국과 영국처럼) 앞에 있다면, 놀랄 만한 성장
률을 기록하기란 훨씬 쉬워진다. 표 1-1의 수치에는 단순한 '격
차 따라잡기와 수렴'의 차원——실제로는 아주 큰 차원——이 감
추어져 있다(이것의 중요성과 의의는 제2부 제3장에서 충분히 다루
어진다); 그러나 이런 식으로 간단히 설명할 수 없는——설명해버
릴 수 없는——실질적인 변화도 감추어져 있다. 이런 변화 중 세
가지는 특별한 주의를 요한다.

1. 첫째, 미국과 영국 두 나라의 상대적인 지위가 전기간을 통
하여 상당한 정도로 약화되었고, 미국 경제의 성취 수준과 다른
주요 자본주의 국가의 성취 수준 사이의 격차는 시간이 지나면서
줄어들었으며, 영국의 경제는, 특히 1979년 이전에는, 산출량·
생산성·투자와 생활 수준 등에 관한 여러 가지 비교 도표에서,
내리막을 걷고 있었다.

2. 둘째, 1950~60년대에 많은 북유럽 국가(독일, 베넬룩스 3국,
스칸디나비아 경제가 포함된다)는 괄목할 만한 성장세를 보여주었
고, 일본은 보다 더 오랜 기간 성장하였으며, 최근에는 아시아의
호랑이들이 성장세를 보여주었다. 아시아 호랑이들의 성장세로
인하여 북미와 북유럽을 중심으로 한 지역 구분에 덧붙여 새로운
주요한 자본주의적 산업 경제국이라는 지역 구분이 실질적으로
첨가되었다.

3. 셋째(표 1-1에 시사되고 있고, 표 1-2에 명백히 드러나고 있는
데), 1979년 이후 영국의 경제는 먼저 독일의 경제에 비해 상대
적인 회복세를 보였고, 최근에는 일본의 경제에 비해서조차 회복
세를 보이고 있으며, 성장과 고용을 창출하는 미국 경제의 역량
도 회복되고 있다. 사실상, 제네바에 소재한 세계경제포럼이 제
공하는 경쟁국 비교표에 따를 때, 미국은 이미 1994년에 일본이
7년 동안 차지했었던 '가장 경쟁력 있는 국가'의 자리를 차지했
다(『파이낸셜 타임스』, 1995년 9월 6일). 이런 상황이 벌어진 것은
1990년대 후반을 다룬 보다 잠정적인 통계 자료가 1992년 이후
에 시작된 일본의 불황의 규모를 기록하기 이전이었으며, 또
1997년 이후의 동아시아 경제 '위기'와 대다수(결코 모두는 아니
지만) 북유럽 경제가 생산성, 성장률, 취업률의 저하를 기록하기
이전이었다. 이런 사태의 전개가 1980년 이전에는 약화되고 있
다고(치명적으로 결함이 있다고조차) 널리 받아들여졌던 몇몇 국
가에게 일정한 정도의 국제적 경쟁력을 회복시켜주었다(영국의
경우엔 미지수이나, 미국의 경우엔 확실하다).

표 1-2 국내총생산의 연간 변화, 1992~97(%)

국가	1992	1993	1994	1995	1996	1997
미국	2.7	2.3	3.5	2.0	2.8	3.8
영국	-0.5	2.1	4.3	2.7	2.2	3.3
독일	1.9	-1.2	2.8	1.9	1.4	2.3
일본	1.0	0.3	0.7	1.4	4.1	0.8
한국	6.2	4.8	6.3	4.5	4.9	4.4

출처: 『*National Institute Economic Review*』, 1998년 3월호, p. 121.

표 1-3 전체 노동력 중의 실업률, 1992~97
(국가별 계절적인 조정치)

국가	1992	1993	1994	1995	1996	1997
미국	7.5	6.9	6.1	5.6	5.4	4.9
영국	9.9	10.5	9.5	8.3	7.6	5.7
독일	7.8	9.1	9.6	9.5	10.5	11.5
일본	2.2	2.5	2.9	3.2	3.3	3.4

출처:『*National Institute Economic Review*』, 1998년 3월호, p. 121.

표 1-4 실질 국내총생산 성장률, 1950~90(연평균 변화)*

국가	1950~1960	1960~1973	1973~1980	1980~1990
미국	3.3	4.0	2.1	3.0
영국	2.8	3.1	0.9	2.7
독일	8.2	4.4	2.2	1.9
스웨덴	3.4	4.6	1.7**	1.7
일본	8.8	9.6	3.7	4.2
한국***	1.3	6.5	7.4	6.8

  * OECD 성장률: 1950~73, 4.7%; 1973~87, 2.4%
 ** 스웨덴 수치는 1970~92년 기간의 평균이다.
*** 한국의 수치는 일인당 GDP 성장률이다.
출처: Giersch et al., 1992: 4; Pilat, 1994: 8; Henrekrson et al., 1996: 243~4;
Henderson, 1990: 276, 279.

표 1-4가 나타내주고 있는 바와 같이, 주요 국가의 전후 성장은 약간씩은 다른 양상을 보여준다. 경제 성장의 측면에서 보면, 서독 경제에 가장 좋았던 시기는 1973년 이전이었음이 확실하다. 첫번째 석유 파동 이후 서독의 성장률은 OECD 전체 평균점 가까이로 내려앉았다. 스웨덴 경제도 1973년 이전에 가장 좋았다; 그러나 그 이후엔 OECD 평균에 밑도는 성장률을 기록하고 있다. 이에 비해서, 정말 놀라운 성장률의 기록이 1973년 이후 누그러들기는 했어도, 일본 경제는 평균치에 비한다면 1992년까

지도 고속 성장을 지속했다. 1973년 이후에 '아시아 성장의 기적'은 한국과 같은 다른 곳에서 일어났다. 이에 반해서, 미국과 영국의 경제 성장의 성과는 전시기를 통하여 완만하였고, 제1, 2차 석유 파동 사이의 기간에는(1973~79년) 특히 보잘것없었다. 상대적으로 말하자면, 이 국가에겐 가장 좋은 성장의 시기가 1990년대였다. 이때 확실히 영국 경제는 1989년부터 1992년 사이에 겪었던 장기간의 불황에서 벗어나서 유럽의 경쟁자들에 대해 영국식 소규모 '따라잡기' 작전을 벌일 수 있었다. 갓 통일된 독일과 일본의 실업률은 **상승했지만**, 1990년대의 대부분의 기간 동안, 영국과 미국은 모두 공식적인 실업률을 낮추고 있었다.

다양한 자본주의 모델: 문제 설정

위에서 이야기한 전후 경제 성장의 주요한 특성이 어디서 기원하는가, 결정 요인은 무엇인가가 바로 이 책의 주요한 관심사이다. 이렇게 관심을 보이는 데에는 적어도 세 가지 종류의 서로 다른 이유가 있다. 첫째로, 이런 성장 유형의 원인은 학술적으로 논란의 여지가 크고, 학술적인 논쟁은 성장을 추구하는 정치인과 관료들에게 대단히 다른 형태의 조언을 하도록 만든다. 따라서 어떤 설명이 맞는가 하는 문제는 엄청난 정치적(단순히 학술적이 아닌) 중요성을 지닌다. 두번째로, 이 학술적인 논쟁과 정책 제안의 바탕에는 특정한 자본주의 조직화 모델의 생존 가능성과 이 조직화와 관련된 정치적 계획에 관한 실질적인 의견의 불일치가 깔려 있고, 따라서 이는 바람직한 미래와 성취 가능한 미래에 관한 실질적인 쟁점이다. 특히 노동자의 권리는 전제된 모델의 생존 가능성에 따라 향상되고 축소된다. 세번째로, 경제 성장은 사회 생활의 상당히 많은 측면에 영향을 주고, 또 그 성장을 일으키는 정치적 기획과는 무관하게 영향을 주기 때문에, 성장을 이룩하는 일은 노동자이든 아니든 우리 모두에게 중요한 많은 것들을 보장해주는 전제 조건이 된다.

왜 성장률이 다른가 하는 현재의 논쟁의 핵심엔 **신자유주의** 정통 경제 이론이 자리 잡고 있다. 이 주도적인 패러다임에 의하면, 경제 성장은 시장의 힘을 자유화하고, 이와 더불어 적절한 생산 요소를 발전시킨 결과이다. 그리고 성장의 성과상의 차이는 성취된 시장의 자유도와 그에 따른 생산요소의 양적, 질적 차이의 부산물로 설명된다. 부록에 보다 자세히 설명되고 있는 바와 같이, 신자유주의는 '낡은' 얼굴과 '새로운' 얼굴을 갖고 있는데, 경제 성과에 관한 신자유주의의 두 가지 설명이 전혀 도전을 받지 않은 것은 아니다. 오래전부터 그 우측에 있던 **보수적인** 주장의 흐름은 족쇄 풀린 시장의 사회적 결과를 불안하게 생각한다. 이 불안감은 통상적으로 어떻게 자본주의 경제가 성장하는가에 관한 완성된, 독자적인 이론의 지지를 받고 있지는 못하며, 경제 성장의 상이한 유형을 설명함에 있어서 비시장 요인(신뢰와 문화)의 중추적인 역할을 강조하는 경향이 있다. 그 좌측에는 오래전부터 자본주의 경제가 어떻게 작동하는가에 관한 **중도좌파와 마르크스주의적** 설명이 있었다. 상이한 성장률을 설명하는 데 있어, 이런 설명은 시장 외적인 개별적인 요인이 시장의 작동 방식을 형성하는 핵심 인자임을 강조하거나, 혹은 시장에 기반을 둔 상호 작용이 상이한 자본주의적 계급 체제와 그에 따르는 축적의 사회 구조에 삽입됨으로써 질적으로 전환되는 방식에 주목한다. 한때 (1960년대에, 그리고 일부 그룹에선 1970년대까지도) 중도좌파의 주장이 주도적인 위치를 차지하고, 자유주의적인 시장관을 논의의 중심에서 밀어낸 적이 있다. 그렇지만 1970년대의 '케인스주의의 위기' 이후 자유주의가 재빨리 돌아왔다——그리고 현재의 경제 정책은 20년 전에 받아들여지던 견해에 비해서 훨씬 폭이 좁은, 보다 우파적인 견해에 의하여 형성되고 있다.

우리의 주장을 펼치면서 보다 자세히 알아보겠지만, 경제 성장을 추구하며 채택하는 일련의 정책과 보다 폭넓은 경제 이론 사이엔 밀접한 친화성이 있다. 시장에 기반을 둔 자본주의의 옹호자들은 자신들의 입장을 옹호하기 위해 신고전파 경제학의 주장에 의존하는 경향이 있다. '제3의 길'의 정책 옹호자들은(1997년 영국 신노동당의 재무부 장관이던 고든 브라운이 인정하여 유명해졌듯이) '신성장 이론'을 강조하는 경향이 있다. 이들보다는 신뢰에 기반을 둔 자본주의 형식을 대중화하려는 일군의 보수 성향의 논객들은(특히 후쿠야마) 신고전파 경제학이 근본적으로는 옳지만 제한적이라고 보며, "신고전파 경제학이 제대로 설명하지 못하는 유실된 인간 행동의 20퍼센트"에 관해 논의하는 경향이 있다 (Fukuyama, 1995: 13). 그리고 우리가 앞으로 보겠지만, 중도좌파적인 독일식, 일본식 자본주의의 조직화 양식을 옹호하는 사람들은 카르텔화한 기업 조직의 형식과 적극적인 정부의 지출을 선호하기 때문에 슘페터적인 혹은 포스트케인스적인 성장 과정론을 동원하는 경향이 있다. 따라서 이 특정한 경제 이론들은 일반적인 정치학 연구자들이 익숙해질 필요가 있는 또 하나의 '학술적인 전문 분야'이다(경제 이론 지식이 부족한 독자들을 돕기 위해, 이 이론들을 부록에 간략히 소개해두었다).

왜 성장률이 다른가에 관해 진행 중인 학술적 논쟁이 지니는 현실적인 정치적 중요성은 아무리 강조해도 지나치지 않으며, 이 논쟁에 있어서 '노동 문제'의 중심성은 아무리 강조해도 지나치지 않다. 뒤에 살펴보겠지만, 신자유주의 성장 이론은 '고전판'이든 '현대판'이든 궁극적으로는 성장이 경쟁력에 의존하며 경쟁력은 대개 노동 비용의 통제에 의존한다는 견해를 따르고 있다. '고전판 성장 이론'은 노동 비용에 대한 책임의 화살을 노동조합과 노동의 힘에 의해 형성된 '비유연성'에 돌리고 있다. '현대판 성장 이론'은 책임의 소재를 노동조합주의로부터 노동의 숙련도와 훈련이라는 논점으로 바꾸는 경향을 보이며, 때로는 보다 전통적인 중도좌파의 주장, 즉 노동 시장의 유연성을 확보하는 열쇠는 폭넓은 노동자의 권리와 노동조합의 힘에 의해 보장된, 신뢰에 기초한 일련의 산업 관계라는 주장에 심정적인 동조를 하기조차 한다. 그렇지만 위에서 본 전반적인 정책 스펙트럼 안에서——노동조합의 힘을 약화시켜 경제 성장을 이루려는 사람으로부터 노동조합의 힘을 증대시켜 경제 성장을 이루려는 사람까지——노동의 힘과 국제 경쟁력의 관계란 아직도 핵심 사항으로 간주되고 있다. 우리가 앞으로 보겠지만, 보다 급진적인 목소리들은 그 밖의 다른 행위자와 과정을 문제시한다. **자본**의 본성, **문화**의 힘, **국가**의 능력——이런 요소들도 왜 성장률이 다른가에 관한 현재의 논쟁 속에서 거론되고 있다. 오늘날 대개의 정책 결정 집단에 있어서는 노동의 힘과 국제 경쟁력은 항상 양립할 수 없는 것으로 간주되며, 정책은 어쩔 수 없이 후자를 향상시키기 위해 전자를 약화시키는 방향을 취한다.

바로 이런 이유 때문에 이 연구의 바탕을 이루는 주요한 질문 가운데 하나는 '유연한' 노동 시장이 성공적인 자본 축적을 위한 필요조건인가이다: 바로 얼마 전에 그러했었는가? 그리고 심화된 세계적 경쟁이라는 새 조건 때문에 국제 경쟁력의 성취와 보존을 위해 노동조합의 권리와 노동의 보수 수준의 잠식이 훨씬 더 긴요하게 되었는가? 외국에 기반을 둔 회사와의 경쟁에 직면하여, 특정 경제의 성장이 유지될 수 있으려면 임금을 삭감하고, 작업 과정을 강화하며, 노동자와 노동조합의 권리를 줄이는 것이 과거에 항상 필요했었는지, 그리고 현재에도 항상 필요한 것인지를 알 필요가 있다. 우리가 제2부 제1장에서 상세히 알아보겠지만, 바로 이것이 1980년대 영국에서 마가렛 대처에 의해 개발된 자유시장적 계획의 추진력이었던 것은 확실하다. 그리고 영국의 정치가 신노동당의 '제3의 길'에 의해 주도되고 있는 현재에도, 경쟁력을 유지하려면 영국의 노동 시장은 **유연성을 지녀야** 하며, 실업률을 낮추려면 유럽의 노동 시장은 **보다 더 유연해져야** 한다고 주장하는 것이 관례가 되어버렸다. 유럽의 복지 자본주의의 경쟁력 감소에 대한 대처식 처방은 복지권을 철회하는 것이었다. 블레어 지지파는 이런 권리의 개혁을 이야기할 뿐이며, 실제로 정책의 방향은 유사하다. 바로 이런 이유로 해서, 새 천년에 어떻게 경제 성장을 진작할 것인가에 관한 논쟁, 특히 유럽에서 벌어지는 논쟁은 본질적으로 특정한 자본주의 모델의 생존 가능성에 관한 논쟁이다. 이미 1945년 이후 북유럽의 노동운동이 파악했고, 겪었던 것처럼, 그것은 복지 자본주의의 미래에 관한 논쟁이다.

　그렇다고 우리가 이런 사태에 놀라서는 안 된다. 왜냐하면, 선진 자본주의의 경제 간의 성장률이 왜 다른가에 관한 현재의 논쟁에 대해 취하는 각각의 주요한 입장은 사실상 자본주의의 생존 가능성, 달리 표현해서 별개의 자본주의 **모델**의 생존 가능성에 대한 독특한 태도와 역사적으로 연계되어왔기 때문이다. 실제로 이 모델의 예시라고 여겨지는 국민경제의 성쇠는 현재의 성장 전략에 관한 대중의 토론의 양상을(어느 정도는 학술적인 토론마저) 형성해왔으며(현재도 형성하고 있다), 각 모델 옹호자들의 자신감은 그들의 사례가 성공하느냐 쇠퇴하느냐에 따라 기세를 타기도 하고, 하강하기도 하였다. 이런 연유로, 시장-주도 자본주의의 열성파 지지자들은 1970년대, 1980년대 미국의 경쟁력 우위가 잠식되자——처음엔 유럽에 기반을 둔 기업에게, 그후에는 일본에 기반을 둔 기업에게——논쟁에서 반대자들에게 밀려났다. 이와 마찬가지로 1990년대에 서유럽 국가가 점차적인 동맥경화 현상을 보이고, 1997년에 '아시아 모델의 위기'가 터지자 시장-주도 모델의 비판자들의 자신감은 흔들렸다. 왜냐하면 상이한 경제 성장 이론과 상이한 자본주의 모델에 특징적인 제도적 틀 사이에 존재하는 긴밀한 정합성을 의심할 수는 없기 때문이다. 일반적으로 말한다면, 신자유주의 학자들은 국가도 노동조합도 의미있는 경제적인 역할이나 목소리를 내지 못하는 영미 모델을 선호하는 경향이 있다. 보수적인 학자들은 성장을 추구하는 데 있어서 정치 제도가 사적 자본과 긴밀하게 작동하는 동아시아형, 때로는 프랑스형의 발전 지향 모델을 선호한다(Barnett, 1986; Albert, 1993; Fukuyama, 1995). 중도좌파적인 학자들은 노동조합이 하위의 정책 파트너로 자리 잡고, 광범위한 복지권이 사적인 경제 관계를 뒷받침하는 스칸디나비아 또는 독일형 색조를 띤 합의 모형에 대해 항상 열의를 보여왔다. 한편 우리가 예견할 수 있듯이, 소련에서 파생된 중앙 계획 경제 모델을 오래전부터 회피해왔던 마르크스주의 연구가들은 어떻게 조직화되었건 자본주의 안에서 심층적인, 해결될 수 없는 모순을 보려고 하는 경향이 있고, 따라서 기존의 모든 이론에 재앙이 내릴 것이라고 본다.

아주 넓은 의미에서 말한다면, 이렇게 정치적 기획이 충돌할 때의 모델의 선택은 셋 중의 하나로 압축될 수 있다(그리고 압축되어야 한다): 즉 한편으로는 시장-주도형 자본주의와 다른 한편으로는 시장-주도이기보다 신뢰에 기반을 둔 것으로 종종 제시되고 있는 다른 두 가지 자본주의 조직화 형식 사이의 선택이다——여기서 다른 두 가지란 국가 권력이 국내 자본 축적에 중심적이라고 보는 자본주의의 조직화 형식과 자본, 노동, 국가 간의 명백한 협약을 중심으로 형성된 자본주의의 조직화 형식을 의미한다.

지나가는 말이지만 덧붙인다면 관련된 학술 문헌은 이보다 훨씬 방만하다(문헌의 철저한 조사를 보려면 Coates, 1999b). 이런 문헌에 따르면 지역에 따라서 구분되거나('스칸디나비아 모델' '아시아 모델' 등), 제도적인 차이에 의해 구분되는 많은 모델(은행 대 신용에 기초한 체제; '개인주의적' 대 '공동체적' 가치 체제; 노동 시장 규제의 '조정' 대 '조정되지 않은' 모형 등등)이 있다. 또한 자본주의를 여러 가지 대극적인 유형으로 구분 짓는 도식도 많이 있다. 때로는 자본주의에 두 가지 유형이 있고(Albert, 1993), 때로는 네 가지(Scott, 1997: 16~18), 혹은 종종 이 책에서처럼 세 가지(Thurow, 1992; Hart, 1992a; 1992b; Marquand, 1988) 유형이 있다. 요즘 정치학의 전문 문헌에 종종 '신제도주의자'라고 언급되는 학자들의 저작 속에는 다음과 같은 광범위한 인식이 공유되고 있다. 즉 전후 시기를 전체로 보았을 때, 선진 자본주의 국가의 성장의 기록에 관한 논쟁에는 자본주의의 조직화에 관한 여러 가지의 이념형이 존재하며 적어도 다음과 같은 이념형을 가려내는 것이 가능하다.

* 시장-주도 자본주의: 여기서는 자본 축적의 결정이 압도적으로 사기업에 달려 있는데, 이 기업들은 자신들의 단기 이윤 동기를 마음대로 추구할 수 있으며, 공개된 금융 시장에서 자신들의 자본을 모을 수 있다. 이런 자본주의하에서는 노동자는 제한된 법적인 산업적, 사회적 권리만을 향유할 수 있고, 대체로 규제되지 않은 노동 시장에서 그들의 고용주로부터 뽑아낼 수 있는 만큼만 소득을 올릴 수 있다. 경제 운영상의 국가의 개입은 대개 시장의 형성과 보호에 국한되고, 정치와 사회 전체의 윤리에 관한 주도적인 관점은 그 형식에 있어서 개인주의적이며 자유주의적이다. 관례적으로 미국이 시장-주도 자본주의의 정수라고 간주

되었는데, 1979~97년 사이의 대처형의 영국도 종종 이 유형에 포함되고 있다. 그래서 '신미국적' 또는 '앵글로색슨' 자본주의라는 일반적 명칭이 이 기본 모델에 덧붙여지곤 한다(Albert, 1993). 이들 국가는 이 책에서 '자유주의적 자본주의'라고 언급될 것이다.

*국가-주도 자본주의: 여기서는 위와는 대조적으로 자본 축적의 결정이 기본적으로 사기업의 권한이며 책임이라고 생각되지만, 이런 결정은 언제나 공공 기관과 밀접한 연락을 취한 이후에야 내려지고, 종종 행정 지도와 은행 경영층을 통해 간접적으로 결정된다. 이런 자본주의하에서는 노동운동은 강력한 정치적, 사회적 권리를 결여하는 경향이 있다. 그러나 기업에 기초를 둔 복지 혜택을 통해서 일부 노동자를 사기업과 연계하는 노동 관계의 형식을 가능하게 할 여지가 있다. 이런 자본주의하에서의 주도적인 문화 형태는 내용상 보수적-민족주의적이기 쉽다. 전쟁 직후의 일본 경제와 보다 최근의 한국 경제가 국가-주도 자본주의의 가장 적절한 사례라고 종종 인용된다. 따라서 이 모델을 '아시아형 자본주의' 또는 '발전 지향형 국가' 형태라고 이름 붙이는 경향이 있다.

*협상형 또는 합의제적 자본주의: 여기서는 자본 축적을 위한 직접적인 국가 규제의 정도는 아직 낮을지 모르지만, 정치 체제는 일련의 강력한 노동권과 복지 규정을 확립하여, 조직화된 노동 세력이 시장에서 강력한 존재로 부상할 수 있게 하며, 노사 관계상의 결정에 직접 참여할 능력을 준다. 이런 자본주의하의 주도적인 문화적 연계 고리는 사회민주적이든지 기독교 민주적이다. 전후의 스웨덴과 서독의 경제가 종종 이 자본주의 유형의 본

보기로 제시된다. 따라서 이 모델은 '유럽 복지 자본주의'라고도 불리고, '라인 강 모델'이라고도 불린다(Albert, 1993).

위와 같이 왜 성장률이 다른가에 관한, 그리고 이와 연계된 특정한 자본주의 모델의 매력에 관한 학술적인 논쟁은 전문적인 논쟁이며, 동시에 정치적인 논쟁이 되었다(앞으로도 그럴 것이다). 그것은 각각의 입장이 경제 성장의 성공적인 사례에 있어서 시장과 국가의 관계를(과거와 미래 모든 경우에) 상이하게 평가한다는 의미에서 전문적인 논쟁일 것이다. 어떤 사람에겐 국가가 핵심적인 경제적 행위자이다. 다른 사람에겐 국가는 모든 것을 시장에 맡김으로써 경제에 가장 큰 도움이 된다. 그러나 자본주의 경제에서 모든 것을 시장에 맡긴다는 것은 모두를 사적 자본에 맡긴다는 뜻이므로, 시장과 국가 간의 적절한 관계에 대한 전문적 평가란 필연적으로 그리고 순식간에 어떤 사적 이해가 보다 일반적인 이해와 가장 잘 양립할 수 있는가 하는 평가의 문제가 되어버린다. 따라서 국가와 시장이 어떻게 상호 작용했는가 혹은 상호 작용해야 하는가에 대한 주장은 곧바로 경제 성장이 어느 정도 잘 성취되었는가 혹은 성취되고 있는가에 관한 판단으로 바뀌게 된다. 축적을 사적 자본의 소유주에게 규제 없이, 제약 없이 맡길 것인가 아니면 소유주의 역할을 다른 집단——국가와 같은 정치 기관이나, 노동조합과 같은 사적인 기관——의 역할로 보충——극단적인 경우에는 대체——할 것인가? 이 말은, 다시 말하면 왜 성장률이 다른가에 관한 논쟁에 있어서 궁극적으로 중심적인 것은 사회적 힘과 특권의 문제라는 뜻이다. 즉, 누가 통치하며, 누가 보상을 받고, 누가 대가를 치르며, 누구의 경제적, 정치적 이익이 우선해야 하며, 왜 그래야 하는가? 이와 같이 왜 성장률이 다른가에 관한 논쟁은 부분적으로는 전문가 간의 이견을 해결하려는 싸움터이면서, 또한 이해와 가치를 다투는 싸움터이기도 하다.

이 연구의 기본 변수

우리가 전후 선진 자본주의의 경제 성장상의 차이의 원인을 검토하고, 성장에 이르는 도정으로서 일군의 자본주의 모델의 과거 및 미래의 생존 가능성을 평가하려면, 우리는 처음부터 연구의 범위를 확정해둘 필요가 있다. 즉, 경제 성과를 어떻게 측정할 것인가? 우리가 측정할 경제 활동의 수준은 무엇인가? 그리고 어떤 국가의 경제에 우리의 주된 관심을 기울일 것인가?

(1) 경제적 성과의 측정 우리가 처음에 지적했듯이, 성장률을 적절하게 비교하고 그 의의를 평가하기에 앞서 우리는 개념화와 측정이라는 문제를 진지하게 다루어야 한다. 가장 단순한 수준에서 말하자면, 신뢰성과 의미 해석상의 문제가 있다는 점을 인식할 필요가 있다. 전통적으로 국민경제의 성과를 검토할 때, 사용가능한 자료는 국민총생산, 인플레이션율, 실업률, 무역 수지 균형, 노동의 수준 및 성장률, 투자의 규모 및 투자율 등의 지표이다. 이런 지표가 있다고 하더라도 장기간에 걸친 비교에, 혹은 국가 간의 비교에 별 문제없이 쓰여질 수 있는 자료를 수집하기란 항상 쉬운 일은 아니다(이 점에 관해서는 Hart, 1992a: 204~10; Levitas and Guy, 1996). 우리가 그런 자료를 수집할 수 있다 해도, 시기와 기준 국가의 선택은 뒤따를 논점의 틀을 형성하는 데 중대한 의미를 지닌다. 이 점은 이미 우리가 검토한 몇 개의 표 작성 과정에서 살펴본 바 있다. 일정한 기간을 잘라내고, 어떤 경제는 급속히 성장한 반면 다른 경제는 그렇지 않았음을 보여준

다음, 하나는 다른 하나가 결여하고 있는 구조적 강점을 지녔다
는 함축을 도출한다면, 그것은 각각의 경제가 두 개의 연관된 연
결선상에서 차지하는 위치를 잘못 읽은 결과일 수도 있다. 즉, 따
라잡기와 수렴이라는 연결선상에서의 그들의 위치, '저발전'에서
'성숙'에 이르는 각각의 성장 궤도상에서의 위치를 잘못 읽었을
수 있다. 그런데 많은 저자들이 지적하듯이, 이 성장 궤도상에서
의 성장률은 시간의 경과에 따라 필연적으로 달라질 수밖에 없다
(Rostow, 1960; Kaldor, 1966; Porter, 1990). 이같이 의당 제기되
는 일련의 우려 사항과 관련하여 우리가 할 수 있는 것은 따라잡
기와 성장 궤도 양자를 모두 통제 또는 용인하도록 노력하면서
(이 점은 제2부 제3장을 보라), 다른 한편으로는 분석의 기간을 확
대하여 분석 기간 내의 상이한 성장의 경로가 밑바탕에 깔려 있는
경제적인 강약의 차이를 제대로 나타낼 수 있도록 해주어야 한다.

그렇다고는 해도, 밑바닥에 깔린 경제적인 강약을 나타낼 수 있
는 지수의 선택 자체는 대단한 논쟁거리이며, 격렬한 논쟁 가운데
서 어떤 입장을 취하는가에 따라 달라진다. 혹자는 경제 성장을
계산할 때의 경제적 사회적 지수의 적절한 비중에 대해 우려를 표
한다. 상대적인 경쟁적인 우위를 논평하는 모든 사람이(표 1-1이
그랬던 것처럼) 경제적인 지수에만 의존하는 지수에 만족하는 것
은 아니다. 일부는 그 대신에 소위 '빈궁지수,' 즉 인플레이션율과
표준화된 실업률의 총합을 사용하기를 좋아한다(Crafts, 1993b:
328~9). 최근에는 유엔조차 사회적으로 보다 민감한 지수인 인
간개발지수(HDI)를 만들어냈는데, 이 지수는 기대 수명, 문자 해
독률과 학교 등록의 가중 평균치로 측정한 지식, 그리고 일정 정
도를 넘어선 소득에 대해서 엄격히 할인율을 적용한 소득 등 세
가지 요소로 이루어졌다(Crafts, 1997b: 77, 또한 Crafts, 1997c).
표 1-5에 나타나듯, 이 지수에 따라도 경제 성과의 비교표상에서

표 1-5 나라별 순위, 1992년

	일인당 GDP	시간당 GDP	인간개발지수
미국	1	9	1
스위스	2	6	2
일본	3	18	3
서독	4	4	5
홍콩	5	19	13
덴마크	6	11	8
캐나다	7	7	4
프랑스	8	2	6
노르웨이	9	5	7
벨기에	10	1	10 =
오스트리아	11	8	12
스웨덴	12	10	10 =
네덜란드	13	3	9
오스트레일리아	14	12	14
이탈리아	15	14	15
싱가포르	16	21	18
영국	17	15	17
핀란드	18	17	16
스페인	19	13	19
아일랜드	20	16	20
대만	21	23	22
포르투갈	22	22	23
그리스	23	20	21
한국	24	24	24

출처: Crafts, 1997b: 81.

미국, 일본, 독일과 영국의 순위는 변하지 않는데, 몇몇 아시아의 '호랑이 경제'의 순위는 극적으로 뒤바뀐다. 그리고 단순히 일인당 국내총생산을 측정하는 대신 노동 시간을 덧붙인다면(시간당 국내총생산), 순위 변화는 더욱 극적으로 나타난다. 이런 조정을 해보면 유럽과(최근까지만 해도) 북미의 노동자들이 즐긴 여가 시간은 더 많으며, 이들의 경제 성장률은 더 높아지고, 한편 아시아 국가의 성장률은 떨어지게 된다는 점을 표 1-5는 시사하고 있다. 특히 일본의 경우 일인당 국내총생산은 3위인데 시간당 국내총생산은 18위로 떨어진다. 크래프츠가 제안하듯이 전체적인 상황을 보면 전통적인 방식에 따른 일인당 실질 국내총생산에 기초한 경제 성과의 순위 매김은 유럽의 성공을 과소평가하기 때문에 적어도 생활 수준을 측정할 경우에 "일인당 실질 국내총생산의 수준이나 성장률만을 비교해서는 안 된다"(Crafts, 1997b: 81, 83). 이런 표에서 나타나는 일본 경제 순위의 급격한 변화가 뜻하는 바는 제2부 제2장, 그리고 제3부에서 충분히 토의될 것이다.

경제 성과의 측정을 둘러싼 두번째의 논란은 현대 경제에서 '성장의 엔진'으로서 제조업 부문이 지닌 소위 특별한 중요성과 관련되며, 따라서 저성과의 척도로 쓰이는 '탈산업화' 지수의 사용에 관련된 것이다. '제조업이 중요하다'는 견해를 신봉하는 정치경제학자들이 있는 것은 확실하며, 이들은 어떤 경제의 산업 기반의 강점과 취약점이 그 경제의 성장에 핵심적이라고 본다. 그러나 성숙한 경제에서는 서비스 부문의 성장이 불가피하며, 전반적인 건전함의 표지로 보는 사람들이 있고, 아마도 수적으로 더 우세한데, 이들은 제조업이 GDP와 고용에 공헌하는 척도는 그 자체로서는 특별한 의미를 갖지 못한다고 본다. 우리의 논의를 위해서, 이 중요한 논란을 해결하자면, 긍정적인 탈산업화와 부정적인 탈산업화의 구분에 주의를 기울이면 된다(Rowthorn and Wells, 1987). 제조업의 고용에 대한 기여는 둘 중의 한 가지 이유로 줄어들 수 있다. 제조업 부문이 고도의 생산성을 지니고 경쟁력이 있어서, 인플레이션을 유발하거나 무역 적자를 초래하지 않고 노동력을 서비스 부문으로 보낼 수 있다면, 제조업의 기여도는 줄어들 수 있다. 아니면 노동자가 실업자가 된다든지 서비스 부문에 고용되어서, 경쟁력이 떨어지고, 대규모로 제조업 생산품을 국내로 들여오게 될 때, 그 기여도는 줄어들 수 있다. 탈산업화의 첫번째(긍정적) 형태는 경제적 장점을 나타내고, 두 번째(부정적) 형태는 취약성을 나타낸다. 우리의 논의를 위해선 이 두 가지를 구분하며, 20년 전에 싱이 확립한 경제 성장의 테스트를 유념할 가치가 있는데, 그 테스트란 강력한 경제의 제조업 부문은 "국내 소비자의 욕구를 충족시키고 또한 그 나라의 수입 물품의 대가 지불을 위해 그 생산물을 해외에서 팔 수 있어야 하고" "산출, 고용과 환율이 사회적으로 용인될 수 있는 수준에서" 그럴 수 있어야 한다는 것이다(Singh, 1977: 128). 이 테스트는 성장에 관한 다른 문헌에도 반영되고 있는데, 미국의 산업경쟁력을위한대통령위원회는 1985년에 "어느 나라가 자유롭고 공정한 시장의 조건하에서 그 나라 시민의 실질 소득을 유지 또는 확대시키면서, 국제 시장의 테스트를 통과하는 제품과 서비스를 생산할 수 있는 정도"를 "산업의 표준"으로 정한 바 있다(Cohen, 1995: 22에서 인용; 또, Tyson, 1992: 1을 보라). 이것은 또한 그림 1-1의 자료에서 확연히 드러나듯이, 영국의 전후 경제 성과에 매우 큰 의문부호를 찍게 만드는 테스트이기도 하다.

실제로 '성장 성과'를 '무역 성과'와 구분하여 얻을 수 있는 이점은 상당히 크다. 왜냐하면 이 두 가지는 분명히 연결되어 있지만, 이 둘이 항상 시기적으로 일치하지는 않기 때문이다. 예컨대, 일본의 '성장 기적'은 1973년 이후 완만해졌다. 그러나 일본에 기반을 둔 생산자가 만든 자동차와 소비자 전자 제품의 미국 시장 침투가 두드러지고, 정치적으로 의미를 띠게 된 것은 1973년 이후이다. 표 1-6이 보여주듯이, 사실상 미국과 영국의 경제는 성장의 성과가 좋아지고 있었지만, 1990년대의 대부분 기간 동안, 커다란 수지 균형상의 적자를 기록하고 있었다. 1990년대 말에 이르러 그 적자 규모는 절정기이던 1980년대 중반과 후반보

34

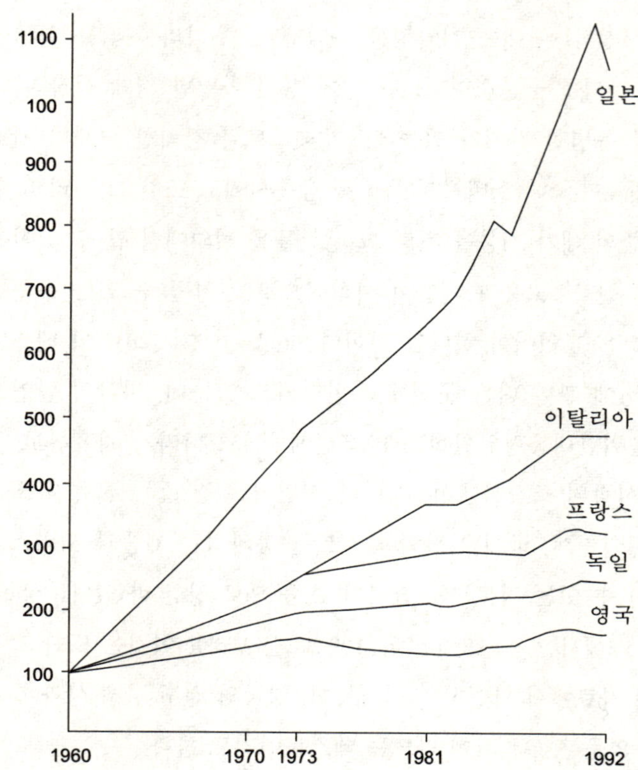

출처: Select Committee on Trade and Industry, 1994: 16.

표 1-6　경상수지(10억 달러)

	1989	1990	1991	1992	1993	1994	1995	1996	1997
미국	-104	-92	-4	-51	-86	-124	-115	-135	-155
영국	-37	-33	-14	-18	-15	-2	-6	-3	7
독일	57	49	-15	-19	-15	-21	-23	-14	-2
일본	59	36	71	112	132	131	111	66	94

출처: 『*National Institute Economic Review*』, 1998년 3월호, p. 123.

다는 줄어들었지만, 아직도 적자는 지속되고 있다. 이와는 대조적으로 일본은 세기말에 이르러 성장 활동은 심각한 정도로 쇠퇴하였지만, 여전히 대외 관계에서 커다란 흑자를 유지해나갔다.

이와 같이 성장의 성과는 무역의 성과와 연계되기 때문에 경쟁력의 문제를 강조하게 되며, 국가 간의 경계를 넘어서 거래되는 상품을 생산하는 근대 경제의 부문이 지니는 장점과 취약성에 특별한 지위를 부여하게 된다. 그렇지만 누구나 다 이런 초점이 바람직하다거나 온당하다고 생각하는 것은 아니다. 예컨대, 폴 크루그먼은 "경쟁력에 대한 집착은 잘못된 것이며, 위험한 것이다"고 명백히 밝힌다(Krugman, 1994a: 44). 왜냐하면, 그는 세계 무역이 제로섬 게임이 아니라고 보며, "세계의 주요 국가가 심각할 정도로 서로 경쟁 상태에 있지는 않으며, 어떠한 주요한 경제 문제도 세계 시장에서 경쟁하는 데 실패했기 때문에 발생하지는 않는 것이 명백하기 때문이다"(위의 글: 30). 저변에 깔린 그의 관심이 경쟁력보다는 생산성이란 점을 인정한다고 해도, 위와 같은 수준의 회의적 견해는 제조업 부문이 점차적으로 싱의 테스트를 통과하지 못하게 된 영국을 포함해 전후 경제가 겪었던 성장과 투자에 대한 제약을 제대로 설명하기 어렵다. 그보다는 장기적인 지속 가능한 발전을 위해서는 한 나라에 기반을 둔 회사가 지닌 경쟁력의 다양한 형태, 즉 가격 경쟁력, 비가격 경쟁력(이 두 가지를 합쳐서 팔러와 그의 동료들은 '실행 경쟁력'이라고 부른다), 그리고 보다 일반적인 형태의 경쟁력(팔러와 동료들은 이를 '구조적 경쟁력'이라고 부른다)의 중요성을 지적하는 다수 경제학자들의 견해를 따르는 편이 안전해 보인다. 마지막에 언급한 경쟁력이 우리의 논의를 위해서는 특히 중요하다(Pfaller et. al., 1991).

팔러, 서본, 고프는 '실행 경쟁력'을 한 나라에 기반을 둔 회사가 국내외의 공개 시장에서 경쟁할 수 있는 능력으로 보며, 이는 보통 시장 점유율에 의해 측정된다. '구조적 경쟁력'은 한 나라의 경제가 대외적인 경쟁에 노출된 상태에서 높고, 점증하는 일인당 소득을 제공할 수 있는 능력을 말하며, 그들의 견해에 따르면, 이 것은 생산성의 증대에 의해 잘 측정된다. 이 두 가지 형태의 구분이 중요한데, 왜냐하면 구조적 경쟁력의 개념은 처음부터 경제 성장의 결과에 대한 관심, 특히 그 성장의 과정에 포함된 사람에 미치는 영향에 대한 관심을 분석에 포함시키기 때문이다. 실행 경쟁력만으로는 그런 관심을 포함하지 못한다. 실행 경쟁력이 구조적 경쟁력의 전제 조건인 것은 명확하지만, 그것은 장기적인 구조적 장점을 저해하는 방안(무엇보다도 저임금과 경쟁적인 환율 인하)을 사용하여서도 달성될 수 있기 때문이다(그리고 종종 그렇게 달성된다). 두 가지 형태의 경쟁력을 구분함으로써 우리는 경제 성장에 이르는 다양한 경로의 사회적 매력을 판단할 위치에 서게 되고, 처음부터 산출의 증대, 인플레이션율과 환율 안정성을 나타내는 지수뿐만 아니라 단순히 금융적, 경제적이기보다는 사회 경제적인 지수—소득 수준, 여가 시간, 복지의 제공과 취업 안정 등의 지수—의 분석에 몰두할 수 있게 된다.

두 가지 경쟁력 형태의 구분은 또한 경제의 일반적인 성과(그 구조적 경쟁력)가 필연적으로 경제를 구성하는 각 부분의 실행 경쟁력의 결과로 나타나게 되는 방식을 알려주고, 그럼으로써 이런 명료함을 바탕으로 제기할 수 있는 또 다른 쟁점, 즉 국제 경쟁력과 경제 성장의 연구가 마땅히 목표로 삼아야 할 적절한 분석 수준이란 쟁점을 제기하도록 해준다.

(2) 누구의 경제적 성과인가? 일반적으로 경제 성장과 국제 경쟁력을 다루는 토론에서 채택되는 주요한 분석 단위는 '국민경제'이며, 제기되는 주요한 질문은 왜 어떤 국가 경제가 산출의 증

가와 무역의 점유율이라는 양 측면에서 다른 나라를 능가하는가
이다. 이 질문은 함께 제기되는 다른 질문, 즉 회사나 산업 부문
의 나라별 비교 경쟁력에 관한 질문과 하나 이상의 국민경제를
포함하는 지역 블록의 경쟁력에 관한 질문 등을 배제하지는 않았
다. 그러나 적어도 최근까지만 해도, 대부분의 관련 학술 문헌에
있어서(그리고 이와 연계된 대중적인 논평에 있어서) 산업 부문별,
지역별 관심은 국가적 관심에 종속되었거나 혹은 포괄되었다. 그
이유는 부분적으로는 쉽게 구할 수 있는 통계 자료가 각 나라의
기관에 의해 작성되었으며, 국가별 범주로 구성되어 있었기 때문
이며(아직도 그렇다), 부분적으로는 과거의 경우에는 국민경제가
상당히 자기 폐쇄적인 단위로서 작동한 것이 뚜렷했고, 다른 경
제와의 상호 작용은 오직 주변적이었기 때문이었다. 그렇지만 이
같이 경쟁적인 **국민경제**에 초점을 두는 일의 적절성은 비판적인
의미에서 '어제의 문제'로 간주되며 심각한 도전에 처해 있고, 초
국가적인 수준과 국내 지역 수준에서의 경제 발전에 의하여 시대
착오적이라고 치부되고 있다.

국민경제의 경제 성과에 관한 이 연구의 관심은 국민경제에 초
점을 두는 것이 **초점을 너무 낮게 잡은** 것이라고 느끼는 사람들의
주장——국민경제는 너무 작아졌고, 무역과 생산, 통신의 세계화
과정에 의해 너무 깊이 침투되어서 더 이상은 적절한 분석의 초
점이 아니다——과 긴장 관계에 있다. 이들의 주장은 다음과 같
다: 대규모의 기업이 스웨덴과 인도네시아 같은 웬만한 국가의
국내총생산에 육박하는 매출 규모를 가지고 있는 지금, 우리는
"국경 없는 경제"의 시대에 살고 있으며, "경제 활동에 관해 생각
할 때 국민국가는 더 이상 의미있는 단위가 아니다. 국경 없는 세
계에서 국민국가의 총합화 노력은 수준을 제대로 맞추지 못하고
있다"(Ohmae, 1995: vii, 131).

국민경제에 관한 이 연구의 관심은 국민경제에 관심을 두는 것이 **초점을 너무 높게 잡은 것**이라고 느끼는 사람들의 주장——"거시적 국민국가 수준의 분석은 지나치게 일반화되어 있고, 너무 거칠며 너무 결정론적이다"(Wilks and Wright, 1991: 18); 국민경제란 실제로는 지방 경제 또는 산업별 집합체의 총합이므로 전체 경제의 경쟁력 분석은 마땅히 그 구성 부분의 경쟁력 분석에 맞추어져야 한다——과도 불편한 관계에 있다. 마이클 포터가 바로 이런 주장을 하고 있다; 그의 주장은 다음과 같다:

> 어떤 나라도 모든 면에서 경쟁력을 보유할 수는 없다. 따라서 경쟁력을 국가의 수준에서 설명하려는 시도는 잘못된 질문을 던지는 것이다. 〔……〕 대답을 찾기 위해서 우리는 경제 전체에 초점을 맞추어서는 안 되고, 특정 산업, 산업 부문에 초점을 두어야 한다. 전체 경제의 총체적인 생산성 성장을 설명하려는 노력이 한 나라의 인적 자원의 질의 중요성과 기술을 향상시킬 필요를 밝혀주고는 있어도, 이 수준에서의 검토란 어쩔 수 없이 기업의 전략 또는 공공 정책의 길잡이가 될 수 있을 만큼 완벽하지 못하고, 실제적일 수 없는 대단히 광범위하고 일반적인 결정 요인에 초점을 맞출 수밖에 없다. 그것은 왜, 그리고 어떻게 의미있고 상업적 가치가 있는 숙련 기술과 과학 기술이 만들어지는가 하는 중심적인 문제에 답할 수 없다. 이것은 오로지 특정 산업의 수준에서만 완전하게 이해될 수 있다. (Porter, 1990: 8)

포터와 다른 논자들이 상이한 국가에서 특정 산업이 맡는 서로 다른 역할을 지적하고, 왜 특정 산업 부문이 같은 나라에서도 다른 부문보다 더 성공적인가 하는 설명의 중요성을 지적한 것은 옳다. 제대로 이해하기 위해서 경제는 분해될 필요가 있다는 주장에 대해서는 확실히 이견이 있을 수 없다. 그리고 이 같은 분해 작업은 앞으로 여러 장에서 행해질 것이다. 그러나 제대로 이해할 수 있기 위해선 경제를 다시 합쳐두어야 할 필요가 있다는 점도 사실이다. 만일 포터의 경고가 경제 성장과 국제 경쟁력을 오로지 특정 산업의 수준에서만 연구하라는 경고라면, 그것은 중요한 분석의 공간을 자의적으로 그리고 온당치 못하게 폐쇄해버릴 것이다. 특히 그것은 광범한 사회, 문화, 정치적 힘(언제나 별개의, 독특한 각 나라의 역사와 제도에 뿌리를 두고 있는 광범한 힘)이 특정 산업의 경쟁력에 미치는 영향의 탐색을 모두 배제할 것이다. 그리고 그렇게 함으로써, 적어도 왜 성장률이 다른가 하는 문제를 탐색할 때 우리가 이용 가능한 주요한 설명 체계의 하나, 즉 축적의 사회적 체계는 국민경제 간에 경제적으로 유의미한 정도로 다르다고 하는 주장의 검토를 배제하게 될 것이다——(우리가 이 책을 통해 반복해서 보겠지만) 이 설명틀을 지지하는 강력한 증거는 이미 존재하고 있다(Whitley, 1992a; 1992b; Costello, 1993; Hollingsworth and Boyer, 1997; Freeman and Soete, 1997: 36~7). 그렇지만 다행스럽게도 이것이 포터가 경고하는 주안점은 아니다. 왜냐하면 그도 "국가의 환경이 [……] 기업이 경쟁력으로 성공하는 데 중심적 역할을 한다는 강한 확신을 갖고 있으며" "어떤 나라의 환경은 다른 나라의 환경보다 향상과 진보에 더욱 자극적인 것 같음"을 인식하고 있기 때문이다(Porter, 1990: xii). 따라서 이런 맥락에서 보면, 앞서의 포터의 경고는 학문 연구의 장애라기보다는 행동에 대한 지침이다. 그것은 우리의 연구가 마땅히 다루어야 할 중심적인 연구상의 질문을 "왜 어느 나라의 경제는 다른 나라의 경제보다 더 성공적인가?"라는 무딘 질문으로부터 "왜 [……] 어떤 나라는 한 산업 내에서 성공적인 국제적인 경쟁 업체들의 본부가 되며 [……] 왜 어떤 나라는 종종 한 산업의 세계적인 기업체 중 많은 기업의 본부가 되는가?"(Porter, 1990: 1)라는 보다 복합적이고 까다로운 질문으로 방향을 바꾸는 데 도움을 준다.

그렇지만 이같이 이 책의 중심 문제를 재설정해도 초점은 여전히 국가적 수준에 놓이며, 이런 점에서 '국경 없는 경제'를 향한 오마에의 열정과는 일정한 거리를 유지하게 된다. 그렇다면 우리는 왜 애초부터 세계화의 전영역을 살피되, 국가 경제의 성과에 관한 관심은 제쳐두는 방식을 취하지 않는가? 이에 대한 답은 부분적으로는 기술적이며 실제적인 이유 때문이다. 쉽게 접근할 수 있는 자료의 대부분은 "55억의 개별적 경제 주체, 수백만 개의 기업과 수천 개의 지역"(Maddison, 1995a: 91)보다는 기껏해야 2백 개의 국가 단위로부터 도출한 하위 단위를 중심으로 쉽게 구성될 수 있는 "국가별 시계열의 형태로" 주어진다(Lucas, 1988: 37). 그러나 실용성이 궁극적으로 주요한 쟁점 사항은 아니다. 현재 나타나는 세계화를 향한 완전한 몰두는 경험 증거와 가치를 근거로 해서 저지할 필요가 있다. 왜냐하면 여전히 경제 활동의 대부분은 국가별로 경험되고 조직화되고 있기 때문이다. 역사적으로, 이것이 자본주의 사회의 모든 핵심 기관과 세력의 모두에게 적용되었던 것은 확실하다. 그리고 요즘에도 항상은 아니라해도 노동자에게 여전히 적용되고 있으며, 대기업의 소유주나 고위직 임원에게 적용되고 있다. 국가 기구와 노동은 아직도 압도적으로 국가 단위로 고정되어 있다(어느 정도 국제적인 노동 이동의 예외는 있지만). 그렇지 않은 것은 자본 중의 일부 부문일 뿐이다. 이런 경우에도 최고의 다국적 기업들은 여전히 국내의 사회적 기구에 자신들을 '붙박아두어야' 하고 국내의 정치적 규제를 받으며 활동해야만 한다. 노동은 새로운 형태의 세계적 자본이 출현함에 따라 점점 더 국제적으로 구조화되어질 것이다. 노동 과정의 세계화 과정은 실제로 국가적 차이, 국가의 자율성, 국가의 행동 영역을 잠식해나가는 하나의 중요한 요인이 될 것이다. 그러나 이런 세계적 구조화의 영향은 아직도 보다 더 국가적이고 지역적인 기반을 지닌 사회적, 정치적 결정 과정과 접합되었을 때 나타난다. 그리고 그 효과(그리고 접합의 효과)는 아직은 주로 국가적인, 국내적인 수준에서 체험되고 경험되고 있다. 따라서 국가적인 영역에 머무르는 것은 노동과 국가 기구의 영역에 머무르는 것이며, 이 연구를 관통하는 우리의 중심적 관심사, 즉 노동 경험의 고양, 취업 안정, 국가별 노동 세력의 사회적 전망 등에 기여하는 한에 있어서, 국가적인 기반을 가진 상업적 관심사의 생존 가능성과 긴밀한 관계를 유지하는 것이다.

게다가 세계화에 관해 학술적으로 몰두하고 있는 현재의 상황 하에서 국가적인 분석 수준을 포기하라는 압력의 상당 부분은 고도로 정치적으로 채색되어 있다. 그것은 결국 현재 벌어지고 있는 신자유주의의 이념적 공세의 핵심 부분이다. 데이빗 마콴드가 갈파하듯이, "세계화로 알려진 신비한 과정이 국가의 경계를 해체하고 각국의 정부를 무력화시켰다는, 최근에 유행하는 관념은 국가 기구의 역할에 관한 진지한 사고를 방해하며 사회민주주의적 정책 결정을 무력화시키고 있다"(Marquand, 1996). 물론, 국민경제의 효과적인 사회민주적 운영을 위한 공간은 실제로 닫혀지고 있다는 것이 사실일 수도 있고, 그 결과 경제적 경쟁력 향상을 위한 '국가적' 경로의 분석이란 점차로 시대착오적이 되어버리고 있는지도 모른다. 이것은 이 연구가 궁극적으로 대답하려고 하는 핵심적인 질문이다. 그러나 분석 수준의 선택에 의해 분석의 처음부터 이런 공간의 폐쇄를 가정해서는 안 된다. 특히, 좌파 지향적인 가치 입장과 지적인 틀을 가지고 있는 우리들이 이런 가정을 받아들여서는 안 된다. 왜냐하면 국민경제 간의 세계적 상호 연계란 발생 초기부터 세계 체제로서의 자본주의를 특징지었기 때문이다. 또한 만일 이 세계적 연계의 규모와 성격이 현재 질적으로 달라졌다고 해도, 세계화의 새로운 형태란 사실이라기보다 질문이기 때문이다(Hirst and Thompson, 1996; Radice, 1999). 그리고 하나의 질문으로서의——논쟁의 한 과정으로서의——세계화란 아직도 거기에 종속되고 있는 국가 경제의 관점에서 접근함이 가장 좋다. 연구의 처음에는 세계화를 간단하게 보아 다국적 기업에 의한 국경을 넘나드는 자본 수출과 자본 수입의 문제로 정의하는 것이 아직도 가장 적합하다. 적어도 이런 정의는 세계화를 지휘하고 있는(그리고 그로부터 혜택을 입는) 사회적 세력과 제도를 밝혀주고, 세계화가 야기하는 주요한 정치적 쟁점——즉 국가에 기반을 두고, 민주적인 과정에 근거를 둔 세력과 제도가 사회적으로 바람직한 경제 성장의 형태를 만들어내기 위해 어떻게(그리고 어느 정도로) 세계적 자본을 형성하거나 통제할 수 있는가——을 밝혀주는 데 모두 도움이 되기 때문이다. 이 연구의 초점을 국민경제에 둔다고 하여 세계화의 문제를 무시할 의도는 없다. 오히려 처음에 국가를 분석 수준으로 선택함으로써, 새로운 천 년의 출발점을 맞이하여 세계화의 과정이 정책 결정의 국가적인 수준에 미치는 정확한 영향을 체계적으로 검토할 수 있는 능력을 분명히해두려는 의도를 가지고 있다.

해답의 방향

자본주의 모델의 자율성과 생존 가능성에 미치는 세계화의 영향은 각국의 구체적인 사례에 바탕을 두어야 가장 잘 접근할 수 있다는 우리의 견해를 좇아, 이 연구는 자본주의 모델에 관한 논쟁에서 핵심적인 위치를 점하기 때문에 선택된 일련의 국민경제를 검토하는 방향으로 구성되어 있다. 우리의 관심은 네 나라에 집중된다: 자유주의적 자본주의의 전형으로서 미국과 영국, 협상형 또는 합의형 자본주의 모델의 전형으로서 서독, 그리고 보다 국가주의적 또는 발전 지향적 자본주의 형태의 전형으로서 일본이 그것이다. 서독 모델은(그리고 통합 독일의 모델도 여전히 그러한데) 전후 스웨덴에서 가장 완벽하게 발전된 유형인 자본주의 조직화의 코포라티즘적 형태의 매력과 생존 가능성에 관한 보다 광범위한 논쟁과 관련해 논의되기 때문에, 이 연구는(적절하다고 생각될 때에) 스웨덴 경제의 분석도 포함할 것이다. 똑같은 논리로 전후 일본의 경제 성장을 논의할 때는 최근에 일본의 성장과 긴밀하게 연결을 맺고 있는 동아시아 호랑이 경제에 관한 문헌에서 나온 자료와 논평을 때때로 원용할 것이다. 그러나 이 연구의 주요한 초점은 자본주의 모델에 관한 영어로 쓰인 문헌에서 중심적 위치를 차지하고 있는 네 나라의 경제이다. 사용되는 자료도 영어로 쓰인(혹은 번역된) 자료에 전적으로 의존할 것이다.

제1부는 전후 네 나라 경제의 성장 유형을 설명하기 위해 사용되어온 주요 주장을 점검하며, 보통 많이 언급되는 네 가지 변수, 즉 노동운동의 힘, 교육·훈련 및 문화의 주도적인 형식, 기업 조직의 구조, 그리고 국가의 역할 등이 성장의 성과에 미친(긍정적인, 부정적인) 기여도에 관한 대립되는 주장을 날카롭게 부각시킬 수 있게 구성되어 있다. 제2부에서는 이들 변수의 각각이 상기한 주요 4개국의 전후 경제 성장 성과에 미친 영향을 검토하는 데 사용된 연구 자료가 검토될 것이다. 이 자료에 따라 우리는 제시된 다양한 설명을 제3부에서 평가할 수 있고, 그 평가를 근거로 해서 21세기의 세계화된 경제에서 어느 특정한 형태의 자본주의의 조직화가 생존 가능할지를 곰곰이 생각해볼 수 있을 것이다.

제1부 다양한 자본주의 모델: 주장

제1장 자유주의적 자본주의: 후퇴와 회생?

　편차를 지닌 전후 경제 성장의 유형을 영국의 내부로부터 검토 (그리고 실제로 겪어보는 일)하는 일은 그것을 보다 성공적인 자본주의 경제라는 안전한 항구에서 보는 것처럼 대단히 즐거운 일은 아닐 것이다. 그러나 그것은 보다 성공적인 자본주의들이 어디엔가는 존재했다는 강한 인식을 일찌감치 불어넣어준다. 실제로 적어도 지난 40년 동안 영국의 경제 성과에 관한 일반적인 토론에 대하여 알고 있는 사람이라면, 자본주의가 많은 국가별 '모델들'이라는 형태를 띠었음을 알게 되었을 것이며, 경제 성과를 높이기 위해서는 어떤 종류의 우수한 모델을 따르는 재조정이 필요함을 알게 되었을 것이다. 그러나 자본주의의 모델화는 단지 영국병만은 아니었다(그리고 아니다). 그것은 어느 곳에서든 경제적인 성과가 미흡함으로써 촉발되는 하나의 추세이다. 미국이 1970년대와 1980년대에, 처음에는 주요한 유럽 국가의 경제에 의해, 후에는 일본 경제에 의해 세계 시장 점유율을 빼앗기게 되자, 미국의 문헌은 모두 상이하게 조직화된 경제 블록과의 '다가올 싸움'에 관심을 기울이게 되었고(Thurow, 1992), 자유주의적 자본주의 성장 모델의 '약점'에 온갖 관심을 집중하였다. 유럽의 경제는 그 나름대로 처음엔 미국의 경쟁에, 후에는 아시아의 경쟁에 취약성을 보이자, 유럽 대륙의 학술적, 공적인 토론 속에 유사한 결과가 나타났었다. 물론 이 경우에 주요하게 관심이 집중되었던 것은 보다 합의적인, 또는 협상적인 자본주의의 조직화 형태에 조응하는 경쟁력상의 ‘약점’이었다(Albert, 1993 ; Lindbeck, 1985). 그리고 우리가 서론에서 주목했듯이, 1997년에 예상치 않았던 동아시아의 경제 혼란이 스웨덴 경제와 독일 경제의 실업 증가를 뒤따르게 되자, 자본주의의 ‘국가주의적’ 형태는 비판의 철퇴를 맞게 되고, 미국과 영국형 자유주의적 자본주의의 옹호자들은 고무되어 다시 자신감을 찾게 되었다. 이 과정에서 특정한 자본주의 모델의 강점과 약점은 선진 자본주의 세계 전체를 통해 주요한 정치적 쟁점이 되었고, 경제적으로 부진한 성과의 원인을 특정한 국가의 맥락 속에서 집중적으로 연구한 문헌이 늘어났다. 이 장과 다음 장은 바로 이들 문헌 가운데 일부에 관심을 집중할 것이다.

미국의 꿈은 잠식되어가고 있나?

전후 자본주의 모델의 흥망에 관한 논의가 첫번째로 다루지 않으면 안 될 경제는 미국의 경제이다. 이때 다루어야 할 첫번째 질문은 경제를 조직화하는 미국 방식이 어떤 의미에서건 ‘쇠퇴하고 있다’고 말하는 것이 아직도(아직 가능하다면) 어느 정도로 정당한가이다. 우리가 나중에 보게 되듯이(이번 장에서는 간략히, 제3부에서는 보다 상세하게), 이 논쟁은 1990년대에 대체로 관심 밖으로 밀려났고, 1991년 이후 8년 간 미국의 경제가 지속적인 성장을 거두고 있기 때문에 미국의 대다수 정책 집단 사이에선 제한된 관심을 끌 뿐이다. 그러나 1980년대에 미국에선 전혀 관심 밖으로 밀려나 있지 않았고, 오히려 미국 경제의 쇠퇴의 본질과 결과에 관한 저서가 넘쳐났다: 『미국: 무엇이 문제인가』 『미국병』 『풍요의 종말』 『미국의 빈곤화』 『미국 세기의 종말』 등의 제목을 단 책들이 베스트셀러가 되었다(처음부터 차례로, Bartlett and Steele, 1992; Lodge, 1986; Madrick, 1995; Batra, 1993; Schlossstein, 1989). 바로 이 책들이 자본주의 모델에 관한 현재의 논쟁 가운데서 아직도 반향을 일으키고 있는 주제를 설정했기 때문에, 미국에서 1980년대에 벌어진 '산업 정책 논쟁'의 실체가 무엇인지로부터 우리의 논의를 시작할 필요가 있다.

1992년의 대통령 선거전에서 빌 클린턴이 접근했던 미국의 백인 중산층 유권자들 가운데에는 현재의 미국 백인 노동자들은 부모들이 한 세대 전에 누렸던 취업의 안정감을 누리지도 못하고, 생활 수준의 꾸준한 상승도 향유하지 못한다는 감정이 강하게 퍼져 있었던 것으로 보인다. 제2차 세계 대전 전후에 태어난 미국의 백인 세대는 교외 지역에 살면서 미국에서도 역사적 전례가 없고, 유럽이나 아시아에서도 당대에는 유례를 찾아볼 수 없었던 생활 수준을 누렸던 행운의 세대로 보였다. 1990년대 초에 이들은 전후 미국 경제의 놀라운 생산성의 혜택을 본 특이한 사람들이 된 것으로 보였는데, 하나의 동시대인으로서 그들은 노년기에서도조차 전례 없는 소비 수준을 누렸다. 그들의 그늘에서 자란 자식들과 손자들은 그들의 경험을 중요한 문화적인 이정표로 삼아 '미국의 꿈'(Lipset, 1996: 287)이 달성 가능하다는 믿음을 유지하고 있었다. 비록 1980년대에 이르러 미국 백인의 다음 세대—즉, '베이비 붐 세대'와 그 자손들—는 그들의 부모들보다 훨씬 높은 정도의 세대 내, 그리고 세대 간 하향 이동성(이들이 부모들과는 달리 기업의 '인원 감축'과 1973년 이후 미국 경제를 괴롭혀 온 실질 임금의 정체라는 두 가지 과정에 심각하게 노출되어 있었기 때문에[여전히 그러하다] 발생했다)을 경험하고 있었지만(또, 지속적으로 경험해오고 있다), 1980년대 미국의 경제 생활이 그들의 믿음에 흠을 내지는 못했다. 세기말에 50세 미만인 미국 백인들은 미국 중산층의 풍요라는 급변하는 청룡열차의 궤도 위에서 (물론 이 풍요가 인구상으로 가장 널리 분포되었던 시기에도 결코 대다수의 미국 흑인과 남미계 미국인에게는 확대되지 않았다) 자신들의 자리를 지키기 위해 그들의 부모보다(일하는 시간과 보유한 일자리의 수로 보았을 때) 훨씬 더 큰 개인적 노력을 기울이기만 하면 되었다. 미국에서는 경제 성과에서의 이런 세대 간 격차가 아직도 대체로 개인적 결함의 문제로 인식되는 것 같다. 그러나 뉴먼이 주장하듯, 실제로 이 격차를 "미국 경제의 광범위하고, 구조적인 혼란의 증상"으로 보는 논평가들이 많이 있다(Newman, 1994: 341~2).

1991년까지의 미국 경제의 기록은 이 논평가들에게 국내적으로, 국제적으로 의미있는 많은 지지 자료를 제공한다. 국내적으로 지지하는 자료는 소비, 고용과 소득의 영역에서 가장 강력하게 나타난다. 국제적으로는 세계 무역 중 미국이 차지하는 상대적인 투자 수준, 생산성 수준과 성과 수준에서 지지하는 자료가 가장 눈에 띈다.

소비 수준을 고려해볼 때, '구조적 혼란'의 증거는 미국의 풍요 속에서도 지속되고 있는 빈곤의 규모에서 가장 뚜렷하게 드러나며, 또 부유한 새 세대조차도 주택과 자동차를 마련하는 능력이 줄어든 사실에서 가장 뚜렷하게 드러난다. 예컨대, "1994년에 노동성과 상무성의 공동 연구는 미국의 소득 분배가 현재 선진 국가 중에서 가장 불균등하다고 결론지었다"(Madrick, 1995: 138). 미국의 상위 소득자 5퍼센트는 하위 40퍼센트 소득자보다 더 많은 소득을 올리며, 1980년대를 통해서 인종 집단 간의 소득 불균형은 심화되었다(Bowles et. al., 1990: 140~1). 게다가 처음으로 주택을 구입한 자의 중앙값은 1980년에 27세였는데, 1991년에는 35세로 올라갔고(Newman, 1994: 339), 미국 가정의 평균

차령은 1948년 이후 어느 때보다 높아졌다——거리에 있는 차 가운데 세 대 중 한 대는 10년을 넘었다(1970년대 초에는 열 대 중 한 대가 그러했다)(Madrick, 1995: 140). 그렇지만 이 수치는 월남전 이후 노동 시간과 벌어들인 소득을 기준으로 본다면 조금도 놀라울 것이 없다. 비감독직에 있는 노동자(노동력의 약 80퍼센트에 해당한다)의 임금은 실제 임금으로 보면, 1973년 이후 20년 동안 15퍼센트 하락했고, 25~35세 사이의 노동자의 경우 25퍼센트나 하락했다(Madrick, 1995: 16). 이와 함께 이들 노동자들이 일한 시간은 실제로 증가했다.

선진 국가에서의 추세와는 반대로, 1990년대에 미국의 노동자들은 한 세대 전 그들의 부모보다 더 많은 시간 일을 했다. 1970년과 비교할 때, 1990년에는 연평균 163시간을 더 일하였으며, 쇼가 지적하듯 "일 년 중 한 달에 해당하는" 여가 시간을 상실하였고(Schor, 1992: 29), 점차적으로 제조업 부문보다는 서비스 부문에서 일하였다. 1950년대에 3명 중 1명의 미국 노동자는 제조업 부문에 고용되었다. 1990년에는 1백 명 중 17명으로 줄어들고(Bartlett and Steele, 1992: 18), 당시에 기록적인 숫자인 7백만의 미국 노동자들이 그들의 생활 수준을 유지하기 위해서 두 군데의 일자리에서 정기적으로 일했다. 이런 온갖 부가적인 노력에도 불구하고, 1980년대를 통하여, "대다수의 미국인은 더 오래, 더 열심히 일해도, 생활 수준은 대체로 떨어지거나, 정체되었거나 대단히 서서히 향상되었고"(Madrick, 1995: 128~9), 그 결과 미국의 노동자층은 "독일, 프랑스나 노르웨이 노동자들이 버는 만큼, 그리고 많은 다른 나라의 노동자보다 조금 더밖에 벌지 못하여"(위의 책: 82) 소비자로서 일방적이던 국제적 우위를 상실하게 되었다. 우리의 논의와 관련하여 의미있는 것은 1990년대 미국 경제의 회생이 이 추세를 곧바로 되돌리지 못하였다는 점이

다. 오히려, 『미국 경제의 현황 *The State of Working America*』이
라는 1996~7년 조사가 기록하듯이,

> 과거에 소득의 느린 증가와 확대되는 불균등의 원인이었던 저
> 하하는 임금의 문제는 1990년대에도 지속되었을 뿐만 아니라, 새
> 로운 노동자 집단에 타격을 주었다. 대다수 여성이 10년 이상 동
> 안 임금의 상승을 경험했었는데, 1985년과 1995년 사이에 노동하
> 는 여성 가운데 밑에서 3분의 2는 임금이 떨어지는 것을 보게 된
> 다. 1980년대에 남성의 임금이 정체하거나 하락하자 각 가정은
> 더 오래 일을 하든지, 더 많은 식구를 일터에 보냄으로써 벌충했
> 는데, 이 추세도 역량의 한도에 도달한 것으로 보인다. 결과적으
> 로, 1990년대에 중산층 가정의 소득은 정체했거나 하락했다. 동
> 시에 직장은 불안정하게 되었고, 예전처럼 의료와 연금 혜택을 제
> 공하려 들지 않았다. 〔……〕 (그리하여 저인플레이션과 저실업에
> 도 불구하고) 1990년대 중반의 전형적인 미국의 가정은 1970년대
> 말보다 어려운 살림살이를 했다. (Mishel, Bernstein, Schmitt,
> 1997: 3~4)

이에 덧붙여, 1970년대, 1980년대에 미국에 기반을 둔 공장과
장비에 대한 투자 비율은, 보다 급속히 성장하던 선진 자본주의
세계의 많은 지역에서 일반적이었던 투자율과 비교할 때, 대체
로 낮았다. 이 결과 1990년이 되면 "(미국 내에서의) 노동자 일인
당 공장과 설비 투자는(기껏해야) 독일의 절반이며, 일본의 3분
의 1에 지나지 않는다"고 서로우는 추산했다(Thurow, 1992:
254). 바우몰도 유사한 추산을 했다. 1970년대에 GNP 대비 순수
고정투자는 미국의 경우 7퍼센트인 반면, 독일과 프랑스는
12~3퍼센트, 일본은 20퍼센트였다(Baumol et al., 1994: 3).

1960년과 1989년 사이에 "미국은 영국과 더불어 OECD 국가 중 제일 낮은 투자율을 보여 눈에 띄었다"(Britton, 1992: 4, 또 표 6-1 을 보라). 게다가 노동력을 저생산성의 서비스 부문으로 본격적으로 재분배하기 전부터, 미국의 노동생산성 성장률은——주요국의 국제 기준에 따를 때——이미 보잘것없었다. 1950년과 1973년 사이에 미국의 노동 시간당 국내총생산 증가율은 연 2.5퍼센트였으며, 1973년과 1987년 사이엔 단지 1퍼센트에 머물렀다. 독일의 경우엔 각각 5.9퍼센트, 2.6퍼센트였고, 프랑스의 경우엔 5퍼센트, 3.2퍼센트, 일본의 경우엔 7.6퍼센트, 3.5퍼센트였다. 1980년대 다른 산업국가와의 미국의 무역 적자는 규모가 커졌고, 영구적으로 보였다. 1971년에 20세기에서는 처음으로 적자를 기록하더니(15억 달러), 1978년, 1982년엔 각각 3백억 달러, 380억 달러에 이르렀고, 1987년엔 1980년대의 최고 수준인 1,520억 달러를 기록했으며, 1990년대엔 천억 달러가 훨씬 넘는 수준을 유지했다. 1990년대가 시작되면서 제조업 상품의 국제무역에서 미국의 비중은 독일의 규모와 동등해졌고, 일본에 의해 추격당했으며(Spulber, 1995: 22), 1990년대를 통해 무역 수지의 적자가 지속되고 늘어나서(GDP의 1.9퍼센트에서 2.5퍼센트 사이), 심지어 IMF가 세기말이 되면 미국의 주식 시장과 이자율에 좋지 않은 결과가 초래될지도 모른다는 경고를 줄 정도가 되었다(『파이낸셜 타임스』, 1998년 4월 14일: 1).

장시간 노동, 정체된 임금, 저생산성과 국제 경쟁력의 감소 등의 상황에 익숙해진 미국에 기반을 둔 많은 관측통에게 그 의미는 자명해 보였다. 즉, 미국은 제국주의 이후의 쇠퇴 시기에 접어들었고(혹은 접어드는 중이며), 경제 성과의 국제적 비교표에서 보면 영국의 뒤를 이어, 급전락하고 있었다. 그러나 사정이 그처럼 단순하지만은 않다. 왜냐하면 미국 경제가 급전락하고 있는가는 격렬한 논쟁의 대상이었기 때문이다(아직도 그렇다). 한편으로는 경제의 성과를 내기 위한 특정한 조치의 적절성과 적합성에 관한 논쟁이고, 다른 한편으로는 어떻게 이 특정한 조치를 읽고 이해해야 하는가의 논쟁에 대한 학계의 의견은, 코헨의 적절한 표현을 빌린다면, 사실상 카산드라처럼 음울한 예언가로부터 폴리야나와 같은 낙천가에 이르기까지 다양하다(Cohen, 1995: 11). 카산드라는 세계 일반 혹은 일본과 대비했을 때, 1980년대 미국의 경제 속에서 "뿌리 깊은, 다면적인 경쟁력의 문제"를 보았고, 이 문제를 "무역 적자, 느린 생산성 증대, 일자리 상실과 탈산업화"로 측정하거나 지적했다(Galbraith and Calman, 1994: 161). 이와는 대조적으로, 폴리야나는 "미국이 의미 있을 정도의 경쟁력의 문제를 지니고 있음을 단호하게 부인하였고"(Cohen, 1995: 29), 미국의 경제에 관한 낙관적인 전망을 지지하기 위하여 새로운 기술의 등장, 강한 총체적 성장, 지속적인 이민의 유입 등을 지적한다. 1980년대에 이들 간의 논쟁의 핵심에는 미국 경제와 다른 선진 자본주의 경제 사이에 줄어들던 성과의 격차의 의의에 대한 해석이 자리 잡고 있었고, 1990년대에는 1991년 이후 미국 경제 회복의 지위와 성격의 의의에 대한 해석이 가로놓여 있었다. 이것은 장기간의 전후의 호경기에는 보기에도 넘쳐흐르던 경제 성장이라는 미국의 컵이 이제는 반쯤 찬 것인지, 반이나 빈 것인지에 관한 논쟁이었다. 그리고 이것은 관련된 쟁점인 무역 적자, 탈산업화와 생산성의 성과 비교 등을 둘러싼 많은 정책적 함축을 담은 논쟁이었다.

이 논쟁에서, 폴리야나가 일리는 있었지만, 어느 정도에서 그럴 뿐이었다. 무역, 경쟁력, 산업 구조 부문에서 당시의 미국의 성과가 지니는 장기적 의미에 대해 '쇠퇴론자' 문헌에서 나타난 조금 터무니없는 주장을 회의적으로 취급한 것은 분명히 옳았다.

예컨대, 1950년대 이후 미국의 세계 무역 점유율이 아주 극적
으로 하강한 것은 사실이다. 1950년 세계 GNP 중 미국의 비중은
40퍼센트이며, 미국의 세계 무역 점유율은 20퍼센트였다. 1980
년에 이 비중은 반으로 절감되었다. 그러나 우리가 서론에서 보
았듯, 1950년은 대단히 예외적인 해였다. 만일 비교의 기준 년을
예를 들어 1970년대로 삼았다고 하면, 현재 미국 경제의 궤도는
상당히 안정된 것으로 나타난다. 만일 미국 무역의 성과를 1990
년대만 가지고 검토한다면, 훨씬 더 안정적으로 보인다. 그리고
수치에서 일본과의 무역을 제외한다면, 미국의 무역 적자는(특
히, 첨단 기술 상품 영역에서는) 거의 다 없어져버린다. 어떤 경우
에도 미국처럼 국내 시장의 규모가 큰 경제에서는(따라서 국경을
넘나드는 무역이 국민총생산 중의 비중이 낮은 곳에서는) 무역 적자
가 한 나라 경제의 국제적 지위를 자동적으로 나타내주지는 않는
다. 그리고 미국의 자본 수출이 세계 체제의 현저한 특징이 되었
을 때 무역의 적자가 결코 미국 소유 기업의 이윤성을 나타낼 수
는 없다. 실제로 무역의 성장이란 그 본질상 포지티브섬 게임이
다(Omerod, 1996: 123). 어떤 국민경제가 전체 무역 중 **점유율**의
하락을 겪을 수는 있어도, 세계 무역의 총량이 증가한다면 그 경
제의 **무역량**이 줄어들 필요는 없다. 미국에서 제조된 상품이 세
계의 무역 거래 중에서 차지하는 점유율이 1950년대보다는 줄어
들었는지는 몰라도——사실상, 1990년대 중반이 되면 거의 1970
년대 수준까지 올라간다(Nau, 1990: x)——미국의 수출량은 꾸준
히 증가하고 있다. 이 거래의 자금 조달이 실제로 장기적인 경제
성과에 영향을 줄는지 모른다——국제 채무의 문제는 나중에 우
리가 다루어야 할 주제이다. 그러나 이는 세계 무역의 점유율과
는 아주 다른 문제이다. 점유율이란 기껏해야 국제적인 성과의
조야한 지수일 뿐이다.

그렇다면 무역이 중요한가, 경쟁력이——크루그먼의 표현대로——오도된 '집착 현상'이 된 건 아닌가 하는 문제가 제기된다. 우리가 서론에서 주목했듯이, 크루그먼은 생활 수준과 관련 지을 때, 일반적인 노동생산성이 매우 중요함을 지적했고, 미국의 경제 활동 중에서 제한된 부문만이 세계 무역에 참여함을 지적했다. 그리고 이 두 주장을 이용하여 비무역 경제 부문(특히 서비스 부문)의 생산성 증대의 중요성을 경제적 건전성의 지침으로 삼았다. 그의 주장은 확실히 일리가 있다. 즉, 국민경제 전체의 국제적 경쟁력이 국민의 복지를 결정하는 유일한 요인은(그리고 결국 주요 요인도) 아니다. 내적인 노동생산성이 바로 그 결정적인 요인이다. 그러나 우리가 이미 논평했듯이, 그는 지나친 주장을 하고 있는 듯하며, 그의 주장은(거대한 국내 시장에 비교해볼 때) 세계 무역에 제한된 참여를 했던 1950년대의 경험이 보다 정상적인 자본주의 유형에 상응하게 되면서 1980년 제조 상품의 17퍼센트가 수출되고, 미국에서 판매된 제품의 21퍼센트가 해외에서 만들어졌던 미국의 경우에 대해서조차도 지나친 주장이다(Magaziner and Reich, 1982: 31). 이같이 세계 무역에의 참여 규모가 점차 커지면서——매거자이너와 라이치는, 이미 1982년에 모든 미국 생산품의 70퍼센트가 아마도 국제 시장에서 유통되고 있다고 추정한다(같은 책: 32)——크루그먼이 반론을 폈던 타이슨의 경쟁력 정의가 더욱 설득력을 얻고 있다. 즉 경쟁력이란 "시민이 증대하며, 지속 가능한 생활 수준을 즐기는 가운데 〔……〕 국제 시장의 테스트를 만족시키는 제품과 서비스를 생산하는 능력이다"(Tyson, 1992: 1). 생산지가 어디이든 제조된 상품의 대량 소비가 지속되는 어떤 산업경제에도 전적으로 적합한 이 정의에 의하면, 미국의 국제적 경쟁력은 전후 시기 전체를 볼 때 약화되었다. 미국의 무역 통계는 이런 약화를 보여주는 지표이며, 미국이 미래에 만들어낼 일자리와 소비에 대한 잠재적인 제약 요인이다.

그렇지만, 미국 탈산업화의 강렬한 비판자들이 초기에 주장했듯이(Bluestone and Harrison, 1982), 미국 경제가 "정보, 햄버거, 옷 가게"(Weidenbaum and Athey, 1984: 117)에만 집중하는 경제가 되고 있는 것은 결코 아니다. 미국의 취업은 점차적으로 서비스를 제공하며, 서비스에 바탕을 두고 있으며, 그 결과 전체 노동 생산성과 실질 임금에 역효과를 초래하고 있다. 그러나 미국의 산출을 보면 엄청난 규모의 제조업과 무역 부문이 있고, 이들이 미국 국내총생산에 기여하는 바는 실제로 거의 변화가 없다(Lawrence, 1987: 28; Baumol et al., 1991: 121). 미국 경제는 노동력을 제조업의 일자리에서 서비스 부문의 일자리로 재분배한다는 의미에서 실제로 탈산업화하고 있지만, 그것이 다른 선진 자본국보다 빠르거나 더 큰 규모로 진행되는 것은 아니다. 사실, 미국의 서비스 부문 취업의 성장은 비교의 관점에서 볼 때 다소 늦다(Baumol et al., 1991: 119~21). 실제로 제조업의 취업 성장이 전후 최고 수준에 도달했던 1973년과 1980년 사이에 미국의 "제조업 부문의 취업은 일본을 포함한 다른 어느 주요 산업국보다도 급속히 증가하였다"(Lawrence, 1987: 33). 만일 여기에 문제가 있었다면, 제조업과 서비스 사이의 취업의 분배가 아니라 서비스 부문 안에서의 취업의 분배였다. 왜냐하면 "미국의 노동력은 점차적으로 서비스 부문 일반에 의해 흡수되었을 뿐 아니라, 정체된 서비스의 하위 부문에 의해 압도적으로 흡수되었기 때문이다"(같은 책: 126). 현재 미국의 생활 수준을 위협하는 것은 제조업 부문의 취업의 감소라기보다는 자리를 옮긴 노동자들이 저생산성의 서비스 직종에 집중되고 있다는 점이다.

물론 1980년대에 자동차 산업, 철강 산업, 섬유 산업, 전자 산업 등 한때 주도적이던 많은 미국의 제조업 부문에서 취업자 수가 심각하게 줄어든 사실을 부정하지는 않는다. 그리고 이런 산업이 역사적으로 미국에서 가장 많은 사람을 고용한 부문이었다는 점도 부정하지 않는다. 다만 이런 유형의 부문적으로, 지역적으로 제한된 탈산업화는 한 가지 이상의 방식으로 해석될 수 있고, 경제적 쇠퇴 과정의 일부만큼이나 구조적 조정 과정의 일부로도 쉽게 해석될 수 있다. 1980년대에 공화당에 가까운 경제학자나 논평가들이 자동차 산업의 문제가 광범위한 미국 산업의 어떤 질병을 대변하는 문제라고 보기를 주저하면서, 미국 북동부, 중서부의 오래된 산업으로부터 노동력이 퇴출되고, 미국 산업을 주도하던 오래된 지역이 기술 수준이 떨어지는 경쟁자에 의해 잠식당하자, 자동차 산업의 문제를 미국의 오래된 산업 자본이 비교 우위가 있는 새 지역으로 재분배되는 과정의 한 부분으로 보기를 좋아했던 것은 확실하다. 그들은 나중에 미국의 자동차 생산자들이 "되튀어오르는" 능력을 보이자 위안을 찾았고(또 위안을 제공했으며), "폭넓은 범위의 미국 제조 업자들이 경기 순환 사이클에 적응하면서도 자기들의 위치를 지키는 능력을 보이자 위안을 받았으며(Weidenbaum and Athey, 1984: 118), 그들이 이해하기로는 보다 첨단적인 기술 분야, 고부가가치 상품의 생산에서 미국에 근거를 둔 기업이 보여준 지속적인——한층 강화된——경쟁력 우위에서 위안을 받았다(Lawrence, 1984: 3). 미국의 중서부가 1990년대에 성장과 고용 면에서 의미있는 회생을 경험한 것은 확실하다. 예컨대, 1997년 시카고 주변 8개 주의 성장률은 3.8퍼센트였고, 실업률은 4.2퍼센트에 불과하였다(『파이낸셜 타임스』, 1998년 5월 22일: 2). 10년 전 이 쇠퇴한 철강 지역의 실업률은 10퍼센트를 넘었었다. 그리고 이 지역에서의 경제 활동의 놀라운 향상은, 1960년대 이래 가장 오랫동안 단절 없는 성장을 지속한 1991년 4월 이후에 나타난 미국 전역에서의 보다 일반적인 경제 성장률과 궤를 같이 하고 있다. 실제로 1998년에도 미국이 전후의 전기간을 통하여 향유했던 제조업 부문의 노동생산성의 절대적인 우위는 여전히 유지되고 있다. 그리고 경제 순환의 절정기에(1996년과 1997년) 미국의 노동생산성 증가율은 연 2퍼센트로서, 1986~95년 기간의 연평균치인 0.6퍼센트를 훨씬 상회할 뿐 아니라, 적어도 1970년대 수준에 이르렀다.

　미국 중도좌파의 다수가 주장하듯이 미국의 경제가 1980년대에 쇠퇴하였다고 해도, 그 쇠퇴는 분명히 최종적인 것이 아니었다. 사실상 쇠퇴가 최종적이지 않았기 때문에, 미국의 종말을 내다보면서 거침없이 일본 산업의 우위론을 내세우던 예언이 명백히 빗나감에 따라, 이 중도좌파의 "쇠퇴론"은 1990년대 새로이 등장한 미국 재계의 신자유주의 "승리론"을 위한 길을 여러 면에서 마련해주었다고 할 수 있다(Spulber, 1995: 145, 250). 그러나 이런 승리론 자체도 조심스럽게 검토되어야 한다. 왜냐하면 현재의 미국에 관한 폴리아나적인 이해는 보다 장기적인 쇠퇴의 씨앗을 가리킬지도 모르는 최근 미국 경제사에서의 두 가지 특성을 주목하지도 않았고, 해결하지도 못했기 때문이다. 첫째, 일정한 대량 생산된 소비자 제품에서의 주도권——이는 장기간 동안 미국의 경제적 우월성의 주 동인이었다——이 왜 1980년대에 잠식되었는가이다. 둘째, 주도권 상실의 원천과 미국 자본이 점차적으로 이동하고 있는 새로운 첨단 산업에서 미국에 기반을 둔 기업이 경쟁적 우위를 유지할 능력과의 잠재적인 관계이다.

　1980년대에 미국 경제는 특히 중요한 제조 부문 중 많은 부문에서, 주로 중간 수준의 기술과 국내외의 대규모 시장에 공급을 하는 부문에서 경쟁적 우위를 눈에 띄게 상실하였다. 마이클 포터는 1985년에 미국의 경쟁력의 강점과 약점에 관해서 다음과

같은 보고서를 제출하였다:

- 농업, 방위 산업, 항공, 운송(비행기), 컴퓨터와 소프트웨어(반도체는 약화 중), 의료 관련 제품, 소비자용 제품, 소비자 및 사업자 서비스 부문에서는 강하며;

- "운송 관련 제품과 서비스, 여러 형태의 기계, 전동 기구, 컴퓨터 이외의 사무용품과 장비, 소비자 전자 제품, 모든 형태의 소비자 내구 제품, 의류 관련 제품, 강철과 기타 제품, 통신 장비(이 중에서, 대형의 사무용 중앙 스위치와 광섬유는 강점이다)" 분야에서는 약하거나 약화되는 중이다. (Porter, 1990: 519)

포터는 1970년대 초부터 미국이 최대로 경쟁력을 상실한 부문이 철강, 자동차, 전동 기구, 소비자 전자 제품, 사무 장비였음에 주목하였고, 그의 연구팀은 그들이 연구한 산업 중 "많은 산업에서 경쟁적 우위의 일반적인 쇠퇴"를 발견했음에 주의를 기울였다(같은 책: 519). 이런 경쟁력 우위의 일반적인 약화는 포터와 더불어 유사한 작업을 벌인 엠아이티MIT의 연구팀에 의해서도 주목받았는데, 1980년대 내내 반도체, 상용 비행기, 소비자 전자 제품, 철강, 화학 제품, 섬유, 자동차, 전동 기구, 그리고 교육과 훈련에서마저도 미국에 기반을 둔 기업의 경쟁적 우위가 상당히 줄어들었다(Dertouzos et al., 1989; 유사한 목록은 Cuomo, 1992: 8~9에서도 볼 수 있다). 실제로, 특히 소비자 전자 제품, 자동차와 섬유는 1980년대 내내 미국의 내부 시장에서 강하고 효과적인 외국(특히 일본에 기반을 둔 생산자)으로부터의 경쟁에 충격을 느꼈다; 그리고 바로 이 분야의 경쟁적 우위의 상실이 1980년 레이건부터 1992년 클린턴에 이르는 대통령 선거전에서 미국 경제의 미래에 관한 온갖 논쟁을 채색하였다.

그리고 당연히 그러해야만 했다. 왜냐하면 이들 산업은 경제적으로 하찮은 부문이 아니었기 때문이다(지금도 아니다). 오히려, 1970년과 1992년 사이에 미국의 산업은 미국의 중산층이 대량으로 소비하는 생산품 시장에서의 점유율 하락을 겪었고, 이처럼 한층 강화된 소비재의 수입 물결을 그와 상응하게 국외에서 판매하는 첨단 기술 생산물의 양과 가치를 증대시킴으로써 상쇄시킬 수 없었다. 그리고 이런 적자가 가격 요인 때문에만 일어난 것은 아니다. 미국이 시장 점유율 하락을 겪은 부분적인 이유는 저임금 경쟁, 특히 아시아로부터의 경쟁 때문이었고, 미국 달러화의 강세 때문이었다. 매드릭에 따르면, 1990년에 "미국 수입품의 약 36퍼센트가 임금이(미국의 임금보다) 50퍼센트 이상 낮은 나라로부터 들어왔는데, 1978년에는 단지 25퍼센트의 수입품만이 그런 나라에서 들어왔다"(Madrick, 1995: 71). 그러나 1980년대에 이르러 철강, 자동차, 전기 기계, 정밀 장비의 생산에서, 그리고 반 아크가 "투자 산업"이라고 명명한(van Ark, 1992: 65) 여러 부문에서 미국에 기반을 둔 생산자들보다 의미있는 생산성 우위를 확보한 일본에 기반을 둔 생산자들의 우월성을 임금 격차로 설명할 수는 없다(Pfaller, 1991: 75). 실제로 이미 1983년에 "미국제 소형 자동차에 대한 일본 자동차의 비용 우위 중 4분의 1만이 저임금으로 설명된다"(Pfaller, 1991: 54). 어떤 경우에도 가격이 경쟁력의 유일한 요소는 아니다. 엠아이티의 연구 결과는 "제품의 질, 소비자 서비스, 제품 개발의 속도 등의 영역에서 미국 회사가 더 이상 세계적인 리더라고 인식되지 않으며, 미국의 소비자들조차 그렇게 인식하지 않는다"는 분명한 지표를 발견했다. 또한 엠아이티 연구는 "기술 혁신이 국외에서 보다 신속하게 제품에 활용되며, 미국에서의 발명과 발견의 속도가 완만해지고 있는지도 모른다"는 증거를 발견했다; 산업 경쟁력에 관한 1985년 대통령위원회의 예를 따라서 이 연구팀은 "제품의 질, 서비스의 적시성, 유연성, 혁신의 속도와 전략적 기술의 보유" 등의 차원에서 미국에 기반을 둔 제조업의(그들이 명명한) "생산적 능력"을 검토하였다(Dertouzos et al., 1989: 26, 33).

이런 논의에 대항하여, 그래도 폴리아나적인 태도를 취하는 것이 가능하다——최근의 미국 산업의 회생을 강조하고, 잃어버린 영역의 일부를 만회한 능력을 강조할 수 있다. 예컨대 나우가 그렇게 했다. 그는 1980년대 후반의 미국 제조업의 생산성 회복을 강조하고, 달러화가 약세를 보이자 미국의 수출이 급속히 증가한 점을 강조한다(Nau, 1990: x). 스풀버(Spullber, 1995)와 립셋(Lipset, 1996: 59)도 같은 주장을 편다. 그러나 포터가 한 질문, 즉, "복잡하고 생산성이 높았던 부문에서 지속적으로 누리던 우월한 지위가 어떻게 해서 많은 선진 국가 중에서의 경쟁적 우위를 잠식당하는 지위로 떨어지게 되었고," 그 결과 "어떻게 해서 일인당 소득의 증가가 전후 기간 동안에 연구 대상으로 한 국가 중 최하위를 기록했는가?(Porter, 1990: 519)" 하는 질문을 던지는 편이 더 분별력 있어 보인다. 포터는 『국가의 경쟁력 우위』라는 책 속에서 '영국의 쇠락' 부분 옆에다 미국의 사례 연구를 실었다. 미국 제조업의 주류는 1973년 석유 파동 이후 4반세기 만에 세계적인 주도적인 위치에서 미끄러졌다. 왜 그런가를 탐구할 필요가 있다.

미국의 성장 부진에 관한 논쟁

하락세의 생산요소

위의 질문에 대한 전형적인 답변이 미국 성장의 원천을 찾는

데 주력해온 성장회계론의 대가인 에드워드 데니슨에 의해 오랜 기간에 걸쳐서 형성되었다. 초기에 데니슨은 미국의 생산성 우위가 줄어든 이유를 주로 수렴의 문제로 보아, 유럽 경제는 연구와 개발 영역에서 "미국이 하고 있는 것을 배우는 데 집중하였고" "미국의 관행을 모방하고 채택함으로써 성장률에 상당한 보탬"을 받았다고 하였다(Denison, 1967: 344, 283). 하지만 1967년에도 이미 데니슨은 "미국 경제가 가능한 범위의 모두를 성취하고 있지 못하며," 특히 "비거주용 건물과 장비, 재고품 부문의 투자" 부문에서 그러하다는 점을 인지하고 있었다(같은 책: 345, 343). 그리고 20년이 지난 후, 데니슨 저작의 전체를 사로잡고 있는 것은 바로 이 불안감—"생산성 증가가 악화되고 있다는 어두운 상태"(Denison, 1985: 2)—이었다. 1980년대 중반에 데니슨은 1973년 이후 미국의 성장에 불리했던 요인들의 목록을 스스로 작성하게 된다. 이들 요인에는 연령과 성별에 따른 노동력 구성의 변화, 오염을 줄이고, 근로자의 보건과 안전을 보장하기 위해 업계가 치른 규제의 비용, 사업에 대한 범죄 비용이 포함된다. 그러나 그의 계산에 따르면 이들 요인 가지고는 성장 둔화의 대략 3분의 2 정도를 설명하지 못한다. 그래서 요인 분해를 통한 데니슨의 방법론은 그로 하여금 "어떤 하나의 산출 결정 요인이 1973년 이후 설명이 안 된 생산성 증가율의 하락을 설명할 수 있을 것인지"에 대해 의문을 품게 하고, 성장률 하락은 "계량화가 어려운 다수의 산출 결정 요인 중에 나타난 미소한 또는 어느 정도 규모의 불리한 변화로부터 기인한 것 같다"는 인상을 갖게 된다(같은 책: 56). 또, 이 방법론으로 인해 그는 경제적 부진에 대한 보다 대중적인 설명의 일부를 무시하는 성향을 보인다(그리고 사실상 어느 정도는 그렇게 할 근거를 갖게 된다). 책임이 노동에 있다, 즉 불충분한 노동자의 노력이 성장 부진을 설명한다는 주장에 대한 증거를 그가 발견하지 못한 점은 중요하다(같은 책: 47). 또——자신의 1964년 연구의 부록과 대다수 성장회계론과는 반대로——더 이상 불충분한 투자가 "문제의 핵심"에 있다고 생각하지도 않았다; 그리고 개입적인 산업 정책이 그 치유책이다라는 입장에 대해서도 확고히 반대하였다(같은 책: 59). 그 대신 그는 최근 미국의 경제 쇠퇴를 미국 경영층의 불충분한 노력과 연결시키며, 특히 헤이즈와 아버나시가 명명한 경영층 일반의 "전략적 책임성(Hayes and Abernathy, 1980: 68)의 일반적인 유기와 연결시키는 논자들과 잠정적으로 입장을 같이했다(같은 책: 44).

물론 성장회계론이 경제 성과의 결정 요인에 관해 보다 야심적인 일련의 통찰력을 갖고 있지 못하다는 뜻은 아니다. 아브라모비츠가 1960년대 초에 주목했듯이 데니슨의 접근법의 전체적인 논리는 노동력 증가율, 노동력의 교육 수준, 자본 형성에 할당된 GDP 비율, 연구 및 개발의 잠재력 등 일정한 변수를 성장에 필수적인 것으로 자리매김한다(Abramovitz, 1962). 데니슨은 결국 이들 생산요소의 공급 자체의 부적절함보다는 이들 생산요소의 영업상의 부적절함을 성장 부진의 열쇠로 강조하려고 했을지도 모른다. 그러나 데니슨의 회계론의 기술이나 유사한 기술을 사용한 다른 사람들은 투입된 요소의 양이 전후 미국 성장을 설명하는 결정적인 요소였다는 견해에 더 가깝다. 예컨대, 바우몰과 맥레넌의 입장은 다음과 같다: 1980년대 중반에 "불충분한 투자가 미국 생산성 둔화의 주요 요인 중의 하나였으며" "사적 부문 전체를 볼 때, 자본 투자의 결여가 1970년대 쇠퇴의 20퍼센트 이상을 설명하며" "성장 둔화의 다른 주요한 요인 중에는 [……] 낮은 연구 개발비 지출, 규제의 직접, 간접 비용의 증가, 에너지 가격의 증가 등이 있다"고 주장한다(Baumol and McLennan, 1985: 9). 이들은 데니슨이 시사한 생산요소 사용이라는 질적인 차원,

즉 경영층의 자질뿐만 아니라, 특히 일본과 비교할 때, 문화적인 차이와 노사 제도의 차이 등을 어느 정도 인정하였다. 그러나 이들에게 경제 성과의 이런 측면은 계량화가 안 되기 때문에 포착할 수 없는 것이었다(같은 책: 52). 그리고 이런 측면은 어떤 경우에도 기껏해야 주변적인 요인일 뿐이었다. 바우몰과 맥레넌이 성장회계론의 측면에서 1973년 이후의 일본과 미국을 비교한 문헌의 대다수를 해석한 바에 따르면, "차이의 주요한 원천은 저축과 투자 면에서 미국이 열세였다는 점이며" "제조업 생산성의 차이의 대부분은 일본의 노동자가 미국의 노동자보다 더 많은 기계와 장비를 사용한 사실에 의해 설명되어진다"(같은 책: 17). 1970년대와 1980년대 초에 미국에서 제조업의 기계와 장비에 대한 총투자가 증가하지 않았다는 말은 아니다. 다만 총투자가 노동력의 증가에 발을 맞출 만큼 빠르게 증가하지 않았으며, 따라서 개인당 투자가 하락했고, 이와 함께 생산성도 하락했다는 뜻이다.

바우몰과 맥레넌의 분석은 특정한 정책 방향을 제시하고 있다: 연구와 개발의 자극, 저축과 투자의 권장, "시장 기구에 의한 자원 할당의 자유에 대한 장애물"의 제거가 그것이다(같은 책: 232). 그러나 모든 성장회계론이 그 방향을 가리키지는 않는다. 성장회계론의 전통이 그 뿌리를 두고 있는 고전파 성장 이론의 역사상 주요한 모든 인물의 주장이 1980년대에 그런 방향을 가리키지 않았다. 왜냐하면 1980년대에 이루어진 주요 연구 중 하나인 로버트 솔로브와 연결된 연구 즉, 1989년도 엠아이티 연구인『메이드 인 아메리카』는 미국의 낮은 저축 및 투자 수준에 특별한 비중을 두는 설명과는 조화를 이룰 수 없다. 이 연구에서 솔로브와 그의 공저자들은 주로 거시 경제 변수에 의존하는 설명과는 거리를 두면서 그 대신 성장의 성과를 저해한다고 그들이 주장하는 일련의 제도적 요인에 관심을 집중하고 있다. 즉, "낡은 전략, 단기적인 시간 관념, 개발과 생산 과정에서의 기술적인 취약성, 인적 자원의 경시, 협업의 실패와 상충하는 목적을 지닌 정부와 산업계" 등이 그것이다(Dertouzos et al., 1989: 43, 44). 미국 경제 전반에 걸친 일단의 사례 연구를 통해서 엠아이티 팀은 다음과 같이 판단했다:

이 문제의 원인은 높은 자본 비용과 부적절한 저축이라는 거시경제적 설명을 훨씬 넘어서는, 미국의 생산 체제에 만연한 태도상, 조직상의 약점이다. 이 약점은 뿌리 깊은 것이다. 이 약점은 사람과 조직이 서로 상호 작용하는 방식에 영향을 주며, 장기적인 기술상의 위험과 시장의 위험을 다루는 방법에 영향을 준다; 이것은 재계와 정부, 교육 기관이 국가의 가장 귀중한 자산인 인적 자원을 개발하는 과제를 취급하는 방법에 영향을 준다. 이것은 국제 경제의 환경이 극도로 급속히 변화하는 시기에 국가의 생산 체계에 경직성을 불어넣는다. (Dertouzos et al., 1989: 166).

1980년대 미국 경제의 부진에 관해 논한 많은 논평자와 마찬가지로 엠아이티 팀이 보기에 산업 성과가 미약한 데에는 일정한 패턴이 있고, 이들의 구체적인 사례 연구는 이를 계속적으로 밝혀주고 있다; 그리고 바로 이 패턴이 미국에 근거를 둔 생산자가 해외에서의 경쟁에 취약한 것을 이해하는 열쇠라고 한다. 이 패턴에는 핵심적인 요소들이 있다. 그 하나는 **교육과 훈련**——인적 자본 투자——으로, 포터가 '요소 창출'이라고 부르고, 엠아이티 연구가 위험할 정도로 무시되고 있다고 생각한 것의 심각한 부적합성이다(Dertouzos et al., 1989: 36). 다른 하나는 **자본 형성과 공급**으로(크루그먼을 포함한), 일부는 이를 낮은 국민 저축률로 보았고(포터와 같은), 다른 일부는 허튼이 영국 산업의 약점을 분석

하면서 강조했던 것과 유사하게 미국 은행 체제에 깊게 자리 잡
고 있는 '단기주의'로 보았다. 세번째는(데니슨이 강조한 바와 같
이) 현재 미국 **경영층**의 자질, 성격, 추동력의 부적합성이다(이
결과로, 생산되는 제품의 질에 결함이 있고, 제품 개발 과정에 결함이
있다). 네번째는 종종 인용되듯이 지나친 안이함과 지나친 자유
주의에 걸쳐 있는 **태도, 가치, 이데올로기**이다. 그리고 전부는 아
닐지라도 일부 논평가에겐 미국 거시 경제와 산업 **정책**의 결점도
문제가 된다. 우리가 이미 주목했듯이 사실상 산업 정책의 필요
성에 관한 논쟁은 1980년대에 전개된 모든 문헌의 중심축이었
고, 논쟁의 양측으로부터 강력한 의견이 제시되었다(호의적인 견
해로는 Magaziner and Reich, 1982; Johnson, 1982; Scott and
Lodge, 1986; 반대 견해로는 Lawrence, 1984; Baumol and
McLennan, 1989; 개괄적인 글은 Johnson, 1984; Thompson, 1989;
Graham, 1992; Froud et al., 1996). 정부의 정책을 인과적인 기여
요소로 포함시키든 시키지 않든 간에, 1980년대 미국 경제에 관
한 주로 중도좌파의 많은 연구에는 놀랄 만한 범위의 의견 일치
가 있다. 즉 인과의 유형이 서로 강하게 연계되어 있고 깊이 자리
를 잡고 있으며, 서로 영향을 주면서——포터의 이미지를 사용한
다면——미국 성장의 다이아몬드를 풀어헤치고 있다는 것이다.

　　어떻게 그 다이아몬드가 1980년대에 풀어지기 시작했는지에
관한 포터 자신의 설명은 이런 유의 분석을 대표한다. 미국의 경
쟁력의 약화를 설명한 포터는 다음을 강조했다:

＊**미미한 요소 창출**: 특히 미국 교육 체제의 부적합성과 부적절
한 훈련에 의해 촉발된 "다른 나라에 비해 뒤떨어지는 인적 자원
의 질"(Porter, 1990: 522); 이와 더불어, 낮고 저하하는 가구별
저축률과 대규모의 연방 정부의 예산——이 때문에 1950년대엔

선진 자본주의 국가 중 이자율이 최저였으나, 1980년대엔 최고 치 중의 하나가 됨; 그리고 완만한 임금 상승과 풍부한 노동력 공급으로, 이는 고용주들로 하여금 혁신하고 훈련에 투자할 압력 을 약화시켰다.

* 수요 조건의 약화: 특히 세계에서 가장 부유하고 수요가 컸던 소비자의 본거지로서의 전후 미국의 지위를 상실한 점; 이에 덧 붙여, 고도로 복합적이고 분절화된 시장이 미국 및 세계 각지에 서 출현하여, 미국식의 표준화된 대량 생산 체제로는 쉽게 대응 하기 어려웠던 점.

* 산업 연관체의 소원화: 특히 기계류와 전문화된 투입 물품의 영역에서 일어남; 구매자와 공급자 사이, 그리고 산업과 대학 사 이의 전통적인 소원한 관계가 점차적으로 역기능을 노정시켰고, 미국의 생산적 능력이 잠식되자 전문화된 물품의 구매자들이 해 외에서 공급선을 찾게 되었다.

* 회사의 전략, 구조와 경쟁 관계에서의 변화: 주로 미국 회사 경 영자의 자질, 동기, 충원 과정에서의 변화인데, 이것이 혁신과 개 선 비율을 떨어뜨렸고, 기술 배경을 가진 경영진 수의 감소, 탁월 한 능력의 소유자가 산업 부문에서 멀어진 점, 기관 투자가의 단 기주의, 미국 기업의 합병 및 인수 성향, 국내 경쟁의 감소, 고위 경영진이 자신들의 상여금과 경력 관리를 위해 단기의 고배당에 의존한 점 등이 포함된다.

* 교육 개혁의 필요성에 대한 정부의 무관심: 반독점법의 미미한 활용, 엄청난 재정 적자, 환경과 안전 기준의 완화, 국가 안보와 사회적 의제를 선호하여 민간 산업 부문의 필요를 대체로 무시하 는 경향. 포터가 지적하듯, "미국의 정책은 미국의 산업이 지배 적인 지위를 차지하고 있다는 가정에 바탕을 두고 있다. 오늘날, 이 가정의 근거는 종종 미국이 스스로 가한 여러 요인 때문에 미

심적다고 말할 수 있다"(같은 책: 531~2).

패러다임의 선택

한편, 엠아이티의 연구는 단순히 미국의 경쟁력을 잠식한 일반적인 제도적인 요인을 제시한 것만은 아니다. 이 연구는 상세하게 사례를 연구했고, 이를 통해서 미국 기업 조직과 관행의 두 가지 일반적 형태를 발견했다고 주장했다. 이 연구는 널리 유행하고 있는 한 가지 형태를 발견하고 비판했는데, "미국 회사는 생산의 계층적 조직화를 선호하며, 회사와 금융 간의 거리두기를 제도화하는 경향이 있어 편협한 기획을 영속화하며, 기술 발전을 위한 효과적이고 집합적인 구조를 개발할 능력이 없으며, 체제상으로 인적 자원을 경시하고 있다"는 것이다(Lindberg and Campbell, 1991: 392). 그러나 이 연구는 상세한 검토를 한 각 부문에서 소수지만 강한 미국 회사들도 발견했고, 이런 회사의 성공은 똑같이 상호 연결된 속성 때문인 것으로 보았다: 즉 "1)비용, 품질, 유통 모두에 개선을 꾀하는 노력, 2)소비자와의 보다 긴밀한 연계, 3)공급자와의 보다 긴밀한 연계, 4)전략적인 우위를 위한 기술의 효과적 사용, 5)보다 큰 유연성을 기하기 위한 덜 계층적이며, 덜 부서화된 조직, 그리고 6)지속적인 학습, 팀워크, 참여, 유연성을 촉진하는 인적 자원 정책 등이다(Dertouzos et al., 1989: 118).

이렇게 함으로써, 엠아이티 연구는 미국의 경제적 경쟁력을 복원하려면 회사 조직과 경영 관행의 패러다임의 전환의 필요를 주장한 사람들과 같은 입장을 취했는데, 이 패러다임의 전환은 이미 일본 회사들에 의해서 시행되고 있는 것이 분명했고, 일본의 최근의 경제적 성공을 설명해주는 주요한 원천으로 생각되었다. 이 같은 패러다임의 변화를 촉구하는 주장은 1980년대와 1990년대 초에 일련의 대중적인 책을 통해서 미국의 일반 독자들에게 주기적으로 제시되었고(Lodge, 1986; Throw, 1992; Best, 1990; Hart, 1994; Fukuyama, 1995), 또한 중도좌파적인 로버트 라이치와 보다 명백히 슘페터적인 열정을 지닌 윌리엄 라조닉 등의 저술을 통해 학술적인 문헌에서도 광범위하게 재현되었다.

로버트 라이치(클린턴 정부의 초대 노동성 장관)는 패러다임 논리를 주장한 첫번째 인물 중의 하나로, 이미 1983년에 "미국 발전의 다음 단계를 지탱해나갈 산업은 필연적으로 숙련되고, 적응력 있으며, 혁신적인 노동력에 바탕을 둘 것이며, 보다 유연하고, 덜 계층적인 작업 조직에 바탕을 둘 것이다"(1983: 13)고 주장하였다. 라이치는 당시의 미국 경제가 얼마나 "적응에 대한 준비가 미미한가"를 알았고, "미국은 선택의 기로에 있다: 즉 조직을 바꿈으로써 새로운 경제 현실에 적응을 하든지(할 수 있든지), 아니면 적응에 실패하고(실패하게 되고), 따라서 현재의 쇠퇴를 지속하게 될 것이다"고 생각했다(같은 책: 14, 21). 당시에 널리 유포되었던 이 견해에 라이치는 사회민주적 낙관론, 즉 미국 기업의 필요와 진보적인 좌파의 의제가 패러다임의 변화로 조화를 이룰 수 있다는 믿음을 가미하였다. 이를테면,

선진 자본주의 국가의 경우엔 생산성과 경제 성장이 전체 투자 수준보다는 투자가 어떻게 사용되는가에 의해 좌우되게 된다. 〔……〕 간단히 표현해서, 선진 경제의 조직화는——사람들에게 숙련 기술과 지식을 제공하고 노동력 내에 높은 사기와 동기를 불어넣어——생산성을 고무하든지 아니면 그 반대의 일을 함으로써 생산성을 꺾게 된다. 〔……〕 우리가 인플레이션과 싸우기 위해 실업을 늘릴 때, 우리는 그것이 미국의 미래의 생산성에 미치는 대가를 인식하지 못한다. 우리가 교육, 훈련, 보건, 영양과 이와 유사

한 보이지 않는 가치에 대한 집단적인 지출을 삭감할 때, 우리는 그것이 장래의 미국 경제 성장에 미치는 비용을 보지 못한다. 경제 변화의 혜택과 부담을 시민에게 보다 균등하게 나누어주는 정책이 부자와 빈자 사이의 간격을 넓히는 정책보다 우수하다. 〔……〕 진화하는 세계 경제 속에서의 미국의 위치는 점차적으로 미국 노동자의 숙련 기술, 활력, 창의성 그리고 협업과 적응의 능력에 의해 좌우될 것이다. 우리가 필요로 하는 종류의 정책은 사회적 정의 또는 미국의 미래에 대한 투자라고 불릴 수 있다: 그 명칭이야 어떠하든, 이 정책은 미국의 경제적, 사회적 진전을 위한 다음 단계를 대변한다. (Reich, 1983: 19~20)

물론 이것은 신뢰자본주의를 강력히 요청하는 것이다. 라이치가 논쟁을 벌이면, 다른 사람들이 이를 따랐다. 사실 부진한 경제 상황을 설명하는 데 있어 패러다임의 역할은 그의 저작보다는 윌리엄 라조닉의 저작 속에서 완벽하고 가장 순수한 형태로 나타났다. 라조닉의 주장의 핵심은 산업자본주의의 한 시기를 주도하는 데 결정적이던 기업의 조직과 경영 관행의 형태가 다음 시기를 주도하는 데는 항시 장애로 작용하고, 경제적 주도권의 중심이 바뀌기 때문에 산업자본주의의 역사엔 시기 구분이 필요하다는 것이다. 이런 형태가 그런 작용을 하는 이유는 "제도적인 경직성" 때문에(경직된 만큼) 주도적인 경제는 경쟁과 기술적 조건이 달라짐에 따라 기업에 요구되는 새로운 필수 요건에 적응하는 능력이 뒤처지게 되기 때문이다. 라조닉은 한 시기에 성공적인 경제 조직의 형태는 항상 사회에 뿌리를 박고 있다고 주장했다. 이 형태는 강력한 제도적인 지원, 산업 부문별 이해 관계, 사고와 행동 방식을 그 형태에 맞게 이끌어내며, 과거의 잉여물로 살아갈 수 있는 능력 때문에 얼마 동안은 변화의 필요를 완화시킬 수 있다. 이들 형태는(슘페터식의 용어를 쓴다면) '혁신적'이기보다는 '적응적'이 된다. 그리고 바로 그렇기 때문에, 새로운 기업 활동의 형태에 따른 급속한 재-조정을 촉발시키기란 지극히 어려워진다. 라조닉에 따르면, 영국의 경우, 새로운 과학적 관리와 대량 생산의 시대에는 더 이상 적절치 못한 "소유자본주의"의 형태에 너무 오랫동안 결부되어 있었기 때문에 20세기 초엽에 경제적 쇠퇴를 겪게 되었던 반면, 미국의 산업 부문은 주도적인 기업들이 "경영자본주의" 시기에는 유효하였으나, 보다 "집단 자본주의적" 대응 형태를 요구한 기술적 조건과 시장 조건하에서는 덜 효과적이었던 조직의 형태와 관리 방식에 너무 깊이 빠져 있었기 때문에 시장의 주도력을 상실하며 1980년대를 보내게 된다.

그래서, 라조닉이 보기에 과거 미국의 강점과 현재 미국의 약점은 같은 동전의 두 측면이다. 미국식 경영자본주의의 형태는 20세기 들어 60년 동안 그 이전의 모든 형태를 휩쓸어버렸다. 이 형태가 영국형을 퇴장시킨 것은 확실하다. 그러나 이 성공의 순풍하에서, 그리고 미국이 주도한 대량 생산과 과학적 관리 방법의 대두와 보급으로 인해 전환된 세계에서 미국의 기업 구조와 관행은 약점으로 바뀌어갔다. 두 가지 매우 중요한 아킬레스건이 드러났다. 하나는 경영자본주의의 시기에 확립된 자본과 노동 사이의 관계의 성격이며, 다른 하나는 같은 시기의 막바지에 대두된 미국의 산업 기관과 금융 기관 사이, 그리고 미국의 산업 기관들 사이의 관계였다.

라조닉에 따르면, 제3차 산업혁명에 다다른 시점에서는 전문화된 노동 분업을 조정하고, 주요한 노동 과정에 통제를 유지할 수 있는 경영 구조를 갖는 것만으로는 충분하지 못하다. 그것은 제2차 산업혁명에 의해 유포된 조직상의 우선 순위를 반영하며, 미국의 필요를 잘 충족시켜주었다. 하지만 이제 조직상의 우선

순위는 바뀌었다: 통제로부터 관여로, 소외된 노동 집단의 관리로부터 생산 과정에 참여하는 모든 사람들 사이의 신뢰 관계 형성으로 바뀌었다. 라조닉에 따르면, 제3차 산업혁명의 결과 경쟁에서 성공하는 열쇠는 "노동력을 교육시키고, 확보된 금융 자원을 동원하며, 상호 의존성 있는 혁신의 노력을 조정하는 것"이다 (Lazonick, 1991a: 57). 기업 간의 연계망, 산업 부문과 금융 부문 간의 밀접하고 장기적인 관계, 산업 계층의 모든 수준에서의 높은 직업 안정성과 직업 만족이 존재하는 경제에서는 이런 정책이 쉽게 성취될 수 있다. 그러나 미국형의 경제에서 이런 정책은 쉽사리 성취될 수 없다. 그런 정책은 근대 자본주의의 자유주의적 모델 안에서 발견되는 산업계의 주도적인 양상이 결코 아니다. 그리고 그렇지 않기 때문에, 자유주의 모델에 충실한 경제(특히 미국의 경제)는 국제적인 지위를 상실하기 시작하고 있는 것이다.

그리하여 노동 관계의 영역에 있어서—특히 일본과 비교하였을 경우—전쟁 이후에 미국의 기업 경영층과 노동조합은 완전한 경영권의 통제와 고임금을 맞교환한 유형을 정착시켰다. 이런 유형이 정착되자 "작업장에서의 숙련 기술과 창의력을 박탈하고"(Lazonick, 1994a: 181) 공장 노동자를 쉽게 갈아치울 수 있는 상품으로 취급하던, 이미 명백하였던 미국 경영층의 성향은 더욱 강화되었다. 그리고 이 결과 기업과 노동층 사이에 결속과 신뢰의 관계를 공고히 할 여지가 없어졌다. 라조닉의 말을 따르면, 그리하여 작업장에서의 작업 조직은

미국 제조업의 아킬레스건이 되었다. 〔……〕 잘 정비된 경영 구조를 갖춘 미국의 산업은 생산력 발전의 선두를 지키며 20세기 후반을 맞이했을지 모른다. 그러나 미국의 약점은 생산적인 자원의 활용 부문이었다—즉, 대규모 공장 노동자들이 값비싼 기계

와 설비를 다루어야만 했던 제조 공정이었다. 〔……〕 주요한 산업 체들이 이들 블루칼라 노동자들에게 실질적인 훈련을 시키지 않았다. 또한 〔……〕 시간제 고용인들이 기업에 장기적으로 애착을 갖게 할 분명한 방안도 안정적 방안도 갖지 않았다. 조직의 개인에 대한 이런 몰입 없이는 미국의 대량 생산 업체로 하여금 일본의 도전에 신속하고 효과적으로 대응을 가능케 만들었을지도 모르는 조직에 대한 개인의 몰입을 기대할 수는 없었다. (Lazonick, 1994a : 188)

이와 유사하게, 자본 자체의 조직 면에서도 미국 경제 내의 세력 균형이 "가치 창출하는 세력"의 부상에서 "가치 추출하는 세력"의 부상으로 이동하자, 한때 유효하던 방식이 더 이상 효력을 발휘하지 못했다(Lazonick, 1994a: 82). 라조닉의 견해에 의하면, 주요한 가치 추출자는 1970년대에 규제 완화되었고, 분기별 "수익선"에 지나치게 몰두했던 금융 기관이었고, 스스로에게 후한 스톡옵션을 부여한 산업체의 고위직 임원들이었다. 이 임원들은 자신들의 이해를 심지어 경영층의 다른 사람들과의 이해로부터도 분리시켰다. 1980년대에 이들 양 집단이—라조닉은 다른 글에서 이를 "모험 자본가에서 약탈 자본가"로의 변화라고 불렀다(Lazonick, 1992: 159)—미국의 생산 활동에 행사한 통제력은 미국 기업의 관행에 소모적인 "단기간주의"를 도입시켜서, "혁신적인" 투자보다 "적응적인" 투자를 우선시하고, "과거에는 혁신적인 투자 전략에 전념하던 기업이 그 이전의 성공을 먹고 살 뿐인 적응적 전략"을 취하도록 유도했다(같은 책: 80). 이런 지도력 하에서는 너무나 많은 미국 기업들이 "세계 시장에서 경쟁력을 지니기 위해 요구되는 유형의 투자"(같은 책: 101, 102)를 하지 못하고, 그 대신 잠재적으로 치명적일 수 있는 기술적으로 능력 있는 인원의 "다운사이징"에 주력하였다고 얘기되고 있다. 그 결과, "인적인 능력에 대한 투자의 감축과 그에 상응한 조직 능력의 재구성이 경제의 다른 부문에서 일어날 보장은 없는 상태에서 기업 내 조직 능력의 심각한 침식"(같은 책: 104)이 일어났다고 얘기되고 있다.

라조닉의 말에 따라 다시 말한다면, 대립적인 노사 관계가 제3차 산업혁명에 의해 방출된 생산적 잠재력을 미국에 근거한 기업이 충분히 활용할 능력을 막아버린 것이다; 그리고, 소유 구조와 관행의 부적절성이 "미국의 자본 배분 체제를 다시 원궤도에 올려놓을" 장기적인 능력을 위협했다(같은 책: 112). 그는 1973년 이후 손상된 미국의 경제 성과를 미국이 **그릇된 종류의 자본주의**를 가진 증거로 삼고 있으며, 미국이 이전의 생산적인 잠재력을 회복하려면, 새로운——보다 많은 신뢰에 기초한——산업 조직과 기업 관행의 형태를 취해야 한다고 보았다. "소유 자본주의는 오래전에 사라졌고, 경영 자본주의는 더 이상 경쟁력이 없다"(Lazonick, 1992: 159). 주요한 경제 주체로 살아남기 위해서, 미국은 "엄청난, 뚜렷이 성장하고 있는 집단 자본주의의 경제적 힘을 파악해야 하며"(같은 책: 160) 미국 경제와 사회 내에 존재하는 가치를 창조하는 세력을 강화시켜야만 한다. 미국 공공 기관은 모든 수준에서의 교육에 투자해야 한다. 미국의 사기업은 연구와 개발에 투자해야 하며, 모든 수준의 기업의 노동력의 능력 개발에 투자해야 한다; 노사 관계는 대립적인 형태에서 참여적 또는 동반자적 형태로 재정립되어야 한다; 권력을 가치 추출자로부터 가치 창출자로 옮겨야 한다; 그리고 "시장 경제의 신화"와 그와 연결된 주식 시장 가치에 관한 믿음(그리고 집착)에 대한 몰입을 벗어나는 커다란 문화적 움직임을 가능케 할 "이념적 혁명"을 경험해야 한다(같은 책: 109). 다시 말해서, 대단히 중요한 많은 일들을 해야만 한다.

지배력의 모순

위와 같은 철저한 개혁 프로그램 때문에 라조닉은 1980년대 미국 자본주의의 경쟁력에 관한 가장 급진적인 일부 설명(그리고 논평)과 궤를 같이하게 된다. 이 중에는(라조닉이 그랬던 것처럼) 미국 기업 자본의 특정한 양상을, 특히 금융과 산업의 구분 그리고 고위 경영층의 근시안(Pollin, 1996: 270)을 지속적인 고용과 성장의 장애로 지적한 분석이 있다. 그러나 미국의 군사비 지출, 산업계에서의 미국 국방성의 역할과 미국 국가의 세계적인 정치적 관심사가 미국 경제의 성과에 미친 해로운 영향을 강조하는 분석도 있다; 미국의 경제적 쇠퇴를 전후 세계 자본주의의 성장을 뒷받침한 특정 체제의 해체와 불가피하게 연결 짓고, 미국 지배층 내의 분파 사이에, 그리고 지배층과 미국 노동자 사이에 존재하는 전혀 피할 수 없는 모순과 연결 짓는 분석도 있다. 대체로 볼 때, 이런 모든 분석은 일본의 경영 관행에 관한 라조닉의 열정은 회피하면서도, 라조닉의 미국 기업 관행의 비판은 공유하고 있다.

이 중의 한 가지 주장은 미국의 경제가 짊어진 군사비 지출의 부담이 1980년대 경제 부진의 핵심이라고 본다. 많은 지도적인 중도좌파의 논평가들은 이런 주장을 전반적인 설명의 요소로 포함시키고 있다. 서로우(1992: 19~21)는 군사적인 우위와 경제적 우위 간의 잠재적인 갈등을 인지하였으며, 존슨(1982: 4)은 펜타곤을 일본의 통산성과 비교해 특징지었고, 라이치(1983: 189~93)조차 펜타곤의 산업 정책을 미국 제조업 부문의 보수주의와 후진성의 원천이라고 혹평하였다. 그러나 이 주장은 두마스(Dumas, 1982)와 마커슨과 유드켄(Markusen과 Yudken, 1992)의 저작에 가장 명확히 제시되었다. 이들에 따르면 높은 군사비 지출은 결국 전후 미국 경제에 높은 인플레이션과 실업을 만들어냈다. 그 까닭은 펜타곤과의 계약 때문에 제조업 부문이 혁신과 변화를 촉구하는 경쟁적 압력에서 벗어나도록 완충 작용을 했기 때문이고, 미국의 연구 인력과 제품 개발의 자원 분배에 왜곡을 가져왔기 때문이다; 장기 호황이던 황금기에서조차도 미국의 해외 군사비 지출은 무역 균형을 상쇄하고도 남는 정도로 컸고, 군사 부문의 생산이 민간 산업 부문에 가치 있는 부산물을 창출해낸 바도 거의 없기 때문이다; 그리고 약화되던 미국의 민간 산업 부문은 일자리와 생활 수준 및 경제 성장상의 대가를 치르면서 동남아시아에 주둔시킨 미국의 군사력이 제공한 안전보장하에서 육성된 외국의 경쟁자에게 노출되었기 때문이다.

이런 유의 주장은 1980년대의 미국의 경제적 사회적 곤경을 설명하기 위해서 "축적의 사회적 구조"라는 개념을 이용하여 미국의 전후 체제의 성격에 관한 독특한 '시각'을 발전시킨 일부 급진적인 학자의 저서에서도 두드러진다(Bowles et al., 1984; 1990; Bowles and Edwardes, 1993; Kotz, et al., 1994). 라조닉과는 달리, 이들의 분석가들은 미국 경제력의 쇠퇴를 산업 조직화의 새로운 패러다임에 직면하고 있는 "제도적 관성"의 산물이 아니라, 전후 미국의 제도적인 힘으로 아무리 잘 조화시키더라도 본질적인 성격상 자본주의적일 수밖에 없는 경제적 사회적 질서에서 생겨나는 계급 모순의 산물이라고 설명한다. 이 이론가들은 미국의 경제 지배력의 쇠퇴는 자본주의 질서에 존재하는 일단의 필연적인 모순, 즉 미국 내 자본가 계급 내의 모순, 자본가 계급과 다른 산업, 금융 부르주아 사이의 모순 그리고 미국의 자본과 노동자 및 시민으로 조직된 미국의 프롤레타리아 사이의 모순의 작용과 연결 지었다. 그 결과로서 대체로 다음과 같이 전후의 미국의 역사를 독특한 방식으로 기술했다.

＊외적으로 미국 수출품의 세계 시장을 창출해주었던 "팍스 아메리카나"의 성공이 1960년대 중반부터 흐트러지기 시작했는데, 이는 미국의 핵우산 아래에서 자본주의의 경쟁 국가의 재건이 이루어져 미국의 생산성 우위와 이에 따른 미국 물품에 대한 세계의 수요를 잠식하게 되었기 때문이며, "전후 국제 체제의 경찰 역할을 수행하는 데 불가결하던 〔……〕 미국의 군사적 역할이 〔……〕 미국의 생산 능력에 엄청난 낭비가 되고, 또 미국의 제국주의에 대하여 강력한 일련의 제3세계의 도전을 자극하게 되었기"(Gordon, 1994: 52) 때문이다. "패러다임 선택"의 주장과는 달리, 여기에서 분석의 초점은 새로운 형태의 자본주의가 일본에서 나타났다는 것이 아니라, 성공적으로 세계적인 지도력을 발휘하는 대가로 지불한 미국 자본의 부담이다.

＊내적으로 전후 미국의 성장은 시간이 지나면서 성공 자체에 의해서도 훼손되었다. 즉 자본과 노동의 제한된 협약에서 초기에는 제외되었던 자들이 시민으로서 스스로를 전투적으로 조직함으로써 사회적 정치적 혜택을 얻어내는 데 성공하였고, 완전 고용과 강력한 고용 계약의 결과 계급 권력이 경영층에서 백인 남성 노동자 집단으로 옮겨감으로써 성장은 훼손되었다. 여기에서 분석의 비중은——라조닉이 주장하듯이——전후 미국 노사 관계의 대립적 성격 때문에 미국의 경영층이 노동자로부터 헌신과 충성심을 촉발하는 능력에 손상을 입게 된 방식에 있기보다는, 사회적인 복지 제공의 비용과 노동의 착취율을 강화시키지 못한 미국 경영층의 역부족에 놓여 있다.

이렇게 주장함으로써, 축적의 사회적 구조 분석가들은 조절 이

론에 가까운 입장을 취하며, 위기 분석에 있어 마르크스 정치경
제학에 크게 의존한다(Kotz, 1994: 85). 그들의 저작에 따르면,
라조닉의 '패러다임 선택'은 질적으로 상이한 축적의 사회 구조
간의 선택을 뜻한다. 그들은 조절 이론이 명명한 포디즘의 해체
에 보다 많은 관심을 기울인다. 그러나 그들의 저작 속에서 새롭
고 경쟁력이 보다 강한 자본주의 형태가 등장하고 있으며 미국
자본주의는 이에 대응해야 한다는 라조닉의 주장이 강한 반향을
얻고 있음을 볼 수 있다. 예컨대 볼스, 고든, 와이스코프는 내친
김에 이런 주장마저도 하였다. "낡고 계층적이며 갈등적인 노사
관계가 미국이 생산성 문제를 아직도 해결하지 못하는 요인으로
자리 잡고 있으며" "1980년대 동안 미국은 의사 결정, 직업 안전
성, 단체 협약에 보다 의미있는 노동자의 참여 형식을 채택한 국
가들에 의해서 생산성 영역에서 지속적으로 추월을 당했다"
(Bowles, Gordon and Weisskopf, 1990: 156; 유사한 분석은
Bowles and Edwardes, 1993: 255). 패러다임 선택이란 동일한 관
념은 1980년대에 조절 이론에 영향을 받아 전개된, 미국 경제의
미미한 성과에 관한 급진적인 저술가의 글 속에서 뚜렷이 드러난
다(Piore and Sabel, 1984; Best, 1990; Lash and Urry, 1987; 1994;
Lipietz, 1989). 전후의 황금기에는 포디즘적인 대량 생산에 기반
하여 조직화되었던 자본주의는 이제 '유연한 전문화' '새로운 경
쟁' '해체된 자본주의' '반사적 축적' 또는 '포스트포디즘' 등 다
양하게 명명된 새로운 조직의 패러다임으로 바뀌고 있다는 주장
을 이런 이론가들로부터 반복해서 듣게 되었다. 미국은 포디즘하
에서는 경제적으로 주도적이었는데, 이전에 주도적이던 조절의
양태가 해체하는 데 미국은 쉽게 적응하지 못했기 때문에 뒤처지
고 있다는 것이다.

　　이같이 1980년대 미국의 쇠퇴에 관한 가장 급진적인 학자들의

용어는 라조닉이 사용하는 용어와 다른 경향이 있다. 하지만 이들이 전개하는 미국 경제의 미미한 활동에 관한 설명은 많은 경우 다르지 않다. 실질적인 차이는 슘페터적인 성장 이론에 영향을 받은 문헌보다 마르크스주의의 영향을 더 받은 문헌에서 새로운 패러다임의 불안정한 성격, 새 패러다임의 내적 모순에 대한 민감성, 미국에 대한 일본의 우위가 장기적으로 지속될 가능성이 없다는 점 등을 더 깊이 인식하고 있다는 사실이다. 이론적인 틀이 급진적으로 전개될수록 미래의 모습은 상이하게 비추어진다. 중도좌파 학자들은 보다 강력한 자본주의 모델이 채택될 경우 미국 자본주의(그리고 노동자)의 안정된 미래를 예상하는 한편, 마르크스주의 문헌은 일반화된 불안정성의 미래를 예상하고 있다. 실제로 마르크스주의 연구가 중 가장 세련된 조반니 아리기는 지난 5세기에 걸친 세계 역사를 장대한 스케일로 그려내는 가운데 축적의 사회적 구조론을 펼침으로써 이를 아주 명백히 밝혔다. 1982년부터 1994년에 걸친 일련의 저작을 통해서 아리기는 볼스, 고든, 와이스코프를 좇아, 1980년대 미국에 기반을 둔 제조업체의 경쟁력 저하를 전후 국제 질서의 성쇠라는 폭넓은 설명에 연결 지었는데, 이 설명에 있어서는 미국에 기반을 둔 산업과 미국 국가 간의 모순이 중요한 역할을 하였으며, 특히 몇몇 동아시아 경제는 팍스 아메리카나의 광범한 시장을 활용하여 미국 본토의 생산자를 따라잡고 앞서가게 되었다. 그러나 축적의 사회적 구조 이론가들과는 달리, 아리기는 이 이야기를 시공간을 배제한 채로 전개하지는 않았다. 아리기는 오히려 제노바, 네덜란드, 영국이 겪었던 것처럼, 세계 자본주의 체제 안에서 주도권의 모순이 필연적으로 자본주의의 헤게모니를 쥔 중심 권력을 침식하게 되는 방식의 최근의 실례의 하나로서 미국의 미미한 경제 활동을 취급하였다. 아리기에 따르면 1973년 이후 미국의 경제적 쇠퇴는 이런 거대하고 거역할 수 없는, 체계적으로 뿌리를 내린 모순 유형의 일부분으로 볼 때만 제대로 이해될 수 있다. 세계 자본주의 체제 내에서의 헤게모니 국가는 항상 '치명적인 위기'를 맞이한다. 미국의 축적 체제는 바로 그 자신의 치명적 위기를 겪고 있는 중일 뿐이다.

후퇴하고 있는 영국

미국 경제가 1980년대에 '헤게모니의 벽'에 부딪혔었다면, 그렇다고 미국이 벽에 부딪힌 첫번째 주도적인 국가는 아닐 것이다. 미국 경제가 아마도 당시에 걸렸던 그곳을 영국은 확실히 이미 밟고 지나갔다. 물론 영국 경제의 세계적인 주도는 20세기가 아니라 19세기의 현상이었다. 따라서 국민경제가 장기적으로 쇠퇴해왔는가(혹은 쇠퇴하고 있는가)에 관한 미국의 현재의 논쟁에 상응하는 논쟁이 영국에 관해서 벌어지고 있지는 않다. 영국의 쇠퇴란 학계에서든 정계에서든 일반적으로 받아들여지고 있다. 논쟁이 격하게 벌어지는 곳은 그 쇠퇴의 원인이 무엇인가이며, 그리고 이와 관련하여, 1980년대 대처식 '정책 혁명'에 의하여 적어도 그 원인의 일부가 해소되었는가를 둘러싸고 논쟁이 일어난다.

영국 경제의 성과에 관한 자료

1980년 이전의 영국 경제의 성과에 관한 자료는 비교적 논쟁의 여지가 없으며, 또한 풍부하다(Matthews, Feinstein and Odling-Smee, 1982; Crafts, 1991; 1993b). 자료에 따르면, 영국 경제는 공산품의 생산과 수출 면에서 세계적인 우월한 지위를 1890년대부터 잃었고, 1945년 이후 10년 동안 유럽의 유수한 경쟁자들이 일시적인 와해를 겪음으로써 비록 영국에 기반을 둔 공산품 수출업자들이 새로운 활기를 얻기는 했었지만, 이들은 1960년대부터 경쟁자들에게(그리고 일본의 제조업체에게) 지속적으로 발판을 잃었다. "1870년대부터 1970년대까지 영국의 산출과 생산성은 다른 선진 경제의 기준에 비해 낮았고" "영국의 성장률이 OECD 평균치의 절반에 불과하였던 1950년과 1973년 사이의 황금기엔 성장의 격차가 특히 두드러졌다"(Crafts, 1993b: 331). 바로 이 전후 20년 동안에 "영국의 제조업 수준은 프랑스와 독일에 의해 추월당했고"(같은 책), 그 다음의 20년 동안에 영국에 기반을 둔 제조업체의 제품 산출은 정체하였다. 주요한 산업국가 중 유일하게 영국의 제조업 산출은 1970년대 초의 석유 파동 이후 이렇다 할 성장을 보여주지 못했다(그림 1-1을 보라). "영국의 제조업 산출은 1988년이 되어서야 최고치이던 1973년의 수준을 회복했으며(1992년이 되어서도), 1973년의 1퍼센트 이상이 되지 못했는데, 같은 기간 동안 프랑스는 27퍼센트, 독일은 25퍼센트, 이탈리아는 85퍼센트, 일본은 119퍼센트의 산출 증가율을 보였다"(House of Lords Select Committee on Trade and Industry, 1994: 16). 1983년에는 한때 "세계의 공장"이었던 경제가 평화 시기엔 2백 년 만에 처음으로 제조업 제품의 수입 초과국이 되었고, 1980년대를 자본의 수출국으로 보냈고, 거대한, 극복하기 어려워 보이는 수지 적자를 기록하였다. 이렇게 경쟁력이 뒤처지자, 얼마 전인 1985년에 지도적인 의원들의 위원회가 제조업의 실패로 초래된 생활 수준뿐만이 아니라 "국가 전체의 경제적 사회적 안정"에 대한 "중대한 위협"에 관해 우려를 표명한 것은 놀라운 일이 아니다(House of Lords Select Committee, 1985: 83).

　하원의 보고서는 재무성의 안이한 모습과 "난국의 심각성에 대한 일반인의 무감각"을 개탄하였고(같은 책: 56), 그것은 당연하였다. 왜냐하면 1960년대부터, 아마도 그 이전부터도 영국에서의 제조업 공장과 설비에 대한 투자율은 보다 성공적인 다른 경제의 일반적인 수준에 훨씬 못 미쳤다. 실제로 1960년과 1993년 사이에 기계 및 설비 투자는 평균적으로 GDP의 8.4퍼센트에 불과하였다. 이는 미국의 7.6퍼센트보다는 높았지만(미국도 뒤처지기 시작하여 추적하는 경쟁국의 무리에 포함되었다), 서독(8.7퍼센트), 프랑스(8.9퍼센트), 이탈리아(9.8퍼센트)의 수치엔 못 미치며 일본(12.4퍼센트)에는 크게 떨어진다(『파이낸셜 타임스』, 1996년 7월 12일). 실질적인 수치로 말하자면, 1960년대 제조업 산출의 4퍼센트에 해당하던 투자 수준이 1980년대엔 0.6퍼센트에 해당하는 수준으로 떨어졌고, 1979년과 1989년 사이에 제조업 부문의 순투자는 석유 파동 직전의 10년 동안에 기록하였던 투자의 6분의 1 수준에 머물렀다(Kitson and Michie, 1995: 2). 영국의 노동생산성 증가율도 미국, 일본 그리고 북유럽 국가의 증가율에 밑돌았다. 1987년 영국 제조업 노동자의 시간당 부가가치는 미국의 58퍼센트에 불과하였고(van Ark, 1992: 68), 같은 해 독일 제조업 노동자의 시간당 산출량은 영국의 경우보다 22퍼센트 높았다(O'Mahoney, 1992: 46). 이런 상황을 배경으로 해서, 영국에 기반을 둔 제조업체의 세계 무역 비중은 필연적으로 축소되어, 1960년에 세계 총 무역량의 16.3퍼센트를 점했으나 1990년엔 불과 8.4퍼센트에 머물렀다. 영국에 기반을 둔 제조업 부문의 고용도 역시 크게 줄어서 1973년 이후 20년 동안에 350만의 정규 제조업 일자리(전체의 40퍼센트)가 사라졌다(Employment Policy Institute, 1993: 1); 영국의 실질 임금(그에 따라 생활 수준)은 1950년대 후반 북유럽에서 최고였다가 1980년대엔 밑에서 두번째로 떨어진다. 전쟁 후 30년 동안에 영국 경제는 "유럽의 병자"로 변했고, 그렇게 널리 인식되었다.

미미한 경제 활동을 나타내는 지표의 대다수는 아직 유효하다. 영국은 넘기 힘든 무역 수지의 적자를 지닌 공산품의 순수입 국가이다. 투자와 생산성 수준은 주요한 경쟁 산업국의 수준을 밑돌고 있으며, 심각한 숙련공의 부족이 여전히 눈에 두드러지고, 유수한 영국 기업의 연구 개발비 지출(매출 대비 비율)은 제약 부문을 제외한 전산업 부문에서 여전히 선진 7개 국가(G7)의 유수한 기업의 수준에 못 미치고 있다(『파이낸셜 타임스』, 1997년 6월 26일). 그러나 1990년대엔 영국의 '생산성 격차'가 줄어들고 있다——일본과 미국과 비교해선 두드러지지 않지만, 유럽 대륙의 국가들과 비교해선 확실히 줄어들고 있다(Lansbury and Mayes, 1996: 21, 30). 그리고 이것은 두말할 것도 없이 국제적인 경제력 비교표에서 곤두박질치던 영국의 추락을 중지시키기(약간의 역전까지)에 충분하였다. 예컨대 오마호니와 와그너는 "1973년에 독일의 제조업 부문 전체는 분명한 생산성 수준의 우위를 갖고 있었고, 이는 1973년과 1979년 사이에 극적으로 증대되었다. 그 후 10년 간 생산성 추세의 역전이 일어나 1989년의 생산성 격차는 1970년대 초에 비해 낮아졌고" 독일 산업 중 23개 부문이 영국보다 높은 생산성을 보여주었는데, 1979년에 이 숫자는 27이었다(O'Mahoney and Wagner, 1996: 145). 이와 유사하게 올튼에 따르면, 제조업 종사자 일인당 산출 면에서 1979~92년 사이에 영국은 연평균 4.6퍼센트의 증가를 보인 반면, 일본은 3.6퍼센트에 불과하고 미국은 2.4퍼센트, 가장 낮은 독일은 1.8퍼센트였고, 이 차이는 영국의 단위 노동 비용당 산출(이 척도는 임금과 환율에 의하여도 영향을 받는다)이 비록 미국에 대비할 때엔 그렇지 않더라도 독일과 일본 양국에 대해서는 향상되었음을 나타내준다(Oulton, 1994: 57). 실제로 많은 핵심적인 부문(금융과 항공 부문이 가장 두드러지지만, 자동차 생산과 소매업 부문도)이 1980년대보다는 국제적인 경쟁력의 지위를 강화한 것은 확실하며, 전반적으로 영국 경제는(미국과 마찬가지로) 1990년대 후반기 동안 지속적인 경제 성장을 경험했다. 이 과정에서 영국은 1996년 이전 동아시아 해외 직접 투자의 대부분을 끌어들였고, 이 투자는(무엇보다도) 중요한 자동차 산업의 생산성 향상을 촉발하는 데 도움이 되었다. 이 5년 동안의 성장은 또한 실업률을 낮추어서 1998년에는 약 5퍼센트 정도가 되는데, 1980년대 초반의 깊은 경기 침체 이후 볼 수 없었던 수치이며, 이렇게 함으로써 1990년대에 실업률이 상승하던 유럽의 전반적 추세와는 대조를 이루었다.

그렇다고는 해도 경제적 성과는 부분적이며 취약하다. 1980년대에 유럽 대륙 국가와 생산성 격차가 줄어든 건 대체로 경기 수축, 즉 제조업 부문의 산출이 1979년에서 1981년 사이에 14퍼센트가 하락하고, 그 이후 단지 12퍼센트만이 상승한 데에 따른 성과이다. "노동자당 산출은 실제로 증가하였다. 그러나 영국이 보다 많은 제품을 생산해서라기보다는 노동자 수가 줄어들었기 때문이다"(Kitson and Michie, 1996c). 고용 수치는 또한 정규직이며 안정되고 높은 임금을 받는 취업에서 임시직이며, 불안정하고, 저임금을 받는 취업으로의 의미있는 전환을 감추고 있다. 보수당이 집권하던 시기에 영국 경제에서 정규직의 전체 수는 실제로(3백만 이상) 떨어졌다; 1998년까지도 새로이 창출된 일자리의 50퍼센트만이 정규직이며 안정적이었다(Employment Policy Institute, 1998: 8). 그리고 1998년이 되어 영국의 제조업 부문은 1992년 이후 처음으로 두 사사분기 동안 연속적으로 산출의 하락을 기록함으로써 공식적으로 경기 침체에 빠졌다. 1990년대의 성장 기간에조차도, 영국에 기반을 둔 제조업은 새로이 획득한 생산성과 장기간에 걸친 산출의 침체 양상을 아울러 지녔다. "1973년과 1992년 사이의 제조업 산출의 총 증가가 보잘것없는

1.3퍼센트였기 때문에"(Wolf, 1996a: 18), 1993년과 1994년의 '회복'은 또 하나의 일시적 소음으로 판명되었다. 사정이 이러하므로 5년 동안 성장이 지속된 이후에도 다수의 관련 기관(OECD, 영국산업연맹 및 새 노동당 정부)이 영국산업연맹의 경쟁력 자료를 바탕으로——"훈련과 혁신을 포함하는 광범위한 경쟁력 척도에 따라"——경쟁력을 측정해본 결과 "대다수의 회사가 취약 아니면 보통으로 등급이 매겨진 것을"(『가디언 *Guardian*』, 1997년 9월 23일) 그대로 받아들였고, "보건, 교육, 공무원 부문을 제외하고 따지면, 일인당 산출은 아직도 미국보다 40퍼센트 낮고, 서부 독일보다 20퍼센트 낮다"(『가디언』, 1998년 5월 15일)고 매킨지경영컨설팅 회사가 논쟁적으로 노동당 정부에게 한 지적을 그대로 받아들였다는 점은 놀라운 일이 아니다. 영국에 기반을 둔 수출 회사와 유럽의 경쟁 회사 간의 '생산성 격차'는 줄어들었는지 모른다. 그러나 격차의 감소는 전반적인 영국의 경쟁력 회복의 산물인 만큼 경쟁 상대의 부진의 산물이기도 하였다——영국 내에서 '영국병'이 체계적으로 근절된 결과라기보다는 영국병이 해외에 일반화하여 퍼져나간 결과인 것처럼 보인다(Wolf, 1996b: 11).

영국의 쇠퇴에 관한 논쟁

위와 같은 경제의 실상은 오래전부터 경제적 쇠퇴의 성격과 원인에 관한 논란을 불러일으켰다. 이들 문헌은 다른 곳에서 이미 다루었기 때문에 본 장에서 구체적인 논의를 하지는 않겠다(Coates, 1983b; 1994; 1995b; 1996). 그 대신 영국의 경제적 부진에 관한 논쟁 중에서 특정한 자본주의 모델의 강점과 약점에 관한 이후의 논의에 도움이 될 두 가지 특징에 주목하고자 한다. 첫째, 이 논쟁은 공식적인 정책 집단 내에서도 학술적인 논의, 대중적인 토론에서도 1990년대에 이르기까지 지속되고 있다. 둘째,

적어도 이 논쟁의 일부와 우리가 조금 전에 상세히 탐구했던 미국과 관련한 논쟁 사이에는 강한 유사점이 있다.

　공식적인 토론, 학술적인 토론, 대중적인 토론에서 영국의 경제 성과에 관한 관심의 고조는 길게 얘기할 필요가 없다. 그러나 이에 관해 주목할 바는 이 주제에 관해 1990년대에 공식으로 출판된 자료의 상당 부분에서 볼 수 있는 의견 일치의 폭이다. 무역과산업에관한특별위원회는 1994년에 보고서를 출판했다. 당시 보수당 정부는 1994~96년 사이에 경쟁력에 관한 세 개의 백서를 출판했다(Conservative Government, 1994; 1995; 1996). 노동당 정부는 1997년에 『번영을 촉진하며 *Promoting Prosperity*』라는 공공정책연구소IPPR 보고서가 나오도록 간접적인 계기를 마련했다. 이 모든 자료에서 비판의 초점은 크게 보면 일정하였고, 미국의 엠아이티 위원회의 결론과 대체로 입장을 같이 한다. 즉, 공공정책연구소가 주장하듯이, 영국 경제는 "너무나 많은 비효율적이고, 형편없이 경영되는 회사, 너무나 많은 실적이 부진한 사람들, 너무나 적은 연구, 혁신, 유형 자본에의 투자, 그리고 너무 잦은 정부 정책의 전환"으로 고통을 받고 있다(IPPR, 1997: 1~2). 이런 합의에 대해 보다 급진적인 선구자도 있지만(곧 보겠지만, 윌 허튼이 특히 그렇다), 일반적으로 1990년대 말 영국 정책 결정 그룹에 유행한 공식적인 합의는 닉 크래프츠가 묘사한 바와 같이 "낮은 투자, 부적절한 경영, 부적합한 교육 및 훈련 기준과 노사 관계"였다(Crafts, 1993b: 331). 메이저 정부의 최고참 산업 부문 각료였던 마이클 헤설틴마저도 영국 산업의 투자의 질에 관해—특히 연구 개발비 지출에 집중하지 못한 점과 노동력의 훈련과 재취업 훈련에 집중하지 못한 점—공식적으로 비판하였다(Heseltine, 1996: 2).

　그렇지만 영국의 경제가 부진한 원인에 관한 폭넓은 학술적인 논쟁에 있어서는 일치된 의견을 찾기 힘들다. 우리의 목적을 위해서는 네 가지의 주장이 주목할 가치가 있는데, 이중 세 가지에 대해서는 미국에서 이에 상응하는 주장을 찾을 수 있는 반면, 한 가지는 그렇지 않다. 우리가 곧 보게 되듯이, 패러다임 선택, 주도권의 모순, 적극적인 국가 정책의 필요에 관련해서는 영국의 논쟁에서도 분명히 미국식 주장을 발견할 수 있다. 영국의 논쟁이 미국의 그것을 확대한 곳은 영국의 노동 문제이다.

우리가 이미 보았듯이, 적어도 일부 분석가들에게 있어서 미국의 노동운동은 전후 미국의 번영을 밑받침한 축적의 사회 구조에서 비록 보조적이긴 해도 중요한 역할을 수행하였다. 그러나 일반적으로 1980년대 미국의 번영과 쇠퇴를 설명하는 과정에서 '노동 문제'는 대체로 도외시되었다. 영국의 논쟁은 이를 도외시하지 않았고 현재도 그렇다. 특히 일련의 신자유주의적 경제학자들이(그리고 보다 중요하게는 일련의 보수당의 지도적인 정치인들이) 노조의 세력을 영국 경제 쇠퇴의 주요인으로 꼽았던 1970년대에는 그러하지 않았다(Coates, 1994: 27~40). 노동조합은 영국 제조업 부문의 저투자에 대한 비난을 받았고, 기존 투자의 저활용(따라서 저생산성)에 대해서, 심지어는 전후 영국 정부의 높은 세율과 차관에 대해서도 비난을 받았다. 실제로 보수당은 1979년에 정권을 인수하면서 "노조 문제의 해결이 영국의 회생의 열쇠이다"고 확신했으며(Joseph, 1979), 영국에 기반을 둔 수출 산업의 경쟁력은 과도한 노동조합의 산업 통제력에 의해서 직접적으로, 그리고 노동조합의 정치적 힘에 의해서 간접적으로 손상을 입었다고 확신하였다. 따라서 그들은 18년 동안 노동조합의 법적 권한과 노동자와 그들의 대표가 영국 경영자의 경영 능력을 저지할 효과적인 역량을 체계적으로 잠식하였다. 그렇게 하는 가운데 그들은 부진한 경제 활동을 노동 시장의 경직성에 직접적으로, 일차적으로 연결시키며, 그 경직성을 노동조합의 산업 통제력에 연결시키는 강력한 새로운 정통 이론을 세우는 데 도움을 주었다.

이런 연계의 타당성 등이 제2부 제1장의 주요한 관심사로 다루어진다. 지금 여기서 우리가 관심을 기울이는 것은 대처주의의 주장이 관련 문헌에 남긴 유산인데, 이 유산은 보수당 정부가 벌인 체계적인 노동조합의 세력 잠식에 대한 반응으로서 1979년 이후 등장하였다. 이 문헌을 살피는 이유는 그 속에서 소수파, 다수파의 목소리를 모두 발견할 수 있기 때문이다. 소수파의 목소리는(확실히 미국 학계와 관련이 있고, 유사점이 있는데) 강력한 노동조합이 가진 잠재적인 유익한 효과에 관한 하버드 대학 중심의 주장에 바탕을 두고 있는데, 노동조합의 약화는 영국으로 하여금 보다 번성하고 보다 코포라티스트적인 유럽(특히 Nolan, 1995; Coates, 1994를 보라)의 주변부에서 드라이버와 철물상 경제나 꾸려가도록 하는 저임금, 저부가가치의 성장 궤도에 빠지도록 함으로써 영국 경제의 성과를 더욱 저하시킬 뿐이라고 주장한다. 그러나 다수파의 목소리는 이와는 정반대쪽을 향했고, 1980년대와 1990년대에 영국 경제에 분명해진 생산성의 향상을 노동조합의 '개혁'——크래프츠는 이를 '대처 쇼크'라고 불렀다(Crafts, 1992: 25)——에 간접적이든 직접적이든 연결시킴으로써 1970년대의 노동조합의 힘에 반대한 대처식의 주장에 힘이 있음을 과거를 되돌아보며 인정하였다.

'새로운 성장 이론'의 문헌과 지난 20년 간 영국의 경제 성과와 관련된 최근의 성장 회계 자료의 상당수는 "1980년대에 영국의 제조업이 경험한 생산성의 향상을 〔……〕 특히, 고용상 어려운 상황에 처한 산업과 또 노조가 있던 회사 그리고 경쟁이 심각했던 분야에서의 과잉 고용의 축소 및 제약적인 관행의 감소와 주로" 연결 짓고 있다(같은 책). 이런 연구는 산업 관계의 개혁 문제를 직접 언급하며 그 개혁이 경제 성장에 미친 긍정적인 기여를 언급하거나(Oulton, 1995: 67) 혹은 그런 개혁을 영국의 생산성 격차의 감소를 설명하는 보다 장기적인 개선 요인에 포함시킨다(Crafts, 1993a: 50, 75). 이들 새로운 성장 이론가들이 그와 같은 논리 전개를 따른다고 대처식 프로젝트의 적합성을 전적으로 수긍하지는 않는다. 오히려 이들 중 다수는 노동조합의 개혁을 인적 자본과 연구 개발로 보완하지 못한 점을 비판해왔다(Crafts, 1992: 33). 그러나 이들은 '약해진 노동조합과 비효율의 전면적인 합리화'가 경제 회복의 필수 불가결한 선행 요건이었고, 이를 성취함으로써 "영국이 '따라잡기'의 장애물을 줄여나갔고, 상대적인 경제 후퇴는 얼마 동안은 종식되었다"고 확신하고 있었으며, 아마도 아직도 그렇게 믿을 것이다(Crafts, 1993b: 345). 물론 크래프츠 유의 새로운 성장 이론가들은 이렇게 주장함으로써, 과거에 노동조합의 힘이 성공적인 경제 성과를 내는 데 주요한 장애였다는 신자유주의적 견해를 대단히 강력히 지원하게 된다.

그러나 많은 이런 유의 저술의 특징은 "영국의 상대적인 경제 쇠퇴가 아주 다른 요인 [……] 즉 아직 제대로 확인하여 측정하지는 못한 X 요인 때문이다"는 가능성을 인정하고, 크래프츠 등이 전개한 '노사 관계 가설'은 1980년대 생산성 상승을 설명하는 대조적인 설명 중의 하나——이 설명은 또 영국 회사 **자본**의 규모, 분포, 형성 연도 등에 관한 숱한 가설을 포함한다——에 불과할 뿐이다는 점을 인정한다. 일부 경제학자는 1980~82년 사이에 비효율적이거나 손해를 본 회사와 공장의 폐쇄가 전반적인 생산성 수준에 미친 영향을 강조하고 있다. 또 다른 학자들은 이 침체 기간 중 낡은 기계류가 폐기된 것을 지적하고, 또 다른 이들은 1980년대의 격심해진 국제 경쟁이 기술과 작업 조직 형태의 확산을 촉발하였고, 그리하여 영국의 생산성 증가율이 다른 보다 선진적인 경제와의 격차를 갑자기 줄일 수 있게 된 점을 지적한다(Lansbury and Mayes, 1996: 21~2). 사실상 왜 영국 제조업의 투자 수준이 그렇게 낮았는가에 관한 경제학자 간의 최근의 논쟁을 보고 앤드루 브리튼은 다음과 같이 분명한 답변을 제시했다:

> 두 가지 광범위한 답변이 있다. 첫째, 산업에의 자본 공급이 낮았다. 이 견해에 따르면, 영국의 산업에 투자 기회가 부족했던 것이 아니고, 알맞은 가격에 제공된 금융 자원이 부족했다. 그 이유는 금융 시장의 '단기주의,' 은행의 여신 할당제, 또는 다른 유사한 결함 때문이다. 〔……〕 둘째, 자본의 수요가 너무 낮았다. 이 견해에 따르면, 문제는 금융 체제의 문제이기보다는 경제 구조의 기반이다. 어떤 이유에서인가 영국에는 이윤을 낼 투자 기회가 부족하다. 그 이유로는 노동조합이 너무 강력하다, 혹은 정부의 경제 정책이 너무 불안정하다, 혹은 기업에게 주어지는 자극 요인이 너무 적다 등등을 꼽을 수 있다. (Britton, 1992: 3)

이 논쟁의 어느 쪽도 영국 제조업의 투자 수준이 너무 낮았다(그리고, 낮은 상태이다)는 점을 부정하지 않는다.

전통적 경제학의 범위 밖에서, 다른 가설도 등장하였는데, 이들은 성장 회계가 측정하기 곤란한 보다 제도적이고 정치적인 성격의 변수들에 관심을 갖는다. 예컨대 우리가 미국의 쇠퇴에 관한 절의 끝머리에서 다룬 군비 지출과 제국주의의 비판을 반복하고 있는, 주로 마르크스주의로부터 영감을 받은 문헌이 있는데(이 점에 대해선, Coates, 1994: 190~200을 보라), 이는 제2부 제4장에서 다시 다루려고 한다. 또 베버로부터 영감을 받은 저작도 있는데, 이들은 20세기 영국 경제의 저성과를 19세기의 영국 부르주아 혁명이 불충분함에 따라 생겨난 장기화된 문화적 질병('산업 정신'의 상실)과 연결 짓는다(같은 책: 135~41). 그러나 이것이 영국의 쇠퇴에 대한 신자유주의적 명제를 반박하는 가장 널리 알려진 반대 주장은 아니다. 이 영예는 슘페터, 케인스로부터 영감을 받은 주장에 돌리는 것이 보다 적절하며, 이에는 라조닉이 전개한 '패러다임 전환'에 대한 주장이 포함된다. 이 견해에 따르면 20세기 영국의 장기간의 쇠퇴는 노동조합의 힘 때문은 아니다. 다만 일정한 종류의 직인 노동조합과 분권화된 단체 협약이 장기간에 걸친 사회경제적 패러다임──라조닉의 용어를 빌리자면 '자산자본주의' 패러다임이다──의 유산의 일부를 이룬 만큼은 노동조합의 힘에 영향을 받았다고 말할 수 있다. 영국의 산업 자본은 19세기에 이 패러다임을 취하게 되는데, 그 이후 이로부터 결코 분명하게 절연하지 못했다. 우리가 이미 보았듯, 라조닉의 일반 명제는 '제도의 경직성'에 의해서, 과거에는 성공적이었지만 시간이 흐르면서 시대에 뒤처지게 되지만, 지속할 능력은 지니며, 저성과의 원천이 되는 일련의 제도적 장치에 의해서 경제적 쇠퇴가 촉발된다는 것이다. 라조닉의 영국관에 있어서 중심적인 것은 영국이 일찍부터 소규모 가족 중심의 산업 단위를 정착시킨 점인데, 이들은 전문가적인 경영층이나 선진적인 연구 개발 능력을 지니지 못하고(수평적이나 수직적으로), 공급자와 고객과의 긴밀한 관계를 형성치 못하고 국내의 금융 기관과도 유기적인 관련을 맺지 못했다. 이런 형태의 회사 조직은 19세기 중엽에 짧은 기간 동안 세계의 공업 생산에서 주도력을 발휘하기에는 충분하였지만, 시장의 규모가 커지고, 주도적인 기술의 성격이 바뀌어가고, 기업자본주의의 형식이 출현하자, 주도적인 지위를 지키고 굳히는 데는 불충분하였다고 라조닉은 주장한다.

만일 라조닉이 옳다면, 20세기 영국의 경제적 저성과는 "뿌리 깊은 제도의 구조—노사 관계의 구조를 포함하며, 산업 조직, 교육 체계, 금융 중개, 국제 무역, 그리고 국가와 기업의 관계" 등 "개인, 집단, 기업이 생산 체제를 변환시킬 수 있는 능력을 집단적으로 제약했던 조직이 포함된다"—의 산물로서 이해될 수 있다(Elbaum and Lazonick, 1984: 569). 사실 라조닉에 따르면, 영국의 경제적 주도권은 20세기에 한 번이 아니라 두 번 타격을 받았다. 주로 미국에 기반을 둔 기업적-경영적인 자본주의 재벌의 경쟁력에 지고, 20세기 초엽의 제2차 산업혁명 이후 영국은 회사 조직과 이에 연관된 사회적, 문화적 정치적 체제를 근대화할 능력의 부족으로 취약해지고 쇠락하기 쉬워졌다(즉 당시 주도적인 자유주의 자본주의 모델의 약하고, 종속적인 형태가 되어버렸다). 그러나 기술 발전의 제3의 물결이 일어나 미국의 경영자본주의마저도 보다 합의적이고, 신뢰에 근거한 자본주의 모델— 먼저 독일형, 그리고는 일본형—의 경쟁에 취약하게 만든 20세기 말에, 유사하게 뿌리를 내린 제도적 경직성과 타성은 또다시 영국 경제를 취약하게 만들었다. 우리가 제1부 제2장에서 보다 자세히 보게 되듯이 라조닉은 미국의 '경영자본주의'보다는 일본의 '집단자본주의'의 열렬한 옹호자이다. 영국에 관한 그의 주장은 영국은 역사적으로 둘 중의 어느 한쪽을 효과적으로 따라잡을 수 있는 근대화하는 제도를 결여하고 있다는 것이다.

이같이 광범위한 제도적 장애가 영국이 높은 경제 성장률을 성취하지 못하도록 한다는 신슘페터적인 견해는 영국의 쇠퇴에 관한 신자유주의적 명제에 대응하는 강력한 이론적인 균형추의 기능을 하는 것만이 아니다. 이 견해는 저성장의 근원에 관한 좀더 포스트케인스적인 이해와도 쉽게 어울린다. 포스트케인스적인 해석의 핵심에는 '성장의 동력'으로서의 제조업 부문의 중요성에 대한 강조와, 그 제조업 기반에 충분한 투자와 지도력을 제공치 못한 영국 금융 기관에 대한 맹렬한 비판이 자리 잡고 있다. 이런 면에서 1990년대에 핵심적인 대중적인 저서는 윌 허튼의 널리 읽힌 책 『우리가 속한 나라 *The Sate We're In*』(Hutton, 1994)이다.

허튼의 대처식 신자유주의에 대한 반박은 그가 캐인과 홉킨스를 따라서(Cain and Hopkins, 1993a ; 1993b) '신사자본주의'라고 명명한 바의 지속적인 비판에 바탕을 두며, 귀족적으로 지배되는 영국 금융 부문이 국내의 제조업과 긴밀하고 장기적인 관계를 맺지 않으려는 자세의 힐난에 바탕을 두고 있다. 영국의 경제적 저성과에 관한 허튼의 설명은 노동조합을 거의 언급하고 있지 않다. 그 대신 영국 금융 기관의 '만성적인' 단기주의 투자 습관을 지적하고, ——자이스먼이 이미 했던 것처럼—— 이를 대규모 영국 기업이 투자 자금을 얻기 위해 은행 부문보다는 주식 시장에 의존함과 연관시킨다. 허튼에 따르면, 영국 경제는 쇠퇴했는데(또, 쇠퇴하고 있는데), 그 이유는 다양한 경제 부문 사이의 ——마르크스주의 용어로 말한다면, 산업 자본과 금융 자본 사이의—— 핵심적 관계가 지나칠 만큼 즉각적인 사적인 이해에 의해서, 즉, 회사 소유권으로부터의 손쉬운 '탈퇴'에 의해서, 조절되지 않은 시장의 긴박성에 의해서 추동되며, 이 관계가 그에 상응할 만큼 상호 이해와 '항의' 그리고 신뢰라는 장기적인 관계에 의해 충분하게 매개되고 있지 않기 때문이다. 여기에다가 과도한 자유주의 이념에의 헌신 ——특히 정부 내에서—— 과 1979~97년 기간 동안 대처형 정부가 고삐 풀린 자유주의를 적용할 때 이를 억제할 성문헌법이 부재한 점을 덧붙여 본다면 ——허튼에 따르면—— 우리는 경제적 구원을 잘못된 방향에서 찾고 있는 영국의 경제를 만나게 된다. 즉(허튼이 어떤 경우에도 사회적으로, 도덕적으로 바람직하게 본) 신뢰에 근거한 자본주의 모델이 경쟁력 우위를 입증하고 있던 바로 그 시기인 1980년대에 영국은 자유주의적 자본주의 모델의 건설을 제약하는 어떠한 사회민주적 억제력도 제거하려 했었다. 허튼에 따르면, 사실상, 영국은 이중적으로 불리한 입장에 처하게 된다:

미국을 모방하려고 애씀으로써, 영국은 두 세계의 나쁜 점만을 가지게 되어버렸다. 우리는 미국이나 동아시아의 역동성도 갖지 못했고, 사회적 응집력과 장기 투자를 제공하는 유럽식 제도도 갖지 못했다. 영국은 위험과 불안정을 가장 견딜 수 없는 사람들에게 이를 증가시키는 메커니즘을 수입한 반면, 최소한의 위험 감수와 높은 수익률의 요구를 결합시킨 금융 체제를 유지했다. 유럽 수준의 실업률과 미국 수준의 빈곤한 노동층을 가진 영국은 미국의 제조업 부문을 속빈 강정으로 만든 과정이 마음껏 전개되도록 하였지만, 그에 상응하는 역동성을 획득하지는 못했다. (Hutton, 1994: 19)

이와 같이 영국의 경제적 저성과에 관한 논쟁은 미국 경제의 현 상태에 관한 논쟁에서와 마찬가지로 독특한 이론적 관점의 차이와 특정한 자본주의 모델의 강점과 약점에 대한 상이한 태도에 의하여 형성되어졌다. 넓은 의미로 보자면, 신고전파 성장 이론——구이론이든 신이론이든——에 우호적인 분석가들은 적어도 대처 프로젝트의 일부를 수용하여, 한편으로는 이들 구성장 이론가와 신성장 이론가 사이에 인적 자본, 기술과 혁신의 투자의 질(혹은 심지어 그 규모)을 향상시키기 위한 제한된 국가 행위의 필요성 또는 바람직함에는 논란을 벌이면서도 저성과의 문제를 궁극적으로는 시장의(특히 노동 시장의) 완전한 작동에 대한 장애 문제로 이해하고 있다. 좀더 슘페터적이거나 케인스적인 학파의 분석가들은 시장에의 신념이 지나치게 정태적이거나 지나치게 잘못되었고, 그 결과 정책 논쟁이 너무 협소하거나 너무 노동조합에 집중되어 있다고 본다. 그 대신 이들은 유력한 주주의 범위가 주주에 근거한 자본주의 내에서의 통상적인 범위보다는 더 넓은 다양한 회사 지배 구조의 형태에 의해 분출되는 역동성의 근원에 주목하고, 따라서 회사와 회사, 산업과 금융, 심지어는 경영자와 노동자를 분리하는 시장에 근거한 자본주의 모델이 부적합하다고 본다. 이들이 보기에, 미국과 영국 경제는, 자유주의적 자본주의의 조직 방식은 협동과 신뢰의 관계를 통해서 매개되는 경쟁 관계에 뿌리를 둔 경제적 적응성과 변화의 원천을 개발(그리고 활용)할 능력이 없었기 때문에, 이전의 경쟁적 주도력의 요소를 상실한 것이다.* 이들이 우리에게 보라고 권하는 것은 바로 높은 경제 성장률을 향유하면서도 소위 허튼이 말하는 "경쟁과 협동의 혼합"(Hutton, 1994: 255)을 성취한 경제이다. 그러는 가운데 이들은 영국과 미국으로부터 벗어나 동아시아와 서유럽 대륙의 경제 성과를 둘러싼 논쟁으로 우리를 안내한다.

---

* 좌파 중에서 이런 주장을 하는 건 이들만이 아니다. 이 주장은 왜 일본과 독일 자본주의가 전후의 상당 기간 동안 미국 자본주의를 앞지르게 되었는가에 대한 로버트 브레너의 최근 견해이기도 하다.

전후 독일과 일본 경제를 형성하게 되었던 주요한 사회적 요인의 포진 상태는 미국에서 발견된 그것의 반대였다. 독일과 일본의 제조업자들이 후발로 인해 누린 이점은 [……] 시간이 지나면 소진하게 될 요인——시골에서 채용한 값싼 노동력, 미국에서 차용한 최신 기술에의 접근도와 생산 주기상의 특정 시점에 따른 혜택 등——그 이상의 것이었다. 그들의 이점은 보다 장기적인 영향을 미치는 보다 영속적인 정치-제도적 요인을 포함하게 되었는데, 이는 자본 축적을 위한 유리한 조건을 유지하는 데 기여했다. 독일, 특히 일본 제조업체들은 미국에서는 이용할 수 없었던 종류의 확실한 국가의 지원은 물론, 미국에서는 유례를 찾을 수 없는 제조업 내에서 생산, 금융과 제조업, 노동과 자본 간의 관계 등을 조직화하는 우수한 제도적인 형태에 감싸여 있을 수 있었기 때문에, 이들 업체는 순수한 시장 용어로는 설명할 수 없는 투자의 수준과 질을 획득하고, 비용을 조절할 능력을 성취할 수 있었다. 이런 정치적, 경제-제도적 장치로 인해 값싼 자본에의 접근, 위험의 사회적 확대, 국제 경쟁으로부터의 보다 큰 보호(비록 부분적, 잠정적이라 할지라도), 투자 수익에 대한 장기적인 시각, 인적 자본에 투자할 보다 유리한 기회, 그리고 사회적으로는 필요한, 그러나 개인적으로는 이윤이 나지 않는 노력——특히 사회간접자본, 교육, 연구 등——에 대한 보다 많은 투자 등이 제조업자들에게 가능할 수 있었다(Brenner, 1998: 44).

제2장 신뢰에 기반을 둔 자본주의: 회생과 후퇴

이 글을 쓰고 있는 1999년 초, 뉴스는 동아시아 경제 위기에 집중되고 있다: 한국의 외채, 내적인 산업 구조조정 및 노동의 저항, 인도네시아와 말레이시아의 정치적 혼란, 일본의 경기 침체 등. 뉴스는 또 일련의 유력한 서유럽 정치인과 국제 금융인의 동아시아 방문——1998년엔 누구보다도 IMF 총재(유럽 공동체를 대표한), 영국 재무장관의 방문——에도 집중되었는데, 이들은 일본과 한국 정부에게 경제 체제를 자유주의적 자본주의로 전환하는 방법에 관한 충고를 하였다. 그러나 물론 항상 그랬던 것은 아니었다. 오히려, 1997년까지만 해도(보다 비공식적인 집단 내에서는 적어도 1992년까지는) 서방 언론의 충고와 모델 제시의 유형은 대체로 반대 방향으로 갔다. 1990년대까지도 전후 일본 경제가 성취한 경제 성장률은 선진 국가 중에서 단연 최고였다: 일본은 자본주의의 기적의 경제로 널리 인식되어졌다(또 모방되었다). 그러나 1990년대에 일본 경제가 6년 동안이나 상대적인 성장의 정체에 빠져든 바로 그 시기에, 미국과 영국의 성장률이 예상 외로 빨라지기 시작하였고, 기적의 수레바퀴는 벗겨졌다. 그리고 이 1990년대는 일본의 뒤를 좇으며 번성하던 동아시아 호랑이 경제의 중대한, 보다 일반적인 위기로 막을 내렸고, 이 위기는 일본의 경제 제도와 일본 경제 운영의 질에 관한 진지하고 대단히 분명한 회의론을 불러일으켰다.

일본 경제의 성쇠 중에서 1990년대 침체의 원인, 결과 그리고

의의가 제2부 제3장, 제2부 제4장, 제3부의 주요한 주제이다. 제1부 제2장 중 전반부에서는 전후 40년 동안 일본의 경제가 성취한 놀라운 성장률에 대한 설명(그 대부분은 1992년 이전에 나왔다)을 제시하려고 한다. 제1부 제1장에서 그랬듯이 먼저 입장의 소개가 있고, 그 이후 평가를 내릴 것이다.

일본 경제의 상승

미국이 세기 말에 직면한 문제는 근본적인 패러다임의 선택이었다라고 확신한 논평가들 사이에선 특히, 1980년대 미국 경제의 취약점이 당시에 인지된 일본 경제의 강점에 대비해서 주로 규정되었다. 우리가 방금 보았듯이, 그들의 견해는 낡은 생산 패러다임—전후 미국의 성공이 기초를 삼고 있는—에 의하면 "성공은 천연 자원에의 접근, 동원 가능한 노동력 그리고 과학적 지식에 달려 있다." 이와는 대조적으로(마이클 포터가 대통령 당선자인 클린턴에게 말했듯이) 새로운 패러다임은 역동성, 혁신, 연구 개발, 훈련과 공급자와의 관계를 중시하였다(Clinton, 1993: 41). 라조닉이 "제3차 산업혁명이라고 명명한 새로운 패러다임에서는 〔……〕 번영이 시장 기구의 완벽을 요구하기는커녕 〔……〕 상이한 국가의 부는 재계의 조직들 속에서 일어나는 계획된 조정에 점차적으로 의존하게 되었고," 따라서 번성할 수 있는 유일한 경제는 "노동력을 교육시키고, 위임된 금융 자원을 동원하며, 상호의존적인 혁신적인 노력을 조정할 정책 수단"에 의하여 혁신적인 투자에 필연적으로 수반되는 경제적인 불확실성을 줄여줄 수 있는 경제일 것이다(Lazonick, 1991a: 13, 57). 1980년대에 미국 자본주의가 이런 패러다임 전환을 하기 원했던 논평가들에 따르

면, 이런 미래의 경쟁력을 위한 적합한 모델을 구성하는 요인들
은 바로 일본의 사회적, 산업적 관행이었다: 즉 일본인의 태도와
이념(Lodge, 1986: 14), 산업과 금융의 일본식 연계(Thurow,
1992: 34), 일본식 노동자-경영자 관계(Lazonick, 1991a: 44), 심
지어 일본 국가의 관행(Zysman and Cohen, 1986: 42~4) 등이
바로 그것이다.

　하지만 패러다임 변화의 주창자들이 전후 일본 경제의 성공의
근원을 조심스럽게 검토한 유일한 집단은 아니었다. 성장회계 연
구가들도 적절한 일본의 자료를 극도의 관심을 가지고 검토하였
다. 예컨대 에드워드 데니슨은 1970년대 당시 소위 '아시아의 새
로운 거인'(Patrick and Rosovsky, 1976)으로 묘사된 일본에 관한
점증하는 미국 국내 연구의 초기에 활약했다. 1953년과 1971년
사이 주요한 자본주의 국가에 비해 앞섰던 일본 성장의 우위(연
평균 8.8퍼센트로서, 평균 4.6퍼센트 앞섰다)는 모든 성장 요인에
있어 일본이 더 나은 성과를 보인 점에 있다고 보았다. 그가 말했
듯이, "해답을 어느 단일한 성장 요인 속에서 찾을 수 없다. 오히
려 다른 나라와 비교할 때 거의 모든 중요한 결정 요인에서의 변
화가 대단히 유리했으며, 어느 한 부문에서도 변화가 특별히 불
리하지는 않았다." 그의 연구 결과, 노동력 공급이 일본이 앞선
4.6퍼센트 중 0.9퍼센트를 설명하고, 새로운 설비 투자가 1.2퍼
센트, 새로운 지식의 적용이 1.0퍼센트, 농촌에서 산업으로의 재
분배가 0.3퍼센트를 설명하였다. 그의 1976년 연구의 강조점은
궁극적으로는 자본회계에 있어서의 엄청난 증가——"다른 선진
국에서 발견된 범위를 크게 벗어난 속도의 증가"(Denison and
Chung, 1976: 63)——와 최소한의 지체와 최소한의 노동자의 저
항으로 새로운 아이디어를 흡수하고 활용할 수 있는 일본의 능력
이 엄청나게 향상된 점으로 귀결된다. 그러나 역시 그답게——우

리가 보겠지만, 다른 사람들은 습관적으로 그렇지 않았는데—
데니슨은 세계의 모든 지식의 성장 속도를 추월한 빠른 지식의
획득에서 오는 경제적인 이점을 성취할 수 있는 독특한 일본의
능력이 **문화적인** 기원을 갖고 있는가에는 조심스러웠고, "일본을
도왔을지도 모를 태도와 관행을 제안할 수는 있지만," 이것이
"더 좋은 결정에 이르게 했는지는 판단할 수 없다"고 말했다(같
은 책: 82~3).

  이런 종류의 주장은 전후 일본의 경제 성장에 관한 전통적인
신자유주의적인 설명—즉, 시장의 힘의 역할과 새로운 경제 자
원의 동원을 강조하는 설명—을 유지시키는 데 도움이 된다. 나
중에(이 책 153~54쪽을 보라) 우리는 중요한, 그리고 널리 논의
된 크루그먼의 주장을 보게 된다: 즉 전후 일본의 성장에 특별히
기적적인 것은 없다; 그것은 이제까지 사용되지 않았던 생산요
소—당연히 자본, 그러나 특히 노동—의 동원에 근거하며, 극
적으로 증가된 동원된 요소의 생산성에 근거하지 않는다; 이 때
문에 결국엔 완만해질 수밖에 없는 단 한 차례의 따라잡기 작업
일 뿐이며, 그러므로 질적으로 새로운 성장의 과정이나 경험을
생성해낸 것은 아니다(Krugman, 1994b). 여기서는 일단 『아시아
의 새로운 거인 *Asia's New Giant*』에서 패트릭과 로소브스키가
전개한 앞서의 주장이 이런 일반적인 접근 방법에 전형적이었다
는 점에 주목하기로 하자. 일본의 독특성에 깊은 인상을 받은 사
람들에 대해서, 이들은(이미 1976년에) "일본의 성장은 기적이 아
니라고 조용히 제안하였고" "일상적인 경제적인 원인에 의해서
상당히 잘 이해될 수 있고, 설명될 수 있다고 제안하였다"(1976:
6). 특히 전후 일본은 대단히 잘 교육되고 숙련된 노동력—"어
떤 의미에선 경제의 정적인 필요에 비해 지나치게 교육되었다"
(같은 책: 12)—생산 부문 간의 임금과 생산성의 커다란 격차,

"최고의 외국 기술을 신속히 흡수하고 적용할 수 있는 상당한 정도의 경영, 조직, 과학, 공학적인 기술"(같은 책: 12), 그리고 대기업을 지원하는 정부를 가지고 있었다. 그들의 견해에 따르면 "정부가 분명히 우호적인 조건을 제공하였지만, 성장의 주요 원동력은 사부문의 투자 수요, 사부문의 저축, 그리고 상대적인 가격이라는 시장 지향적인 환경 속에서 움직인 근면하며 숙련된 노동력이었다"(같은 책: 48). 달리 말해서, 일본의 전후의 성공은 간단히 "시장 지향적인 사부문 기업 경제 체제"(같은 책: 43)의 성공적인 작동으로 볼 때 제일 잘 이해되며, "정부의 정책이든 지도력이든, 노사 관계의 관행, 제도이든 혹은 보다 더 모호하게 규정된 문화적 속성"이든(같은 책: 6; 또한 Miwa, 1996: 27을 보라) 특별히 일본적인 추가적인 구성 요소를 필요로 하지 않는다.

그렇지만 일본의 전후 경제 성공에 관한 전문적인 문헌의 대부분은 이런 분석의 노선을 따르지 않았다. 오히려 정반대 방향으로 나아가 일본의 자본 축적을 둘러싼 독특한 사회적, 정치적, 제도적, 문화적 환경의 경제적인 결과를 강조하였다. 그것은 전통적인 경제학의 신자유주의적 정통파에 대해 반론을 펴기 위해 전후 일본의 성장 이야기를 사용하며, 전후 일본의 '성공'을 국가의 행위를 열망하는 포스트케인스주의나 대규모 기업의 경쟁적인 역동성을 열망하는 신슘페터주의의 정당함을 입증하는 사례로 제시하였다. 즉 대다수 최근의 관계 문헌에서 일본은 시장에 기반을 둔 자유주의적 자본주의를 향한 신자유주의적 열망에 **반하**는 증거로 취급되었다. 그 제도적 구조와 사회적 장치는 '신뢰에 기반을 둔' 대안의 정화로서 자랑스럽게 열거되는데, 이 대안의 성공은 자유주의적 모델과는 다른 구조적 차이에서 기인한다: 즉 문화와 산업 관계, 기업 조직 그리고 정치의 차이가 그것이다. '신뢰에 기반을 둔 자본주의' 주장(과 주창)의 깊이와 복잡성을 이해하기 위해서는 이렇게 상정된 차이들을 하나씩 검토하는 일이 필요하다.

(1) **일본 문화의 독특성** 일본 문화를 둘러싼 주장은 다양한 형태로 나타났다——일부는 그 성격이 단순하며(심지어는 인종적이기도 하다), 다른 일부는 이념적인 분석을 보다 쉽게 계량화할 수 있는 사회적 설명의 형식과 통합하려는 세련되고 기교적인 노력을 보인다. 물론 우리가 관심을 기울이는 것은 후자인데, 일본과 다른 선진 자본주의 경제의 행동 성향의 범위는 넓고, 중복되기는 하지만,——따라서 우리는 절대적인 문화적 차이를 얘기할 수 없다——도어가 "중심적 경향"이라고 부른 각 범위의 무게 중심은 상이한 사회에서는 상이한 지점에 자리를 잡는다는 사실에 민감한 그런 노력에 특히 관심을 기울인다(Dore, 1993: 76). 즉, 우리는 선진 자본주의 경제에 실질적이고 식별 가능한 문화적 차이가 작동하고 있고, 이 문화적 차이가 경제 성과의 차이를 설명하는 데 도움이 된다고 주장을 할 태세가 된 저자들에 관심을 기울인다.

수준이 높고, 세련된 문헌에서는 주도적인 문화 체계는 자체의 복합적인 역사를 가지고 있고, 문화 체계는 그 역사에서 유래하는 것으로 이해되어야 한다는 점이 일반적으로 인식되고 있다(이 점은 특히 Dore, 1987: 92). 어떤 경우엔 문화의 변화를 일으킨 최근의 촉발 요인을 주로 강조한다. 예컨대 로지는 패전이 전후 일본 사회와 사고의 유별나게 합의적인 성격에 미친 영향을 강조했다(Lodge, 1986: 16). 그러나 보다 일반적으로 이런 역사의 주제는 유교, 특히 중국 유교보다 충성과 민족 정신을 크게 강조하는 일본 유교가 미친 장기적인 영향이다(Morishima, 1982: 9, 15; Fukuyama, 1995: 178~82). 일본에 관한 문화적 시각의 문헌에서는 유교가 특정한 형태의 경제 활동을 고무하고 경제적 관념의 무게의 중심을 압도적으로 신교도적인 서구에서 유행하는 관념으로부터 벗어나도록 했다고 얘기된다. 유교 사회는 신교도 윤리에 의해 형성된 사회와는 다르다고 말해진다. 그래도 그 사회는 성취와 혁신을 중시하는 사회이다. 실제로, 근대적인 서구보다도 더하다. "사람이 교육적 성취에 의하여 구분되는 일종의 **학력 사회이며**"(Morishima, 1982: 17), 그 결과 고도로 능력 위주의 교육 형태가 나타날 수 있는 사회이다(Dore, 1985: 211). 그러나 그 사회는 한편으로는 권위와 지도자에 대한 태도, 다른 한편으로는 사회적 지위와 사회적 거리감에 대한 태도가 자본주의 이전의 이념 체제가 대체로 기독교적인 성격을 띤 사회에서 유행하던 태도와는 아주 다를 수 있을 가능성이 높은 사회이다. 도어는 "일본은, 대부분의 경우보다는 계층적인 서열이 인간 관계에 더 많이 침투되어 있는 사회인 것은 명백하다"고 생각했다(같은 책: 197). 또한 이에 반하여 영국에서는 "권위가 일반적으로 일본보다는 훨씬 더 문제의 대상이다"고 생각했다: "권위의 정당성이 항상 더욱 의문시되고 있으며"(같은 책: 203~4), 나이도 서열도 자동적으로 많은 존경심을 불러일으키지 못한다. 도어에 따르면, 유교적 가치로 충만한 문화는 사람들로 하여금 "장기적인 관련을 맺음으로써 자신들의 선택 방안을 보다 기꺼이 접어버리도록" 만드는 경향이 있고, "다른 사람들의 복지를 증진하기 위하여 어떤 의무감"을 갖는 경향이 있다(Dore, 1993: 76~7). 일본 사회에서 태어나고 자라난 사람들은 공개적으로 대립적인 협상 관계를 ―이는 필연적으로 낮은 신뢰 관계이다―별로 좋아하지 않는데, 왜냐하면 협상의 우위를 차지하려면 정보를 감추고 각자는 자신의 이해를 위해서 다른 사람의 반응을 조종하려고 노력해야 하기 때문이다. 포커는 일본인이 좋아하는 게임이 아니다"(Dore,

1988: 96). 또 그는 이렇게 말한다. "일본에서는 다른 사람의 삶을 향상시키는 제품과 서비스를 제공하는 건 좋은 일이다. 투기적인 소비와 금융 상품을 파는 건 나쁜 일이다"(Dore, 1993: 77). 이 같은 '생산자 윤리'가 기독교적인 배경의 자본주의엔 전적으로 결여되었다는 것은 아니다. 물론 그렇지 않다. 그런 말이기보다는 앵글로색슨의 개인주의는 회사를 '자산'으로 보며, 회사의 책임을 보다 제한적으로 보도록 하는 경향이 있는 반면, 예컨대 현재의 일본인 경제 주체들이 유산으로 물려받은 덜 개인적인 문화는 회사를 보다 넓은 '실체 또는 공동체'로 보는 견해를 갖도록 고무한다고 말해진다는 뜻이다(Dore, 1993: 67).

그 결과, 이직률(미국은 높고, 일본은 낮다), 경영의 충성심(일본은 높고, 미국은 낮다)이 질적으로 다른 양상을 띠고, 주주와 주주의 단기적 이해(미국에서 주류를 이루고, 일본에서는 장기적 사고와 근로자에 대한 책임감에 의해 완화된다)에 질적으로 상이한 태도를 보이고, 이와 관련해서 일본인 경영인들은 그들과 그들의 경영 대상 간에 신뢰의 관계를 구축하려는 의욕이 보다 크다고 말해지고 있다. 이런 주장에 따르면, 권위 관계와 세대 간의 존중이 깊이 뿌리내리고 있는 바로 그 이유 때문에, 일본의 경영자는, 영국에서 보통 일어나는 것보다는, 자신들과 하위자 간에 명확한 사회적 벽을 설정하려는 경향이 덜하고, 밑으로부터의 비판에 보다 관용적이며, 자신들과 경영의 대상 간에 큰 소득 격차를 유지하지 않으며, 만일 상황에 의해서 그들이 고용한 노동자들에게 생활 수준의 저하를 강제해야 한다면, 자신들의 생활 수준을 낮추어야 할 강한 의무감을 느끼게 된다(Dore, 1985: 203~6). 도어에 따르면, "아마도 일본 회사에서 신뢰를 촉진하는 중요한 요인은 고용 관계의 계약적 성격이 모든 구성원에 의해서 공유될 수 있는 목표를 가진 회사체의 공동 구성원 의식에 의해 모호해지거나 대치되고 있다는 점이다"(같은 책: 212). 이런 회사에서는, "유교적인 근면한 생산성의 강조가 [……] 주주보다는 근로자에게 우선권을 주며 동시에 노동자로 하여금 자신의 기술을 가능하면 비싸게 팔아야 할 상품으로만 생각하기보다는 자부심을 느껴야 할 그 무엇으로 생각할 기반을 마련해준다"(같은 책: 214). 물려받은 이념이 그 어디에 있든 자본주의에 공통적인 경향과 문제를 모두 잠재울 수 있는 건 아니다. 이 주장을 따르면, 이런 경향과 문제가 정의되고, 이해되고, 상이한 나라별 환경에서 작용하게 되는 방식을 주도적인 이념이 형성한다는 뜻이며, 그럼으로써, 주도적인 이념은 국제 경쟁력의 중요한 **추가적인 원천**으로 작동한다는 뜻이다. 도어가 말하듯이, "내가 말한 '산업적 성공을 위한 유교적 처방'에 그렇게 문화적으로 특정한 내용은 실제로 없다. 근본적으로 그것은 권위의 신뢰를 확립하는 조건에 관한 것이다. 그리고 현대 사회에서 신뢰란 값비싸며, 경영자의 노력과 특권의 자제라는 면에서 보면 특히 값비싸다"(같은 책: 217).

(2) 산업 관계 이런 문화적 힘은 그것을 믿는 사람에겐 일본 경제 생활의 어떤 주요한 사회적 기반을 설명하는 데 도움을 준다. 18세까지는 거의 완벽한 취학률을 보이고 40퍼센트가 고등 교육 기관에 다니고, 격심한 시험의 압력, 영국보다는 학교에서 20~30퍼센트나 더 많은 시간을 보내는 일본 교육의 치열함과 심각성을 설명하는 데 문화적 힘은 도움을 준다(Dore, 1985: 199). 일본의 높은 개인 저축률을 설명하는 데도 도움을 준다; 그리고 일본 산업 관계의 독특한 합의 체제를 이해하는 열쇠를 제공한다고 말해진다.

미국이나 영국의 회사와는 달리 "(일본의)공동체적 기업은 전략을 세울 때 협의해야 하는 이해 당사자의 집단이 아주 다르다"

고 서로우는 썼다. 미국과 영국의 투자 결정은 주로 주주-중심 적이며, 배당-중심이다. 일본에서는 그렇지 않다. 서로우에 따르면, "일본 기업에서는 근로자가 제일의 이해 당사자이며, 고객이 두번째, 주주는 먼발치의 세번째 자리를 차지한다"(Throw, 1992: 33); 그리고 이런 우선 순위 때문에, 일본 회사는 주요한 앵글로색슨 경쟁자에 비해서 근로자에 대해 보다 기꺼이 취업을 보장하고, 복지를 제공하며, 회사의 정책 결정을 보다 기꺼이 개방하고 노동자를 관여시키려 한다. 회사는 또 노동자의 기술에 보다 기꺼이 투자하려고 하는데, 노동자를 "필요하면 대여하고, 필요치 않으면 해고하는 생산의 요소로서 취급하지 않고,"(같은 책: 33) 회사 팀의 핵심 구성원으로 취급한다. 영어로 쓴 일본에 관한 경영 서적은 이런 노사 관리 스타일의 사례로 가득 차 있다. 즉, "회사는 대리 가족"(Eccleston, 1989: 69)이다. 이 중에는 "널리 퍼진 인원 과다에 뒤따를 회사의 지위에 대한 이미지 손상을 피하기 위하여" "생산 노동자를 판매직으로 전환시켜 가정 방문 판매를 시켰던" 유명한 1974~75년 마쓰다의 구조조정도 포함된다(같은 책: 45). 또 관련 서적엔 상급 경영자가 그의 부하들에게 보여준 신뢰의 사례와 작업팀과 품질 관리팀을 통한 노동 과정의 집단적인 "자기 감시"를 기꺼이 후원한 사례 등으로 가득 차 있다. 이같이 의사 결정의 분권화는 일본 노무 관리의 뚜렷한 특징이라고 하며, 따라서——우리가 래시와 어리를 믿는다면——"직접적으로 비교될 수 있는 사례를 본다면 일본에서는 미국에 비해 평균적으로 한 단계 밑에서 유사한 결정이 이루어진다"(Lash and Urry, 1994: 71).

라조닉 및 미국과 일본의 경제 관계에 대한 많은 다른 논평자에게 있어서 노동 관계는 일본이 미국 시장에서 성공하는 데 중요한 요소이다. 이 관계는(일본 노동자의 숙련 수준을 통한) 일본 상품의 질과 일본 산업의 혁신과 변화 성향 두 가지 모두를 설명하는 열쇠이다. 영국의 산업은 '엘리트 지위의 열정'을 지닌 일반 관리자 밑의 층을 계층의 삼각이 이루도록 일반 관리자, 전문 기술자, 일상 생산자로 자른다(라조닉의 어구를 빌리자면, 분절화한다). 미국 회사는 계층제를 더 낮은 단계에서 분절화하는 특징을 지녀서, 관리자와 기술자를 생산자와 구분 지어, 블루칼라 노동자를 어떠한 의미있는 방식으로도 회사의 일부로서 취급하기를 거부하면서도 라인과 스태프의 관리자를 통합시키고 있다. 일본의 분절은 이보다도 한층 더 낮아서, 회사의 전체 노동력을 단지 최저층인 생산직 등급에서만 구분 짓는다고 한다(Lazonick, 1991a: 44~5); 이것은 일본의 산업이 "회사 공동체 내의 성원 자격을 관리자뿐만 아니라 비관리자에게도 확대시킴으로써 회사 내에 이해의 공동체를 형성할" 수 있게 해준다(Lazonick, 1994a: 182). 작업장에서의 경쟁 우위에 관한 자신의 연구를 통하여 라조닉은 영국, 미국, 일본 자본주의에는 질적으로 상이한 노무 관리 스타일이 작동하고 있음을 발견했다고 주장한다. "영국의 사용자는 기술 숙련을 단지 작업장에 맡겨두었고, 미국의 사용자는 기술 숙련을 작업장에서 배제한 반면, 일본의 사용자는 작업장 노동자의 능력 개발에 투자함으로써 기술 숙련을 작업장에서 수행했다."(Lazonick, 1995: 90). 이렇게 함으로써, 일본의 사용자는 경쟁의 우위를 차지했다. 라조닉의 말을 다시 들어보자.

종신 고용에 내재한 조직적 헌신을 통하여, 남성 블루칼라 노동자의 기술과 노력은 회사의 조직 능력과 통합되었고, 이것이 일본으로 하여금 적기 재고 관리, 통계적 품질 관리, 유연한 생산 등 혁신적인 생산 체제의 측면에서 선두를 차지하도록 하였다. 이런 생산 체제의 기능에 중요한 것은 기술과 이니셔티브를 작업장에 주려는 일본 관리자의 기꺼운 자세이다. 실제로 최근에 일본의 대량 생산 업체가 유연한 생산의 도입에 성공한 것은 새로운 기계화된 자동 기술이 도입되기 이전에 수십 년 동안 블루칼라 노동자에게 작업장에서의 작업의 흐름과 품질을 감시하고 적용하는 데 상당한 재량권이 주어졌다는 사실에 크게 기인하고 있다. (Lazonick, 1991a: 42~3)

(3) 기업 조직 일본의 노무 관리 스타일에 관한 주장은 일본 회사의 독특한 내부 조직에 관한 보다 폭넓은 주장들의 일부일 뿐이다. 극단적인 경우, 이런 주장은 전후 일본의 경제 조직 형태를 "역사적 의의가 있는 새로운 경제 체제이며 〔……〕 자본주의도 사회주의도 아닌, 인간적 자본주의 또는 인간적 기업 체제"로 제시한다(Ozaki, 1991: 1). 이 논법에 의하면, "자본주의에서는 〔……〕 자본이 모든 생산요소 중 가장 가치 있지만 〔……〕" 일본의 체제하에선 산업 생산의 주권을 회사의 산출물을 생산하는 관리자와 노동자의 손에 고정시킴으로써, 그리고 인간주의적 경제 철학을 포용함으로써 "이 자본 지향은 대개는 사람 지향으로 대체된다"(같은 책: 9~10). 이 철학은 일본의 인간적 기업 체제에 세 가지 특징을 부여하는데, 이 특징이 일본 체제를 자유주의적 자본주의와 구분 짓고, 또 세계적인 경쟁의 우위를 부여한다고 얘기된다. 이 세 가지 특징이란 합의적인 산업 관계(우리가 방금 논의했던 종류의 관계), 노동자-관리자의 공동 주권, 높은 정도의 회사 내 협력에 대한 확고한 약속이다.

'인간적 회사 체제'란 생산요소로서의 인간 자원이 최고로 중요하다는 인식의 위에 기초하고, 인간 자원은 제대로 동기화되고 능력의 최대치까지 훈련되어야 가장 잘 움직인다는 견해에 기초하고 있기 때문에, 일본의 기업은 현재의 노동력을 자체의 내부 노동 시장(자체의 내적인 인적 자원의 풀)으로 개념화한다고 한다. 일본 기업은 노동자가 상당히 오랜 기간 동안 기업에 머물 것으로 기대하기 때문에, 노동자의 훈련에 체계적으로 투자할 준비가 되어 있으며, 기술적 변화와 바뀌는 시장 조건이 요구하는 대로 노동자의 자리를 옮겨주고, 자리가 바뀌면 자리에 맞는 사내 훈련을 제공한다. 일본 회사는 노동자들이 팀으로 일할 것을 권하고 개인별 보상을 팀의 성과에 연결 짓고, 각 팀의 고참과 신참 팀원 사이의 지식과 아이디어의 공유를 권장한다. 종신고용, 연공서열에 기초한 임금과 "일본 경제에서 전략적으로 중요한 부문에서 활약하는 대규모의, 기술적으로 가장 발전된 회사"(Ozaki, 1991: 97)에서 일하는 최고로 훈련된 일본 노동자의 25~30퍼센트가 속하는 기업별 노동조합을 중심으로 형성된 특정한 '일본식 관리 체제'가 있다고 한다; 그것은 거의 모든 관리자가 내부에서 채용되고, 관리층의 봉급이(그리고 봉급 격차가) 북미의 기준에 비하면 낮고, 노동자와 관리자가 기업의 성공과 실패를 똑같이 공유하는 관리 체제이다. 이 팀 활동과 일본식 관리 체제가 서로 결합하여 높은 수준의 기업 혁신과 비용 효율성을 촉진한다고 이야기되고 있다.

일본의 '인간적 기업 체제'에서 노동자와 관리자가 이런 식으로 긴밀하게 협동할 수 있는 능력은 부분적으로는 일본의 기업을 둘러싼 소유와 통제의 구조에서 유래한다고 한다. 미국 회사에서는 소유권이 분명하다: 그것은 주주에게 있으며, 고위 경영자는 주주의 이해에 반드시 주의를 기울여야 하고 주주들에게 정기적이고 실질적인 배당 이익을 주어야 한다. 이와는 대조적으로, 전형적인 일본 기업에서는 "회사 내의 상호 출자와 상대적으로 높은 부채 의존 때문에, (이 같은 외부의) 자본가의 역할은 의미 없을 정도로 축소되며" "실제로 경영층은 이자와는 달리 세금 공제가 되지 않는 배당금을 회사에 달갑지 않은 비용으로 여겨 거의 완전히 자유롭게 무시한다"(Ozaki, 1991: 15). 대다수의 미국 기업은 그 자본금을 유보한 이윤과 주식 공모에 의존하므로 독자적이다. 미국 기업은 심지어 주요한 공급자와 기업 고객과도 매개되지 않은 시장 관계로 연결된다. 이와는 대조적으로 전형적인 일본의 기업은 관련된 기업들의 서로 얽힌 망의 한가운데에 있다——공급자와 제조업자, 산업 집단과 주요한 금융 기관 사이의 장기적인 신뢰와 지원 관계로 묶인다. 미국에서도 일본에서도, 주주, 은행, 관리자, 노동자는 필연적으로 상호 작용을 한다. 그러나 일본의 "인간적 자본주의 체제하에서는 〔……〕 이들은 각기 다른 역할을 수행하여, 이들 간의 권력 분포는 아주 다르게 나타난다"(같은 책: 15). 미국의 기업 관계는 외부적으로는 시장을 통해 매개되고, 내적으로는 계층제를 통해 매개되는 한편, 일본의 인간적 자본주의 체제에서는 양자를 혼합하여서, 내부적으로 통합된 회사는 "조직화된 시장의 맥락에 있는 소규모 회사와 준통합적인 하청 관계라는 긴밀한 망"으로 둘러싸이며, 대규모 회사 자체는 "보다 넓은 회사 집단——기업 집단——의 원 안에 자리를 잡고 있다." 오자키가 정확하게 표현했듯이, "주요 상업 은행, 주요 무역 회사, 주요한 제조업 회사를 집단의 핵심으로 하고," 그에 덧붙여 "상이한 생산 라인을 지닌 몇몇의 대규모 제조 회사와 그 밑으로 수없이 많은 소규모의 하청 관련 업체"로 구성된 "대표적인 기업 집단"에 해당하는 것은 미국에 없다(같은 책: 53). 라조닉에 따르면, 이런 기업 집단은 "핵심 기업으로 하여금, 기술적, 조직적 변화를 질식시켜버리는 통제가 어려운 관료제의 불이익을 견디어내면서도, 생산과 유통의 수직적 통합으로 인해 만들어지는 기술의 차용, 생산 과정과 제품의 혁신을 실행하기 위한 이점을 누릴 수 있도록 해준다"(Lazonick, 1994a: 178).

　그 결과, 프루인이 명명한 '일본식 기업 체제'는 선진 자본주의 국가에서 발견될 수 있는 기업 체제와는 그 성격과 성과의 면에서 모두 질적으로 다르다고 얘기된다. "산업 조직의 세 가지 기본 형태인 공장, 회사, 회사 간 네트워크의 전략적인 상호 작용과 협력의 틀에 기반을 둔" 일본식 기업 체제는 "높은 생산성, 기능적 전문화, 제조상의 적응성"을 생성하는 데 특히 도움이 된다(Fruin, 1992: 3)고 얘기된다. 이 기업 체제를 해외에서 찬미하는 자들이 주장하는 바는 실제로 굉장하다. 그들은 대규모 일본 회사는 그들의 중심에서 "노동자를 훈련, 재훈련시키고 상당한 정도의 사회보장을 제시하는 방식을 좋아한다"(Hutton, 1994: 274). 그들은 대규모 일본 회사가 슘페터적인 "새로운 경쟁"의 요건을 충족시키며, 전략적으로 경쟁하고, "팀워크와 경험에 의해서 끊임없이 새로운 생산적인 서비스를 창출하는 학습 조직"으로 작동하는 방식을 좋아한다(Best, 1990: 166). 그들은 각 기업 집단 내의 핵심 기업이 "주식 비중에 따른 높은 수익이나 자본 소득을 추구하지 않으며" "장기적으로 경쟁적 우위가 있는 활동 분야에서 더 많은 사업을 발생시킬, 산업 전반에 대한 재투자를 보증하기 위해서 주식을 보유하는" 방식을 좋아한다(Lazonick, 1994a: 178). 그들은 기업 집단이 총괄적으로 "높은 이동성이 있기보다는 평생에 걸친 고용 관계를 만들고, 〔……〕 경매 시장같이 이동적이기보다는 장기적인, 의무를 지는 공급자 관계를 형성하고, 〔……〕 그리고 단기적이고, 수익에 민감하기보다 참을성 있고, 장기적으로 위탁하는 주식 자본과 그 결과 기업 인수가 부재하는" 방식을 좋아한다(Dore, 1997: 26). 그들은 기업 집단이 도어가 얘기한 "'제도적인 맞물림'에 의한 통합과 '동기상의 일체감'에 의한 통합"을 그가 말하는 "관계적 계약"의 체제로 결합시킨 방식을 좋아한다(Dore, 1993: 75); 그리고 그것

으로 유지되는 기업 행태의 상당히 다른 유형을 특히나 좋아한다. 다시 도어의 말을 들어보자:

일본이 우리 모두보다 더 좋은 성장의 성과를 거둔 것은 관계적 계약에도 불구하고가 아니라 관계적 계약 때문일지도 모른다고 생각할 만한 몇 가지 타당한 이유가 있다. 거기에선 배분의 효율성이 손실되는 것은 두말할 필요도 없다. 그러나 그 손실을 보상하고도 남을 상쇄하는 힘이 관계적 계약에서 나올 수 있다. 이 상쇄하는 힘은 배분의 효율성이 아니라 하비 라이벤스타인이 말하는 X-능률성——즉, 계획하고 프로그램화하며, 생산상의 곤란 없이 협동하며, 시간이나 재료의 손실을 피할 수 있는 능력——에 기여하는 힘이다. 라이벤스타인은 이 역량을 선택적인 합리성의 정도와 노력의 정도라는 구성요소로 분해하기 위한 시도를 한 바 있다. (Dore, 1998: 97)

(4) 국가의 관행 전후 일본의 성공을 설명하는 전통적인 이론의 마지막 행위자는 국가 자신이며, 특히 널리 알려진 통상산업성이다. 일본의 전후 산업 정책에 관한 주요한 영어 저작은 찰머스 존슨의 『통산성과 일본의 기적*MITI and the Japanese Miracle*』(1983)인데, 이 저작은 일본 국가를 사부문의 경제 성장을 지휘하며 자극을 주도록 짜맞추어져 있고, 준비가 된 '발전 지향 국가'로 보고 있다. 존슨은 일본을 '후발 산업국가'로 위치지우며 일본 국가를 '자본주의적 발전 지향 국가'(Johnson, 1995: 67)로 보면서, 기존의 자본주의 강국에게 잃어버린 입지를 되찾으려고 노력하는 경제에서는(전통적인 신자유주의적 국가의 역할과는 대조적으로) "국가 자체가 산업화를 주도한다는 사실, 즉 발전 지향적 기능을 맡는다는 사실"을 발견하는 것은 매우 흔하다

고 강조한다(Johnson, 1982: 19). 신고전파 경제학은 대단히 정태적인 경제 효율성의 개념을 갖는 경향이 있다. 산업 정책의 주창자(혹은 열성가)는 그들의 성향에 있어서 훨씬 슘페터적인 경향이 있으며, "자원의 배분을 기술 변화의 속도와 방향에 미친 영향"에 따라 측정한다(Johnson, et al., 1989: xvii). 그들이 내세우는 논거는 이렇다: 일본의 산업은, "일본 국가가 점진적으로 그러나 확고하게 일본의 산업 구조를 최대의 성장과 기술 발전의 잠재성을 지닌 부문으로 지도해"나간 전후의 "개입적인 목표화 전략"의 장기적인 수혜자이었기 때문에, 일본이 이제 "새로운 기술 발전의 선두"에 섰다는 것이다. 이 주장은 "정책이 어디에 얼마만큼 투자해야 할지, 어떤 숙련 기술과 기술적 학습을 해야 하는지에 영향을 주었고, 정책은 경제의 생산품 구성에 영향을 주어, 궁극적으로는 기술 혁신과 확산의 속도와 방향에 영향을 주었다"는 것이다(같은 곳). 전후의 일본 경제가 '새로운 경쟁'을 활용할 능력이 있는 회사를 보유한 행운이 있었던 것만은 아니다. 일본은 기술적 혁신과 확산의 제도화를 바탕으로 그 회사들을, 산업적, 경제적 재건을 위한 국가별 유형에 맞게, 조정해줄 능력과 의사를 가진 확립된 국가적 전통이 있었고, 관련된 일련의 국가 제도를 보유하고 있었다. 이 주장은 더 나아가서, "일본식 자본주의형에서는 시장은 단기적 효율성의 원천이기보다는 성장의 원천으로 강조되었고, 정부의 일차적 역할은 시장을 통해 성장을 촉진할 자극을 제공하는 것이었다"고 한다(같은 책: 32).

이같이 적극적인 산업 정책을 옹호하는 강력한 주장——주로 미국의 중도좌파를 향한 주장——속에서 우리는 전후의 일본 국가가 일본 경제를 국제 경제의 주요 세력으로 전환시키기 위하여 "문지기 역할"과 "발전적" 역할을 하였고(Zysman and Cohen, 1986: 42), 이제는 새로운 국제 자본의 시대에 들어서 일본 자본의 국제화의 "촉매적인 국가"의 역할을 하고 있는지도 모른다는 말을 듣게 된다(Weiss, 1997: 20; 1998: 209~11). 적어도 1970년까지는 국가가 자본, 기술, 공산품의 입국을 통제하고, 수출 침투를 꾀하는 외국 회사가 일본의 국내 시장을 점유하지 못하도록 효과적으로 막아 국민경제의 문지기 역할을 했다고 말한다. 자이스먼과 코헨이 보고하듯이 그 결과 "거의 모든 경우에, 외부인으로서는 돈이나 기술력 그 자체만으로는 일본 시장에서 영구적인 지위를 살 수도 없고, 밀치고 들어가 차지하지도 못했다"(Zysman and Cohen, 1986: 42). 동시에 통산성은 일본개발은행과 다른 공적인 금융 기관에 대한 영향력과 일단의 강력한 행정 통제(보조금, 수입 면허, 산업 공단과 운송 시설의 제공에 관한 통제)를 사용하여 전후 일본 회사가 통산성이 바람직하다고 생각하는 산업과 기술로 나아가게 '지도'하였다. 전후 일본 국가는 "격심하나 통제된 국내 경쟁"을 "발전을 강제하는 국제 시장의 압력"의 대용물로 사용함으로써, 시장 경쟁의 힘을 대체하지 않고, 오히려 그 힘의 조화를 지휘하였다(같은 책: 43). 통산성은 처음에는 일본의 사적 자본을 저임금 섬유 생산에서 벗어나 철강, 화학, 조선, 자동차 등 중공업으로 방향 지었다. 보다 최근에는 그 우선권을 반도체, 컴퓨터, 원격 통신, 고화질 TV, 생명 공학, 항공 산업 등 보다 "지식 집약적인" 산업으로 돌렸다(Kenworthy, 1995: 101; Johnson et al., 1989: 25; 상세한 요약은 Lazonick, 1994a: 177). 일본 회사에 대한 통산성의 영향은 회사들이 번영하면서 그 성격이 변했지만(강도가 떨어졌다), 통산성과 일본의 경제 기구들이 이제 일본 국가를 위해 일본 자본 수출의 지휘자로서의 새로운 역할을 찾았다고 역설할 준비가 되어 있는 학자는 아직도 있다. 한때 외국으로부터의 일본 진입을 막기 위해 무역의 국경을 닫았던 통산성은 지속적인 경쟁력과 일본 회사 자본의 세계적인 영향을 보장하기 위하여(일본의 해외 개발 원조를 통해) "해외 투자 자금을 조달하고, 일본과 외국 회사의 기술 제휴를 촉진하며, 생산 네트워크의 지역적 재배치를 권장하기 위한 광범위한 인센티브"를 제공하고 있다고 말한다(Weiss, 1997: 20~1). 만일 이것이 사실이라면, "동아시아의 경험에 비추어볼 때, 적어도 소위 발전 지향형 국가의 후원하에 전후 발전이 이루어진 국가에서는 국가의 산업 전환 능력이 아직도 온전하게 살아 있는 것처럼 보인다"*(같은 책: 23).

서독 자본주의의 조용한 힘

우리가 서론에서 처음 언급했듯이, 서독 경제는 경제 성과의 비교, 대안적인 자본주의 모델의 강점에 관한 논쟁에서 보통 일본 경제와 연결 지어진다. 이렇게 연결 짓는 사람들은 세 가지 연관된 사항을 주장하는 경향이 있다: 즉, 1945년 이후 서독 자본주의는 독특하게 합의적인 방식으로 조직화되었다(어떤 사람들은 이를 독특한 모델로 취급하며, 다른 사람들은 이를 보다 일반적인 유

---

* 덧붙여 말한다면, 이같이 일본 국가를 주요한 경제 행위자로 보는 견해는 대만과 한국에 관해서 유사한 주장을 펼치는 발전 전략에 관한 보다 폭넓은 논의 속에 종종 포함된다. 예컨대, 로버트 웨이드는 다음과 같이 주장한다:

대만, 한국, 일본 정부는 비상하게 잘 발달된 선택적 개입 능력을 가졌다; 이 능력은 a) 일련의 강력한 정책 수단, b)일정한 종류의 국가 조직과 국가와 사회 내의 다른 주요한 경제 기관 간의 연계에 기초하고 있다. 이들 동아시아 3국은 정책 수단과 제도에 있어 놀라운 유사성을 보여준다. 이들은 물론 c)월등한 경제 성과의 면에서——무엇보다도 더 한층 높은 기술력 생산을 향한 경제의 급속한 구조조정의 면에서도 놀라운 유사성을 보여준다(Wade, 1988: 130~1).

그렇지만 웨이드는 "우리는 a, b, c 사이에 어떤 인과 관계가 있는지 [……] 모른다"며 조심스러운 주장을 하고 있음에 주목해야 한다(같은 책: 131).

럽의 사회적 합의 모델의 일부로 본다); 이 모델의 성과는 전후 기간에 자유주의적 자본주의 모델보다 우수했다; 그리고 이 우수한 성장의 성과는 이 모델 자체의 독특한 성격의 결과이다.

여기서 작용하고 있는 주요한 변수는——일본에 대한 주장에서와 마찬가지로——언제나 주요한 경제 행위자 사이에 '신뢰 관계'를 만들어낼 수 있는(그리하여 장기적인 산업 구조조정과 기존의 산업 기술의 완벽한 활용을 촉진하는) 서독 자본주의를 둘러싸고 있는 제도적 구조의 능력이다. 분석가의 정치적 성향에 달려 있지만——보통은 어떤 형태의 중도좌파이다(물론 다 그렇지는 않다: 프랑스의 시각도 있다——Albert, 1993; 심지어 Barnett, 1986도 그러하다)——이 신뢰 관계는 **자본-내적** 관계에 근거점을 두고 있거나(대규모 독일 회사 간의 협조, 독일 산업계와 독일 은행의 협조, 소자본과 대자본의 협조를 강조한다), 아니면 **자본과 노동**의 관계에 근거점을 두고 있다. 자본과 자본의 조화를 강조하는 사람들은 독일과 일본의 경우를 묶어서 다루는 경향이 있다(사회적 시장 경제의 주창자로부터 강한 노동조합이 독일의 자본에 부과하는 '유익한 억제'의 열렬한 지지자에 이르기까지 폭넓은 열성분자가 있다). 자본과 노동의 조화를 강조하는 사람들은 독일과 스웨덴을 묶거나 연계시키는 경향이 있다. 전자는 산업 구조조정 속에서 국가와 자본의 역할에 관해 반자유주의적 주장을 펼친다. 후자는 노동자 권력과 국제적 경쟁력에 관해 반자유주의적 주장을 펼친다. 따라서 독일은 반자유주의적 주장의 두 가지 주요한 흐름이 만나는 십자로에 서 있다; 그리고 자본주의의 자유주의적 시장 형태에 반대하는 많은 사람들이 이런 주장의 두 가지 노선을 지지하는 열정을 동시에 결합시켜서, 일본과 독일을 우월한 자본주의 모델이라고 추켜세운다. 허튼의 '이해 당사자'의 주장은 바로 이런 좋은 예이다(Hutton, 1994: 257~84; 보다 조심스런 주장으로는

Soskice, 1991).

　그렇지만 일본의 경우에서와 마찬가지로 전후 서독의 경제 성과에 관한 논쟁에는 신자유주의적 논조도 있으며, 이런 갈래의 주장은 서독의 '사회적 시장' 모델에 비판적이며 전후 서독의 우월성의 장시간성과 정도를 낮게 평가하고, 최근 독일 경제의 어려움을 중요하게 생각한다. 이런 신자유주의적 해석은 서독의 '경제 기적'을 1950년대의 현상으로 한정 짓고, 그 이후 서독 산업 정치에서의 노동조합의 역할을 경제 성과에 대한 장애로 보고, 지난 20년 동안의 서독의 생산성 우위의 상실을 보다 일반적인 유럽 복지국가의 비판과 묶어버리는 경향이 있다(Giersch et al., 1992). 이들의 주장이 광범위한 자료의 지지를 받지 못하는 것은 아니다. 서독의 1950년대는 연평균 GDP 성장률이 8.2퍼센트였던 기적의 10년이었다. 그 이후 GDP 성장률은 완만해졌다: 1960~73년 사이에 연평균 4.4퍼센트이고, 1973~80년 사이엔 연평균 2.2퍼센트이며, 1980~90년 사이엔 1.9퍼센트; 물론 1990년대엔 통일된 독일의 실업이 전후에 전례 없던 수준으로 치솟았다.

　여기에서의 우리의 논점과 관련지어 말한다면 이 신자유주의적 주장은 상당히 소수의 의견이다. 왜냐하면 적어도 독일 모델의 주창자들은 독일의 사회적 시장 제도의 기저에 깔린 강점과 강인함을, 그리고 이 제도가 격심해진 세계적 경쟁에 의해서, 냉전 이후의 독일 통일에 의해서 발생할 수밖에 없었던 내적인 조정 문제를 지속적으로 다룰 수 있는 능력을, 신빙성 있게 강조할 수 있었고, 그렇게 하고 있기 때문이다(예컨대, Carling and Soskice, 1997). 상이한 성장 유형에 관한 포스트케인스적인, 슘페터적인, 마르크스주의적인 어떤 이론적 문헌 가운데서도 자본주의의 축적이란 필연적으로 특정한 사회적 배경에 바탕을 두어

야 한다는 주장을 펼 때 서독은 강력한 존재로 부각되어왔다. 예
컨대 허튼과 앨버트는 독일 모델의 경제적 그리고 사회적 우수성
을 강력히 주장해왔다(Hutton, 1994: 262; Albert, 1993: 147). 또
포터는 고도로 복합적인 엔지니어링, 화학, 제약, 금속과 금속 공
정에 있어서 여러 독일 산업 부문의 지속적인 폭과 깊이를 강조
한다(Porter, 1990: 356~7). 후쿠야마조차 서독을 "일본의 다음
으로 [……] 최고도의 자발적인 사회성을 보여주는 나라"로 본
다(1995: 207); 그렇지만 독일에 보다 구체적으로 초점을 두는
문헌에서는 광범위한 사회적 계급 간(그리고 계급 내)의 제도적
관계를 강조하기 때문에, 그가 좋아하는 문화적 변수는 항상 미
미한 자리로 밀려나고 만다는 점을 주목할 필요가 있다. 예컨대
크리스텔 레인의 독일 모델에 관한 견해를 보자.

생산적인 과업에 보다 큰 관심과 생산 과업을 둘러싼 관리층과
노동의 밀접한 통합을 모두 의미하는 생산 지향적인 자본주의는
경제 행위자가 제한된 공동체주의를 고수하고 있는 산업 질서의
표현이다. 생산주의적 편향과 상대적으로 큰 집단적 지향은 각 기
업과 전체 산업 모두의 전략을 개발할 때 장기적인 시야를 발전시
킬 수 있도록 해주는 금융의 공여 양식에 의존한다. 그것은 모든
수준에서의 숙련 기술의 발전과 산업적 필요에 대한 반응에 강한
강조점을 두는 교육과 훈련의 체제에 의해서 더욱 강화된다. 이런
지향은 강력하고 긴밀한 단체의 망과 지역적, 국가적 조직에 의해
서 지원받는다. (Lane, 1995: 3)

(1) **기업 조직** 후자의 접근 방법이 의미하는 바는 많은 논평자
들이, 독일 산업의 지속적인 강점의 원천으로서 높은 수준의 독
일의 내부 조직화에 부여하는 중요성이다. 내부 조직화란 자유주

의적 경제의 표면 뒤에 있는 "어느 정도의 산업 집중과 〔……〕 종종 상대적으로 주목받지 못하는 기업 간 협동"이 독일에서 지속되고 있음을 지칭한다(Allen, 1989: 266). 독일 자본주의의 '조직화된' 성격은 오랫동안 학술적인 논평거리였다. 앤드루 숀필드는 1960년대 중반에 이를 주목했다〔(그리고 찬양했다). (Shonfield, 1965: 242, 260)〕. 알프레드 챈들러는 1980년대에 광범위한 자료를 제시하였다(Chandler, 1990: 395). 래시와 어리, 포터와 다른 많은 이들이 그 뒤를 이어서, 독일 자본주의의 내적 조직화를 거쉔크론 유의 후기 산업화 주장과 연결 지었고, 19세기 후반 독일 자본이 미국 자본을 좇아 "제조업, 마케팅, 경영 면의 세 갈래 투자"를 이룩한 속도에 주목하였다. 챈들러는 특히 미국과 독일 자본의 유사성과 차이점에 대해 독특한 논리를 전개하였다. 그는 미국과 독일 양국이 제2차 산업혁명의 "많은 새로운 자본-집약적 산업 부문에서 첫 주자"가 되었다고 보았다(그럼으로써, 영국에 기반을 둔 경쟁을 앞지르고, 또 전쟁의 혼란에서 급속히 회복할 준비를 갖추었다); 그러나 그는 양국이 경쟁력과 내적 조직의 영역에서 보이는 두드러진 차이에 주목했다. 챈들러가 보기에, 미국 기업은 소비재와 생산재 산업 모두에서 강했지만, 독일에서는 성공적인 기업은 생산재의 생산과 유통 영역에 지나치게 집중되어 있었다(1929년 당시, 독일의 200대 기업 중 거의 3분의 2가 금속, 화학과 다른 세 기계 부문에 집중되어 있었다). 특히 화학과 중기계 산업에서 독일 기업은 규모의 경제가 아니라 범위의 경제를 활용하여 번성했다——그리고 이 과정에서 미국에서의 일반적인 수준을 넘어서는 가족 경영의 형태를 유지해나갔다. 챈들러가 보기에 더욱 중요한 것은 독일과 미국의 회사가 기업 간, 기업 내 관계에서 달랐다(그리고 지속적으로 다르다)는 점이다. 그의 자료에 따르면, 독일에는 미국의 경우보다 훨씬 높은 수준의 협력이 있었다(현재도 그렇다). 즉 역사학자들은 독일에서 카르텔이 더 많이 용인되고, 종업원의 필요와 복지에 세밀한 주의를 기울이는 성향의 회사가 보다 많다는 것을 발견하다. 역사학자는 챈들러 자신이 "더 큰 체제〔……〕 **조직화된 자본주의**"(Chandler, 1990: 395)라고 명명하고 싶어했던 것을 독일에서 발견한다.

(2) **독일 은행의 특별한 역할** 그 체제의 핵심에는 독일 은행이 있다고 많은 논평가들은 보고 있다. 최근에 특히 허튼은 이에 대해 아주 단호하게 말한다. 허튼에 따르면,

독일 은행은 비할 데 없이 강력하다. 유수한 독일 회사의 주식을 스스로, 그리고 남을 위해서 소유하고, 장기 여신을 하며, 정보 처리 기구로서 활약하고, 그들의 채무자와 공동으로 산업적, 상업적 전망을 평가한다. 그들은 독일 산업의 안정된 후원자이며 충성스러운 장기 주식 투자자이다. 그들은 자신들이 자금을 주는 회사를 알고, 회사의 이사회에 참여하고, 회사의 위험을 보다 정확하게 평가한다. 이 체제는 체제가 필요로 하는 시간과 공간을 그 금융 요소가 제공하기 때문에 질서가 있다. (Hutton, 1994: 264)

서독의 일반 은행은 전후 독일의 재건 과정에서 두 가지 주요한 역할을 수행했다고 말해진다: 독일 산업의 투자 자금 대부분을 제공하고, 기업 활동을 상세히 감시하면서, 필요하면 기업과 경영진의 구조조정을 맡았다(Edwardes and Fischer, 1994: 7~11, 독일 은행은 산업화 초기에도 강력한 산업 조성의 역할을 해서 영국의 경우 19세기의 마지막 4반세기 중에 점차적으로 벌어지기 시작한 산업과 금융 간의 간격을 피해나갔다). 대출받는 기업은 모두 주은행이 있기 때문에 은행은 현대에도 기업 활동에 깊이 개입했다고

애기되고 있으며, 은행은 기업의 감독위원회에(은행이 스스로 보유한 주식 때문에 그리고 은행에 주식을 위탁한 다른 주주들의 대리인으로서) 참여한다. 이로 말미암아, 예컨대 은행과 산업과의 연결이 제대로 공식화되지 않았거나 긴밀하지 않은 영국보다는, 독일 은행은 산업계의 상황과 필요에 대한 더 나은 정보를 제공받게 되고, 보다 나은 대부 조건을 제시하게 된다고 말해진다. 또한 주은행이라는 지위의 답례로, 은행은 각 기업과 처음부터 끝까지 함께 할 내재적인 경향을 갖기 때문에, 은행과 산업계 또는 상업계의 각 기업 사이에 장기적인 관계를 유도하게 된다고 말해진다. 무엇보다도 이것은 감독위원회의 구성에 보다 큰 연속성을 부여하고, 주식 시장에 기반을 둔 체제——상위 관리자는 주주들을 즐겁게 만들고, 약탈자들을 억제하기 위하여 높은 배당을 지불해야 하는 체제——하의 경영 관행에 만연하는 단기주의를 감소시킨다(Pollin, 1995). 또 주식 시장 중심의 자금 운영에 따르는 소유권 확보를 위한 채권 발행 비용과 손실을 감안하면, 서독의 주요한 중소기업 부문은 이런 은행 중심의 체제 때문에 특히 보호를 받는다고 독일 은행의 관행에 매료된 사람들은 주장한다. 지역에 기반을 둔 저축 은행, 협동조합, 특정한 산업 은행(영국에는 이들에 상응하는 기관이 없다)은 모두 중소기업 부문의 건전성에 중추적이라고 생각된다. 적어도 허튼은 그렇게 본다. "유명한 **중간층**, 즉 독일 산업의 중추를 형성하는 중간 규모 사업 부문의 힘"은 부분적으로는 작은 회사가 "지역의 국가 은행으로부터 확실한 장기적인 자금"을 끌어들일 수 있는 방식에 기인한다(1994: 266).

(3) **국가의 관행** 신자유주의적 성장 이론에 끌리지 않은 논평가들은 서독의 경제적 성공을 설명할 때 국가의 힘에도 일정한

역할을 준다. 물론 이들조차도 그 역할이 일본의 통산성이 전성기에 맡았던 역할보다는 덜 중요하고 직접적은 아니라고 본다. 공식적으로 서독의 모델은 국가가 제한된 능력만을 행사하고, 사부문이 공식적으로는 규제받지 아니하고, 보호받지 못하는 '사회적 시장' 모델이다. 그렇지만 린다 와이스(1998: 119~37)와 같은 분석가는 비-관여의 외관 뒤에서 독일 국가는 주요한 경제적 역할을 가지며 그 역할을 행하고 있다고 주장한다. 즉, "독일 산업의 강점은—일본이나 신흥 공업국에서처럼—소비 중심의 목표보다는 생산을 강조해온 발전 지향적 국가의 능력과 지속적으로 산업의 향상을 보장해온 국가가 지도해온 사부문의 조정 체제에 크게 힘입고 있다(같은 책: 119). 독일 국가의 경제적 역할과 기여에 관한 주장은 전형적으로 두 가지 형식 중의 하나 또는 둘을 택한다. 그 한 갈래는(거쉔크론의 방식을 따라) 독일과 같은 후발 산업국가는, 영국 혹은 심지어 미국보다도, 처음부터 보다 적극적인 국가의 역할에 의존했고, 그 과정에서 미국이나 영국의 경우에는 모두 없었던 적극적인 산업 정책의 국가 전통을 공고히 하였고, 이와 관련하여 사회 계급을 통치하고 고용함에 따르는 일단의 태도(보수적인 국가주의)를 공고히 하였다. 이 주장의 두 번째 요소는 이로 인해 최근 독일의 성공에 결정적인 특정한 유산, 즉, 사회적 시장 경제의 외관 뒤에서 어느 정도의 적극적인 국가 개입과 조화 및 코포라티즘을 수용하는 자세—서독의 협상을 통한 타협의 법적 틀 안에 노동자의 복지 조항과 권리를 포함하려는 자세—혹은 열망이 전후에 남겨졌다는 것이다.

특히 와이스는, 전후의 서독 국가가 변혁적 역할을 철회(지정학적 요인에 의해 필요해진 국가성을 부정하는 정책)했다기보다는 그 역할을 단지 물밑으로 가라앉히고, 산업별 협회와 카르텔이 중요한 역할을 행사한 특정한 사부문 관리의 체제를 통하여 활동했다고 주장한다. 그 결과 전후 서독의 산업 관리 체제는(특히 국가에 의한 기술 정책과 산업 자본의 배치에 의하여) 혁신하고 변혁하는 핵심적 능력을 유지하면서도, 새로운 기술에 서서히 적응할 수 있었다고 그녀는 주장한다. 그녀의 눈에는, 전후 독일의 국가가 일본 국가보다 더 분배적이며 덜 발전적이다; 그렇다고는 해도, 국가의 역할은 전후 독일 경제 성장에 결정적이었다. 이 주장에 따르면, 제2차 세계 대전 이전과 이후의 독일 국가가 행한 바는 단지 관세 보호와 복지주의뿐만이 아니라, 은행을 지원하고 장기적 투자 관계를 권장하여 조직화된 자본주의 체제를 형성하는 데 도움을 준 점이라고 한다(Weiss, 1998: 122). 제1, 2차 세계 대전 사이의 기간 동안 파시즘은 독일의 대량 생산 체제를 구조 조정하는 데 결정적 역할을 하였다(Reich, 1990: 305~6); 전후의 기간 동안, 새로운 서독의 본 정부는 마샬 플랜에 의한 원조금을 기초 재료와 중공업 부문으로 돌려서 고투자, 저소비 체제를 권장하는 등——특히 한국전쟁 무렵인 재건기에——"전략적 경제적 지도를 제공할 의사와 능력"(Weiss, 1998: 126)을 보여주었다. 와이스는 서독의 본 정부가 일본의 통산성을 가지고 있지 않다는 점을 인정하지만(같은 책: 128), 그렇다 하더라도 전후의 기간이 "국가의 후퇴기는 아니다. 그와는 반대로 1950년대와 1960년대를 통하여 국가 기구는 항공, 석탄, 컴퓨터와 핵에너지 등을 포함한 전략적 산업 부문의 목표를 설정하고 보조하는 적극적인 정책을 추구했다"고 주장한다(같은 책, 128).

(4) 서독에서의 조직된 노동 세력 전후의 서독 국가는 특정한 자본-노동의 협약도 지원했다. 신뢰를 기반으로 한 서독 자본주의의 바로 이 특징이 자본주의 조직 모델로서의 서독 모델을 단지 자유주의적 자본주의 모델뿐만 아니라 일본형 모델과도 아주 확

실하게 구분시켜준다고 서독 모델 신봉자들은 말한다. 전후 서독의 성공을 설명하는 이론의 대다수는 복지국가적이며 코포라티즘적인 밑받침을 그 마지막 요소로 꼽고 있다. 물론 모든 지적인 정치적 조류가 이 요소를 똑같이 좋게 평가하지는 않는다. 우리가 이미 주목했듯이 특히 자유주의 시각의 학자들에게 독일의 노동자의 권리는 현재 경제적 저성과의 주요한 한 요인(심지어는 바로 주요 요인 자체)이고, 포터와 같은 슘페터적 학자들은 복지권과 노조의 힘보다는(경제적 힘의 원천으로서의) 노동력의 숙련화 문제에 더욱 관심을 기울인다. 그러나 후쿠야마 같은 보수적인 신뢰 이론가와 중도좌파적인 협상적 자본주의의 주창자들(허튼에서 크라우치, 소스키스, 스트릭에 이르기까지)은 노동의 힘을 독일 경제 발전에 중요한 '긍정적인 억제 요인'으로 보고 있다.

이들은 적어도 세 가지의 강력한 논거를 댄다. 이들은 서독의 노동력의 숙련화가 전후 성공 과정에서 핵심적 요소라고 주장한다. 서독의 관대한 복지 공여 체제가 신뢰 관계와 이와 관련된 노동 시장의 유연성을 공고히 했다고 이들은 주장한다. 그리고 가장 참신한 논의로서, 이들은 강한 노동조합이 저임금 착취형인 단기주의적 경제 정책을 저지했고, 강한 노동자 권리가 서독 자본에 일단의 "유익한 제약"으로 작용했다고 주장한다. 노동의 힘이 자본 축적에 이로울지는 제2부 제1장과 제2부 제2장에서 상세히 다루어질 것이다. 서독식 신뢰 자본주의에 대한 논쟁의 소개를 마무리 지으며, 지금 여기서 필요한 작업은 서독 노동 시장의 성격과 규제에 관한 주장의 취향과 세세한 내용을 밝혀두는 일이다.

많은 논평자들은 서독의 교육과 훈련 체제의 질에 감명을 받는다. 포터는 특히 이를 결정적이라고 보면서, "이용 가능한 요소보다도 더욱 의미있는 것은 〔……〕 학교, 전문대학, 대학 등

〔……〕 고급의, 전문화된 요소를 생산해내는 메커니즘의 질과 엄청난 깊이이다"고 주장하며, "독일에서 그 중요성을 제대로 평가하기 어려울 정도인 생산요소를 창출하는 또 하나의 메커니즘은 잘 발달된, 독특한 견습 제도이다"(Porter, 1990: 368~9)라고 주장한다. 그 결과, 독일의 노동자는 대다수 다른 나라의 노동자보다 더 잘 훈련되어 있고, 보다 확고한 이론적 파악을 하고 있다고 주장하는데(같은 책: 369), 그만이 이런 견해를 가진 것은 아니다. 자료를 보면, 숙련된 노동자의 지속적인 공급이 독일의 생산성 수준을 유럽 최고로 만들었다는 주장은 많이 발견된다(Hutton, 1994: 265; Wever and Berg, 1993; Prais, 1995). 크리스텔 레인은 더 나아가서 독일의 직업 훈련 체제는 단순한 기술 향상의 메커니즘 이상의 것이라고 주장한다: 그것은 제품의 변화와 노동 시장의 유연성을 촉발하는 "행태와 태도 유형"이라는 선순환 과정을 작동시킨다(1990: 248). 서독 모델에 대한 그녀의 열정적인 찬사는 상세히 인용할 가치가 있다.

독일 제조업 회사의 강점은 두 가지 핵심적인 제도적 복합체—직업 교육 및 훈련의 체제와 산업 관계의 체제에서 기원하는 것으로 널리 받아들여지고 있다. 전자는 작업 과제와 작업 공동체에 일정한 태도를 형성시키는 것은 물론, 제조 부문 업체 전반에 걸쳐 높은 수준의 기술적 숙련을 창출해낼 뿐 아니라, 계층제의 각 수준에 숙련의 동질성을 만들어낸다. 이런 특성은 이번에는 조직 관계를 구조 지으며, 수직적, 수평적 라인의 의사 소통과 협동에 영향을 주고, 책임 있는 자율성의 원칙에 맞게 노동을 배치할 것을 장려한다. 장인정신은 조직 전체에 스며들고, 반드시 이익의 공동체는 아니라고 하더라도 관리층과 생산 노동자에게 공동의 중심점과 정체성을 만들어낸다. 훈련 체제에 의해 양성된 협동적인 작업장 문화는 산업 관계 체제에 의해, 특히 작업장 위원회에 의해 더욱 강화된다. (Lane, 1989 : 298)

서독 모델의 노동 측면을 평가하면서 레인은 서독 산업계에 있어서의 관리층과 노동자 사이의 권력 공유의 중요성도 언급했는데, 권력 공유는 레인뿐만 아니라 현대 산업에서의 넓은 의미의 "이해 관련성"(Perkin, 1997 ; Soskice, 1997 ; Hutton, 1994)을 주창하는 사람과 신뢰에 기반한 "제도적 상호성"(Fukuyama, 1995 : 217)을 주창하는 보다 보수적인 사람들도 서독의 전후 경제적 성공에 특별한 의미를 띤 무엇으로 지적하고 있다. 공동 결정의 아주 강력한 지지자들은 일단의 강력한 노동권——고용 안정, 훈련, 고임금에 대한 권리——이 독일의 산업 부문 성과에 미친 유익한 영향을 주장하는데, 이 권리는 독일의 사용자로 하여금 어쩔 수 없이 가격이 아니라 혁신과 품질을 바탕으로, 즉, 볼프강 스트릭이 말하는 "다변화된 품질 생산"을 바탕으로 경쟁을 하도록 이끌고 있다. 스트릭은(데이빗 소스키스와 함께) 소스키스가 명명한 "조정된 시장 경제" 혹은 "유연하게 조정된 체제"의 가장 명쾌한 주창자에 속하는데, 그는 "상호 강화와 인과성의 상호 작용적 유형"으로 작용하는 적어도 다섯 가지의 노동자의 권리를 열거하고 있다. 스트릭의 주장은 규제되지 않은 노동 시장에 관한 신자유주의자의 태도를 거부하는 중도좌파 논리의 핵심을 고스란히 밝혀주고 있다. 바로 그런 이유로 그 내용을 여기서 가능하면 그대로 완벽하게 옮기는 것은 중대한 의미를 갖는다. 스트릭에 따르면, 강한 노동자 권리는 다섯 가지의 메커니즘을 통하여 서독의 자본주의에 "유익한 제약"을 부과하고 있다: 즉,

1. '엄격한' 임금 결정의 체제로서, 강하고 잘 확립된 노동조합

과 사용자 협회에 의해 운영되는데, 노동 시장에서 결정되는 것보다, 임금을 높은 수준으로 유지하며, 임금 간 변화의 차를 낮게 만든다. 사용자가 생산지를 다른 곳으로 이전할 의사가 없다면, 이 체제 때문에 사용자는 생산품의 범위를 높은 임금 수준을 유지할 수 있는 비가격적 경쟁 시장에 맞추지 않을 수 없다. 또한, 높고 균등한 임금 수준은 사용자로 하여금 노동자의 생산성을 외적으로 고정된 높은 노동 비용에 맞추는 방법으로서 훈련과 재훈련에 보다 기꺼이 투자토록 만든다.

2. 고용 보호의 정책으로서, 사용자로 하여금 그들이 스스로 원했을 것보다는 더 많은 종업원에게 더 오랫동안 임금을 지불토록 강제한다. 대규모 독일 회사는 외부 노동 시장에 접근할 수 있는 능력에 대해 효과적인 제약을 받고 있다. 높은 고용 안정이 단체 협약, 공동 결정, 입법을 통해 기업에 부과되고 있다. 이런 외적인 경직성을 보상하기 위해서, 기업은 그들의 내적 유연성을 높여야 한다. 기업이 재배치에 의해 내적 시장에 적응하게 만듦으로써, 고용 보호는 사용자로 하여금 훈련과 재훈련에의 투자를 조장한다. 게다가, 높은 고용 안전과 그에 따른 노동자의 기업 일체감은 기술 변화의 수용을 상대적으로 쉽게 하는 데 기여할 뿐 아니라, 권한과 책임의 유연한 조직적 분산화에 필요한 노동자의 협조적 태도를 만들고 지지하는 데 도움이 된다.

3. 일련의 구속력 있는 규칙으로서, 이는 사용자로 하여금 그들 중 많은 수 혹은 대다수가 편의적으로 보았을 정도를 훨씬 넘어선 수준에서 노동자 세력과 협의하고 동의를 구하지 않을 수 없게 만든다. 〔……〕 기업체 경영에 확고한 '목소리'를 내고 있으므로, 노동 세력은 혜택이 구체화될 때면 자신들은 없어질지도 모른다

는 두려움을 가질 필요 없이, 보다 크고 장기적인 혜택을 위해서
단기적인 이점을 포기할 수 있다. 한편 이것은 경영진이 보다 장
기적인 프로젝트에 많은 투자를 할 수 있도록 해준다. 이렇게 하
여 공동 결정은 경영진과 노동자 모두를 기회주의적 행위의 압력
으로부터 벗어나게 한다.

4. 훈련 체제로서, 이는 사용자가 즉각적인 제품 생산 또는 노
동 시장의 압력에 의하여 요구되는 것보다 더 많은 노동자를 훈련
시키고, 더 광범한 숙련 기술을 제공하도록 의무 지울 수 있다. 그
결과 급속한 기술적 변화의 시기엔 중요한 이점이 되는 '유연하
고' 다각도로 훈련된 노동자와 숙련 기술이 충분히 저장된다.

5. 작업 조직에 관한 규칙의 체제인데, 노동조합 또는 정부의
개입에 의하여 창출되었으며, 사용자로 하여금 그들 중 많은 수가
필요하다고 생각하는 것보다 더 폭넓게 직무를 설계하도록 의무
지운다. 〔……〕 그 결과는 노동자 대표의 입장에서 보면 종종 흡
족스럽지 못하지만, 전체로 보면, 보다 장기적인 작업 순환과 직
무의 풍부화를 통해 작업의 '탈테일러화' 압력을 가하게 된다.
〔……〕 높고 균등한 임금, 높은 취업 안정, 공동 결정과 훈련과 결
합하여, 사용자에게 비테일러화하는 규칙을 부과하는 것은 새로
운 기술이 '합리화'를 위해 사용됨을 저지하고, 다양화된 품질 생
산에 대단히 크게 기여하는 산업 구조조정의 '근대화' 전략을 장
려한다. (Streeck, 1992: 32~4)

코포라티즘의 옹호

방금 기술한 서독 모델은 국제 경쟁력의 확립에 있어서 노동과 노동 권력의 중심성을 강조한다. 협상적 자본주의를 주창하는 자의 주장의 핵심에는 경제란(사적으로 소유되었을 때라 하여도) 경제 체제 안의 노동자가 안전함을 느끼고, 그들과 관련된 보상과 권력의 분배가 공평하고, 정당할 때에 가장 잘 기능한다는 견해가 자리 잡고 있다. 독일형의 '신뢰에 기반'을 둔 자본주의를 옹호하기 위한 논거의 요점은, 직업의 불안정을 통한 노동 시장의 유연성 확보 노력, 급료와 노동 조건의 큰 격차, 경영층, 소유자에게 과도히 집중된 산업 결정 등을 지닌 자유주의 모델이 격심해진 경쟁과 급속한 기술 변화의 조건하에서는 다른 모델보다 실제로 번영하기 힘들 것이라는 점이다. 규제되지 않은 시장의 우월성에 대한 신자유주의적인 태도로 충일한 대중문화 속에 빠진 청중은——대다수의 영국과 미국 청중들이 그러하다——이런 주장은 틀림없이 직관적으로 틀렸다고 할 것이다; 그렇지만 영국과 미국의 해안을 벗어나면, 자유주의적 험구가에 대항하여 서유럽 코포라티즘을 바로 이렇게 옹호하는 많은 저작——학술적, 대중적——이 존재한다. 자본주의 모델에 관한 논쟁을 검토하는 마지막 단계로 코포라티즘의 보다 일반적인 옹호론을 소개해두는 것이 필요하다.

코포라티즘과 경제적 경쟁력에 관한 많은 연구 저작은 1973년 석유 파동 이후의 여러 선진국이 보여준 상대적인 성과에 초점을 둔다. 이런 저작의 일반적인 요점은 1973년 이후 격심해진 경쟁의 압박을 코포라티즘적인 경제가 비코포라티즘적인 경제보다 더 잘 대처하였다는 것이다. 즉, 시장 경쟁과 최적의 생산요소 분배에 관한 신자유주의적인 주장에도 불구하고, "역설적이게도 〔……〕 대체적으로 균등한 임금과 완전 고용을 제시한 월러스적인 이상은 사회적 코포라티즘의 국가에서 가장 잘 성취된 것으로 보인다"는 점이다(Pekkarinen et al., 1992: 4). 자료가 보여준다고 주장하는 바는 부분적으로는 코포라티즘을 어떻게 정의했는가, 그 결과 어떤 국가가 코포라티즘적이라고 명명되었는가, 어느 시기와 어떤 성과의 척도가 선택되었는가, 어떤 나라들이 조사에 포함되었는가에 의해 좌우된다; 그러나, 코포라티즘에 초점을 둔 연구 저작을 보면 "좌파가 정치적으로 강력하고, 노동조합 운동이 집권화되어 있고, 통합되어 있는 곳에서는 이런 조건이 두드러지지 않은 곳에서보다는 (경제가) 어느 정도 더 좋은 성과를 보였다"(Garrett and Lange, 1986: 517; Cameron, 1984; Lange, 1984; Lange and Garrett, 1985; Katzenstein, 1985)와 같은 주장들을 발견하는 건 분명히 드문 일이 아니다. 코포라티즘과 경쟁력 사이의 **긍정적인 관계를 밝히는** 논거는 보통 두 가지 관련된 명제의 하나 혹은 둘 모두를 바탕으로 하고 있다: 즉, 강한 ("포괄적인") 노동조합이 임금 수준과 고용에 미친 영향과 일반화된 복지 프로그램이 노동 시장의 유연성과 인적 자본의 투자에 미친 영향이 그것이다.

많은 이런 저작에서 제시되고 있는 임금 자제(그리고 관련된 산업 비용)에 대한 일반적인 논거는, 높은 수준의 경제 성과를 완전히 시장화된 경제로부터 강한 코포라티즘적 경제에 이르는 자본주의 체제의 범주 중에서 양 끝에 있는 체제에서 기대할 수 있지, 이 양극 대안의 중간에 처한 경제에서는 기대할 수 없다는 것이다. 유사한 많은 명제 중 많이 인용되는 한 예를 들어본다면, 가렛과 랭은 1960년과 1973년 사이 그리고 1974년과 1983년 사이의 경제 성장 연구에서 "대칭적인 혹은 일관된 정치 구조를 지닌 국가——노동이 조직적으로 정치적으로 강력한 나라(코포라티즘의 경우) 이거나, 노동이 두 차원에서 대단히 약한 경우(시장경제에 근접한 경우)——는 정치경제가 덜 일관되게 혼합된 경우(정치적으로 강하고 조직적으로는 약하거나, 그 역의 경우)보다는 〔……〕 1974년 이후의 국제적 위기에 적응력"을 보였다고 주장하였다 (1986: 531~2). 이 주장에 따르면, 그 이유는 1973년 이후 국가 경쟁력의 보호와 향상은 제약받지 않는 시장이거나 아니면 강하게 규제받는 시장만이 제공할 수 있는 실질적인 구조조정을 필요로 했기 때문이다: 첫번째 경우엔 실업이 임금률에 미치는 영향 때문이고, 두번째 경우엔 "강하게 조정되는 노동운동은 전투성보다는 임금 자제를 취하는 경향이 있기 때문이며"(Kenworthy, 1995: 127) 그리고/혹은 "안정된 직업을 가진 자들의 높은 정도의 연대성"(Glyn, 1992: 133)이 국가 부문의 고용과 노동 시간의 단축을 통해 사적 부문의 구조조정이 일반적인 실업 수준에 미치는 영향을 누그러뜨려주기 때문이다. 심지어는 만수르 올슨 (Olson, 1982)이 전개하여 널리 알려진 종류의 신자유주의적 주장도 폭넓은 기초를 둔 노동조합이 보다 큰 공동의 선을 위하여 그들의 분파성을 초월할지도 모른다는 가능성을 인정한다; 그러나 이것은 전투성의 억제가 그들 구성원에게 공동의 선을 제공할 수 있으리라고 그들이 확신할 수 있을 경우에 한한다고 가렛과 랭은 주장하였다. 가렛과 랭은 두 가지 정치적인 조건, 즉 "역사적으로 강력한 정치적인 좌파와 노동운동과 밀접히 연계된 좌파 정당에 의한 직접적인 통제의 전망이 이런 필수 조항을 만족시킬 수 있을 것 같고, 그리하여 노조의 자제를 촉진할 수 있는 것처럼 보인다"고 시사한다(Lange and Garrett, 1985: 798; Alvarez et al., 1991; Garrett, 1998).

코포라티즘에 관한 두번째의 관련된 주장은, 신자유주의적 기대와 정책 제안과는 반대로, 강한 노동조합주의에 의해 유지된 복지국가는 적고 낮은 사회 비용을 가진 경제와 경쟁할 수 있으며, 하고 있다는 것이다. 이 주장을 아주 온건하게 펼칠 경우, 복지국가가 경쟁력과 성장에 부담이 된다고 공격을 받을 때에, 이런 비판의 논거가 입증되지는 않았다고 주장하는데(Korpi, 1985; Gough, 1996: 219; Corry and Glyn, 1994: 212), 이 주장은 변호로서 '그럴듯'하다(Atkinson, 1995: 730). 이 주장을 약간 더 자신 있게 펼칠 경우, 경쟁력과 성장에 관한 복지국가 자본주의의 기록이 전적으로 형편없다기보다는 일관되지 않으며, 복지 지출의 부정적 영향은 사소하고 과장되었다고 주장한다(Kenworthy, 1995). 이런 복지 지출의 주장은 팔러, 서본과 고프 등에 의해 복지 체제의 세련된 옹호로 바뀌었는데, 이들은 "강한 복지 권리가 인적 자본의 투자에 긍정적 영향을 주고, 높은 생산성과 고품질 제품의 생산을 향해 국가 경제를 전환"시킨다는 점을 다시 주장하게 된다(Pfaller et al., 1991: 296). 약점과 강점의 균형이 데이빗 소스키스의 저작에서는 코포라티즘을 선호하는 쪽으로 더욱 기울게 된다. 그는 조정된 시장경제(코포라티즘 대신 이 용어를 선호한다)는 강한 노동조합이 경제와 사회의 모든 수준에서 광범위한 제도적 구조에 뿌리를 내리고 있기 때문에(있는 만큼), 경쟁에서 성공한다고 본다(Soskice, 1990). 이와 유사하게 복지국가가 뿌리를 내리고 있는 제도(특히 둘러싸고 있는 산업 관계 체제의 성격)에 의해서 복지국가를 평가할 필요에 대한 강조는 경제에 미치는 복지국가의 영향을 연구한 에스핑앤더슨의 최근의 저작에서도 발견된다(Esping-Andersen, 1994: 725~6). 이 단계에 이르면, 주장의 중심 주제로 떠오르는 건 말할 것도 없이 시장에 기반을 둔 자본주의를 넘어서는 복지에 기반을 둔 자본주의의 우월성이다. 즉, 사회민주적인 코포라티즘과 경제 성장의 적절한 관계를 이해하려고 든다면 우리가 필요로 하는 일은 기존의 성장 이론이 지닌 "반좌파적, 반노조적인 함축"을 〔……〕 극적으로 역전시키는 일이며, 그 대신 "조직적으로 그리고 정부와 관련하여 강한 노동운동이 주요한 후원자로서, 즉 상대적으로 급속한 소득 성장의 공급자로서, 그리고 어느 정도 더 균등한 소득 분배의 공급자로서 등장하게 될지도 모른다"고 인식하는 일이다(Hicks, 1988: 700).

이제부터 주로 신자유주의적인 용어로 표현된 경제학(과 정책 토론)을 배경으로 하여 전후 경제적 성장 경로의 결정 요인을 검토하려고 하는데, '신뢰에 기반을 둔' 자본주의의 조직화 모델을 옹호한 저작의 규모와 강점을 기억해두는 일은 중요하다. 왜냐하면, 이들 저작, 특히 서유럽의 코포라티즘에 초점을 둔 저작은 호의적인 정부의 친노조적인 노동 시장의 규제를 성장의 장애가 아니라 성장의 원천으로 취급하기 때문이다. 바로 이 때문에, 노동 권력의 문제는 이 연구의 제2부를 시작하기에 알맞은 주제이다.

제2부 다양한 자본주의 모델: 증거

제1장 조직화된 노동의 힘

제2차 세계 대전 이후 선진국 경제의 국제 경쟁력에 미친 노동의 영향을 완전히 파악하려면, 우리는 '노동'이라는 용어 자체의 사용이 빚어내는 연구의 향배를 분명히해둘 필요가 있다. 자본주의 경제의 성과에 관해 논하는 일부 평자에게는 경쟁에서 노동의 차원을 분리한다는 것은 노동이 작업 과정에서 조직되는 방식에 초점을 둔다는 뜻이며, 작업 조직화하는 주도적인 형태의 변화가 특정한 회사 또는 시장 점유율을 보호하거나 증대시킬 수 있는 능력을 돕거나 방해하는 방식에 초점을 둔다는 뜻이다. 다른 일부에게 그것은 특정한 국가의 노동 세력이 보유한 능력의 문제에 초점을 둔다는 뜻이며, 특정한 정치적 사회적 체제가 주요한 경쟁국이 성취한 성장률에 상응할 정도로 숙련의 쇄신과 향상을 촉발할 능력이 있는가를 탐구한다는 뜻이다. 또 다른 일부에게 그것은 노동에 기반을 둔 제도의 생산적, 정치적 영향에 관심을 집중한다는 뜻이며, 노조와 좌파 정당이 비용-효과적이며 기술적으로 역동적인 경제 행위의 형태에 기여하는 정책과 관행을 채택하고, 조합원이나 지지자들로부터 그런 행위와 태도를 유도할 수 있는 범위를 확인하는 일이다. 이 연구 동향 중, 첫번째, 두번째는 후에 적절한 곳에서(pp. 219~34; pp. 313~21) 검토될 것이다. 이 장에서는 세번째에만 집중하여, 많은 주도적인 자본주의 경제에서 노동운동이 각국의 기업과 산업의 경쟁력에 미치는 영향을 탐구하려고 한다.

노동조합의 힘에 관한 논쟁

제1부에서 다룬 자료에 명백히 드러난 것처럼, 선진 자본주의 경제의 경제 성장 결정 요인에 관한 학술적인 그리고 대중적인 이해 속에서, 우리는 노동조합(과 좌파 정당)이 어떻게 경제의 경쟁력에 영향을 미치는가에 대해 적어도 두 가지 서로 관련된, 그러나 구분할 수 있는 견해를 간파해낼 수 있다. 먼저 신자유주의적 주장은 우파의 정치 세력에 의해서 열렬한 지지를 받고 있다; 보다 합의적이고 코포라티즘적인 주장은 중도좌파의 정당과 지식인에 의해 지지를 받고 있다. 신자유주의적 주장에 의하면, 노동조합은 특별히 혐오스런 존재이다. 노동조합은 노동자들의 고용을 억제할 정도로 임금을 높이며, 노동 시장의 유연성을 막으며(정치적 영향력에 의해), 과도한 복지의 제공을 유지시키는 제도로 비난받는다. 중도좌파적 주장에서는 노동조합은 보다 긍정적으로 비춰진다: 노동조합은 산업상의 권리와 복지의 제공을 추구함으로써 어떤 상황에서는 노동 시장의 장기적인 유연성과 전반적인 생산 효율을 촉진시키는 제도로 여겨진다. 그 결과 관련된 학술 문헌과 정치 평론은 노동조합의 힘과 각 기업의 경쟁적 지위 그리고 그에 따르는 국가/지역 전체 경제의 경쟁적 지위와의 관계에 관한 각종의 상호 배타적인 견해로 인해 서로 비켜 나가고 있다. 한쪽 극단의 주장을 보면, 노동조합의 힘이 경제적 저성과에 고유한 책임이 있으며, 따라서 그 힘의 제거는 기업 또는 국가의 경쟁력을 빠르고 효과적으로 회복시킬 것이라고 한다. 조금 온건한 우파 주장(넓게 본 신자유주의의 일종)은 노동조합을 저성과의 중요한 한 요인으로만 취급하며, 성장에 해로운 영향을 미치는 요인의 목록에서 노동조합에 책임을 부여하는 정도는 다양

하다. 보다 중도좌파적인 경제적 쇠퇴의 평가는 노동조합 이외의 요인에 초점을 두는 경향이 있어서 노동 권력과 경제 성장 사이에는 하등의 의미있는 관계도 없음을 함축하고 있다. 한편 이 논쟁의 보다 급진적인 끝에는 신자유주의적 정통 이론을 완전히 뒤집어서 노동조합의 취약성을 산업의 쇠퇴와 연결 짓고, 노동조합의 강력함을 성공적인 자본 축적과 연결 짓는 주장이 있다. 그렇지만 논쟁의 중요한 축은 신자유주의 주류와 중도좌파의 명제 속에서 발견되는데, 이들 주장의 주요 논점은 다음과 같다.

노동조합의 힘과 노동자의 권리에 대한 전형적인 신자유주의적 논거는 보통 다음과 같은 명제의 하나 혹은 그 이상을 바탕으로 제시되고 있다.

1. 노동조합은 노동 시장 내의 독점적 지위를 이용하여 노조원의 화폐 임금을 인상하는데, 이는(사용자가 노동을 자본으로 대체함에 따라) 다른 직업에 직접적인 대가를 치르도록 할 뿐이며(인플레된 생산비가 경쟁력을 잠식함으로써), 장기적으로도 산출과 고용의 희생을 치르게 한다. 이 주장은 노조가 없는 기업과 경제는 노조가 있는 곳보다 장기적으로 고용 수준과 시장 점유율을 유지하리라고 본다.

2. 임금에 대한 이러한 장기적인 노조의 압력은 조합화된 근로자와 비노조 근로자 사이의 일자리와 소득을 재분배하여 소득의 불평등을 증가시킨다고 주장한다. 이는(노조가 노조원만을 위한 협상안을 만듦으로써) 직접적으로, 그리고(만일 정치적 압력에 의하여 노조가 정부로 하여금 지출을 늘리도록 설득하고, 그에 따른 인플레이션으로 노조가 협상한 임금 타결안에서 배제된 노동자의 실질 임금이 잠식된다면) 간접적으로 일어난다. 이 주장에 의하면, 높

은 정도로 조합화된 노동력은 노동조합이 약한 노동력보다는 인플레이션과 임금 불평등의 측면에서 보다 취약하다.

3. 노동조합은 노동의 배분, 높은 수준의 노동력 착출, 그리고 (파업을 통해) 순조로운 생산 조직화에 장애물을 설정함으로써, 생산 자원의 최적의 분배를 왜곡한다고 말해진다. 즉 노동조합은 인플레이션, 실업, 불평등과 과다한 복지 지출뿐만 아니라, 생산성과 투자를 저해하며, 혁신과 변화를 더디게 한다고 여겨진다.

이들 세 경향은 누적적으로 작용하여, 노동조합을 노동 시장 유연성 결여의 주요한 제도적 원천으로 확립시키며, 이리하여 노동조합은 성공적인 국제 경쟁력과 지속적인 경제 성장에 중요한 걸림돌이 된다고 말한다. 이것이 바로 보수적인 혹은 중도우파적인 정견을 지닌 신자유주의 지식인에 의해 표출된 노동조합관이다. 더 나아가서 이것은 또한 현재 유행하고 있는 노동 시장의 유연성에 대한(좀 덜 거슬리지만, 그래도 암묵적으로 주장되는) '신성장 이론'적 접근을 밑받침하는 견해이기도 하다. 왜냐하면, 우리가 이미 보았듯이, 심지어는 영국의 신노동당 그룹 내에서도 시장(특히, 노동 시장)의 유연성이 경쟁력과 성장의 열쇠이며, 노조와 노동자의 권리는 대체로 유연성을 손상시킨다고 하는 견해가 압도적이기 때문이다. 신자유주의 그룹 내에서와 마찬가지로, 신노동당 그룹 내에서도 '유연성'은 '가처분성'으로 이해되며, 그렇기 때문에, 새로운 성장론의 논리는, 그에 선행한 순수한 신자유주의적 논리 못지않게, 노동 시장 규제가 성장회계의 차변에 기입되어야 한다고 제안한다. 이 견해의 정책적 결과는 분명하다: 현대의 노동 시장에서 신노동당의 정책 대안은 필연적으로 제한적이며, 변명조이다. 토니 블레어가 노조 지지층에 대한 선거 공약을 이행하기 위해 마지못해 도입한 『작업장에서의 공정성 *Fairness at Work*』이란 백서를 소개할 때 표현했듯이, "다른 곳에서는 당연히 받아들여지는 [……] 공정성의 기본 원칙을 영국 시민에게 인정치 않는 것은 정의로울 수 없다." 그렇다고는 해도, "우리가 제안하는 변화가 일어나도, 영국은" 여전히 "세계의 주요한 경제 중에서 가장 규제가 적은 노동 시장을 갖게 될 것이다"(Blair, 1998: 1). 영국의 많은 전통적인 노동당 지지자들에게, 이러한 적은 규제란 좌절과 슬픔의 문제이다; 그러나 당 지도자들은 그렇게 보지 않았다. 왜냐하면 그들은 결국 강한 노동조합과 경쟁력 있는 경제 성과는 쉽게 양립할 수 없다고 하는 신자유주의적인 관념을 배웠기 때문이다(현재도 그렇다).

이런 주도적인 견해에 대한 중도좌파적 반대 논리는 노동조합의 부정성에 관한 신자유주의적 주장의 세번째 항목, 즉 성장의 장애로서의 노동조합 문제에 집중되는 경향이 있다. 우리가 이미 제1부 제2장에서 보았듯이, 코포라티즘의 문헌은 강력한 노동조합주의가 임금 자제와 소득 평등화로 가는 길이 될 수 있다고 제안하면서, 신자유주의의 다른 두 가지 주장에 대한 반대 논리를 제공한다. 그러나 일반적인 중도좌파적인 노동조합주의와 노동자 권리의 옹호론은 노동자 권리를 다음과 같은 이유로 산업 부문의 역동성의 촉진자로 본다.

1. 하버드 대학 경제학자인 프리먼과 메도프에 따르면, "노동조합은 하나가 아니라 두 얼굴을 갖고 있다: 임금을 올리는 독점적 힘과 연계된 **독점**의 얼굴과 기업 내 조직된 노동자의 대변 역할과 연계된 **집단적 목소리/제도적 대응**이라는 얼굴이 있다(Freeman and Medoff, 1984: 6). 노동조합의 힘은 적응성을 제약하기는커녕 종업원과 그들의 상위 관리자 사이의 정보와 참여를

매개해줌으로써 자원의 보다 적정한 배분을 촉진시킬 수 있다. 노조가 방해가 될 수도 있다; 그러나 노조는——그들이 대면하는 경영층의 자질과 세련화에 따라서는——강력한 효율성과 소득 균등화의 지원자가 될 수도 있다.

2. 강한 노조는 또한 산업 자본이 '임금 착취형 공장'에 의한 경쟁력의 길을 차단하여, 기업이 저임금과 강화된 노동 과정의 기초 위에 경쟁하는 것을 보다 어렵게 하거나 불가능하게 만들고, 사용자로 하여금 새로운 설비와 훈련에 투자함으로써 경쟁하도록 의무 지움으로써, 장기적인 산업 자본의 역동성에 기여한다. "유연한 경직성"(Dore, 1986)에 관한 이런 주장——최근에 윌킨슨이 수행한 영국 철강 산업의 장기적인 연구는 이 주장을 예시하였고(Wilkinson, 1991) 스트릭은 이를 "사회적 제약에 의해 유익하게 수정된 합리적 자발성"(Streeck, 1997c: 200)이라며 환영하였다——에 따르면 강한 노동조합주의가 반드시 성공적인 자본 축적에 장애가 되는 것은 아니며, 오히려 약한 노동조합주의가 장애가 될는지도 모른다. 미셸과 부스가 말하듯이, "근본적인 문제는 높은 생산성, 노동자 권리, 유연성, 노조화와 경제적 경쟁력이 양립할 수 없는 건 아니라는 점이다. 실제로 이것들은 성과 높은 사업 체제를 구성하는 대단히 양립 가능성이 높은 요소들일지도 모른다"(Mishel and Voos, 1992: 10).

3. 마지막으로, 강한 노조주의와 확고한 노동 규칙은 산업의 변화가 가장 효과적으로 집행될 수 있는(안정과 신뢰의) 조건을 창출함으로써 경쟁력을 돕는다고 말해진다. 강한 노조와 조화로운 산업 관계는 신자유주의적인 분배의 효율성에는 기여하지 않을지도 모른다; 그러나 그것은 "상이한 종류의 효율성, 리벤스타

인이 X-효율성이라고 부른 효율성, 즉 조심스런 기획, 주의 깊은
기계의 유지, 상상력 풍부한 판매 기법 등등에서 나오는 효율성"
(Dore, 1985: 201)에 기여할 수 있으며, 기여하고 있다. 달리 말
하면 "노사의 협력은 장기적인 생산성의 성장에 긍정적인 효과
를 지닌다"(Buchele and Christiansen, 1992: 77)라고 주장하며,
강한 조합주의는 반드시 노동 시장의 유연성에 장애가 된다는 관
념을 배척하는 강력한 연구들이 있다. 이런 연구는 자유주의적
자본주의 모델보다 신뢰에 기반을 둔 자본주의의 모델을 분명히
선호하며, 노동조합의 힘과 노동자의 적극적인 참여를 전자가 후
자에 경제적으로(그리고 사회적으로) 우수성을 지니는 데 있어서
핵심적인 요소로 본다.

이처럼 노동조합주의는 형편없는 경제 성과와 불가피하게 연
계되기는커녕, 전통적인 정통 이론에 대응하는 중도좌파의 반대
주장은 전혀 정반대를 예상한다. 이 반대 주장은 기계와 훈련의
투자 수준이 높고, 노동 생산성과 임금이 상승하며 인플레이션과
실업률이 낮은 경제에서는 노동조합이 강력할 것을—노동자의
산업적, 사회적 권리가 최대로 보장될 것을—예상한다. 그리고
노동조합이 변화의 중추 세력으로, 즉 새롭고 혁신적인 방식에
의한 구식 생산 방식의 대체를 촉진하는 데 도움이 되는 세력으
로 평가될 것을 예상한다.

노동조합의 효과 테스트

이런 종류의 주장과 반대 주장에 직면할 때의 논리적인 반응은
모순되는 명제를 평가할 수 있는 최신의 자료를 검토하는 일이

며, 바로 이런 목적을 염두에 두고 모아진 많은 연구 자료가 있다. 실제로 사회과학의 개별적 학문 분야는 노조의 효과를 추적하는 데 독자적이며, 특유한 방법론을 사용해왔으므로, 우리는 질적으로 상이한 다양한 정보를 접하게 된다. 한쪽 끝에는 대체로 정치학자와 노동사가들이 수행한 사례 연구 자료가 있는데, 이에 대해선 조금 후에 살펴보겠다. 다른 한쪽 끝엔 거시 경제 변수와 상이한 제도적 구조 사이의 상관 관계를 중심으로 하여 주로 비교 사회학자들이 모은 국가별 통계가 숱하게 많이 있다. 이것도 나중에 살펴보겠다. 또 노동의 성장 기여도 계산을 포함하는 성장회계 연구가 있는데(물론 내가 아는 한 노조의 **효과 자체를** 계산하려는 시도는 많지는 않다), 이는 제2부 제2장에서 이용할 것이다. 그리고 대개는 노동 경제학자들이 수행한 상당히 많은 미시 연구가 있는데, 이는 개별 기업 수준에서, 폭넓은 범위의 변수(임금 수준, 임금 분포, 생산성, 투자, 수익성, 이직 등등) 중 일부 또는 전체에 대한 노조의 영향을 분리시키려고 노력한다. 이들 연구로부터 논의를 시작해보자.

물론 미시적 수준에서 시작하는 것은 주류 경제학에 특징적인 방법론적 시도이다. 그리고 조합의 기초인 구성원은 미시적 수준에 있기 때문에, 미시적 수준은 경제 성과에 관한 조합의 영향을 평가하기 위한 논리적인 출발점이기도 하다. 그렇지만 불행하게도 그것은 노조의 영향을 분리하기가 극도로 어려운 수준이기도 하다. 노조의 기여를 다른 작동 변수로부터 구별할 것이냐를 포함해, 극복해야 할 조사 설계와 자료 획득상의 뿌리 깊은 문제가 있고, 개별 회사의 경험으로부터 경제의 전부문과 경제 전체의 경험을 일반화하는 데 따르는 엄청난 문제가 있다. 또, 이렇게 생성된 조사 자료를 쉽게 해석하는 데도 커다란 장애가 있어서, 그 결과 주어진 연구 자료를 보고, 각각의 연구자가 전적으로 다르게 '수용'하는 일이 가능하다(실제로 이런 일이 일반적이다). 예컨대 영국에 근거한 노동조합의 경제학에 관한 개설서 중 가장 최신판이며 가장 주의 깊게 씌어진 책(Booth, 1995)은 경제 성과에 미친 노조의 영향이, 분리될 수 있는 한에 있어서, 대체로 해로운 것이라고 시사한다. 그렇지만 미국에 근거한, 노동조합과 경쟁력의 연계에 관한 가장 최신판이며, 가장 주의 깊게 씌어진 책(Mishel and Voos, 1992)은 그 정반대를 시사한다. 이런 두 가지 대조되는 평가는 놀라운 바이며, 중요하다.

예컨대 A. 부스Booth는 다른 경제학자들에 의해 연구되고 씌어진 자료에 거의 전적으로 의존하며, 극도로 주의를 기울이면서 경제학자를 상대로 하여 현재의 지식 수준을 다음과 같이 요약했다:

첫째, 평균적으로 말하면, 영국과 미국 양국에서 노조화는 1980년대의 생산성과 생산성의 성장에 부정적인 영향을 미친 것으로 보인다. 둘째, 투자에 미친 노조의 영향에 관한 경험적 증거는 별로 없지만, 영국의 증거는 효과가 애매함을 보여주는 반면, 미국의 증거는 부정적인 효과를 보여준다. 셋째, 노조화는 수익률에 부정적인 영향을 준 것으로 나타난다. 〔……〕 노조가 영향을 미칠 수 있는 경제 활동의 네번째 척도는 고용이다. 북미와 영국 모두에서 노조가 고용의 증가와 부정적으로 관련되어 있다는 약간의 증거가 있다. 그렇지만 노조의 고용 성장 효과를 추정하는 연구는, 노조화가 노조가 있는 회사로 하여금 노동자 수보다는 노동 시간을 변화시키도록 유도하는 쟁점을 두고 벌이는 협상과 연계된다는 점을 일반적으로 참작하지 않고 있으며, 따라서 그 연구 결과에 의문을 던지게 된다. 마지막으로, 조합원 근무 시간의 격차를 검토한 일부 연구는 조합원 근무 시간과 비조합원 근무 시간

간에 의미있는 차이를 밝혀주고 있다. (Booth, 1995: 223,
262~3)

다른 한편, 미셸, 부스Voos와 공동 연구자들은 그들의 연구
결과를 미국의 노동운동에 보다 폭넓게 관련 지으면서 위에 맞서
서 조목조목 그들의 주장을 펼쳤다.

우리가 지난 10년의 계량적 분석을 통해 얻은 것은 무엇인가?
첫째, 신고전파 경제학자들의 두려움과는 반대로, 노조 자체가 생
산성을 낮추지 않는다. 대다수의 연구는 노조가 높은 생산성과 연
계됨을 발견했다. 긍정적인 효과를 발견하지 못한 연구를 보면,
일반적으로 아무런 효과가 없거나, 아니면 부정적인 효과를 열악
한 노동 관계의 분위기와 연결 지었다. 〔……〕 만일 경제 성장의
열쇠가 투자라면, 노동조합주의는 노동자의 저축을 증가시킴으로
써 긍정적인 기여를 한다. 〔……〕 집중화 수준의 고저에 따라 산
업별로 추정을 하였을 때, 노동조합주의는 치열한 경쟁 상태인 회
사의 수익성에 영향을 미치지 않음이 발견되었다. 〔……〕 실업에
관해서 결정적인 이야기를 펼치는 이론도 증거도 다 없다. 〔……〕
대조적인 추세는 노조가 실업을 초래하지 않고 있음을 시사한다.
〔……〕 최근의 연구 결과를 보면, 무역 적자, 임금 인플레이션,
실업 등에 미치는 소위 노조의 나쁜 영향에 대한 증거는 없다.
(Mishel and Voos, 1992: 62, 70, 154~5, 163)

그렇다면 어떤 판단을 내려야 하는가? 부분적으로는 대립적인
요약을 밑받침하는 증거의 무게에 따라 판단을 내릴 수 있다. 그
러면 우리는 먼저 부스Booth의 방향으로 이끌리게 될 것이다.
대부분의 미시적 수준의 연구 결과는 미셸, 부스Voos와 그 동료

들보다는 부스Booth의 연구 결과에 더 가깝다는 점을 말해둔다. 미국에 근거한 관련된 연구 문헌 속에서 "노조의 생산성 향상 가설의 일반성과 확고함에 대해서 의심"을 하는 결론을 발견하는 것은 일반적이다(Hirsch and Addison, 1986: 215); 그리고(우리가 제1부 제1장에서 보았듯이) 영국에 근거한 대처리즘의 연구에서 '하버드 대학식 접근법'이 비판받고, 노동조합주의가, 비록 조심스럽긴 해도, 낮은 노동 생산성과 연계되는 일을 발견하는 것도 역시 일반적이다(Metcalf, 1990a; 1990b; 1993; 1994; Crafts, 1991; 심지어는 Kenworthy, 1995: 183). 반복하거니와, 경제 집단을 주요한 대상으로 하는 조사 연구 잡지를 펴보면, 이상과 같은 얘기가 지지를 받고 있다(예컨대 Oulton, 1995). 그러나 여기서의 우리의 목적에 비추어 중요한 것은, 이런 보고서는 항상 연구 결과의 잠정적 성격과 제시된 결과의 밖에 놓인 대안적인 설명 변수의 가능성을 인정하고, 대단히 제한된 형식을 띠고 있다는 점이다. 또 우리에게 중요한 것은 주도적인 정통 이론이 정반대의 입장을 주장하는 연구에 의해서 끊임없이 도전받고 있는 것을 발견하는 일도 똑같이 일반적이라는 사실이다. 즉, "노조주의와 생산성 증가 사이엔 단순한 관계가 없거나"(Nickell et al., 1989), 아니면 심지어 "노조가 생산성 증가를 감소시킨다는 견해에 대한 [……] 증거는 없다"고 한다(Wadhwani, 1990: 382; Nolan and Marginson, 1990). 메트카프 자신은 이 점에 관해 분명하다: "비교 연구의 증거는 단순치 않으며,"——애디슨Addison과 히르슈Hirsch를 인용하면——"일반적으로 노조가 생산성에 미치는 총체적 효과가 긍정적인지, 부정적인지를 밝힐 강력한 증거는 없다"(1990a: 256).

실제로 여기서 작용하는 관계의 복잡성을 강조하며, 노동조합의 힘이 경제의 건강에 나쁘다라는 관념을 쉽게 채택하지 못하게 저지하는 실질적인 증거는 꽤 많이 있다. 자세히 인용할 만한 연구는 1987년 이후 수행된 영국에 근거한 작업장 산업 관계의 조사 자료인데, 기술 변화에 대한 노동자의 반응을 조사하는 데 특별한 관심을 기울였고, 2천 개 이상의 작업장 연구를 바탕으로 하고 있다. 이 조사는 기술적 변화와 조직적 변화, 즉 새로운 기술에 따른 변화와 기존 기술을 사용하면서 일어나는 작업 조직의 변화와 작업 관행에서의 변화를 구분하였다. 이 조사는, 신자유주의적 기대와는 전혀 다르게, 기술 변화율이나 변화 형식이 "노동조합 조직"에 의해서 방해받고 있다는 증거를 발견하지 못했다(Daniel, 1987: 261). 실제로 자료는 "일반적인 반응은 변화의 지지였고, 종종 열정적인 지지"였으며, 특히 작업방 노조 간부들(1970년대 영국의 보수 우파가 악당시했던 바로 그 사람들)이 지지하였음을 시사한다. 이 조사는 기술적 변화에 대해 여기저기서 저항이 있었음을 발견했다. 조사에 따르면, 기술적 변화보다는 조직의 변화에 훨씬 더 일반화된 저항이 있었다. 또, "노조가 기술적 변화에 저항한 개별적인 사례"에 가해진 선전 효과는 "노조의 존재가 선진 기술의 도입에 적극적인 자극 요인으로 작용한" 훨씬 더 많은 사례를 대중의 눈에서 가려지게 만들었다(같은 책: 273). 잠정적인 그러나 널리 퍼진 반대 주장에 대항하여 이 정도로 강력하고 의미있는 자료가 제시되었다면, 위에서 앨리슨 부스Booth가 요약한 주장의 **확실성**을 택하기보다는 그녀가 노동조합의 경제학에 관해 결론 짓던 **조심성**을 택하는 것이 당분간은 가장 현명해 보인다. 부스Booth의 말을 들어보자: "노동조합과 관련된 경험적인 규칙성이나 단순화된 사실에 관하여 어떤 결론을 내릴 수 있는가? 슬프게도, 거의 없는 편이다"(같은 책: 262).

이 조심성은 전적으로 다른 방법론에 의하여 만들어진 자료를 고려할 공간을 마련해준다. 노동의 힘과 경쟁성에 관한 문헌 가운데서 이 공간을 차지할 주요한 후보는 코포라티즘을 둘러싼 논의인데, 이런 논의는 일반적으로 거시 경제적 변수들(고용, 성장, 임금 분포 등등)과 상이한 국가별 제도적 장치들(광범위한 코포라티즘적 결정 구조를 지닌 제도, 어느 정도의 협조 장치를 가진 경우, 가지지 못한 경우)과의 상관 관계를 규명한다. 제1부 제2장에서 우리는 바로 이런 자료로부터 코포라티즘적인 국가 정책 결정의 형태가 시장에 기반을 둔 형태보다 우월함을 지지하는 내용을 뽑아낼 수 있었고, 1970년대와 1980년대에는 완전히 시장에 기초한 자본주의 모델과 완전히 코포라티즘적인 자본주의 모델 둘 모두 잘 작동되었지만, 어정쩡하게 중간을 모색한 모델은 제대로 작동하지 못했다고 주장하는 자료도 찾았다. 제1부 제2장에서 그랬던 것처럼, 만일 우리가 그 문헌을 선택적으로 사용한다면(자유주의자의 사고에는 직관에 반하는 것으로 보이지만), 강한 노동조합이 보다 큰 국제 경쟁력의 자극제로 작용한다는 명제를 확립하는 일은 상당히 간단하다.

문제는 그런 결론을 얻기 위해선 선택적으로 자료를 골라야 한다는 점이다. 관련된 연구 자료의 본격적인 검토에 의해 밝혀지듯이, 미시적인 노조의 효과 연구에 못지않게, 일반적인 비교 통계 연구 자료도 대단히 혼란스런 내용을 전해준다. 왜냐하면 사실은 코포라티즘이라고 명명된 국가 경제의 성과를 모든 범위의 경제, 사회적 성과의 척도에서 보면 너무 불균등해서 일반적, 영속적인 우위성의 주장을 지탱하기는 어렵다. 실제로 어느 하나의 척도만 가지고 보더라도 코포라티즘적인 경제들의 성과는 너무 불균등해서 어떤 종류의 일반화도 쉽게 만들어낼 수 없다; 그리고 경제와 그 성과의 개별적 연구는 그 결과의 내용과 신뢰도가 너무 차이가 나서 전혀 확실성을 부여할 수 없다. 오히려 연구 자료는 코포라티즘과 경쟁력 사이에 분명한 다양한 관계가 있음을 나타내주고, 이것은 노조의 힘과 집권화된 단체 협상 이외의 요인이 코포라티즘의 지지자 또는 비판자가 입증을 위해 동원하는 (긍정적이든 부정적이든) 결과를 복합 결정하고 있음을 시사한다.

이용 가능한 비교 연구를 상세히 모두 검토하게 될 때엔 코포라티즘과 경쟁력 관계의 불균등성과 불확정성 문제를 회피할 방도가 없다. 현재 엄청나게 늘어난 관계 문헌에서 몇 가지 예만 뽑아도 우리의 논점을 설득하는 데 충분하다. 서본은 1973~85년 사이의 OECD 자료를 사용하여 두 종류의 코포라티즘——이익집단 매개형과 협력적 공공정책 결정형——이 경제 성과의 국가별 차이에 미친 영향을 검토했는데, 둘 가운데 어느 한 한쪽이 중요한 역할을 수행했다는 증거를 거의 발견하지 못했다(Therborn, 1987). 크레파스는 1960년과 1988년 동안의 기간에 18개 산업국가의 거시 경제 성과에 미친 코포라티즘의 영향을 검토했는데, 실업과 인플레에 대해서는 강한 긍정적 영향을 발견했지만, 경제 성장에 관해선 관계를 발견하지 못했다(Crepaz, 1992). 헨리와 차칼로토스는——같은 기간의 OECD 자료를 사용하며 크레파스의 조사를 뒷받침한 방법론을 비판하였다——성장에 관해서는 같은 정도로 조심스러웠지만, 코포라티즘적 제도 장치가 투자, 불평등, 실업에 미친 긍정적인 영향에 감명을 받았다(Henley and Tsakalotos, 1993). 부셸레와 크리스티안슨은 유럽의 노동 시장 제도와 규칙이 실업에 미친 영향을 평가하기 위하여 미국의 경제 성과와 유럽 4개 대국의 경제 성과를 비교하였는데, "증거는 애매하며, 보다 중요하게는(미국에 대비하여) 유럽 4개국의 실업 문제에 기여했을 제도가 소득 성장과 소득 균등화 면에서도 유럽 4개국의 상대적인 성공에 기여한 것으로 보인다"는 점을 발견했다(Buchele and Christiansen, 1998: 123). 페카리넨과 동료들은 1970년대 이후의 경제적 성과를 비교적인 관점에서 판단하면서

"코포라티즘 국가가 상당한 다양성을 보인다"는 점을 발견했다; 스웨덴은 연구 대상 기간 동안 일반적으로 대단히 좋았고, 오스트리아는 대체로 보다 못했으며, 덴마크는 실업에서는 못했고, 임금 분포 면에선 좋았다(Pekkarinen et al., 1992: 6). 사회민주적 코포라티즘이 1990년 이전의 경제 성장률과 취업 제공 수준에 미친 긍정적인 영향에 대해 단연 가장 세련되고 강력한 증거를 포함하고 있는 저작을 쓴 가렛조차도 이런 코포라티즘 체제가 인플레이션율 면에서는 좋지 못한 성과를 기록한 점을 인정하고 있으며, 그 이유는 "포괄적인 노동운동의 지도자들로서는(명목 임금보다는) 실질 임금의 억제를 끌어내기가 더 쉬운 것이 아닌가" 하며 추측하고 있다(Garrett, 1998: 126).

키텔이 적절하게 말했듯이, "경제 성과에 미친 노조의 영향"에 관한 문헌을 보면, 우리는 "이론적 세련됨과 경험적 애매함"에 맞부딪친다. 우리는 "제시된 이론적 주장이 폭넓게 수용되면서도, 경험적 증거가 그 주장을 설득력 있게 입증하는 일은 거의 없는" 세계에 살고 있다(Kittel, 1998: 1, 2). 미시 수준의 노조와 경쟁력의 상호 작용은 보다 일반적인 사회 과정에 의해 크게 압도되어 미시 수준을 연구에 적합하게 분리하기는 불가능하거나, 이론에서 설정된 관계의 인과 방향이 실제로 무엇인지를 확신을 가지고 말할 수 없게 된 현재의 경우에도, 이론적 주장과 지지하는 증거 사이의 간격 때문에, 많은 젊은 노동 경제학자들이 이전의 미시 연구를 반복하며 세련화 작업을 지속할 것이다. 그리고 우리는 이론적 주장과 경험적 증거 사이의 간격 때문에 상관 관계를 통한 거시 수준의 많은 비교 연구가 틀림없이 지속되리라는 점도 예상할 수 있다. 이 경우에도, 똑같은 정도의 불확정성이 예상된다. 아마, 이것은 지나치게 비관적인 견해일지도 모른다. 그러나 우리의 견해에 조금이라도 진실이 들어 있다면, 우리는 두 가지 방법론을 뒤로 제쳐두고, 그 대신 전략적인 중요성 때문에 국제 경쟁력에 미친 노동의 힘을 일반적으로 평가하는 데 보다 믿을 만한 길을 제공해주는 특정한 사례에 집중해봄으로써 더 많은 것을 배우게 될 것이다.

노동의 힘에 관한 사례 연구

위의 목적을 위해서라면 당장 많은 가능한 사례를 찾을 수 있다. 먼저 현재 미국 노동의 허약함이 미국 경제 성장률을 낮추는 데 기여하고 있다는 주장——전후 미국 경제의 성과에 대한 미국 논쟁의 좌파 쪽 견해——에 비추어보건대, 미국 노동에 관한 연구 자료를 생각해볼 수 있다(Lazonick, 1994b: 106~8; Galbraith and Calmon, 1994: 189; Hart, 1994: 235~7; Madrick, 1995: 82~3). 상세한 검토를 위한 두번째 후보는 전후 일본의 '성공담'에서 노동이 행한 역할이다. 세번째는 현재 아시아 위기 속에서 조직된 노동이 행하는 역할이다: 무엇보다 한국의 경우 그리고 인도네시아의 경우도 포함된다. 이들에 관해서는(문화적 가치와 일본의 예외주의를 중심으로 한) 다음 장에서 일본의 노동과 산업 관계를 다룰 때 언급할 것이며, 다음 장의 결론 부분은 미국과 동아시아에서의 계급 투쟁을 쟁점으로 다룬다. 하지만 지금 우리는 위에서 언급된 주장과 반주장에 특별한 통찰력을 제공할 두 유럽 국가의 사례를 집중적으로 다루려고 한다. 그 중 하나는 1979년 전후의 영국 경제인데, 영국의 노동 관계는 신자유주의적 노선에 따라 재편성되었기 때문에, 영국의 경험은 경쟁력을 잠식할 강한 노조의 능력과 경쟁력 회복을 허용하는 약한 노조의 능력 문제에 더할 수 없는 통찰력을 제공해줄 수 있다. 다른 하나는 스웨덴 경제인데, 전후에 강한 노조주의와 지속적인 성장을 결합한 스웨덴 경제는 코포라티즘의 주장을 검토할 가장 강력한 기반을 제공하며, 또, 스트릭이(서독 노동에 관해) 전개한 '유익한 제약' 이론의 예비적 평가를 수행할 이상적인 국가이기도 하다. 우리는 영국과 스웨덴의 사례를 차례로 사용하여 주장의 한 면을 테스트하고, 또 다른 면을 테스트하며, 이어서 양국의 사례를 사용해 세계화된 국제 경제의 맥락 속에서 자본과 노동에 관한 몇 가지 명제를 세우고자 한다.

영국의 신자유주의

우리가 이미 보았듯이, 영국에서의 노조의 힘과 국제 경쟁력의 관계는 많은 경우에 보다 일반적인 신자유주의의 논점을 지지하기 위해 사용되었다. 실제로 현재 전후 영국 산업 관계에 관해 급속히 수용된 진리의 위치를 점해가고 있는 세련된 신자유주의적 해석이 있다고 해도 과언은 아니며, 이 해석(보다 적절히 표현하자면, 오해)은 다음과 같은 명제를 중심으로 구성되었다.

1. 1979년 이전 영국 경제의 저성과는 대체로 노동조합 때문이었다. 전후 영국에서의 완전 고용은 산업 관계의 힘을 자본에서 노동으로 전환시켰고, '영국병,' 즉 노조가 고무한 제한적인 관행, 산업 관계에 있어서의 전투성과 '임금 표류'를 산출했고, 이는 영국의 가격 경쟁력을 잠식하며 투자를 위축시켰다. 1979년 이전 영국 산업에서 조직된 노동 집단의 힘과 새 기술 도입과 기존 생산 기술의 완전한 활용에 대한 조직적인 반대는 영국에 기반을 둔 제조업이 국제적인 비교 대상국 중에서 뒤처지게 만들었다. 이들 노동 집단이 속한 노동조합의 정치적 힘은 여러 정부로 하여금 연속적으로 노조에 특별한 법적 권한을 부여하고, 공공

부문 고용을 부풀리게 하며, 지나치게 후한 복지 혜택을 주도록
유도함으로써 경쟁적 취약성을 만들어냈다. 그 결과는 고율의 세
금과 걷잡을 수 없는 인플레이션이라는 부를 파괴하는 결합이었
다고 말해진다.

2. 영국에 다행스럽게도 마가렛 대처의 집권은 노조가 고무한
경제의 하향 회전을 역전시킨다. 대처의 지도력 하에 보수당 정
부는 노동당 정부하의 코포라티즘적 정책 결정 제도를 폐장시키
고, 권력의 통로에서 노조 지도자를 내쫓고, 점차적으로 영국 노
동법을 개정하고, 공공 부문에서 전투적인 노조와의 일련의 대결
을 주도하고, 광범하게 존재하던 기존의 공공 부문을 사유화하면
서, 영국 노조의 힘을 깨부수었다. 그 결과는 인플레이션의 감소,
노동 생산성의 증가, 폭넓은 일자리 창출, 새로운 외국인 직접 투
자와 영국 경제 성과에 있어서의 질적인 향상이라고 신자유주의
자들은 말한다. 우리가 이미 주목했듯이, 신노동당에 동조하는
학계의 논평가 중에서조차, 1979년 이후에 보수당이 무엇을 성
취했건 하지 않았건, 적어도 보수당은 노조를 길들였고, 그럼으
로써 영국을 보다 빠른 성장의 길로 끌어올렸다고 하는 믿음이
번져나가고 있다(Metcalf, 1990b: 283~303).

표면적으로 보면, 이같은 영국 경제의 성쇠에 관한 신자유주의
적 이해는 강력한 호소력을 지닌다. 그러나 여기서도 다른 곳에
서와 마찬가지로 첫인상은 오해를 일으킨다.

1979년 이전의 영국　노조의 법적인 특권과 과도한 전투성에
관한 많은 일반적인 신자유주의적 주장은 본질적으로 비교적이
다. 그들은 1979년 이전의 영국을 그 이전의 영국의 경험과 비교

하고, 영국을 다른 선진 자본주의 경제와 오랜 기간에 걸쳐 비교한다. 하지만 정확하게 비교를 하지는 않는다. 영국에서의 노조의 법적 특권은(이것은 제한된 책임성이란 법적 장치를 통해 주주에게 부여된 법적인 보호와는 결코 견줄 수 없는 것이었다) 1975년에 정점에 달했다. 그러나 이 정점(노동당의 1975년 산업관계법)은 (1890년대는 아니라고 해도) 적어도 1950년대까지 거슬러 올라가는 영국 경제의 저성과 유형을 설명하기에는 시기적으로 너무 늦다. 1970년대 노동당 입법의 내용을 주요 국가의 노동운동에 가능했던 노동 법규의 연속선상에서 보면, 영국은 중간점을 넘지 못했다. 즉 영국의 위치는(서독과 스칸디나비아 국가처럼) 전후 기간 동안 영국보다 더 성공적이었지만 보다 관대한 노동 법규를 가진 경제와(미국처럼) 영국보다 더 성공적이지 못했지만, 1975년 이전에 영국에 있던 법규보다 노동자와 노동조합에 관해 덜 관대한 법규를 가진 경제 사이의 어딘가이다. 따라서 1979년 이전의 영국 경험이 노조주의와 경쟁력의 관계에 대해 우리에게 더 다른 무엇을 말해주든, 말해주지 않든 간에, 노조에 유리한 법적인 변화가 경제적 성과를 직접적으로 저해한다는 주장을 세울 수는 없다. 법적 규정은 분명히 노동조합의 행태를 **형성**하지만(산업 관계 드라마의 다른 연기자의 행태를 형성하는 것처럼), 그것이 그 행태를 **미리 결정**하지는 않으며, 반드시 경쟁에 반하는 노선에 얽매게 하는 것도 아니다.

1970년대 영국의 과도한 산업 관계상의 전투성에 관한 주장도 국제적인 비교를 쉽게 극복하지 못한다. 영국이 1969년과 1973년 사이에 산업 분규의 폭발을 경험한 건 사실이다. 그러나 당시에 주요한 유럽 산업국가 대다수도 그러하였다. 실제로 1970년대 노동당 정부의 첫 4년 동안 놀라웠던 것은 산업 분규의 수준이 아니라, 노동당의 정치인과 노조 지도자들이 얼마나 효과적으로 그리고 신속하게 분규를 봉쇄하였는가이고, 그 이후에 터진 '불만의 겨울'이라 불린 짧았던(그리고 그 이후 많이 언급되었던) 파업의 물결이 그 봉쇄로 인해 야기된 정부와 노조 사이의 긴장 감을 어떤 방식으로 반영했는가 하는 점이다. 1970년대의 영국 노동조합주의의 비판가들은 두 가지를 동시에 주장할 수는 없 다: 노동조합이 노동당 정부를 전기간에 걸쳐 손아귀에 넣고 있 었든지(따라서 산업 행위를 할 필요가 없었다) 아니면 그렇지 못했 던 것이다(이 경우 전투성으로의 복귀는 그들의 힘이 아니라, 무력함 의 지표로 읽어야 한다).

사실 영국에서 노동조합이 매우 짧은 기간 동안(1974, 1975년 에) 집권할 노동당 정부에게 전례 없는 정치적 영향력을 누린 것 은 틀림없는 사실이다. 야당이던 노동당은 임금 억제와 산업 및 복지에 대한 정부 정책을 맞바꾸기로 하며 노조와 사회적 협약을 맺었다. 이 협약의 명시적 성격은 영국의 관례상 전례가 없었으 며—스칸디나비아의 관례로는 그렇지 않지만—이 협약을 받 아들일 수 없는 실질적인 정치 계급의 확대로 본 우익 논평가들 로부터 성난 혹은 격노한 반응을 불러일으켰다. 이런 분노의 상 당 부분은 꾸며낸 것이었지만—영국 정치에선 드문 노골적인 계급적 자극의 예이다—이 협약은 논평가들이 정당하게 지적한 하나의 중요한 장기적인 영향을 끼쳤다. 이것 때문에 그 이후 1970년대 영국에서의 인플레이션과 실업은 스칸디나비아 이외 의 다른 유럽 국가에서와는 다소 다르게 균형점을 찾았다. 일반 적인 유럽의 기준에 비해서 인플레이션은 높았고, 실업률은 낮았 다. 그러나 노동당 정부가 1970년대의 케인스주의의 일반적인 위기를 처리한 방식에 노조가 준 영향을 지적하는 것과 노조의 영향이 그 위기의 원인이라고 말하거나, 암시하는 것은 별개의 문제이다. 그것은 위기의 원인이 아니었다. 1970년대에 모든 주요한 산업국가의 정부는——노조화가 높건 아니건——전후의 자본주의의 '황금기'에는 예상할 수 없었던 수준에서 인플레이션과 실업을 맞바꾸어야 했다. 영국 경제가 이미 취약함을 보였기 때문에 이런 선택의 필요가 영국에서는 북유럽의 다른 나라에서보다 빨리 나타났지만(이 점은 Coates, 1980: 180~201), 결국에는 모두에게 나타났다. 그 선택은 케인스적인 수요의 관리로부터의 총체적인 후퇴라는 형태를 띠게 되었는데, 이에 대해서 노동조합에 일차적 책임을 지울 수는 없으며, 그래서도 안 된다.

이같이 영국의 노동조합이 편협한 분파적인 목적을 위해서 1970년대에 노동당과의 관계를 남용하였다고 주장하거나 암시하는 것은 비교 자료와 역사 자료를 오해한 것이다. 우리가 스웨덴에 관해 논의하면서 본격적으로 주장하겠지만, 노조와 사민주의 정당의 긴밀한 관계는 북유럽을 통해서 일반적이었으며(현재도 그렇다), 다른 곳에서는 높은 경제 성장률과 잘 양립할 수 있음이 상당히 입증되었다. 사실 이 점에 관해 1970년대의 영국의 경험은 전형적이며 동시에 웬만한 수준이었다. 1970년대의 세금 수준과 복지 지출의 수준(이 둘은 노조가 부과한 사적인 부 창출의 걸림돌로서 영국 문헌에서 많이 논의되고 있다)은 보다 성공적인 많은 국가에서 훨씬 높았다. 예컨대 스칸디나비아와 베네룩스 국가의 경우, 공공 지출의 GDP 비중은 1970년대 동안 영국의 경우보다 더 컸다: 1974~79년 동안 스웨덴은 평균 54.4퍼센트; 네덜란드는 52.8퍼센트, 벨기에는 52.1퍼센트, 덴마크는 49.1퍼센트인 반면, 영국은 44.4퍼센트였다(Coates and Wiggen, 1995: 191). 1970년대 중반에, 일본과 미국의 경우만, 영국보다 세금 수입이 낮았다. 영국의 세금 수준은 덴마크, 노르웨이, 스웨덴, 캐나다, 오스트리아, 프랑스, 서독과 벨기에 등 성공적인 경제에서 일반적이던 수준보다 훨씬 밑돌았다(Feinstein, 1988: 11).

1970년대에 영국의 노동조합과 노동당의 관계에 실제로 일어난 것은 그 관계가 아주 표준적인 사회민주적인 형태로 빠르게 접어들게 된 점이다; 노조는 사회적 협의를 지킨 반면, 정부가 협의를 지키도록 강제하는 데는 점차 실패하게 된다. 영국의 노동조합은 노조원의 실질 임금을 4년 동안 하락하도록 관리하면서, 1974년과 1979년 사이에 계속적으로 투자 촉진을 요구하고, 계획화와 공적 소유권을 촉구했다. 그러나 항상 그렇듯 그들은 표준적인 "노조 영향력 사이클"(Minkin, 1991: 639)을 경험했다——장관들이 처음에는 반응을 보이다가, 강력해진 업계와 금융계 세력이 노동당 정부를 화폐주의의 초기 형태로 밀어대자, 반응을 보이지 않았다. 노동조합의 정치적인 힘이 1970년대 영국의 경제적인 저성과의 강력한 원인이 되기는커녕, 만일에 인과 과정이 있다고 한다면, 그것은 노동조합의 정치적 취약성에 의하여 촉발된 것이었다고 주장하는 것이 보다 안전해 보인다. 영국의 노동조합은 노동당 정부가 디플레이션과 비개입주의로 빠져드는 것을 막지 못했고, 그리하여 노동당 정부가 보수당 정부에 높은 수준의 인플레이션 및 실업과 낮은 수준의 투자에 의하여 상처받은 경제를 물려주는 것을 막지 못했다. 어떤 사회적 또는 산업 세력도 영국 정부의 경제 운영이 이렇게 후퇴하는 것을 막을 수 없었던 것처럼(혹은 관심이 없었던 것처럼) 보인다. 노동조합은 확실히 노동당으로부터 적극적이고 급진적인 산업 정책을 원했다. 그러나 보다 보수적인 목소리가 득세를 하기 시작했을 때, 노조는 그것을 강제할 정치적 자원을 갖고 있지 못했다.

그 당시(현재도) 스태그플레이션에 대한 영국 경제의 취약성은 제조업 공장과 설비의 저투자와 인적 자본의 저투자에 뿌리를 두고 있다. 현재의 영국 경제에 관한 주류적인 논평의 대다수는 적어도 이 점에 관해서는 의견이 일치한다(Kitson and Michie,

1996b: 35). 논쟁거리는 1970년대에 저투자가 얼마만큼 새 기술 도입 및 완전한 활용에 대한 노조와 작업 집단의 저항의 산물이 었는가이다. 가장 널리 인용되는 연구 문헌은 노조의 힘이 생산성을 잠식했다고 말한다[(혹은 암시한다)(Pratten, 1976; Caves, 1980)]. 그러나 불행하게도 자세히 살펴보면, 이 문헌은 일부분만 다루고 있고, 연구 설계도 부적합함이 드러난다. 산업 관계와 생산성에 관한 1970년대의 주류 연구들은 연구 대상의 범위를 잘못 선택하였다. 그들은 저성장을 설명하면서 노동조합 연맹이 산업 투자를 촉진할 정책과 산업 재훈련과 권력 분담 계획——이것만 있었어도 직접적으로 관련된 노동자들의 새로운 기술 도입은 용이해졌을 것이다——을 끊임없이 요구한 점을 아주 제외시켜버렸다. 그들은 산업 관계 이외의 요인, 즉 "공장과 시장 규모의 차이, 자본금의 수명과 질적 성격, 일반적인 관리층의 태도와 숙련 기술 등"(Coates, 1994: 113)이 비용과 경쟁력에 미친 더 큰 영향을 경시하는 경향이 있었다. 보다 더 중요한 점은 작업 집단과 산업생산성에 관한 1970년대의 주요 연구 문헌은 연구 설계와 측정상의 엄청난 부적합성으로 인한 결함을 지닌 것이다. 이런 취약점은 다른 곳에 기록되고 있는데(Nichols, 1986; Coates, 1994: 110~14), 그 효과는 그대로 지속되고 있다. 이런 결함으로 인해, 1970년대에 영국의 노동조합과 작업 집단이 일반적으로 경제적 경쟁력의 기초를 강화하는 데 주된 장애물로 작용했었다는 주장을 논란의 여지가 없다고 보는 것은 정당치 못하다. 어떤 노동조합과 작업 집단은 그런 방식으로 작용했을지 모른다. 그러나 1970년대 영국의 노동조합과 생산성의 관계에 관한 연구 자료는 결국 이쪽이든 저쪽이든 확정적이고 일반적인 주장을 허용하기에는 결함이 너무 크다. 우파 지식인들은(그리고 우리도)——최소한 1970년대에 대해서는——아직 평가를 내릴 수 없다고 정

직하게 말하는 것이 좋을 터인데, 그들은 이 문제에 관해 너무 서둘러 판단을 내렸다.

그래도 1970년대에 영국에서 무슨 일이 있었고, 무슨 일이 일어나지 않았는지에 대해 우리는 가능한 한 명확히해둘 필요가 있다. 그 10년에 대한 보다 일반적인 조사 연구는 핵심적인 영국 제조업 내에서는——공장 수준에서——생산 관리자로부터 작업방 노조 간부와 작업 집단으로의 제한적이지만 실질적인 권력의 이동을 나타내주고 있으며, 공인되지 않은 전투적 행위와 어느 정도의 '임금의 표류'를 포함하는 권력 이동과 관련된 특정한 산업 관계의 형태가 등장했음을 나타내준다. 또한 1970년대에 영국에 기반을 둔 제조업체의 노동 생산성은 경제적 경쟁 상대인 서독과 스웨덴이 성취한 그것보다 낮았음을 연구 자료는 보여주고 있다. 그렇지만 연구 자료는 이런 단순화된 사실의 첫째 항목이 둘째 항목의 원인이라는 점을 보여주지는 않는다. 두 과정의 타이밍은 상관성으로부터 인과성으로 쉽게 옮아가도록 하기엔 너무 맞지 않는다. 노동 생산성의 상대적 수준은 1950년대에 떨어지기 시작했다. 항상 제약되고, 포괄 범위가 불균등했던 작업방 노조 간부의 힘은 1960년대까지는 완전히 정립되지 않았고, 그때에도 기껏해야 다른 인과 요인에 비해 2차적인 보조적인 역할을 했을 뿐이다(Tolliday and Zeitlin, 1986: 9; Coates, 1994: 108~9). 그리고 그때조차도 경쟁력, 이윤, 투자와 성장에 미친 영향은 노조의 힘을 비판하는 자들이 별로 언급하지 않는 1970년대 영국 산업 관계의 다른 특징——당시에 영국의 노동 비용은 유럽 평균보다 25퍼센트 낮았었다는 특징(Ray, 1987: 2)——에 의하여 약화되었다. 대다수의 신자유주의적 성장 이론에 따르면 값싼 노동은 경쟁력의 장애일 수가 없다. 그런데 북유럽의 다른 나라들과 비교할 때, 영국의 노동은 1970년대 내내 값이 쌌다. 그렇다면 그 결정적인 10년 동안 영국 제조업의 경쟁력이 주목할 만큼 하락한 것을 설명하려 들 때, 영국의 노동에 손가락을 돌리는 일은 야비해 보인다. 어떤 형태의 노동조합의 방어적 행위는 경쟁력 하락을 촉진했을지도 모른다. 그렇지만 일반적으로 자료에 따르면, 그 10년 기간 동안 영국의 경제적 저성과의 뿌리는 다른 곳에, 영국의 노동이 관련을 맺은, 그러나 변화시킬 수도 없고, 통제할 수도 없었던, 사회적 제도와 경제 집단의 행태와 성향에 있었음을 시사한다.

1979년 이후의 영국　　그럼에도 불구하고, 1970년대 영국의 노동조합주의에 반대하는 신자유주의의 논점은 현재 영국 정치의 신화에 포함되었다. 그것은 1979년 보수당의 집권이 '불만의 겨울'을 영광된 여름으로 바꾸었다는 상당히 많이 반복된 이야기인데, 이런 반복은 그 후 20년에 걸친 보수당의 노동법 재편성을 정당화하는 데 필수적이었다. 그렇지만 실제로는 1979년 이후 노동조합에 가해진 비판의 논점은 1979년 이전에 가해진 비판의 논점에 비해 더 강력하지는 않다. 보수당 정부가 1979년 이후 노동조합과 조직화된 작업 집단의 힘을 의미 있을 정도로 축소시켰다는 점은 의문의 여지가 없고, 공공 영역의 규모와 복지 혜택의 규모도 줄였다. 또, 이와 동시에 영국과 주요한 유럽의 경쟁국 간의 노동 생산성 격차가 준 점엔 의문의 여지가 없다. 그러나 그 이전의 시기에서처럼, 1979년 이후의 시기에 대해서도 의문이 남는 것은 이런 엄청난 변화가 어떤 방식으로든 직접적으로 그리고 인과적으로 연결되어 있는가이다. 노동조합주의의 비판자들은 그렇다고 말한다. 증거는 그렇지 않음을 시사한다.

먼저 생산성 문제부터 다뤄보자. 영국의 노동 생산성 수준과 성장률은 1979년 이후 모두 증가했다. 그렇지만 이 증가가 제조업 부문의 산출의 큰 증가를 바탕으로 하지도 않았고, 기계와 기술 투자의 수준을 바탕으로 하지도 않았다. 그 대신, 1979년 이후의 영국 경제는 심각한 불황(1980~82년)과 장기화된 불황(1989~92년)이 뒤섞인 성장을 경험했고, 침체로 인해 제조업 산출과 투자 수준은 1980년대 말까지는 1979년 수준의 밑에 머물렀다(실제로, 우리가 제1부 제2장에서 보았듯이, 1992년까지도 영국의 제조업 산출량은 히스 정부의 주 3일 근무가 절정에 달했던 1973년 수준보다 겨우 1퍼센트 높은 수준이었다). 영국 제조업 부문에서 성취된 노동 생산성 증가는 광범위한 산업 부문 현대화의 결과가 아니었던 것 같다. 오히려 그것은 대규모 실업과 효율이 가장 떨어진 공장의 전반적인 폐쇄 가운데서 일어난 작업률과 작업 시간의 강화에 의해서 촉발되었다. 그것은 새로운 투자의 결과였기보다는 1994년에 3백만 이상의 노동자를 주당 48시간 또는 그 이상을 일하게 만든(유럽 공동체 전체를 통해서, 단지 7백만 명의 노동자만이 이렇게 장시간 일한다) "작업 조직과 생산 기술의 점진적 변화"와 "보다 강도 높은 작업 체제"의 결과물이었다. 피터 놀런이 주장했듯이, 1980년대에 보수당 정부가 가한 "노동에 대한 일치된 공세"는 영속적인 생산성 혁명을 촉발하기는커녕, 적어도 영국 노동조합이 "이윤을 위한 저임금과 강도 높은 노동의 길"을 폐쇄하는 것을 방지함으로써 "고임금, 고숙련, 고생산성의 노동력의 등장을 막던 강력한 장애물을 강화한 것처럼 보인다"(Nolan, 1995: 134~5).

취업자 숫자가 노동조합에 반대하는 신자유주의적 논점을 특별히 지지하는 것도 아니다. 1980년대에 노동조합의 힘만 삭감된 게 아니다. 정규직 일자리도 삭감되었다. 1980~82년의 불황 동안 170만의 정규직이 없어졌다. 1990년대 초의 불황 동안에 190만의 정규직 일자리가 사라졌다. 그 이후, 영국의 실업률이 지속적으로 떨어졌고, 1990년대 말이 되면 유럽연합 평균 이하로 정착한 것은 사실이다. 그러나 영국이 보여준 이런 고용상의 격차는——이는 영국의 신자유주의를 옹호하기 위해 자주 인용된다——적어도 두 가지 면에서 우리를 속인다. 그것은 상존하는 실업의 규모에 대해 기만적이다. 왜냐하면 보수당 집권 기간 동안 공식적인 실업 통계는 실업자 명부에서 배제된 굉장히 많은 수의 잠재적인, 일할 의사가 있는 노동자를 무시했기 때문이다(영국의 '경제 활동률'은, 특히 '한창 나이'의 남성 노동자들의 활동률은 1990년대에 유럽연합 수준 밑으로 떨어지지 않았다. 적어도 1990년대의 전반기 동안, 넓은 의미의 영국의 실업 수치는 통합된 독일의 그것보다도 높았다). 또 '고용 격차'란 영국의 고용 구조가 정규적인, 안정적인 일자리에서 시간제의 불안정한 일자리로 재구조화된 것을 감추기 때문에 기만적이다.

1979년 이후 영국에서 생겨난 새로운 일자리의 대다수는 시간제직이다. 1993년에는 대략 2,100만의 영국 전체 노동자 중에서, 6백만에 육박하는 시간제 노동자가 있었는데, 이들 6백만 명의 시간제 노동자 중에서 적어도 70퍼센트의 노동자는 주당 16시간 미만의 일을 했고, 매우 낮은 임금을 받으며, 거의 훈련도 받지 않았다. 그리고 1993년과 1996년 사이에 새로운 일자리가 늘어났지만, 38퍼센트만이 정규직이고, 안정된 일자리를 제공받았다. 정규직과 임시직의 수가 같았다; 나머지는 여러 형태의 시간제 노동자였다(『가디언』, 1997년 3월 19일: 2). 이런 숫자는 1980년대에 영국 제조업의 주요 부문이 격심해진 국제 경쟁이 도래하자 보여준 특정한, 그리고 무엇보다 파괴적인 대응 양식을 시사하고 있다. 이 대응은 "경제 수축의 악순환의 고리에 빠진 기업이나 제조업 부문이 많은 노동자를 해고하고, 점점 더 낮은 산출과 고용 수준에서" 기업 활동을 재조정함으로써만 단기적인 수익성을 보호한 그런 대응이었다(Williams et al., 1989: 292). 영국의 제조업은——윌리엄스와 그들의 동료가 옳다면——노동조합의 힘의 감소에 대해 신자유주의 이론이 요구하는 대로 반응하지 않았다. 노동 시장의 '장애물'이 약화됨에 따라 산출을 확대하는 대신, 그들은 노동에의 편협한 집착을 지속했고, 해고를 통한 소극적인 노동 비용의 통제를 유지했으며, 결국 "현금은 많으나, 산출은 굼뜬 지경"에 이른다(같은 책: 300, 293); 신자유주의적 견해에서 보면, 강력한 노동조합주의는 임금 불균등과 장기화된 실업을 야기하리라고 상정되지만, 1980년대에, 적어도 영국에서는, 노동조합의 힘이 쇠퇴하고 있는데도 임금 불균등과 실업이 극적으로 악화되었다.

이런 노동조합의 힘의 약화가 가격 안정 및 투자의 부흥을 촉발하지도 않았다. 현재 영국의 인플레이션이 '노조가 지배하던' 1970년대보다 훨씬 낮은 것은 사실이다. 그러나 그것은 유럽의 다른 곳에서도 마찬가지이다(그리고 다른 나라와 비교해보면, 영국의 인플레이션이 달리 나아진 것은 없다). 영국이 많은, 특히 일본의, 외국인 직접 투자를 끌어들인 것은 사실이다. 그러나 외국인 직접 투자가 1979년 이후 영국에서의 투자 경험을 모두 다 말해주는 것은 아니다. 전체로 보면, 영국에서 "(제조업 산출의 비중으로 본)제조업 부문의 순투자는 1960년대 초 이후 하락하고 있었으며, 1980년대 초와 1990년대엔 마이너스를 가리켰다"(Kitson and Michie, 1996b: 35; 또, Kitson and Michie, 1996a: 201~2). 외국인 직접 투자만으로는 이 경향을 역전시킬 수도 없고, 역전시키지도 못했다. 사실 영국 내외로의 자본과 고용의 전체 움직임에 비추어보면, 외국인 직접 투자의 규모는(그리고 고용 효과는) 보수당 정부 전기간을 통해 미미하였다. 1979년과 1992년 사이에 영국에서 빠져나간 자금의 총액은 1987년을 제외하고는 매년

들어온 자금을 초과했다(Radice, 1995; Barrell and Pain, 1997: 65); 그리고 특히 일본 자금의 유입에 의한 고용 효과는(1980년 대에 2만 5천 개의 새로운 제조업 일자리가 창출되었다) 영국인이 소유한 다국적 기업 상위 25개가 없앤 20만 개의 제조업 일자리에 비할 때 찾아볼 수 없다(Williams et al., 1990). 신자유주의는 저임금과 제한된 노동 시장의 규제를 외국인 직접 투자 유치의 열쇠라고 치켜세운다. 그렇지만 최근의 조사 연구는 보수당 집권 기의 마지막 몇 년 동안 영국이 아니라, 프랑스가 중요한(영국으로부터의 투자를 포함하는) 외국인 직접 투자의 대상 국가였음을 시사한다. 이 조사 연구는 저임금은 자본의 재배치를 설명하는 하나의 요인일 뿐이며, 숙련 수준과 사회간접자본에 비추어보면 작은 요인이다(Quilley et al., 1996; Barrell and Pain, 1997). 최근 의 연구는 많은 영국의 기업이 "국내 생산을 늘리고, 규모의 경제를 활용하기보다는" 유럽 시장에의 **투자**를 선택하였으며, "상대적인 가격 경쟁력과 유연한 영국의 노동 시장, 다른 유럽연합 국가의 사회보장 조항에도 불구하고 **무역**을 통해서 유럽 시장에 기여하고 있음"을 암시하고 있다(Barrell and Pain, 1997: 70). 이런 모든 사항은, 노동조합주의와 경제적 성장의 관계에 대해 표준적인 신자유주의적인 설명이 예상하는 경쟁력 향상과는 반대로, 왜 1980년대의 노조의 힘의 **쇠퇴**가 영국의 무역 적자의 **증가**와 일치하고 있는가를 설명하는 데 도움이 될 것이다.

전체적으로 말해서, 애초의 신자유주의의 주장을 영국이 경험한 전모의 복잡성에 비추어보면, 신자유주의의 논점은 처음에 보이는 모습보다는 덜 확실해 보인다. 영국 노동조합의 힘의 성쇠는 투자의 흐름, 산출 수준과 무역 수지 등의 기록과 밀접한 상관관계를 보이지 않는다. 비교적 관점에서 볼 때, 노동조합의 힘의 감소가 영국의 인플레이션이나, 정규직, 안정된 일자리를 제공할 영국 경제의 능력을 향상시키지 못했다; 또 지속적인 투자의 부족 때문에 노동조합의 힘의 감소가 영속적인 생산성 혁명을 초래하지도 못했다. 최근의 대처 혁명에 대한 검토는 이와 같은 회의적인 견해를 지지한다(Brown et al., 1997: 80); 크래프츠와 메트카프와 같은 우호적인 논평가조차 "영국의 상대적인 쇠퇴를 영구히 끝냈다"고 확신할 만큼 보수당이 충분한 일을 했는가를 의심하고 있다(Crafts, 1993b: 344). 왜냐하면 사실상 대처리즘의 기간은 신자유주의자들이 주장하고자 하는 것과는 달리 노동조합의 힘과 국제적 경쟁력의 관계가 확고히 정해지지는 않았음을 암시하고 있기 때문이다. 오히려 노동자의 권리와 자본 축적과 국제 경쟁력의 양립 가능성은 이윤 추구 과정에서 따르게 될 **주도적인 성장 전략**에 대한 사전 결정에 의하여 확정된다. 만일 성장과 경쟁력이 저임금과 강화된 작업 과정을 바탕으로 획득될 수 있다면, 어떤 형태이든 노동조합의 힘은 성장의 장애물이다. 1979년 이후 영국의 보수당은 이 저임금 전략을 선택했고, 그럼으로써 새로이 등장하는 국제 분업에서 영국은 점차적으로 보다 풍부한 유럽 대륙 시장의 변두리에서 철물점 경제, 조립 경제의 위치를 차지하게 되었다. 노동조합의 힘이 이런 자리매김을 시작하지도 않았고, 미리 결정 짓지도 않았다. 관련이 있다면, 노동조합의 **취약성**이 그런 상황을 허용하였다. 그러나 영국의 제조업 자본이 이런 특정한 국제 시장의 틈새에 자리를 잡은 만큼, 노동조합주의의 부흥은 이 틈새의 장기적인 생존 가능성을 위협할 것이 틀림없으며, 이것은 노동조합주의를 그렇게 효과적으로 약화시킨 영국의 재계가 왜 그렇게 확고한 자세로 노조의 취약성을 유지하기 위해 노력하는가를 설명해줄 한 가지 이유일 것이다.

코포라티즘과 스웨덴의 사례

코포라티즘 일반에 관한 문헌을, 특히 스웨덴의 사회민주주의에 관한 문헌을 고려할 때는, 주장의 전반적인 논조가 달라진다. 이때는 영국에서의 논쟁의 일반적인 초점과는 반대로, 노동조합주의를 찬성하는 주장이 주도적인 주제가 되며, 시장 체제의 지지자들은 갑자기 소수파의 목소리를 대표한다. 이 논쟁에서 신자유주의적인 목소리도 들리지만, 그건 최근에서야 보다 강력해지고 있다. 그것은 특히 린드벡과 관련된 목소리이다. 소위 '유럽의 동맥경화증,' 즉 서유럽 경제가 고용과 성장을 창출할 능력의 축소를 처음으로 진단한 사람이 린드벡이며, 그는 이 경화증이 부분적으로는 복지 프로그램과 강한 노동조합주의——이를 그는 '자체 중량의 비용'이라고 부른 바 있다(Lindbeck, 1980: 22)——에 의해 유발된 노동 시장 경직성의 결과라고 설명한다(Lindbeck, 1985: 155). 그리고 린드벡은 스웨덴 경제의 위기 분석을 위한 정부 위원회의 책임자였는데, 이 위원회의 보고서는 명백히 신자유주의적인 복지 개혁을 요구했다(Lindbeck et al., 1994). 위의 두 글에서 린드벡은 높은 복지 지출에 대한 일반적인 신자유주의적 비판을 자기 식으로 제시했다. 즉 복지를 위한 재원에 필수적인 차입금이 사적인 투자를 쥐어짜 없애고, 복지 유지를 위해 필수적인 세금이 사적인 노력을 억제하며, 복지의 집행에 필수적인 관료제는 전체적인 요소 생산성을 잠식한다. 영국의 경우 이런 종류의 주장이 거의 20년 동안 휩쓸어왔다. 그렇지만 스웨덴의 경우 이런 주장은 강하게 뿌리를 내리고 있는 사회민주주의적인 합의——그 특징은 제1부 제2장의 마지막 부분에서 논의했다——의 잔재들과 다툼을 벌여야 한다.

전후 스웨덴 사회민주주의의 경제적, 사회적 업적——관대한 평등적인 복지 프로그램과 지속적인 경제 성장을 바탕으로 한 높은 생활 수준을 결합한 면에서의 업적——은 유럽 중도좌파의 강력한 모델이며, 영감의 원천이었고(아직도 그러하다), 주류 경제학의 전통적인 해석의 많은 부분에 대한 심각한 도전이었다. 스웨덴의 복지 프로그램은 1960년대에 비로소 급속히 확대되었지만, 일단 시작되고 나자, 1980년이 되면 "스웨덴은(인구당) 고용자, 남성에 대비한 여성 임금, 조세 제도의 누진성, 공적 연금의 풍부함, 의료, 교육, 복지 서비스의 공적인 제공, 빈곤층의 상대적인 부재와 전체적인 소득 균등성의 측면에서 본 평등성의 비교에서 으뜸"을 차지한다(Glyn, 1995: 50; 또, Weiss, 1998: 84). 당시 유럽에서, 스웨덴은 고용 면에서는 스위스에 이어 두번째였고, 개인당 소득은 노르웨이에 이어서 두번째였다. 비교 관점에서 말하면, 스웨덴은 다른 어느 OECD 국가보다도 공공 부문이 크고, 매우 높은 노동자 조합원을 지닌(노조의 밀도는 1986년에 최고조에 달했는데, 놀라울 정도인 86퍼센트였다) 고임금, 고세금의 경제를 가졌었다(현재도 그러하다). 바로 이런 이유들 때문에, 1982년의 평가절하 직후의 짧은 예외적인 기간을 제외하고는 전후 스웨덴의 산업은 "계속적으로 미국을 제외한 주요한 수출 경쟁국보다 높은 노동 비용을 지불하며 운영되었고"(Therborn, 1991: 235), 1970년대부터는 영국에서는 유례를 찾아볼 수 없는(1976년의 공동 결정법을 포함하는) 광범위한 노동 규정을 따라야 했다. 그렇지만 이와 동시에, OECD 국가 전체로 볼 때, GDP 중에서 가중치를 주지 않은 수출 비중이 단지 19퍼센트에 불과했을 때에도(Henrekson, et al., 1996: 247), 스웨덴은 1990년대까지 국내 총생산의 30퍼센트를 수출할 수 있는 대규모의, 국제적으로 경쟁력 있고, 수출 지향적인 산업 부문을 갖고 있었다. 다시 말하면, 전통적인 설명에 완전히 어긋나게도 스웨덴은 최근까지도 서독 규모의 국제적 경쟁력과 전례 없는 높은 수준의 복지 프로그램, 고용 안정과 임금 평등을 성공적으로 결합해왔다.

이미 알려진 대로, 전후에 스웨덴이 성공적인 사적 자본의 축적과 관대한 공공 복지 프로그램을 결합한 것은 아주 독특한 계급 화해, 즉, 1930년대에 시작되어, 그 이후 거의 단절 없이 오랜 정치적 지배 기간 동안(1932~76년; 1982~91년; 1994~) 스웨덴 사회민주주의에 의해 통합된 계급 타협에 기초를 두고 있다. "스웨덴의 역사적 타협의 형식적인 부분은 1936~38년 사이에 협상된 노조, 사용자 사이의 소위 대합의(살츠요바덴 합의)"였다. "그렇지만 가장 중요한 부분은 경제 성장을 이루기 위해 협력해야 한다는 노동과 자본의 비공식적 합의 또는 이해였다(Korpi, 1992: 104). 스웨덴에는 좌파가 상당히 오랜 기간 동안 산업적으로 정치적으로 주도적이었다. 바로 그렇기 때문에, 전후의 스웨덴 노동운동은 렌마이드너Rehn-Meidner 모델로 알려진 바를 자유롭게 추구할 수 있었다.

그 모델의 배후에 있는 기본 생각은, 산업과 각 산업 부문에 걸쳐 '동일한 노동에 동일한 임금'을 요구함으로써, 노동운동의 평등주의적 이상을 촉진할 뿐만 아니라 [······] 비효율적인 기업이 합리화하거나 폐쇄되도록 압력을 가하며, 동시에 효율적인 기업의 확장을 도와줌으로써, 경제의 역동적인 근대화를 확보할 수 있다는 것이다. (Iversen, 1998: 60)

실제로 "저생산성의 기업과 산업을 쥐어짜고, 그들이 향상을 기하든지 시장에서 퇴출하도록 강제력을 발휘하며, 동시에 적극적인 노동 시장 프로그램을 통하여 실업자를 생산성이 높은 기업과 일자리로 옮기는 일이 [······] 렌마이드너 프로그램의 중심 목적이다"(Weiss, 1988: 95). 이런 프로그램과 모델을 갖춘 스웨덴의 노동은 연대 지향의 임금 정책과 보편적이고 포괄적인 복지 국가의 창출 두 가지를 모두 자유롭게 추구할 수 있었다. 또한 임금 억제(그리고 임금 격차의 확산에 대한 반대)와 적극적이고 선택적인 노동 시장 정책을 맞교환함으로써 완전 고용이 인플레이션을 유발하는 경향을 자유롭게 깰 수도 있었다.

적극적인 노동 시장 정책은 전후의 스웨덴의 복지 자본주의의 경험을 스칸디나비아마저도 포함하는 다른 지역의 경험과 구분 지어주는 결정적인 요소이다. 여기서 독특한 스웨덴의 차원이란 임금을 제외한 노동 시장의 모든 측면에 국가의 개입을 강조하는 점이다——1990년까지 스웨덴 정부는 심각한 위기의 순간이 아니라면 임금이 노동과 조직을 대표하는 전국 조직 사이에서 결정되도록 하였다. 그렇지만 소득 정책을 제외한다면, 스웨덴의 고용 정책은 "유럽의 어느 다른 작은 나라보다도 더 직업 훈련, 혹은 재훈련 혹은 공공 사업을 통한 일자리 창조에 의존하였고" (Rothstein, 1985: 154) 스웨덴 GDP의 2~3퍼센트는 정기적으로 이런 활동에 쓰여졌다. 1947년에 스웨덴 정부는 전쟁 전의 전국 노동시장위원회의 권한을 강화하였고, 그 이후에 이 위원회는 스웨덴 노동을 위해서 아주 주목할 만한 일단의 조치를 통하여 완전 고용의 목표를 추구하였다. 이 조치는 일본 통산성의 '행정 지도'가 일본의 자본과 성장 모델에 중요했던 것만큼 스웨덴의 노동에 중요하였고, 그만큼 스웨덴 모델을 특징짓고 있다. 스웨덴의 경우, 적극적인 노동 시장 정책은 대규모 실업에 따른 규제적 효과에 의존함이 없이도 노동 시장의 유연성을 성취할 수 있는 경제의 능력에 중요한 기여를 한다. 그것은 왜 1990년 이전에 "스웨덴이 1950년대 이후 인플레이션을 평균 수준으로 유지해오면서도 서구에서 가장 낮은 실업률을 가진 국가 중의 하나였는가"를 설명하는 열쇠를 제공한다(Rothstein, 1985: 155; 또,

Standing, 1988). 사실 1960년대부터 스웨덴에 전국노동시장위원회가 있었고, 그 노동 시장 정책을 스웨덴 모델의 보다 일반적인 연대 임금 요소와 보편적인 복지 프로그램과 결합시킨 점은 두 가지 연계된 논리를 작동시켰다. 그중 하나는 회사의 수준에서, 훈련에 중점을 두고 저생산성과 노동집약적인 부문에 효율성을 향상하거나, 노동자를 놓아주도록 압력을 가함으로써 산업의 현대화를 촉발시켰다(Landesmann, 1992: 262~3). 또 다른 하나는 거시적인 수준에서 다른 지역에서 말하는 소위 "과세를 통한 강제 저축"에 근거한 독특한 북유럽식 사적 자본 축적 체제를 촉발시켰다(Kosonen, 1992: 203).

스웨덴의 경험은 강한 노동조합주의, 후한 복지 프로그램과 경제 성장을 성공적으로 결합하는 것이—1945년 이후에—가능하다는 확실한 증거이다. 실제로 그것은 적합한 조건하에서는 이러한 결합이 특정한 국가 경제로 하여금 미약한 노동조합과 보다 제한된 복지 프로그램을 가진 경제를 경쟁에서 물리칠 수 있다는 증거이기도 하다. 그러므로 따로 떼어놓고 보면, 스웨덴의 경험은 전통적으로 이해된 노동의 힘과 국제 경쟁력의 관계를 완전히 역전시키는 것으로 보인다.

그렇지만 스웨덴의 경험을 따로 떼놓고 보는 것은 완전히 현명한 것은 아니다. 적어도 1990년대 스웨덴 경제의 성과는 국제 경쟁에 직면하여 그 이전보다는 덜 건실하고, 비교의 관점에서 볼 때 덜 두드러지기 때문이다. 특히 1973년과 1990년 사이에 실업에 관한 "예외적인" 성과를 거둔 스웨덴 경제는 성장, 생산성 또는 투자 부문에서는 그에 상응할 정도로 훌륭한 성과를 거두고 있지 못하다(Weiss, 1998: 88). 오히려 "지난 25년 동안 스웨덴의 성장률은 대략 OECD 평균의 1퍼센트 정도 밑에 머물러왔고"(Henrekson et al., 1996: 280), 그 결과 금세기 전반기에 놀라운 생산성을 기록하였지만 스웨덴 경제 전체의 생산성은 주요한 모든 OECD 경제에 뒤처지고 있다. "한손Hansson과 런드버그 Lundberg는 그들이 연구한 대부분의 다른 나라의 총요소생산성의 성장률이 1970년과 1985년 사이에 연평균 1.2~2.5퍼센트 사이에 있었던 반면, 스웨덴은 단지 0.6퍼센트였다고 추정하였다"(Lindbeck et al., 1994: 9). 실업률조차 1990년대 초엔 급등하였다: 1990년에 1.5퍼센트에서 1994년 8월엔 14.2퍼센트로 올랐다. "스웨덴의 GDP는 1990년과 1993년 사이에 5.1퍼센트 떨어졌고[(유럽의 2.6퍼센트 상승과 대비된다) (Glyn, 1995: 51)] 스웨덴의 개인당 소득의 국제 순위는 1970년의 3위에서 1991년엔 14위로 미끄러졌다(Lindbeck et al., 1994: 10). 1993년에는 1950년대 이후 처음으로, 스웨덴에서 일자리가 없는 사람 중 절반에 못 미치는 사람이 적극적인 노동 시장 계획에 등재되어 있었다. 1950년대에는 이런 계획에 포함된 실업자의 일반적 비율은 보통 80퍼센트였다(Clement, 1994: 115). 1990년대엔 스웨덴 모델의 작동에 어딘가 심각한 문제가 생긴 것이 틀림없고, EC의 가입과 마스트리히트 조약의 수렴화 기준을 위해 스웨덴의 예외주의가 차지한 공간에 심각한 충격을 던지기 이전에 문제가 생긴 것이 틀림없다.

1990년대 스웨덴 모델의 위기는 부분적으로는 새로이 등장한 내적인 긴장의 결과이며, 그에 따라서 성공을 위한 본질적인 내적인 전제 조건이 부식된 결과이다. 렌마이드너 모델은 제조업 부문에서 압도적인 육체 노동자를 대변하는 노동조합이 취하는 임금 억제와 연대적인 임금 정책 위에 기초하고 있다. 그러나 높은 생산성 성장의 욕구에 대한 해결책(즉 노동자를 저생산성 산업으로부터 고생산성 산업으로 옮기는 산업 구조조정의 용인)은 결국에는 제조업 일반의 고용을 공공 부문으로 옮기는 구조적 전환에

양보하게 되고, "전국노동조합을 대변하는 경제학자들의 적극적인 노동 시장 정책 모델에 따라, 국가 부문의 고용이 높은 생산성을 지닌 제조업체의 노동력을 흡수하는 역할을 도맡게 된다"(Strath, 1996: 104~5).* 그러자 이 전환은 스웨덴 경제의 시장화된 부문과 보호받는/공공 부문 사이에 중대한, 불안정적인 불균형을 만들어냈고, 노동 집약적인 공공 서비스 제공 부문의 저생산성 문제를 해결하지는 못한 채, 제조업 노동자들의 임금에 세금을 증가시켰다. 그에 따라서 결국엔 주요한 스웨덴 노동자 집단이 보여주던 높은 수준의 과세를 용인하던 정신을 잠식했고, 시장화된 부문의 노동조합(특히 중요한 금속조합)이 지닌 연대적 임금 정책에 대한 열정을 손상시켰다. 즉 스웨덴 모델의 '성공'이 낳은 결과는 높은 정도의 집권화로 인해 애초에 스웨덴 모델을 가능케 했던 통합된 노동조합이 결국엔 파편화된 것이다——공공 부문, 사적 부문의 블루칼라와 화이트칼라 각각을 대변하는 네 연맹으로 파편화되었다.

생산성의 성장과 노동 연대의 파편화 속에 감추어져버린 스웨덴의 1990년 위기의 시점 사이엔 중요한 관련이 있다. 렌마이드

---

* 어떤 논평자들은 이런 제조업의 침체에 직면하자 보여준 스웨덴 사회민주국가의 수동성을 이 모델의 핵심적인 취약성으로 보았다. 특히 와이스는 "문제가 된 것은 노동 세력을 가진 코포라티즘이 아니고, 오히려 산업이 없는 코포라티즘이었다"고 역설하면서, 다음과 같이 주장하였다:

> 만일 스웨덴 국가의 변혁 능력이 약하다면, 그것은 **노동이 지배적인 코포라티즘의 제도에 지나치게 뿌리를 두고 있기** 때문이 아니다. 오히려, **국가가 산업에 깊은 뿌리를 두지 못하고 있기** 때문이다. 관료제의 능력은 분배의 목표를 중심으로 구축되었다. 그러므로 스웨덴 체제에서는 산업의 정보 능력과 산업과의 정책 연계가 단지 약하게 발달되었을 뿐이다. [……] 스웨덴 국가가 국가적인 혁신과 투자 체제에서 조정하는 능력을 취할 수 없도록 구조적으로 배제되었던 것이 아니라, 역사적인 계급 타협, 국내적으로 형성된 우선 순위와 그에 따른 사민당의 주도권을 통해서 국가는 필요한 변혁의 지향을 가지지 않은 채 분배 프로그램을 강조하게 되었다(Weiss, 1998: 104, 109, 119).

이 같은 스웨덴 모델의 몰락에 대한 '국가 중심적' 설명은 제2부 제4장에서 다룰 것이다.

너 모델로 자극받은 제조업의 높은 생산성으로 인해 스웨덴은 1970년대 동안에 조직화된 노동 부문 간에 발생하는 긴장을 억제할 수 있었다. 이런 긴장은 영국과 같이 취약한 경제에서라면 대처리즘의 공세 이전에 이미 두드러졌고(영국의 경우), 대처가 사적 제조업 부문의 숙련 노동자들의 표를 얻는 것을 가능케 해주었다. 글린이 제대로 말했듯이, "스웨덴에서 평등주의적 재분배의 비용 중 압도적인 부분은 임금으로 충당된 비용이었다── 즉 넓게 규정된 노동 계급 내에서의 재분배였다." 그렇지만, 1950년대, 1960년대에 이 모델의 생존을 설명하는 데 중요한 점은 "사부문의 역동성 때문에 이러한 재분배가 노동자의 소비가 증대되는 맥락 속에서 일어났다"는 사실이다(Glyn, 1995: 45). 그러나 1973년 이후, 그 역동성을 보장하는 것이 어려워졌다. 1970년대는 스웨덴의 투자에는 메마른 10년이었다. 그 후 투자의 수준이 회복되었지만, 1980년에 이르러서도 스웨덴 GDP의 비율로 본 총투자는 1960년대에 성취된 투자 수준에 비해 5퍼센트 낮았다. 그래서 스웨덴 제조업의 생산성이 결국 급락하게 되자, 상이한 부문의 노동자 사이의 일반적인 갈등이 스웨덴에서도 나타났고, 당시까지 놀라울 정도로 오랫동안 산업 평화를 지탱해주던 목표와 정책의 통합을 흔들었다. 스웨덴의 노동은 그래도 다른 유럽 노동운동보다는 제조업의 생산적인 노동자로부터 덜 생산적인 공공 서비스 제공 부문으로의 자원의 재분배를 용인할 의사가 있었다. 그래도 아직은 다른 곳에서보다는 노동자의 세금으로 충당되는 사회적 임금을 노동자들이 더 용인하였고, 존중하였다 (Mishra, 1990: 63~4). 그러나 스웨덴 경제가 사적인 소비와 공적인 혜택이 함께 증대될 수 있게 해주는 급속한 성장을 이루지 못하자──1950~60년대 이 모델의 전성기에서처럼── 이런 관용은 1990년대에는 점차 줄어들었다. 1973년 이후엔 이런 동반

상승이 그전처럼 정규적으로, 그리고 용이하게 일어나지 않았다. 실제로 1973년과 1985년 사이에 "평균 노동자 임금 중의 소비는 매년 거의 2퍼센트, 전체로 보아 대략 20퍼센트 떨어졌다(Glyn, 1995: 51).

게다가 모델 형성자 중의 한 사람인 경제학자 마이드너조차 인정하고 있듯이, 원래 이 모델의 한 가지 문제는 "고수익률의 기업이 고임금을 지불할 능력을 충분히 사용하지 않았기 때문에 '초과 이윤'을 냈다는 점이다"(Meidner, 1992: 167; 또, Meidner, 1993: 218). 이 문제로 말미암아 적어도 두 가지 결과가 초래되었다. 그것은 스웨덴 산업의 자본이 아주 적은 숫자의 손에 집중되게 만들었고——즉, "두 은행을 중심으로 한 15대 가족"(Gordon et al., 1994: 146)——역사적인 타협의 보증인으로서의 스웨덴의 상층 산업 부르주아의 전략적인 의의를 강화시켜주었다. 그것은 또 스웨덴 사회민주주의의 원래의 급진적 프로그램의 마지막 단계인 투자 흐름의 사회화를 불완전한 상태로 남겨두었다. 1976년에 이르러 스웨덴 좌파는, 잉여 이윤을 흡수하고 소유권이나 통제력을 서서히 자본으로부터 노동조합으로 양도할 집단적 임금 노동자 기금을 제시함으로써, 그 마지막 단계에 착수할 준비가 되어 있었다. 그러나 이 제안은 스웨덴 사회민주주의가 1930년대 이후에 취한 어떤 다른 방안보다도 훨씬 강하게 스웨덴 모델의 핵심에 놓인 근본적인 계급 타협에 도전을 가했다——특히 다름 아닌 원래의 타협 상대였던 대규모 수출 지향적인 자본가 집단을 적대적으로 만들었다(Pontusson, 1987: 22~4). 스웨덴의 자본은——사용자의 조직인 에스에이에프SAF를 통하여——집권화된 임금 협상, 복지 프로그램, 노동조합의 권리에 반대하는 일련의 움직임을 취하며 반응하였다. 에스에이에프는 1970년대에 "점증하는 공적 지출, 복지국가, 집합주의 일반"에 적극적으로 반대하는 운동을 벌였고(Fulcher, 1987: 245), 전통적인 신자유주의 정책의 경향을 취할 것을 당시의 스웨덴 정부에 지속적으로 촉구하였다. 스웨덴 자본의 여러 부문은 그들이 촉발한 일련의 산업 분규와 직장 폐쇄의 와중에 집권화된 단체 협상을 체계적으로 철회하였고, 1990년에 이르면 이 스웨덴 모델의 핵심 요소를 효과적으로 없애버린다. 무엇보다도 중요하게, 유력한 스웨덴 회사가 처음으로 1980년대에 대규모의 자본 수출을 시작했다. "해외 직접 투자는 1980년의 30억 크로나에서 1988년 430억 크로나로 증가하여"(Solvell et al., 1992: 230) 스웨덴의 자본 수출은 1980년 GDP의 1퍼센트에서 1990년엔 약 6퍼센트에 이르게 된다——1980년대 초엔 자본주의 국가의 평균 수준이었는데, 1990년대엔 다른 어느 나라보다 높은 수준으로 증가했다(Wilks, 1996: 103; 또, Albo, 1997: 9).

현재 스웨덴 예외주의의 생존 가능성에 중대한 위협을 가하는 것은 점증하는 대규모 스웨덴 자본의 세계적 성격이다. 렌마이드너 모델은 "연대적 임금 억제로 창출된 '초과 이윤'이 평균 이상의 생산성을 지닌 스웨덴 안의 기업 또는 산업 부문의 생산과 고용 증대로 이어질 것이라는 전제에 바탕을 두고 있기 때문에"(Pontusson, 1992: 322) 이 모델이 제대로 작동하려면 생산성이 높은 스웨덴 회사는 낮은 수준의 국제화를 유지할 것이 요구된다. 그러나 스웨덴 기업이 생산과 고용의 일부분을 해외로 이전하면(그리고 이전하는 만큼) 이 모델은 제대로 작동하지 못하는데, 이런 이전은 1960년 이후 점차적으로 진행되었고, 1985년에 자본 통제가 완화되면서 빠른 속도로 이루어졌다. 여기서 우리는 전후 스웨덴 공식의 필수 요소의 하나가 잠식되는 것을 목격하게 된다. 스웨덴의 사용자 계급이 스웨덴 노동자와의 '역사적 타협'의 한쪽을 지키려는 의지의 핵심적인 전제 조건은 그들이 판매와

수익을 위해 스웨덴 국내 시장과 관련하는(그리고 의존하는) 정도
이며, 스웨덴 산업 자본이 국내에서 창출하는 이윤에 스웨덴 금
융 기관이 의존하는 정도이다. 지난 10년 동안 스웨덴의 자본 수
출은 이런 의존성을 경감시켰고, 그와 함께 이제까지 스웨덴 노
동의 힘에 의해 스웨덴의 자본에 부과되었던 비용과 제약을 수용
하려는 의지도 줄어들었다.

스웨덴 모델의 운명은 국제 경쟁력의 결정 요인과 경쟁력 향상
과정에서의 노조의 역할에 관하여 많은 것을 말해준다. 노조는
주요한 사회적 계급 간의 역사적 타협의 지속과 효과를 결정하는
유일한 요인이 아닌—궁극적으로 결정적인 요인도 아니다—
점이 매우 분명해졌다. 스웨덴 모델은 주로 노동 측의 분열 때문
이 아니라, 스웨덴 자본가 계급 내의 주도적인 집단이 더 이상 중
앙 기구에 참여하기를 꺼리기 때문에 현재 어려움에 처해 있다.
이 거리낌은 부분적으로는 스웨덴 코포라티즘의 규칙과 제도가,
그리고 임금소득자기금 제도의 새로운 급진주의가 만든 자본가
의 이해관계, 자원, 행동의 자유에 대한 침범의 산물이다. 이 거
리낌은 또한 부분적으로는 스웨덴 지배 집단 내에 생긴 신자유주
의 이념의 커다란 부활(그리고 자신감)의 산물이기도 하다. 그러
나 그것은 세계체제로서의 자본주의의 성격 변화의 산물이기도
하다. 즉 스웨덴 제조업 부문이 따라야 하는 심화된 국제 경쟁—
그리고 성공적인 국제 경쟁자에 의해 개발되고 있는 변화하는
작업 방식—의 산물이며, 자본의 소유자들이(스웨덴 자본의 소
유자를 포함하여) 그들의 투자 포트폴리오와 해외 생산 투자를 더
쉽게 옮길 수 있게 된 용이함의 산물이다. 돌이켜보건대, 스웨덴
자본의 성장 모델로서, 그리고 스웨덴 노동자의 점증하는 생활
수준과 사회 정의의 원천으로서, 스웨덴의 역사적 타협의 성공은
전후 자본주의의 황금 시기, 즉 포디즘적인 축적과 높은 수준의

국민경제의 자율성의 시기(Ryner, 1994; 1995: 8)에 풍미하던 생산적 조건과 깊게 관련되어 있다. 그리고 이런 관련으로 인해(미래를 어느 정도 비관적으로 보느냐에 따라), 이 모델의 쇠퇴 혹은 악화 혹은 이 모델에 대한 도전은 이런 조건이 생산 형식의 변화와 세계적 경제 통합의 과정에 의해서 잠식되는 정도의 산물이다.

결론

스웨덴 사례에 나타난 '계급 타협'과 보다 넓은 축적의 사회 구조 사이의 이런 연관은 노동의 힘과 경쟁력에 관한 중도좌파적인 주장의 취약점이다. 그리고 스웨덴의 성공이 비뚤어지자, 신자유주의 비판가들은 재빨리 이 취약점을 이용하였다(Lindbeck, 1985; 1994). 그러나 전후 영국의 경험적 자료가 보여주듯이, 노조와 경쟁력에 관한 신자유주의의 명제는 그 나름의 심각한 문제를 가지고 있는데, 다음의 세 가지는 특히 두드러진다.

(1) 첫째, 이런 주장은(그 지지자들이 아무리 그 주장의 방향을 구부려보아도) 자본주의 사회 내에서의 노동 시장과 다른 형태의 상품 시장 사이의 질적인 차이의 완전한 의의를 파악하거나 이해시킬 수 있는 능력을 결하고 있다. 노동은 추상적인 노동 시장 성과의 모델로 분석될 단지 오래된 어떤 상품이 아니다. 오히려, 그것은 대단히 특수한 상품으로서, 대단히 쉽게 없어지고[("저장될 수 없고, 계속해서 쓰지 않으면, 낭비되어버린다"(Rothstein, 1990: 324)], 또 대단히 활동적이기 때문에(노동자는 노동을 제공할 때 현장에 있어야 한다), 그것은 특별한 방식의 관리를 필요로 하는 상품이다. 이것은 특히 자본주의 생산 양식의 경우에 해당되는

데, 자본주의 양식에서는 대단히 상이한 보상 유형의 맥락에서 관리자와 노동자 사이에 지속적으로 임금-작업 노력 사이의 협상을 맺어야 한다. 노동 시장은 본질적으로 복합적인 사회 체제이며, 그 시장이 처한 보다 넓은 사회적인 영역에 대한 민감한 의식을 지니고 이해해야 하며 연구해야 할 대상이다(Rubery, 1994: 341). 적어도 이것은 각각의 노동자가 생산 과정에 투입하는 정의, 목표, 동기, 쌓인 지식이 필연적으로 생산물을 형성한다는 것을 뜻한다(Buttler et al., 1995: 8). 그것은 또한 노동 시장의 작동이 어떤 한 개별적인 노동 시장의 주체의 직접적인 통제 밖에 있는 일련의 사회 세력(제도, 역사, 문화, 관행 등)에 의해서 형성됨을 의미한다(노동 시장은 본질적으로 사회적으로 추상화된 합리적 개인들의 상호 작용에 기초한 분석의 형식에는 적합지 않은 영역이다). 그리고 무엇보다도 중요한 점은 생산요소의 '유연성'을 향한 신자유주의의 전통적인 열정은 단순히 고용하고 해고하는 능력으로 환원될 수는 없다. 왜냐하면 결과로 나타나는 고용의 불안정성은 최대의 능력으로 기능할 수 있는 노동의 능력을 잠식할 것이기 때문이다. 만일 신자유주의 지식인이 진정으로 노동이 능률적이기를 원한다면, 그들은 노동자를 단순히 상품이 아니라 사람으로서 다루어야만 한다. 그렇지만 그들의 이론적 체계도 그들의 정책 성향도 이렇게 하도록 고무하지 않는다.*

---

* 도어는 이 점에 관해 매우 분명한 입장을 보인다.

    산업 부문의 성과를 향상시키려고 하는 사람들의 바람직한 관심사를 기술하기 위해서 경영 관계 서적에서 쓰이는 전문적인 유행 용어 중에서, '유연성'이라는 말이 가장 빈번히 쓰이는 말에 속하는 것은 틀림없다. 지난 10년 사이에 그렇게 유행이 된 이유는 1980년대 초에 신고전파 경제학자들이 다양한 자유시장 자유주의로부터의 이탈 현상——경제학자들은 이것이 서구 경제의 침체에 책임이 있다고 보았다——을 공격할 때, 그 반대어인 '경직성'을 즐겨 썼기 때문이다. 〔……〕 그리고 모든 경직성 중에서도 그들의 관심을 끈 것은 생산 시장의 경직성——가격 카르텔, 과점, 전통적인 가격 인상 관행——이나 자본 시장의 그것이라기보다는 노동 시장의 그것이었다. (Dore, 1990: 92)

(2) 노동조합주의에 관한 신자유주의적 분석이 갖는 두번째 한계는 다음과 같다: 노동조합의 개입이 없다고 해서, 노동 시장에서의 가격이 사회적으로, 경제적으로 최적의 수준에서 결정되는 것은 아니며, 노동조합이 없어진다고 해서, 노동조합이 왜곡시켰다고 일컬어지는 자본과 노동 사이의 각축장이 공정해지는 것은 아니라는 점이다. 그렇지 않다. 자본주의 경제에서의 노동 시장은 노동에 대단히 불리한 상태이다. 노동자 개인과 그의/그녀의 사용자 사이에는 노동조합이 시정하려고 노력하는 근본적인 힘의 비대칭성이 존재한다. 자본주의 사회에는 노동조합이 줄이기 위해 행동하지 않는다면 노동자에게 불리한 힘의 경사면이 존재한다(Coates, 1983a: 58~62; 1984: 88~91). 역사적으로 볼 때, 서유럽 복지국가의 코포라티즘적인 노동 법규에서 최대로 이루어지고는 있지만, 이 감축 혹은 시정이 결코 부분적인 것 이상인 적이 없다. 코포라티즘 사회에서 노동조합은 노동자를 위해 경사면을 조금 낮추어서, 작업장에서의 권리를 주고, 작업장 밖에서의 복지권과 높은 임금을 부여했다. 만일 신자유주의자가 이런 권한을 줄이고, 경사면을 다시 가파르게 만들기 원한다면, 그들은 급속한 자본 축적은 불평등의 심화와 이미 성취한 시정의 감축을 필요로 한다고 말하는 셈이다. 그리고 사실, 이것이 1970년대 영국 우파가 가한 노동조합주의 비판의 핵심이다. 즉 영국형의 자본 축적은 자본과 노동 사이에 힘과 보상의 상당한 불균형을 요구하며, 1970년대 중반의 친노동적 개혁은 이 불균형을 위협하고 도전하였다는 것이다. 그러나 이렇게 말한다면, 이것은 전후 영국 경제의 저성과의 설명에 있어서 노조와 노조원이 행한 역할에 관해 신자유주의적 비판가들이 전형적으로 제기했던 설명과는 전적으로 다른 시각을 제시한다. 즉 노동조합과 노조원은

죄를 짓고 있기보다는 이미 죄를 지었으며, 보다 심층적인 과정
과 보다 강력한 사회적 세력의 피해자이며, 그 과정과 세력 앞에
서 노동자의 주된 죄악은 너무 강한 것이 아니라 너무 약한 것이
었다.

(3) 신자유주의자들이 종종 그러하듯이 노동조합이 자본주의
노동 시장에서 소득 불평등의 하나의 원천(혹은 원천 자체)이라
는 주장은 아주 어처구니가 없고, 언제나 의도적으로 부정직하
다. 자본주의 노동 시장은 모든 사회 계급 사이에 권력과 소득의
불평등을 확고히해두어야만 작동한다. 노동 시장은 개인적 평등
이 아니라, 사회적 계층제를 제조하는 기계이다(Botwinick,
1993). 노동조합이 하나의 사회 계급 내에서 임금 불평등을 허용
한다고 비판하는 것은 스웨덴의 중요한 반증 사례(연대적 임금 정
책)를 무시하는 일이며, 노동조합주의가 약해지면 소득 불평등이
전체적으로 강화되는 정도를 은폐하는 일이다. 이것이 바로
1979년 이후 영국의 경험이다. 노동 계급 내에서 이룩한 임금의
연대에도 불구하고, 스웨덴에서조차 계급 간의 소득 불평등은,
코포라티즘 제도 안에서의 계급 협력의 한계에 대한 40년에 걸
친 탐구가 지속되는 동안 스웨덴 노동조차 치를 수밖에 없었던
대가였다. 즉 불평등은 노동조합의 산물이 아니다. 그것은 규제
되지 않은 노동 시장의 산물이며, 노조의 억제를 주창하는 신자
유주의자들이 항시 일체감을 느끼는 사적으로 소유된 시장 제도
가 구속받지 않고 작동한 결과물이다. 신자유주의가 자기의 정책
제안을 구할 수 있는 유일하게 생존 가능한 제안으로 내세우는
건 대단한 잘못이다. 문제의 핵심은 특권 계급과 비특권 계급 모
두가 취할 대안이 부족한 것이 아니라, 특권 계급이 고용과 성장
을 위한 급진적인 정책의 비용을 지불할 의사가 없다는 것이다.

이런 의미에서 신자유주의는 이론적인 주장일 뿐만 아니라, 계급적 프로그램이며, 바로 그렇게 인식될 필요가 있다.

이런 점을 염두에 두고, 제1부 제2장의 마지막에서 펼친 코포라티즘을 옹호하는 주장으로, 특히 가렛과 랭의 주장으로 돌아가 보자. 그들이 생존 가능한 성장 전략으로서 코포라티즘을 옹호하는 것은 역시 계급적인 관점에서 제일 잘 이해된다. 즉 전략적인 국제적인 우위를 차지하기 위해 계급 간 협력의 전략을 주창하고 있으며, 스웨덴의 경우엔 조직된 노동과 대규모 스웨덴 산업 자본 사이의 동맹으로 표출된다. 많은 신자유주의적 논리가 암묵적으로 주장하고는 있지만, 이제는 사회적인 관점에서 스웨덴 코포라티즘하에서의 삶의 경험이 대처주의 신자유주의하에서의 삶에 비해서 열등하다고 주장하기는 매우 어렵다. 오히려 우리가 열거하고 싶은 도덕적으로 옹호할 만한 거의 모든 성과의 지표에서——생산 관계의 권리, 사회적 권리, 생활 수준, 성의 평등, 취업의 안정성, 인간적 존엄——코포라티즘은 우월했다(지금도 우월하다). 이것은 노조주의와 경쟁력에 관한 중도좌파적인 주장의 이론과 실제를 검토할 때, 우리의 쟁점이 중도좌파의 모델이 더 나은가의 여부가 아닌 이유를 설명해준다. 그것은 확실히 더 낫다. 문제는 그것이 아직도 생존 가능한 모델인가의 여부이다. 이 질문에는 많은 복잡한 사항을 말해야 한다(일반적인 비판은 Albo, 1997).

1. 한 가지 주의할 점은 생산성 증가와 계급 동맹의 유지와의 관계이다. 스웨덴 사례의 설명 과정에서 곤혹스러운 점은 스웨덴 제조 부문의 노동의 생산성이다. 생산성이 향상되고, 그 생산성이 렌마이드너 모델에 의해서 고무되자, 스웨덴 모델의 핵심에 자리 잡은 계급 간 협력이 유지되었다——즉 이윤과 임금이 오랜

기간 함께 상승했다. 그러나 궁극적으로는 그렇지 못했다. 공공 부문의 고용의 무게가 그에 상응하는 다른 곳에서의 노동 생산성에 의해 벌충되지 못하자, 경제 전체의 생산성은 완만해졌다. 즉 결국은 스웨덴 모델은 영국의 경제가 10년 전에 겪었던 바와 똑같은 부문 간의 모순에 당면했다. 즉 부문 간의 모순 혹은 비대칭성에 신자유주의적 반국가주의가 쉽게 연결고리를 걸었다. 영국에서처럼 스웨덴에서도 공공 부문의 고용 증대는 제조업 부문이 생산성과 고용의 상승을 지속시킬 능력이 떨어졌기 때문에 나온 대응이었다. 신자유주의가 주장하듯, 그것이 능력 저하의 원인은 아니었다. 그러나 일단 시작되자, 제조업 생산성의 감소는 공공 지출의 수준에 의해서——이 지출을 위한 자금 조달은 신자유주의가 종종 강조하듯이 큰 대가를 치르게 된다——가속화되었고, 그 과정에서 코포라티즘적 계급 협약이 지속될 수 있는 공간을 내적으로 실제로 잠식했다.

2. 이 같은 산업생산성의 상승과 하락은——그리고 그에 따른 일정한 종류의 계급 정치를 위한 공간의 열림과 닫힘은——노조와 경쟁력의 관계를 이해함에 있어서 시간의 문제를 부각시키며, 이런 관계는 보다 광범위한 경제적, 사회적 제도와 과정의 존재와 성격에 따라 달라질 수도 있다는 가능성을 제기한다. 신자유주의적인 노동조합주의의 비판은 암묵적으로 시간과 상황 의존성의 차원을 경시한다. 그들에겐 노동조합은 언제나 산출, 생산, 비용의 장애물이다. 이런 귀에 거슬리는 주장은 중도좌파로부터 똑같이 보편적인 반론, 즉 신자유주의가 선택한 경제 지표를 기준으로, 그리고 신자유주의가 적은 관심을 보이는 지표(고용과 평등)를 기준으로, 노동조합주의와 높은 성과가 양립 가능하다는 주장을 유도하였고, 고무하였다. 그러나 우리가 반론을 지지하기

위해 열거된 증거를 본다면, 우리는 증거의 상당 부분이 전후 자본주의의 '황금기'에 서유럽 국가에서 확립된 축적 체제의 이윤 실현에 복지 체제, 정부 지출과 고임금이 기여한 바로부터 도출되었음을 알 수 있다. 코포라티즘적인 계급 협약은 포디즘의 전성기에 많은 주요한 유럽의 경제에서 노동과 자본 모두를 위해 만족스럽게 기여를 했다. 그럼으로써, 계급 협약은 신자유주의적인 일반적인 반노조주의의 입장에 강력한 반론의 증거를 제공했다. 그러나 우리가 물어야 할 질문은 이런 계급 협약을 가능케 한 특별한 조건이 이제는 잠식되고 있지는 않은가이며, 근본적인 의미에서 우리는 포디즘의 종말에 와 있거나 접근하고 있는 것이 아닌가이다.

3. 포디즘은 아마 사라지고 있을 수도 있고, 아닐 수도 있지만——이 문제는 마지막 장에서 우리가 다루게 될, 상당히 많이 토론된 쟁점이다——새로운 국제 분업과 세계적으로 보다 유동성이 큰 자본 형태의 등장으로 인해서 국내적으로 기반을 둔 사회 계급 간의 협약을 재구축하는 데 깊은 관심을 지닌 정책 결정자에게 가능한 국가적 자율성의 정도가 줄어듦에 따라, 포디즘은 적어도 변화는 하고 있다. 노동은 아직도 그런 협약에 참여할 수 있다. 자본은 점점 더 그렇지 않다. 그렇다면 우리는 현재 두 가지 실행 가능한 성장 패키지, 즉 코포라티즘적인, 신자유주의적인 패키지에 직면하고 있다는 가렛과 랭의 주장에 다시 돌아가게 된다(Garrett, 1998: 4, 10). 왜냐하면 이런 견해 뒤에는 노동과 노동조합주의가 아니라, 자본과 자본주의의 성격에 관한 미검토된 가정이 숨어 있기 때문이다. 만일 영국에서는 아니지만, 스웨덴에서는 강한 노동조합주의가 높은 수준의 국내 제조업에의 투자와 양립이 가능하다면, 이것이 시사하는 바는 양국 경제 모두 전후

의 대부분의 기간 중에 상당히 조직화된 노동운동을 가졌기 때문에, 노동 이외의 다른 변수가 작용을 했으며, 특히 국내의 **사용자 계급의 성격**과 세계 경제 속에서의 그들의 역할이 노동조합 자체보다는 경제 성과의 유형에 사실상 훨씬 더 강력한 영향을 미쳤을지도 모른다는 점이다. 만일 그러하다면, 왜 노동조합주의가 서로 다른 선진 자본주의에서 서로 다른 경제적 효과를 지니는가에 대한 문제에 열쇠를 쥐고 있는 것은 제도적 장치의 대칭성이 아니라, 서로 다른 국민경제가 전체적인 세계체제에 통합된 방식이다. 1960년대와 1970년대에 영국의 자본가 계급은 이미 국제적으로 지향되었고 세계적인 유동성을 지녔다. 스웨덴은 그러하지 않았다. 이것이 핵심적인 차이점이다. 그 다음 질문은 현재 어떤 자본가 계급이 자본의 상황 전체를 대변하는가이다. 만일 영국의 자본가가 그러하다면——즉 자본이 일반적으로 국제적으로 유동적이고 세계적으로 지향되었다면(물론 그러하다)——스웨덴의 사례는 '예외적'이었으며 영국의 사례가 표준을 이해하는 보다 나은 안내자이다. 달리 말한다면 좀더 깊이 천착해볼 때, 가렛과 랭의 주장은 자본의 세계화에 바탕을 둔 비판에 대해서 코포라티즘만큼이나 취약하다고 할 수 있다.

　　그렇다면 지적 측면에서 어디로 고개를 돌려야 할까? 현대 자본주의의 정치경제학을 이해하려는 우리의 탐구는 시장을 향한 신자유주의적인 열정에 고개를 돌릴 것인가, 아니면 보다 급진적인 성장 이론을 향할 것인가? 스칸디나비아에서의 신자유주의의 자신감이 스웨덴 사회민주주의의 어려움 때문에 최근에 강화된 것은 사실이지만, 신자유주의에 의해 고취된 정치 프로그램을 거의 20년 동안 완전히 적용해온 영국의 경험은 이제는 그 자신감의 상당 부분이 잘못되었음을 시사해줄 것이다. 영국의 경험은 규제받지 않은 시장의 힘이 하나의 성장 궤도에서 다른 성장의 궤도로의 전환을 촉발시키기보다는 국민경제 내의, 국민경제 간의 경제적인 불균등을 심화시킨다는 점을 시사해주는 것처럼 보인다. 그렇지만 스웨덴 노동운동이——상당 기간 동안——사회적으로 진보적인 형식으로 그 전환(이제까지 복지도 성장도 누리지 못하던 경제에서 포괄적인 복지권과 사부문의 높은 경제 성장률의 지속을 결합시킨 점)을 이루어온 경제적, 사회적 공간은 항상 보다 넓은 자본 축적의 세계적 유형에 의존되었다는 점은 분명하다. 그리고 그 공간은 전후 스웨덴 경제가 처해 있던 관련된(그리고 대단히 특별한) 사회 세력의 세계적인 균형에 의존하였다. 또 하나 분명해 보이는 것은 세계 경제 전체의 수준에서 볼 때, 그 균형이 또다시 이동하였기 때문에——즉 드러난 모습을 보면 자본은 세계적으로 더욱 유동적이 되었고, 실제로는(우리가 제3부에서 보듯이) 아시아 농민의 핵심 부분이 지속적으로 프롤레타리아화하고 있기 때문에——스웨덴 모델이 이제는 외형상 말기적인 종류로 보이는 어려움에 처해 있다는 점이다. 이 전환에서 하나의 특정한 역사적인 방안, 즉 자본주의 중심 경제 내에서 임금과 이윤의 공동 상승을 가능케 하는 국내에 근거를 둔 계급 협약의 방안은 눈에 띄게 배척되고 있다; 그리고 하나의 모델(협상적인 혹은 합의적인 자본주의 모델)이 경쟁력을 상실하고 있다. 이 배척의 과정에는 자본주의의 미래의 조직화에 대한 일반적인 교훈이 담겨 있고, 유럽 좌파의 미래를 위한 일반적인 교훈이 담겨 있다. 그러나 노동의 힘과 경쟁력 사이의 가능한 다른 상호 작용, 즉 국민경제의 경쟁력과 생산의 요소로서의 노동의 배치 사이의 상호 작용이 검토된 이후에야 비로소 이들 교훈의 의미는 충분히 뚜렷해질 것이다.

제2장 교육, 훈련 그리고 문화

성장의 등식에서 하나의 요소로서의 '노동'에 관하여——특히, 노동운동의 힘에 관한 문제가 제외되었을 때——종종 거론되는 또 하나의 중요한 주장은 국민경제의 경쟁력에 열쇠를 쥐고 있는 것은 **생산요소로서의 노동의 질**이라는 주장이다. 여기서 '질'이란 많은 것을 의미하는데, 그중 일부는 힘의 문제에 관련되고, 일부는 그렇지 않다. 노동력은 각 개인이 임금과 교환하기 위하여 제공하는 노력에 기울이는 주요한 태도와 가치에 의하여 구분될 수 있고, 이를 1970년대 영국 제조업의 작업방 노조 간부들의 '잔인함'으로부터, 1980년대 일본의 품질 관리팀에서 명백히 나타난 높은 수준의 협력에 이르는 연속선상에 위치 지을 수 있다 (Caves, 1980; Dore, 1973)——그리고 이 연속선은 보통 보다 넓은 문화의 관점에서 설명된다고 주장하는 사람들이 있다. 보다 평이하게, 특정한 국가의 노동력에 특징적인 교육 성취 수준의 차이와 특정 국가의 노동력에서 발견할 수 있는 산업 훈련의 범위에 주목하면서, 이런 차이를 국민경제 성과상의 유형의 상이함과 연결 지으려는 사람도 있다. 달리 말하면, 교육과 훈련에 초점을 둔 좁은 주장도 있고, 보다 폭넓고 범위도 큰 문화적 주장도 있다. 우리는 양자를 모두 검토할 필요가 있다.

경제적 성과의 열쇠로서의 교육과 훈련

주장

교육을 경제 정책의 수단으로 사용하는 데 보이는 열성에 관해서 먼저 주목해야 할 점은 그것이 매우 오래된 열정이며, 정치 계급이 자국 경제의 국제적인 경쟁력과 지위의 하락을 오랫동안 인식해왔던 영국과 같은 곳에서는 분명히 매우 오랜 열정이라는 점이다. 사실, 영국의 경우 이런 관심은 아주 오래되어서 산업혁명과 그 뒤를 이은 세계적인 산업력의 우위를 점하던 빅토리아 중기 이전부터 있어왔다. 교육사학자들은 이런 관심을 애덤 스미스의 저작에서 찾는 데 어려움을 겪지 않으며, 혹은 그 이전에, 명백한 "역학에 대한 지식의 취약성"으로 영국은 "다양한 상품의 부품을 외국에서 공급받고 있는데, 만일 영국에 기술자가 충분하였다면 국내에서 제공되었을 것이다"라고 했던 1690년대의 글 속에서도 이런 관심을 찾아내는 데 어려움을 겪지 않는다 (Aldcroft, 1992: 1). 그러나 1850년대 이전에는 영국에서의 교육 프로그램이 지니는 경제적인 성과에 대한 공식적인 우려는 간헐적이고, 약한 소리에 지나지 않았다. 이런 우려는 1850년대부터는 어느 정도로, 그리고 1880년대부터는 보다 일관된 방식으로 영국의 교육의 토론에 있어서 훨씬 더 정규적인 특징이었다. 실제로 지난 100년이 넘는 기간을 보면, 주류 토론에서 네 가지의 되풀이되는 주제 또는 주장을 추적하는 일이 가능하다. 첫째, 영국에서 제공되는 교육의 규모는—먼저, 대학 수준, 그리고 고등학교 수준에서—주도적인 산업국가의 필요에 부적합하다. 둘째, 교육의 내용이 산업의 성공에 필수적인 능력, 태도, 가치의 생산에 부적합하게 맞추어져 있다. 셋째, 직업 교육과 기술 교육은 다른 주요 경제에서 제공되는 규모에 비추어볼 때 위험스러울 정도로 개발이 덜 되어 있다. 그리고 넷째, 주요국과의 국제적인 경제적 성과의 비교에서 보이는 영국의 지위 저하는 이런 교육과 훈련에서의 결함과 직접적으로 연계된다는 것이다(Reeder, 1980; Mathieson and Bernbaum, 1988; Aldcroft, 1992; Barnett, 1995; Rose, 1997). 실제로 공식적인 사고 방식과 교육의 제공 면에서 얼마나 변화가 없었는가를 확인하기 위해서 1868년에 영국의 교육 상태에 관해 쓴 타운튼 보고서Taunton Report를 인용하는 것이 관례적이 되었다. 그 보고서는 이렇게 쓰고 있다:

> 우리의 산업 계급은 기술 교육의 바탕이 될 만한 건실한 일반 교육의 기초를 갖고 있지 못하다. 만일 우리의 기술자들이 잘 교육되었더라면, 무엇이든 필요한 기술적인 교육을 위한 학교를 세우는 일이 어렵지 않을 것이다. 그러나 이런 학교가 우리들 사이에서 설립된다고 하더라도, 학교가 필수적인 자료, 즉 훈련된 교수진과 학생들의 건실한 기초 교육의 결여 때문에 어떤 값진 결과를 생산해내지 못할지도 모른다고 두려워할 이유도 있다. 사실상 우리의 결점은 단순히 기술 교육의 결점이 아니라 〔……〕 일반적인 지능의 결점이며, 우리가 이 결핍을 고치지 않는다면, 부, 그리고 아마도 열의에 있어서의 부정할 수 없는 우위성도 우리가 쇠락하는 것을 구하지 못하리라는 점을 우리는 점차적으로 그러나 분명히 발견하게 될 것이다. (Aldcroft, 1992: 2에서 재인용)

이렇게 비관적인 시나리오에 접하게 된다면 아마도 놀라운 일은 아니겠지만, 이런 주장은 영국에 있어서 교육에 관한 본격적인 토론과 개혁이 주기적으로 분출하도록 자극했다. 이런 주장은 19세기 말에 기본적인 대학의 확산을 유발했다. 1944년 이후에는 포괄적인 중등 교육 체제의 창설을 유도했다. 1960년대에는 두번째로 대학(그리고 기술전문학교)의 공급——그리고 산업 교육 체제의 재정비——을 고무하였다. 그리고 1970년대의 "교육 대토론" 이후 1980년대 동안 일련의 대처식 교육 개혁을 고무하였다 (이 개혁은 무엇보다도 영국 학교 체제에 처음으로 국가적인 교육 과정을 도입했다). 그러나 영국의 교육 성과에 관한 논평가들의 냉담한 주장을 믿는다면 별다른 성과는 없다. 최근인 1996년에도, 영국 정부의 국제 기술력 자체 감사에 따르면, 기껏해야 일부에서만 교육 성과가 나타나고 있다. 이 감사는 '대학생 산출' 면에서는, 특히 과학 분야에서는 국제적으로 존중받을 수준에 이르렀지만, 중간 단계의 기술과 기본적인 숫자와 읽기 능력의 개발 면에서는 계속해서 부진함을 밝혀냈다——이런 모든 측면에서 영국의 교육 성과 수준은 독일, 프랑스, 싱가포르와 미국의 노동력이 성취한 수준에 크게 떨어졌다. 영국 학생이 국제적인 교육 성과의 비교에서 뒤떨어진다는 통계는 많이 있다. 1990년에 수학, 언어, 과학 과목 국가 시험에서 16세 학생의 27퍼센트만이 A~C 등급에 도달했다. 같은 해 프랑스의 수치는 66퍼센트였고, 독일은 62퍼센트였다(『옵서버 *Observer*』, 1995년 11월 5일: 18). 1997년 수학의 국제 비교에 의하면, 싱가포르의 13세 학생들은 평균 643점이었고(1위), 영국의 13세는 평균 506점으로 25위였다(『가디언』, 1997년 4월 28일: 23). 기타 등등. 아마도 이 때문에 일련의 분석가들은 영국이 새로운 고성장의 궤도에 진입할 능력에 대해 절망하고 있을 것이다. 포터 자신이 명명한 형편없는 "생산요소 창출 메커니즘"이 그로 하여금 1990년에 쓴 그의 저작『각국의 경쟁력 우위 *The Competitive Advantage of Nations*』에서 영국의 경제적 미래를 비관적으로 보게 한 주요한 요인임에 틀림없다 (1990: 497~8). 유사한 맥락에서, 닉 크래프츠는 "영국 노동자들의 훈련 부족"과 "영국 교육 수준의 저하"를 지적하면서 대처주의가 "영국의 상대적인 경제적인 쇠퇴를 영구적으로 전환시키는 데는 성공하지" 못했다는 자신의 주장을 정당화하고 있다(Crafts, 1992: 33).

앞에서 인용된 1996년 영국의 교육 통계에서 놀라운 것은 그 통계가 영국 정부에 의해 발표되었다는 점만이 아니다. 그 수치는 경제적인 경쟁력에 관한 백서에도 발표되었고, 거기서는 그 수치가 개인당 GDP의 국제 비교에서의 영국의 지위와 명시적으로 연결되어 있다는 점이다. 영국 정부가 포터와 크래프츠와 같은 분석가들과 공유하고 있는 교육과 경제 성과의 연계에 관한 최근의 관심을 오래된, 영국에 독특한 학교 비난하기의 현대식 재판이라고만 이해해서는 안 된다. 그것은 경제적인 투입으로서의 교육의 중요성에 대한 새로운 주장의 산물로도 이해되어야 한다——교육의 중요성에 대한 자각은 1973년 이후 국제 경쟁의 심화에 의해 촉발되었고, 국제적인 공감을 얻고 있다. 애슈톤과 그린이 옳게 지적했듯이, "산업국 전체에 걸쳐, 그리고 많은 개발국에서도, 경제 성장의 길은 기술 형성을 통해 생산성을, 따라서 평균 생활 수준을 향상시키는 것이다"라는 사고가 주도적이다 (Ashton and Green, 1996: 1). 이 새로운 사고의 핵심에는 세 가지 명제가 자리 잡고 있다.

1. 첫째, 교육이 이제는 국가의 핵심 자원——경제적 성공의 궁극적인 보장책——이다. 왜냐하면, 교육만이 아직도 국가에 뿌리를 내리고 있는 경제 활동의 한 가지 투입 요소에 관심을 집중시키기 때문이다. 라이치가 말하듯이,

숙련된 노동은, 그것이 현재의 자본주의 강국이 우위를 점하고

있는 유일한 생산의 차원이라는 단순한 이유 때문에, 저임금 경쟁에 대항하는 핵심적인 보루가 되었다. 기술적 혁신은 누구나 살 수 있고 모방할 수 있다. 대량 생산의, 규격화된 생산 설비는 어디에도 설치될 수 있다. 그러나 숙련된 노동에 의존하는 생산 과정은 숙련된 노동이 있는 곳에서만 가능하다. (Reich, 1983 : 127)

즉 세계적인 자본의 시대에는 인적 자본에의 투자만이 자국 영토와 경제에 세계적인 투자를 유치하려고 하는 데 깊은 관심을 가진 정부의 정책 수단으로 남을 것이다. 그리고 교육의 성과는 고부가가치의 생산 설비가 궁극적으로 어디에 정착하고 체류하는가를 정하는 중심적인 결정 요인이 된다.

2. 경제 성과에 대한 교육의 중요성을 설파하는 새로운 정통 이론의 두번째 중심 명제는 교육 투입과 경제적 산출의 관계가 과거에 그랬던 것보다는 미래에 더욱 직접적이고, 비매개적이라고 본다. 물론 이 같은 직접적, 비매개적인 투입——산출의 연계에 대한 믿음은 교육의 제공(혹은, 주장에 따라서는, 직업 훈련)이 경제 성장을 위한 필요조건이면서 충분조건이었다는 강한 확신(비록 대체로 근거가 미약하더라도)을 가진 이들 사이에서——특히 논평가들과 정치인들 사이에서——항상 인기를 끌었다(예컨대, Bliss and Garbett: 196). 그러나 교육과 경제 성장과의 직접적인 투입–산출의 연계의 신뢰성은 이제는 지식 자체가 중요한 생산 요소가 되어버린 질적으로 새로운 작업 패러다임에 직면하고 있다고 믿는 이들에 의해 새로운 힘을 얻고 있다. 포터가 대통령 당선자 클린턴에게 설명했듯이, 구패러다임에서는 노동력의 일반적인 자질이 필수적이지 않았다. "구패러다임에서는 거대한 국내 시장을 차지한 기업이 규모의 경제를 이룩하고 번영할 수 있

었다." 이와는 대조적으로 신패러다임에서는 "성공은 〔……〕 물리적 자산뿐만 아니라, 연구와 개발, 훈련과 같이 덜 유형적인 자산에 대한 기업의 끊임없는 투자에 의존한다"(Clinton, 1993: 41). 왜냐하면 카노이가 말한 "정보화 시대의 변화하는 일의 세계"에서는, 경제적 성공이 이제는 "단순히 높은 수준의 노동력을 필요로 할 뿐만 아니라, 사람들로 하여금 공동으로 생각하고 작업할 수 있도록" 준비시키는 교육도 필요로 할 만큼 새로운 정보 기술이 작업 과정과 필수 요건을 변혁시켰기 때문이다 (Perraton, 1998: 122). 이 주장에 따르면, 성공하는 기업은 유연한 기업이며, 유연성과 학습은 뗄 수 없을 만큼 연결되어 있다. 유연성을 북돋우는 회사는 번영하며, 이런 조직의 유연성은 무엇보다도 일자리와 일자리 사이를, 과제와 과제 사이를 부드럽고 재빠르게 옮겨갈 수 있을 정도로 충분한 교육을 받은 노동력을 필요로 한다. 미래를 이렇게 보게 되면, 성공적인 경제는 일정한 종류의 고등 교육을 받아서 "자립성, 신속한 변화에의 적응과 이동성"을 갖춘 노동력에 의해 채워질 것이다(Carnoy, 1998: 127). 또 이런 미래에는 교육의 전달의 성격과 양식은 달라져야 하겠지만, 경제 성공을 위한 교육의 중심성은 변화하지 않을 것이다.

3. 교육을 통한 경제적인 경쟁성 향상을 향한 새로운 열정의 세번째 요소는, 새로운 성장 이론이 인간 자본의 투자가 현대 경제의 작동에 있어서 중심적인 역할을 한다고 보는 점이다. 부록에 보다 상세히 설명되고 있듯이, 전통적인 성장 이론은(그리고 관련된 성장회계 문헌은) 그렇지 않다. 그것은 인적 자본의 성장률과 GDP 성장률 사이의 관계에 주목은 하지만 "산출과 생산성 증가의 궁극적인 원천은 다른 곳에 있다고 믿기 때문에" "물리적 자본의 투자와 마찬가지로 인적 자본의 성장도 경제 성장을 위한

필요조건이지, 충분조건은 아니다"고 취급한다. 그렇지만 새로운 성장 이론은 한 걸음 더 나가서, "높은 수준의 인적 자원은" 새로운 지식의 성장을 촉진하거나, 후진 경제가 기존의 지식을 재빨리 흡수함으로써 따라잡을 수 있는 능력을 촉진하여 "높은 수준의 산출 증가율을 유발한다"고 주장한다(Oulton, 1995: 61). 새로운 성장 이론은 교육 투자를 사유재이며, 공공재로 취급하여, 개개인 노동자의 기술을 증대시키고, 동시에 경제 전체의 생산성을 증대시키는 투자로 취급한다. 이 투자의 일부는 직접적으로 연구 개발의 문제로 이해되며(제2부 제3장에서 이를 다룰 것이다), 그 나머지는 전통적이고 평생에 걸친 일반 교육의 형식 그리고 산업 훈련 양자에 대한 지출로 이해된다. 크래프츠가 주장하듯이, 새로운 성장 이론의 "핵심적인 아이디어"는 인적 자본에 대한 두 가지 형태의 투자에 대한 "사회적 이익은 […·…] 사적인 이익보다 훨씬 크다"(Crafts, 1992: 17)는 점이다.

증거

교육 성과의 수준과 산업 기술력 정도는 선진 자본주의 국가 간에도 상당히 차이가 난다는 증거가 많다. 무엇보다도 이 증거는 '신뢰에 기반'한 모델에 비교할 때, 자유주의적 자본주의 모델 내에서 중급 및 저급의 기술 범주의 노동자에게 제공되는 공식 교육과 훈련 수준의 부적절함을 강조한다(Prais, 1987; 1988; 1997). 이것은 특히 1980년대 영국과 독일 경제에서 사용된 직업 훈련의 자격 척도를 보면 두드러진다. 연구 조사에 따르면, 1987년에 영국 노동자의 60.3퍼센트는 기본적인 직업 훈련의 요건——영국의 경우 "기술자, 십장, 사무원의 수준(그리고 낮은 정도지만) 육체 노동자의 수준"에 맞추어진 공식적인 기술 훈련(Lane, 1989: 82; 또, Prais, 1995: 15~42)——도 충족시키지 못한 반면,

독일의 노동자는 28.6퍼센트가 그러하였다. 공식적인 교육과 훈련 수준에서의 유사한 차이는 관리층의 연구에서도 나타난다(Handy, 1987; Keeble, 1992); 그리고 이런 차이는——우리가 이미 이야기했듯이——교육적 성취 수준의 차이, 고등 교육 참가율의 차이, 그리고 상이한 자본주의 국가의 상이한 산업 고용 범주에 채용되는 근로자가 공부한 주제의 분포상에서의 상당한 차이를 보여주고 있는 교육 기준에 관한 국제적 연구에 의해서도 지지되고 있다(Carr, 1992: 84). 그리고 그중에서도 아주 유효한 자료로서, 서로 다른 국가별 맥락에 있는 유사한 집단의 노동자가, 그들의 공식 교육의 정도나 그에 따른 훈련의 정도와는 아주 상관없이, 특정한 숙련 기술의 수준이 다름을 나타내주는 연구 자료가 있다(Prais, 1995: 5~73).

비교 연구 자료는 또 다른 중대한 정보도 밝혀주고 있다. 즉, 이런 상이한 교육 성과의 양상과 숙련 수준이 그 기원을 보자면 임의적인 것도 아니고, 우연적인 것도 아니며, 오히려 질적으로 다른 국가적인 교육과 훈련 체계로부터 발생하며, 그 체계는 그 규모와 특성에 있어서 차이가 난다. 현재 주요한 자본주의 국가 각각에 독특한 양상의 체계가 있음을 보여주는 상당한 양의 증거가 있고, 이 증거는 독일의 직업 교육 및 훈련 체계의 복합성, 일본의 사내 훈련 프로그램, 기술적 혁신과 도약을 창출해내는 미국 체계의 능력을 강조하고 있다(Ashton and Green, 1996: 117~76; Green, 1998: 137; Shackleton, 1995: 157~80; Lane, 1989: 62~115; Whitley, 1992b: 16~17; Sako and Dore, 1988; Nishizawa, 1997). 그린은 세 가지 패러다임에 관해 쓰고 있는데,

　　세 가지 패러다임 〔……〕 첫째, 상당히 찬사를 받고 있는 독일의 이중적인 청소년 훈련 체계이다. 이 체계에서는 상대적으로 낮

은 청소년의 임금, 사회적 파트너에 의해 부과된 법적, 제도적 제약, 그리고 역사적으로 결정된 사회적 규범이 결합하여 회사로 하여금 견습 제도를 제공하고 지원토록 유도한다. 둘째, 일본에서는 대기업이 내부 노동 시장을 수용해 주도함으로써 잘 운영되는 훈련이(그리고 순환직 근무와 같은 다른 학습 기구가) 손쉽게 볼 수 있는 내부적인 성과를 가져오고 있다. 셋째, 동아시아의 새로운 산업화 경제의 발전에서 예시되었듯이, 강한 발전 지향형 국가는 일정한 정도로 기업체가 훈련의 노력을 강화하도록 강제하고 격려할 수 있었다. (Green, 1998: 137)

특히 영국에서 나오고 있는 비교 연구 문헌은, 영국의 훈련 체계는 대다수의 회사가 형편없이 훈련된 관리자와 노동자로 채워져서 저품질의 상품과 서비스를 제공하는, 소위 파인골드와 소스키스가 말하는 "저숙련 균형"에 이른 반면, 독일에서는 체계적인 상호 작용, 역학과 논리가 독일의 훈련 체계를(그리고 넓게는 경제를) 고숙련, 고부가, 고임금의 궤도로 이끌어온 방식에 관해 큰 강조를 두어왔다(Finegold and Soskice, 1988: 22). 이 주장과 증거를 따를 때, 독일과 일본은——특정한 역사적 이유 때문에——고숙련의 길을 택하거나 정착시켰고, 그런 훈련과 성장의 궤도를 만들고 재생산할 수 있는 제도와 기업의 관행 그리고 신뢰 관계를 창출했다(Ashton and Green, 1996: 137~54). 그렇지만 영국 그리고 정도는 약하지만 미국(Weber and Berg, 1993)은 그렇게 하지 않았다. 이 주장에 따르면 영국의 경우, "저숙련 노동력은 영국에서 훈련과 교육에 대해 취한 장기적인 정책의 결과이며, 문화적인 태도와 관행에 의하여 강화되었다"(Rubery, 1994: 339). 그리고 그것은 결과로서 나타난 영국 경제의 저성과 유형을 설명하는 핵심 요소라고도 말해진다(Soskice, 1993: 102).*

이 마지막 논점은 이런 종류의 서술 또는 **특징화**도 역시 필연적으로 원인과 결과에 관한 **주장**이거나 해석이고 그럼으로써 입증되지 않은 주장과 반박할 수 없는 자료의 중간에 위치하는 일종의 잠정적인 증거라는 사실을 우리에게 상기시켜준다. 하나의 논점으로서 독일 모델의 서술은 제1부 제2장에서 처음 등장하였는데, 독일의 직업 훈련 체계와 노동자와 노동의 실질적인 권리가 서로 융합되어 독일의 사용자로 하여금 고임금이지만, 낮은 단위 비용을 바탕으로 하여 성공적으로 경쟁하지 않을 수 없게 하며, 또 경쟁이 가능하게 만든다는 일련의 주장으로 이루어졌다. 그것은 독일의 훈련 체계가 새로운 기술적인 기회와 수요의 상황에 유연하게 반응할 수 있는 다중 숙련 노동자를 생성해내고 있으며, 취업 안정의 권리와 산업 관계의 협의를 확고히함으로써 이들 노동자들은 그 유연성을 최대화할 자극과 안전성을 부여받게 된다는 주장이다(Soskice, 1991 ; Lane, 1990 : 253 ; Broadberry and Wagner, 1996 : 226, 265). 영국 측에서의 반론은 영국에서는 논리가 거꾸로 작용한다는 점이다. 강한 노동자의 권리 부재가 임금

---

* 브로드베리와 와그너는 같은 맥락에서 다음과 같이 주장했다:

> 인적 자본 축적의 체계는 기업이 추구하는 전반적인 생산 전략과의 관련하에서만 이해될 수 있다. 미국의 경우, 기업은 표준화된 대량 생산의 정책을 추구했는데, 이것은 경영과 연구 능력에 집중 투자할 것을 요구하며, 작업장의 숙련에는 상대적으로 거의 투자를 요구하지 않는다. 이와는 대조적으로, 영국과 독일의 기업은 숙련된 작업장의 노동력을 집중적으로 활용하는 전문 기술적/유연한 생산 정책을 추구해왔다. 그럼에도 불구하고, 영국과 독일 기업이 추구한 전략에서 몇 가지 차이점을 찾을 수 있고, 특히 1945년 이후에 그러하다. 제2차 세계 대전 이후 독일의 기업은 숙련된 작업장의 노동력에 지속적으로 의존한 반면, 영국 기업은 표준화된 대량 생산이라는 상대적으로 성공적이지 못한 방향으로 나아갔고, 작업장 노동자의 훈련 면에서 심각한 쇠퇴를 용인하였다. 이 때문에 영국 기업은 정보 혁명을 이용하기에는 상대적으로 약한 위치에 놓이게 되었고, 독일 기업은 숙련된 노동자를 이용하여 정보 혁명을 효과적으로 활용하여 고품질의 제품을 생산하였다. 〔……〕 1980년대 동안에 영국이 보다 숙련된 노동력 집약적인 생산 전략으로 다시 선회한 것으로 보인다고는 하여도, 지난 30년 동안의 소홀함을 만회하기에는 아직도 큰 숙련의 격차가 있다(Broadberry and Wagner, 1996 : 265 ; 전후 영국의 훈련 유형에 관한 다른 이해로는 Reynolds and Coates, 1996 : 252를 보라).

을 억제하고, 작업 과정을 심화하며, 비숙련 노동자를 추가함으로써 관리자로 하여금 경쟁의 압력에 대처하게 한다——한편 관리자들은 기술적 혁신이나 포괄적인 산업 재훈련을 추구할 의욕을 느끼지 않고, 그 결과로 미숙련되고, 저임금을 받으며, 동기가 결여되고, 불안정한 노동력은 새로운 기술에 대해서 방어적인 태도를 취하고, 경영진에 대해 적대적이고, 비협조적인 관계를 맺게 된다고 얘기된다. 이런 면에서, 파인골드와 소스키스에 따르면,

영국이 국제적인 경쟁자와 동등한 수준으로 노동력을 교육하고 훈련하지 못한 것은 상대적으로 미진한 영국의 경제적 성과의 결과이며 원인이라고(이해되어야 한다): 즉 대규모, 대량 생산의 제조업 부문은 단지 소수의 숙련된 노동자와 대학 졸업생을 요구하며, 세계 최초의 산업 경제로서 그 필요에 맞추어 교육, 훈련 체계가 진화해왔기 때문에 결과인 것이며, 잘 교육받고 훈련된 노동력의 결여로 인해 산업이 새로운 경제적인 조건에 대응하는 것을 어렵게 만들었기 때문에 그 원인이다. (Finegold and Soskice, 1988: 21~2)

그러나 이런 주장이 교육–경제적 성과의 관계를 어느 정도 지지하는 증거를 제공한다고 하여도, 이런 주장 그 자체는 그 관계가 무엇인지 그대로, 혹은 어떻게 해서 그렇게 작동하는지를 정확히 밝혀줄 만큼 강력한 것도 아니다. 사실 현재 이 분야의 연구에서 확고한 증거는 거의 없다. 보다 쉽게 접할 수 있는 것은 단언과 가설로 구성된 주장들이다. 1990년대에 특히 영향력이 있던 주장은 중심 자본주의 경제에 비숙련 일자리의 수가 줄어들고 있음을 지적했고, 그 결과로 "다양한 품질의 제품에 집중하는 제조 전략이 선진 사회가 세계 시장에서 경쟁력을 유지하는 유일한

정책이라고 단언하였다"(Lane, 1990: 255; 또한, Streeck, 1989: 90). 물론 이 주장의 함축은 노동력의 숙련 수준이——과거에는 중요하지 않았다면——미래의 경쟁력에는 필수적일 것이리라는 점이다. 이 주장은 다른 주장과 잘 어울리는데, 그 주장에 의하면 선진 자본주의 경제에서 서비스 부문의 고용 증대는 미래의 생산성 증대가 점차적으로 서비스 부문의 효율성에 의존하게 되고, 이는 다시 "서비스 부문에서의 새로운 유형의 작업 조직화와 고객과의 상호 작용"의 대두에 연결되어지며, 그 결과로서 인간 관계 기술과 컴퓨터 사용의 훈련을 받은 서비스 노동력의 필요에 연결지어진다(Soskice, 1993: 105). 두 주장 모두 직관적으로는 합당해 보이지만——실제로 후자는 대단히 합리적이다——현재의 상태로는 두 주장 모두 잠정적인, 심지어는 사변적인 종류의 것 이상으로는 생각될 수 없다.

확실한 자료를 추구하다 보면, 일부 상당히 강력해 보이는 연구 결과——특히 교육 사회학자들의 비교 분석과 성장회계론자들의 총합생산성 연구——를 포기하게 된다. 전통적인 성장 회계가 상이한 성장률에 미친 교육 투자의 영향에 관한 꽤 세밀한 계산을 포함하고 있는 것은 확실하다. 예컨대 데니슨은 1929년과 1982년 사이의 영국의 경제 성장에 관한 1985년의 연구에서 "취업자당 산출 성장의 27퍼센트가 그 기간 동안의 교육 수준의 향상 때문"이라고 보았고(Abramovitz, 1993: 231), 다른 유사하게 설계된 연구는 "경제가 주민에게 제공하는 교육의 양은 그 사회의 개인당 소득이 〔……〕 보다 번영하는 경제와의 〔……〕 격차를 줄일 만큼 빨리 증대되는가를 결정하는 주요한 영향력 중의 하나임을 보여주고 있다"(Wolff and Gittelman, 1993: 147). 그러나 이런 연구는 투입된 교육의 질은 고사하고, 양을 제대로 측정하는 데도 곤란을 겪고 있다(이 점은 Rubinson and Browne,

1994: 583~4). 기껏해야 이런 연구는 예비적 성격의 대략적인 인과 관계를 시사할 수 있을 뿐이다(교육과 경제 성과의 경우 인과 관계는 동시에 하나의 방향 이상으로 작용하는 것도 당연하거나, 혹은 경제 성장에서 교육 투입 방향으로 작용하지, 그 반대는 아닐지 모른다). 사실 포괄적인 회계 기법은 우리가 선진 국가와 저개발 국가의 경제를 오랜 기간에 걸쳐 비교할 때 가장 강력한 것처럼 보인다(Maddison, 1995a: 37; Aldcroft, 1992: 9~14). 그 이유는 부분적으로는 경제 성장에 대한 교육 투자의 효과는 "저소득과 낮은 문자 해독률 때문에 추가적인 교육과 훈련에 매우 민감하게 반응할 가능성이 큰" 국가에서 가장 강력할 것이기 때문이다 (Aldcroft, 1992: 20). 그러나 가장 세련된 경우라고 할지라도 성장회계론을 뒷받침하는 "대담한 가정" 때문에, 이런 분석 방식은 짧은 한 기간 동안의 선진 자본주의 경제의 상이한 성장 성과에 미친 교육과 훈련 변수의 영향을 분리해내기엔 너무 무디다— 그런데 정책 결정자가 알 필요가 있는 것은 바로 그 영향이며, 우리의 논의가 결정하도록 요구하는 것도 그 영향이다.

바로 이 문제를 다루고 있는 연구 자료가 약간 있는데, 특히 1980년대에 영국의 국립 경제사회연구소가 설계하고 조사한 연구 자료가 그렇다. "전쟁 이후 영국의 응용 경제학이 만들어낸 가장 강력한 연구 자료에 속한다"고 소스키스가 격찬한 프레이스Prais와 그의 동료들의 연구는 영국과 유럽 대륙(주로 독일이지만, 네덜란드와 프랑스도 포함)의 여러 부문의 제조업 공장을 짝지어 표본으로 삼았다: 즉, 금속, 목재, 섬유 제조업, 음식 제조업과 호텔업 부문의 약 160개 업체가 그 대상이었다. 비록 양측의 업체는 세계 시장에서 "똑같은 기계에 접할 수 있었지만," 각각의 짝에서 영국과 대륙의 공장 사이에는 의미있는 생산성의 차이가 있음을 연구자들은 발견했고, 영국에서와는 달리 독일에서는

“완전히 자격을 갖춘 노동력의 도움을 얻어, 선진 기계와 선진 생산 방법이 도입되고, 운전되었으며 충분히 활용되고 있다는 점에 주목했다”(Steedman and Wagner, 1987: 94). 이 연구소의 그 이전의 연구와 그 이후의 연구도 유사한 결과를 나타냈다. 영국과 서독에서(“주로 단순 금속 제품을 생산하는”)——45쌍의 공장을 조사한 1985년 연구도 기계보다는 숙련도가 생산성의 차이에 중심적임을 밝혔고, “형편없는 설비 유지, 부실한 생산과 실수에 대한 부실한 진단의 과실은 십장과 일선 작업자 수준에서의 기술적 숙련에서 비롯된다”고 결론지었다(Daly et al., 1985: 60~1). 나중에 직물, 정원용 도구, 식품 제조업을 조사한 연구도 “(독일 공장의) 높은 운전 기술은 생산에서의 대체가 보다 빠르고 효율적으로 진행되도록 했고” “독일의 설계사와 기술자의 훈련은 영국에서의 훈련보다 더 많은 실질적 내용을 포함하고 있어서 이들이 영국 노동자보다 더 효과적으로 이론과 실제를 결합할 수 있게 해준다”고 주장한다(『파이낸셜 타임스』, 1995년 11월 20일자에서 인용).

이들 연구의 누적적 효과는 매우 명백하다. 즉 과거의 영국 경제의 저성과는——적어도 독일에 비해서——상당 부분은 일반적인 영국 제조업 노동자들의 숙련 수준이 부적절했기 때문이며, 앞으로의 영국의 경제 회복은 적어도 부분적으로는 기능과 직업 훈련을 받은 영국 노동자의 확대에 달려 있다. 1995년에 프레이스가 그들 연구의 일반성에 관해 밝혔듯이, 연구 대상인 영국 공장에서 계속하여 새로운 기계가 절반도 활용되지 않는 것은 기계를 다루는 노동력이 지닌 “진단 기술의 부족”의 산물이며, 그 때문에 새 기계의 투자가(환영을 받기는 해도) 충분하지 못했다. 그 대신 영국의 모든 훈련, 교육 체계에 걸쳐 무언가 행동이 필요했고, “기술적인 숙련의 획득을 위해 자극을 주도록 신경을 쓰고,

학교를 마치는 평균적인 학습생이 고도의 기술 숙련의 획득을 넘어설 수 없는 지적인 도전으로 받아들이지 않도록 하기 위해 학교를 마치는 학습생들이 보다 나은 기본 수준을 갖추도록 신경을 써야만 했다"(Prais, 1995: 73).

표면적으로 보면, 프레이스의 자료는 설득력 있어 보이고, 종종 "노동력의 숙련 수준, 자격과 보다 높은 생산성, 향상된 제품과 서비스의 품질 사이의 긍정적인 관계"를 의심의 여지 없이 입증하는 것으로 인용되곤 한다(Keep and Mayhew, 1998: 383). 그렇지만 프레이스의 자료에 비판이 없는 것은 아니며, 많은 비판자들이 잠재적으로 그 관계의 힘을 잠식하는 심각한 방법론적 취약점을 지적했다. 이런 문제 중에는, 비교 대상의 공장에서 자본이 생산성 증대의 알려진 다른 원천이었는데도, "자본 설비의 양, 노후성, 구성과 설치의 차이를 제대로 통제하지 못한 것"이 포함된다. "다른 하나는 공식적인 자격 조건이 경제적으로 관련 있는 숙련 기술의 대용물에 불과하고, 때로는 매우 좋은 대용물이 아닌데도 훈련의 지표로 공식적인 자격 조건에 관심을 집중한다는 것이다." 그리고 셋째는 "상관 관계가 반드시 인과 관계를 나타내지는 않는데도 높은 자격 기준과 노동생산성 사이의 측정된 상관 관계를 해석해야 하는 부담"이다(Shackleton, 1995: 32, 234). 그리고 넷째는 제한된 범위의 산업 부문에서만 사례 연구가 행해져, 사례가 전산업을 대표하느냐가 심각한 논란을 불러일으키는데도, 사례 연구를 기초로 해서 손쉽게 관계를 증명하는 일반적인 명제라고 말하는 점이다. 그 국립 연구소의 "짝지은 표본" 연구가 완벽한 짝을 찾는 일은 가능치 않았다——즉 선택된 공장에서의 기계의 차이는 아주 명백했다; 생산요소의 확인을 용이하게 하기 위해 단순한 생산 과정을 선택함으로써, 연구 노력은 생산성의 차이가 훨씬 더 의미가 있는 첨단 기술로부터 멀어지게 되었다; 이 단순한 생산 과정에서도 기계와 운전원 사이의 상호 작용의 복합성 때문에 특정한 "숙련의 기여도"를 확인하는 일은 상당히 재량에 맡겨졌고, 자의적이 되었다. 국립 연구소의 연구 방법은 많은 정보를 제공해주고 있다. 그러나 그들이 제공한 정보는 생산성 차이의 원인에 관해서만큼, 그 원인을 추구한 사람들에 관해서도 말해준다. 왜냐하면 채프먼이 올바로 언급했듯이, "(그 연구소)연구 프로그램의 결과가 이런 방법론적 취약점에도 불구하고 이런 광범위한 주목을 받는다는 사실은 생산성에 대한 인적 자본의 진정한 기여를 추정하는 데에는 전적으로 부적합한 연구 업적에도 우리가 관심을 기울이게 하기 때문이다"(Chapman, 1993: 114).

사실 커틀러Cutler는 프레이스 연구의 비판을 한발 더 몰고 갈 태세를 취하였는데, 이런 방법론적 어려움의 분석을 통해, 그는 1980년대의 영국 경제의 문제를 저숙련으로 보는 국립 연구소의 문제 설정과 1970년대의 문제는 인원 과다였다는 초기 신자유주의적 주장(이 방법론에 대한 비판은 제2부 제1장 「영국의 신자유주의」를 보라) 사이에는 곤혹스런 연속성이 있음을 알아냈다. 후자의 주장을 따르면, 노동자(와 그들의 대표자)는 악당으로 기술되고 있다. 프레이스와 그의 동료들에 의하면, 그들은 적어도 희생자로 기술된다. 그러나 두 경우 모두 영국이 직면한 중심적인 문제는 역시(자본이나 국가가 아닌) 노동의 문제라고 하며, 그것은 확고한 자료에 의하여 실증되고 있다고 여겨지고 있다. 커틀러는 노동에 의한 왜곡과 이를 뒷받침하는 자료에 초점을 두는 것은 방법론적으로 의심쩍음을 알아냈다. 그렇기 때문에, 일부 비판자가 "이것은 결과가 미리 결정된 연구 프로그램이라는 느낌을 피하기 어렵다"고 할 때에(Chapman, 1993: 114), 커틀러는 더욱 심층적인 문제가 있다고 보았다. 그는 직업 훈련과 경제 성과에 관한 프레이스의 주장을 "영국의 노동 문제의 새로운 장"으로 보았을 뿐이고, 영국의 중도좌파가 자본을 다시 규제하려는 어떤 노력으로부터도 후퇴하려는 계기로 보았다. 그는 "영국의 노동 문제가 1970년대, 1980년대에 영국의 경제 문제를 엉터리로 개념화하였고, 그 개념화가 당대의 경제적 실책에 중요한 역할을 하였듯이, 직업 훈련에 관한 현재의 묘책은 1990년대에 유사한 역할을 할 것을 약속하고 있다"(Cutler, 1992: 165).

그렇지만 국립 연구소의 연구가 훈련 분야에 있어서 미시적 연구의 유일한 사례는 아니다. 다른 많은 연구가 있으며(Oulton, 1996), 유사하게 "짝짓기 표본" 접근 방법을 선택하여 영국, 독일, 프랑스, 네덜란드의 비스킷 공장을 연구한 것이 포함된다. 이 연구도 숙련도와 제품 관계를 밝혔는데, 나라마다 다른 생산성의 수준이 "사용 중인 자본 설비의 노후성과 정교함에 있어서의 국가 간 차이로 귀인될 수 있다는 점을" 부인했다(Mason et al., 1996: 175). 이 연구의 일반적인 견해는 "영국의 직업 교육과 훈련 체제가 지난 수십 년 동안 제공한 노동층의 숙련화 구조——대다수의 저숙련 노동자와 소수의 고도로 자격을 갖춘 인력층으로 양극화되어 있다——와 많은 영국의 제조업자가 고도로 자동화된, 저부가가치 생산 활동 부문에 지속적으로 전문화하는 데에는 긴밀한 상응 관계가 있다"는 것이다(같은 책: 191). 달리 말하면, 메이슨의 연구도 숙련 수준과 생산성 간의 강한 긍정적 관계를 주장하였는데, 그것은——프레이스 연구보다는 더 강력하게——훈련과 생산 관계의 투입과 산출에 나타난 복합적인 상호 연계를 역설하였다. 그것이 역설하는 것은 숙련의 수요와 공급 간의 양방향 관계이다. 비스킷 사례 연구에서, 메이슨과 그의 동료들은 이렇게 제안하였다:

서로 다른 국가의 숙련의 공급——각국의 훈련과 교육의 체계에 의해 형성된다——과 사용자의 숙련의 수요——그들이 선택한 생산품의 조합, 자본 활용, 노동자 조직과 관련된다——사이에는 상응 관계(가 있다). 어떤 나라의 사용자가 취하는 주도적인 전략의 선택은 숙련된 노동력이 이용 가능하거나 성취 가능한 정도를 반영한다. 그러나, 그 선택은 각 개인들에게 직업 교육과 훈련에 부여하는 투자의 가치를 알려줌으로써 숙련의 공급에 영향을 주기도 한다. (Mason et al., 1996: 176)

특히 모리스(Maurice et al., 1986), 웨버와 버그(Wever and Berg, 1993), 루베리(Rubery, 1994), 킵과 메이휴(Keep and Mayhew, 1998), 셰이클턴(Shackleton, 1995), 애슈톤과 그린 (Ashton and Green), 그리고——대학에서의 훈련과 관련하여—— 샌더슨(Sanderson, 1986) 등의 연구는 모두 유사한 논점, 즉 숙련의 수준은 나름대로의 제도적 사회적 구성을 지닌 보다 넓은 훈련 체제 내에 자리를 잡고 있다는 논점을 내세운다. 어떤 체제는 고숙련 궤도를, 다른 체제는 저숙련 궤도를 만든다(Ashton and Green, 1996: 117~75; Green, 1998: 137). 한 체제로부터 다른 체제로의 이행은 단순히 노동력의 재숙련화뿐만이 아니라, 전체적인 구성의 재편성을 요구한다. 과제가 이렇기 때문에 데이빗 소스키스는 영국의 사례를 고려하면서, "저숙련의 균형점에서 빠져나올 비훈련의 길"(Soskice, 1993: 107)을 주창하기까지 한다. 왜냐하면, 독일이나 일본형의 회사에 기초한 훈련 체제가 영국에는 없기 때문이다. 그린의 입장은 더욱 분명하다: 만일 어느 경제가 하나의 훈련 체제에서 다른 체제로 이행하려면, 관련된 모든 주요한 활동 주체로부터——단순히 조직 노동(이들은 이런 아이디어에 항상 매력을 느낀다)뿐만이 아니라, (적절한 기금을 통해) 정부와 사용자로부터——"숙련 형성의 정책을 위한 확약을 확보하는 것이" 필수적이다. 그린의 판단에 따르면, "정부가 교육에 재정적인 뒷받침을 할 것인지에는 심각하게 의문부호가 찍혀진 상태이고" "사용자의 확약이란 수사학은 일부 탁월한 분야에만 반영되고 있고, 훈련 활동의 실질적인 폭넓은 향상에는 반영되지 않는다는 우려가 있는 상태"이므로, 적어도 영국의 경우에는 현재 문제가 있는 곳은 조직화된 노동이 아니라 바로 앞의 두 주체이다(Green, 1998: 138). 이것은 그린(과 애슈톤)의 일반적인 견해의 영국판으로 볼 수 있는데, 그에 따르면 높은 수준의 숙련 형성이 나타나려면 "지배 계급의 일부가, 특히 국가 기구를 통제하는 계급이 [……] 높은 수준의 숙련 형성에 확실히 몰두해야 하며" "지도적인 사용자 집단이 역시 확실히 몰두해야 하고" "훈련 투자와 관련된 외부성을 극복하는 메커니즘이 있어야 한다——이 메커니즘은 사용자로 하여금 훈련의 사회적인 혜택을 고려하도록 유도하고 [……] 사용자와 종업원 모두 다 제공된 훈련의 질에 스스로 자신감을 갖도록 훈련의 과정을 개방해야 한다"(Ashton and Green, 1996: 102).

훈련과 성장

그런데 만일 그린, 애슈톤 그리고 다른 사람들이 옳다면——그들의 판단의 우수성을 의심할 이유는 없어 보인다——중요한 문제가 이어진다. 노동에 초점을 두면——그 조직과 힘 못지않게 노동의 교육과 훈련에 초점을 두면——우리는 경제가 어떻게(그리고 왜) 성과를 내는가를 결정하는 주요한 요인의 문제로부터 멀어지게 된다. 적어도 그러한 초점은 결정 요인이 경제와 사회 전체를 관통하는 주도적인 제도의 구조와 관계의 틀 속에 자리 잡고 있다는 것을 시사한다——그 제도와 관계 속에서 노동은 기껏해야 단순한 하나의 행위자일 뿐이다. 또한 그것은 이 제도적 복합체 속의 추동 세력이 주로 노동의 영역에서 발견되지는 않는다는 것을 시사한다. 그 세력은——우리가 검토 중인 연구의 급진성에 따라 달라지는데——시간의 안개 속에서(역사와 문화의 유산 속에서) 찾든지, 아니면 경제와 국가 안에서의 지배적인 제도의 성격, 혹은 자신들의 특성과 이해 관계를 지배적인 제도적인 장치 안에서 압도하게 하는(그리고 그 장치를 통해서 표출토록 하는) 사회적 계급 속에서 찾을 수 있다. 이런 경우, 만일 노동이(비협조적이든 혹은 비숙련의 상태로) 그 제도의 작동 과정에 하나의 기여 요소로 참여하게 되면, 이때(그리고 이런 형태의) 노동의 존재는 필연적으로 반응적이며 종속적이며, 기껏해야 총괄하는 논리와 궤도는 다른 곳에서 정해진 그런 관계의 체계에 대해 압력을 가하는 이차적이고 강화하는 일단의 압력 요소의 하나에 불과할 것이다. 만일 비판자들이 그렇지 않다고 주장한다면, 그들의 비판의 힘은 보다 근본적인 과정을 덮어버리는 데 기여할 것이고, 이 때문에 커틀러가 현재 영국에서 직업 훈련에 열중하는 것과 1970년대에 노조 때리기에 열중하는 것을 결국 동일한 것의 요체로 본 것은 옳았다. 즉 그것은 경제 회복의 열쇠로서 **자본**의 규제와 개혁을 요구하는 힘을 약화시키는 데 기여하는 **노동**에 대한 이념적인 공격인 것이다.

이런 논의는 우리가 이미 살펴본 상이한 성장 유형의 열쇠로서 교육과 훈련의 중요성을 강조하는 세 가지 주장이 모두 나름대로의 결함을 지니고 있음을 시사한다. 인적 자본의 중요성을 강조하는 새로운 성장 이론의 저작들은 결국 변수를 지나치게 좁게 규정하였고, (우리가 앞으로 보여주듯이) 어떻게 경제가 성과를 거두느냐에 훨씬 더 큰 영향력을 발휘하는 권력의 제도적 과정과 관계로부터 노동을 떼어내버렸다. 정보에 기반한 생산 체제에서는 교육이 핵심적인 자원이 된다는 관념은 저급한 생산 기술이 세계의 대부분의 제조업 부문에서 지속되고 있음을 강조하고, 노동 집약적, 저숙련 서비스 부문의 고용이 미래에는 선진 자본주의 경제 내에서의 주요한 고용의 배출구가 되리라고 보고 있는 경험적 자료에(일부는 우리가 넌지시 언급했고, 일부는 앞으로 보게 될 것이다) 정면으로 배치된다. 해외 자본 유치를 위한 라이치 유의 재숙련의 주장과 선진 자본주의 경제는 고숙련, 고부가가치의 생산에 의해 생존할 수 있다는 스트릭 유의 수식도 똑같이 너무 낙관적인 것으로 보인다. 왜냐하면 멀리 떨어진 곳에서 새롭게 등장하는 프롤레타리아로 하여금 저숙련, 저부가가치의 생산에 머물지 않을 수 없도록 만드는 것은 무엇일까? 만일 그 답이 그런 것은 없다라면, 이미 확립된 노동운동이 성공적으로 숨을 수 있는 안전한 틈새는 어디에 있는 걸까? 그리고 특히 자유주의적 자본주의 경제의 국내의 사용자 계급이 직면한 새로운 필연적 요건으로서, 이들로 하여금 오로지 "다양화된 품질 생산"에 의해서만 비교 우위를 추구할 수 있도록 철저한 정신적인 전환을 겪으라고 설득하는 그 필수적 요건이란 무엇인가? 만일 국민경제 내의 주도적인 자본 관계의 유형이(그리고 이와 관련된 자본 축적을 위한 전략이) 함께 변하지 않는다면 노동자의 교육과 훈련 측면의 공급 변화는 거의 아무런 것도 할 수 없다. 그리고 이런 변화는 엄청나게 성취하기 어려우며, 특히 좌파가 성취하기는 어렵다. 아마도 이 때문에 킵과 메이휴의 예측은 옳을 것이다: 즉—적어도 영국의 경우에—"현정책의 큰 위험은 결국 우리가 고도로 자격을 갖춘 노동력을 보유하되, 그중 많은 노동자가 저임금의, 불안정한, 밑바닥의 일자리를 차지하고, 눈에 띌 만한 경쟁력의 향상도 없이 저비용, 저품질의 상품과 서비스를 생산하게 되리라는 것이다"(Keep and Mayhew, 1988: 392).

사실상 이런 모든 이유로 인해서, 교육, 훈련과 경제적 성과의 관계에 관한 자료는 일반적으로 대단히 잠정적이고, 불확정적이며, 개략적인 것이다. 이 관계에 관해서는 실제로 "약한" 견해와 "강한" 견해가 있다. 약한 견해는 교육과 훈련은 좋은 일이며, "평균적으로 보면 보다 많은 교육을 받고 훈련된 노동력이 현대 경제의 특징인 기술, 취향, 조직의 급속한 변화를 더 잘 처리하는 것은 직관적으로 개연성이 있어 보인다"고 보고 있다 (Shackleton, 1955: 233). 이런 직관에 대해서는 전혀 이의가 없어 보인다. 보다 불안정한 것은 보다 나은 교육과 훈련이 현대의 경제적 경쟁력의 열쇠이다라는 강력한 주장이며, 더욱더 불안정한 것은 그것이 유일한 열쇠라는 주장이다. 그것은 열쇠가 아니다. 셰이클턴이 언급했듯이, "훈련이 노동자의 잠재적인 생산성을 향상시킬 수 있다. 그렇지만, 그의/그녀의 생산성은 종종 그/그녀가 사용하는 기계와 설비, 작업이 조직되고 감시되는 방식, 그리고 작업을 열심히, 효과적으로 하도록 각 개인에게 주어지는 자극에 보다 더 의존한다"(같은 책: 234). 노동력 숙련의 지속적인 향상은 각국 자본주의의 경쟁에 있어서 제자리를 지키기 위한 필수적인 전제 조건일지 모르며, 진보적인 사회적 가치 전반을 위해서 대단히 바람직할지 모른다. 그러나 교육과 숙련화에 관한 연구 자료는 그것이 특히 중도좌파의 온건한 정부가 생각하고 있듯이 선진 경제의 경제적인 부흥을 위한 안전하고 쉬운 길은 아니라는 것을 시사하고 있다. 비네펠드가 적절히 지적했듯이, "훈련이 '화물 숭배'처럼 취급되어서는 안 된다. '만일 우리가 그들을 훈련시킨다면, 일자리는 생길 것이다'"라고 가정할 수는 없다 (Bienefeld, 1996: 430).

실제로 1990년대에 정부가 경제적인 문제에 교육적 해결안을 채택한 것은 경제적인 현실보다는 정치적인 현실에 대해 더 많은

것을 이야기해준다. 왜냐하면 훈련을 경제적인 저성과의 해결책
으로 보는 열정은——유럽 사회민주주의 정당에 의한——자본을
통제하려는 시도로부터, 혹은 경제적인 어려움의 원천에 대하여
신자유주의 지식인들이 검토한 분석과는 질적으로 상이한 분석
을 제시하려는 시도로부터의 일반적인 후퇴의 일부로 보이기 때
문이다. 커틀러의 지적처럼, 직업 훈련의 영역에 있어서 "'시장
실패에 관하여' 떠드는 것은 가능하다. 그러나 그런 주장을 하는
사람이 나무랄 데 없이 존경받을 만하고, 이런 '시장 실패'는 아
주 분명하고 제한된 영역에만 적용될 수 있다고 밝히는 것도 똑
같이 가능하다"(Cutler, 1992: 180). 세계화된 자본주의하에서의
중도좌파적인 정부는 상품 시장이라는 경제 세계에서 기업에게
성공적인 틈새를 보장하기 위한 만큼, 선거 시장이라는 정치 세
계에서 자신들에게 성공적인 틈새를 보장하기 위해서 노동자의
훈련을 권장하는 것처럼 보인다

문화적 요인과 경제 성장

그렇지만 많은 경제 성장의 분석가에게 교육과 훈련의 주제가
경제 성과의 촉발제로서의 '이념'이 차지하는 공간을 다 점유해
버린 것은 아니다. 이들에게 있어서, 노동자와 경영자의 마음속
에 갇힌 지식은 경제 성장이란 전체 모자이크의 한 요소에 불과
하며, 지식은 가치와 태도라는 보다 넓은 망의 안에 있으며, 종종
이에 종속된 요소일 뿐이다. 우리가 방금 보았듯이 가장 세련된
'숙련 이론가'는 훈련 체제가 보다 넓은 '기업' 체계, 즉 단순한
지식 전달의 양식을 넘어서서 금융 부문과 산업 부문 간의 제도
적 장치와 국가 기관과 노동의 대표자들 간의 제도적 장치를 포

함하는 체계 안에 위치해 있다고 역설한다. 이 광범위한 장치 속에서 항상 언급되는 한 요소는 그 장치에 널리 퍼져 있는 일단의 지배적인 이해와 기대이다. 그리고 종종 이 꾸러미 전체가 '기업 문화'라고 일컬어진다(Randlesome, 1994). 그러나 이 명칭은 이 범주화를 통해서 보다 폭넓은 형상의 한 요소를 부각시킴으로써 종종 혼동을 일으킨다(Dobbin, 1994: 14, 18). 적어도 우리의 논의상의 목적을 위해서는 전체 기업 체계를 그것을 포괄하는 문화적인 요소로부터 구분 짓고, 각각의 영향을 하나하나 다루는 것이 더욱 생산적이다. 전체 기업 체계가 경제 성과에 미친 영향(즉 대단히 차별화된 제도적 장치로서 이해된 기업 '문화')은 제2부 제3장에서 다룰 것이다. 여기서 우리가 해결해야 할 필요가 있는 것은 보다 정밀하고, 협의의 의미로 이해된 문화적 요인, 즉 경영자, 노동자와 정치인의 마음속에 자리 잡고 있는 일단의 가치, 이해, 기대로서, 경제 주체로서의 그들의 행태를 형성하는 그런 요인으로서의 문화 요인이 경제 성장에 미친 영향이다.

주장

물론 이념이 경제 성과에 중요하다는 주장에 새로운 것은 없다. '프로테스탄트의 윤리와 자본주의 정신'이라는 막스 베버의 명제는 이미 한 세기 이전에 이 지적 영역을 확립해놓았고, 그것은 사회학자와 경제사가 사이에 아직도 수그러들지 모르는 학문적 전통을 낳았다. 이 주장은 우리가 제1부 제1장 및 제2장에서 검토했던 전후 각국 경제의 성과에 관한 문헌에는 어디에서나 유효하며, 활력을 유지하고 있다. 우리는 서독과 일본에 대비한 미국과 영국의 상대적인 저성과가 종종 문화적 관점에서 설명되고 있음을 보았다. 예컨대 와이너는 1890년 이래의 영국의 저성과를 '산업 정신의 상실'과 관련 지어 설명하고 있다(Weiner,

1981); 라이치가 20세기 미국의 경제사를 두 문화——(이제는 시대에 처진)기업 중심적 문화와 (이제는 미래의 번영에 필수적인)시민적 문화가 이념적인 우위를 놓고 경쟁한 역사로 특징지은 건 유명하다(Reich, 1983: 8). 그리고 우리는 라이치의 명제가 독일과 일본 문헌——이 문헌은 독일의 경우 사회 민주적 혹은 기독교 민주적 가치 체계, 일본의 경우 유교적 가치 체계에 의하여 견고히 자리 잡은 '신뢰' 관계가 성장에 미친 긍정적인 영향을 강조한다——의 유사한 주장과 궤도를 같이 하며, 또 부분적으로 그로부터 영감을 얻고 있다는 것도 알고 있다. 나중에 이 장에서 우리는 이런 구체적인 설명들 중 일부의 적합성을 살펴볼 것인데, 그 이전에 이 설명의 바탕을 이루는 보다 일반적인 명제를 인식할 필요가 있다.

특정한 국가의 자본주의에 관련한 구체적인 주장에 덧붙여서, 상이한 경제적 성과에 관한 문화적인 문헌은 많은 일반적인 주장을 포함한다. 세 가지는 특별한 중요성을 지닌다.

(1) 첫째, 문화 체계는 그 속에 특정한 이념적인 속성의 존재 혹은 부재에 의해 구분되어질 수 있다. 경영에 관한 연구 문헌은 이런 틀로 가득 차 있는데, 그 중에서 햄프던터너와 트롬페나르스가 전개한 틀이 전형적이며 최근에 가장 널리 논의되고 있다. 네덜란드의 경영 컨설턴트인 트롬페나르스는 최근의 그의 저작에서 다섯 가지 '가치 지향'의 유무에 따라 문화 체계를 구분했다: 즉, '보편주의 대 개별주의(규칙 대 관계), 집합주의 대 개인주의(집단 대 개인), 가치 중립적 대 정서적(표현된 감정의 범위), 분산성 대 구체성(관여의 범위) 그리고 성취 대 귀속성'(어떻게 지위가 부여되느냐)이 그것이다(Trompenaars, 1993: 29). 햄프던터너와 같이 쓴 다른 저작에서 트롬페나르스는 이 가치 지향의

수를 늘렸고, 이를 '부를 창출하는 데 핵심적인 일곱 가지 가치
화 과정'으로 재설정했다: 즉 보편주의 대 개별주의; 분석 대 종
합화; 개체주의 대 공동체주의; 내부 지향 대 외부 지향; "연속으
로서의 시간" 대 "동시화로서의 시간"; 성취된 지위 대 귀속적인
지위; 평등 대 계층제(Hampden-Turner and Trompenaars, 1993:
10~11; 또 다른 틀은 Lodge and Vogel, 1987: 8~23). 이런 가치의
목록은 비교 문화적 기업 분석가에게 특정한 국가의 기업 체계를
위치 지을 틀을 제공하며, 이를 기초로 상이한 경제 성과를 설명
할 틀을 제공한다. 예컨대 트롬페나르스는 상이한 문화적 틀이
특정 형태의 기업 조직의 발생을 자극하는데(풍부한 상상력으로
그는 상이한 기업 문화를 "가족형" "에펠탑형" "유도 미사일형" "인공
보육형"으로 이름 지었다), 그 속에서 우리는 상이한 종류의 근로
자 관계, 권위에 대한 상이한 태도, 상이한 방식의 사고와 학습,
사람에 대한 상이한 태도, 상이한 변화 방식, 상이한 방식의 동기
화와 보상 그리고 상이한 비판과 갈등 해소의 유형을 발견한다
(Trompenaars, 1993: 160). 그리고 그에 따르면, 이것은 그림 5-1
에서처럼 잠정적으로 기업 구조의 국가적 차이를 그리는 데 사용
될 수 있다.

  (2) 경제 성장에 관한 보다 야심 찬 혹은 용감한 '문화적' 문헌
내에서의 두번째 일반적 주장은 상이한 국가 환경 사이의 문화적
속성의 분포 때문에 상이한 "국민 문화"를 논하는 것은 정당하다
는 것이다(예를 들면, Dobbin, 1994: 22, 213~17). 특히 햄프던터
너와 트롬페나르스는 최근에 미국, 영국, 일본, 독일, 스웨덴, 프
랑스와 네덜란드의 경영인으로부터 얻은 포괄적인 연구 조사를
바탕으로 "자본주의의 일곱 가지 문화"를 위치 지을 수 있다고
주장하였다 ──그는 각국에 각각 하나의 문화를 연결 지었다. 적

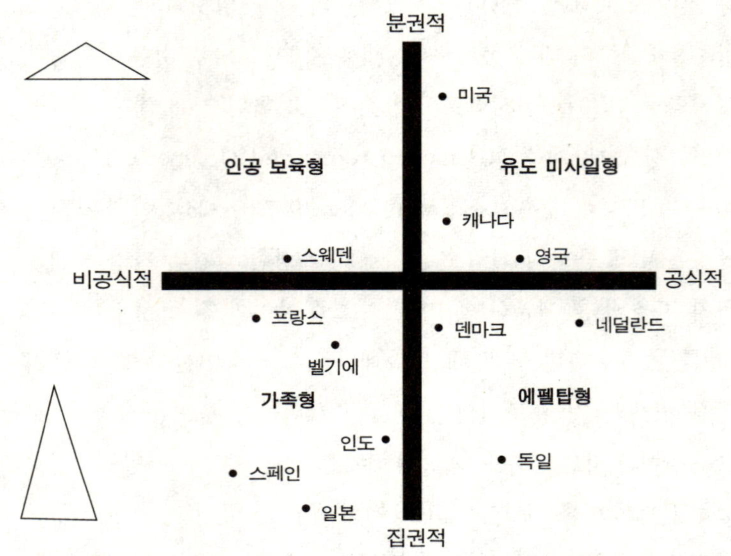

출처: Trompenaars, 1993: 161.

어도 그들은 그들이 명명한 문화적 응집성은 상이한 국가의 환경
에 처한 상이한 경영층에 특정한 "문화적 지문"을 제공하며, 그
래서 "일곱 국가는 각각 [……] (위에서 열거한)가치들의 독특한
결합을 믿게 된다"고(Hampden-Turner and Trompenaars, 1993:
16) 열렬히 주장한다. 이들에게 "우리 집단 중에서 미국이 단연
가장 보편적인 문화이며" "우리의 국가별 표본 중에서 미국의 경
영자들이 단연 가장 강력한 개인주의자들이고" "일본인들은 품
질에 대한 상이한 접근 방법을 갖고 있을 뿐 아니라, 그들은
[……] 그들의 문화적 지향을 따라서 [……] 가치와 가치 창출
을 상이한 각도에서 바라본다"(같은 책: 21, 48, 121). 물론 이들
만 이런 견해를 가진 것은 아니다; 이들의 연구 결과는 다른 비
교 문화 연구의 결과와 완전히 일치한다. 특히 저명한 미국의 정
치사회학자 립셋이 "미국의 예외주의"의 성격을 밝히기 위해 행

한(캐나다와 일본과의) 양국 간 비교와 일치한다. 일본 문화와 일본 문화 체계를 연구한 립셋은 "양국이 상이한 조직의 원칙을 따르며" "국가별 전통은 양국의 문화, 경제와 사회를 아주 다른 방식으로 특징짓고 있다." 미국은 "부르주아 자유주의와 복음 교회적 기독교 분파의 개인주의적 정수를 따르고" 있는 반면, 일본의 지배적인 문화는 "봉건 시대 이후 귀족적 메이지 시대의 집단 지향적 형식을 반영하고" 있다(Lipset, 1996: 256). 비록 양국의 문화가 시간이 지나면서 변화를 했고, 비슷한 방식으로 변화를 했지만, 립셋은 아직도 미래에 문화가 전적으로 수렴하지는 않을 것이라고 역설하고 있다. 오히려 두 나라의 가치와 행태의 차이는 "평행인 철로를 따라 수천 마일을 달려간 기차와 같고, 그 상태로 남을 것이다. 그들은 출발점에서는 멀리 떨어져 있으나, 아직 그대로 분리되어 있다"(같은 책: 261).

결과적으로, 이런 종류의 저작에는 문화적 차이를 국가별로 열거하고—햄프던터너와 트롬페나르스는 미국과 일본에서의 문화적 편견의 차이를 확인할 8개 항의 목록을 가지고 있다(같은 책, 161~2)—국가별 문화의 변화형을 요약하는 도표를 만들 의지와 자신감이 있다(같은 책: 301; 그리고 Casson, 1993: 430). 물론 립셋, 햄프던터너, 트롬페나르스와 같은 수준 높은 학자들은 국민경제 내의 문화적 변화형을 알고 있고, 문화적 규범이 상이한 성격 유형에 의해 매개됨을 알고 있다. 실제로 트롬페나르스는 기본 태도와 가치의 분배를 일반적인 그림으로 표현할 수 있는 정규 분포에 비유한다(Trompenaars, 1993: 25~7). 그러나 그의 저작은 각 문화 체계에 뚜렷한 중력의 중심이 존재한다고 역설하며, 각 체계에 국가별 중추를 부여하고, 그리고는(햄프던터너와 함께) 유보 조건 없이 미국 문화, 일본 문화, 독일 문화 등등에 관해 말한다. 북미와 서유럽의 기업 문화는 보편적이라고 말한다.

한국, 러시아, 다른 많은 아시아와 남미의 기업 문화는 그렇지 않다고 한다. 따라서 각각의 문화에서 기업의 지도자들은——무엇보다도——계약상의 구체 항목의 중요성, 거래를 위한 협상에 소비할 사교 시간의 양, 거래 성사의 확인과 계약 체결 과정에서의 본부의 역할, 그리고 하위 직원이 계약의 집행 과정에서 얻을 금전적 권리 등에 관하여 상이한 태도를 취할 것이라고 말한다 (Trompenaars, 1993: 43). 그렇다면 개별주의의 문화 속에서 보편주의적 관행을 적용하는 것은 경제적으로 비생산적일 개연성이 높다고 트롬페나르스는 경영층 독자를 향해 말한다. 보편주의적 문화 속에서 성공하려면, "모든 유사한 사안을 같은 방식으로 취급함으로써 공정성을 추구"하는 것이 낫지만, 개별주의적 문화에서는 "모든 사안을 각각의 특별한 장점에 따라 취급함으로써 공정성을 추구"하는 것이 낫다고 제안한다(같은 책). 비록 이런 충고는 그 타당성을 경험적으로 확립하기 위해 경영진을 대상으로 한 설문지 자료에 의하여 지지받고 있지만, 이런 유의 분석이 얼마나 빨리 국내에서는 부패한 관행으로 보일 관행을 해외에서는 실행하라는 조언으로 되어버릴 위험이 있다는 것은 쉽게 이해할 수 있다. 그리고 이런 유의 분석이——트롬페나르스와 그 동료들만큼 세련되지 못한 분석가의 경우엔——곧바로 잘해야 국가적인 고정 관념이 되어버리고, 잘못되면 인종주의로 흐를 수 있음은 쉽게 알 수 있다.

(3) 경제 성장에 관한 '문화주의적' 문헌의 세번째 일반적 주장은——우리의 목적에 비추어볼 때, 셋 중 단연 가장 중요한 주장이다——국가별 문화 사이의 이념적 차이가 전후의 상이한 경제 성장의 이해를 위한 중요한(심지어는 가장 중요한) 열쇠를 구성한다는 것이다. 영국에 관한 와이너의 주장, 일본에 관한 도어

의 주장은 바로 여기에 두는 것이 가장 적합하다. 또, 햄프던터너와 트롬페나르스 같은 학자와 대중 평론가의 비교 분석적인 주장과 후쿠야마의 주장이 만나는 곳도 이곳이다. 예컨대 햄프던터너와 트롬페나르스가 제시한 경제 발전의 명제는 "(문화적인 7쌍에서)각각의 가치는 성공에 결정적이며" "다음 세기에 성공하는 자본주의 문화는 공동체를 희생하고 개인주의를 〔……〕 선호하려는 문화적인 성향을 극복하고, 대립적으로 보이는 가치의 균형을 이룰 수 있는 문화일 것이다"였다(Trompenaars, 1993: 10). 왜냐하면 이들은 그 이전의 라조닉과 라이치처럼 기술, 경쟁, 소비자 수요 등의 새 조건이 요구하는 사항과 경제적 자본주의의 비판 사이의 간극이 벌어지고 있음을 보았기 때문이다; 또 그 결과로, 성공이 신뢰의 확립을 필요로 하는 미래에, 경영자는 장기적인 기업 전략을 개발하고, 전체 노동력의 헌신을 동원할 수 있어야 할 미래에, 자유주의적 자본주의 경제는 점차적으로 경쟁력상 어려움을 겪으리라고 보았다. 이것은 또한 1980년대에 수행한 '이데올로기와 국가의 경쟁력'이라는 로지와 보겔의 9개국 연구의 결론이기도 하다——이 연구는(이데올로기의 일관성과 적응성의 정도로 측정한) 이데올로기적인 힘의 정도에 따라 경제의 순위를 매기고, 이 순위를 여러 가지 경쟁력의 테스트와 대비하였다. 보겔의 이데올로기적 일관성 척도상의 각국의 순위는(일본, 한국, 대만은 선두권이고, 독일은 그 다음 그룹이며, 프랑스, 브라질은 세번째 그룹이고, 영국, 미국, 멕시코가 하위권을 차지했다) 1965~84년 사이의 개인당 GDP 성장률, 동일 기간 동안의 GDP 중 투자 비율 등의 척도와 매우 밀접한 상호 관계를 보였다. 이데올로기 순위에서와 마찬가지로 경쟁력 순위에서도 아시아와 독일 경제는 상위권 자리를 다투었고, 반면 영국과 미국은 하위권 자리를 다투었다.

이런 모든 사실 때문에, 다른 사람들이 그 이전에 그리고 그 이후에 그랬던 것처럼, 로지와 보겔은 "현단계의 세계 발전에 있어서 〔……〕 일관된 공동체주의적인 이데올로기를 지닌 국가"가, 특히 "정부의 지출과 과도한 규제를 억제하면서, 기업의 경영진, 노동계, 정부 사이의 협력의 범위를 증대시키는 공동체주의적인 형태의 경제"가 국제적인 경쟁의 압력에 가장 잘 적응할 수 있다고 믿게 되었다(Vogel, 1987: 321). 이런 견해는 미국의 생활 수준과 다른 선진 자본주의 국가의 생활 수준의 격차가 줄어드는 문제를—우리가 제1부 제1장에서 보다 구체적으로 언급한 그런 논의—다룬 상당히 많은 대중적인 문헌에서는 일반적이 되었다. 그리고 이런 견해는 한 세대 전에 제3세계에 대한 제1세계의 경제적인 '우위'를 종종 적합한 '성취 윤리' 또는 시민문화의 존재 또는 부재와 연결지어 설명했던 방식과 완전히 일치하고 있다. 이런 주장이 현재 존재하며, 그것이 의미 있음을 강조하기 위하여, 두 가지의 사례를 더 들어보는 것도 가치가 있다—이 사례는 둘 다 미국의 경제, 외교 정책의 개발과 집행에 깊이 관여한 지식인들에 의해 전개된 사례이다. 1965~81년 사이에 남미에서 주도적인 역할을 한 미국 국제개발처USAID의 책임자였던 해리슨은 최근에 경제적 진보를 촉진하는 네 가지 '근본적인 문화 요인'의 존재를 옹호하는 주장을 폈다: 그는 그것을 이렇게 명명했다—"신뢰의 범위, 자기 정체성, 공동체 의식"; "윤리 체제의 엄격성"; "권위의 행사"; "일, 혁신, 저축과 이윤에 관한 지배적인 태도"(Harrison, 1992: 226). 이 요인들이 국가 간 정치적, 사회적, 경제적 발전의 차이를 이해하는 열쇠를 제공한다고 그는 주장했다. 예컨대 그의 견해에 의하면 "영국은 일, 저축, 창의성, 위험 감수에 대한 선호를 잃었기 때문에 주도권을 잃게 되었다"(같은 책: 247). 이 요인들은 또 1945년 이후 이런 가치가 모범적인 형식으로 풍미했던 미국 경제가 1980년대에는 왜 경쟁적 우위를 상실하게 되었는가를 설명하는 데도 열쇠를 제공한다. 그 경쟁 우위는 이들 가치가 훼손되자 상실되었다. 랜드연구소 RAND Corporation에 연구 발판을 둔 후쿠야마는 이런 논지를 더욱 강력하게 제시하면서, 경제는 그 안에서 신뢰 관계가 주도적인 만큼 번성하고, 주도적인 문화 체제가 노골적인 개인주의에 굴복하는 만큼 경쟁에서 뒤처진다고 주장한다. "민주주의와 자본주의는 비자유주의적 원천에서 유래하는 문화적 전통의 영향을 받을 때 가장 잘 작동하며" 민주적 자본주의에서의 경제적 성공은 시민사회에 존재하는 "문화적 뿌리에 바탕을 둔" "사회적 자본"의 양과 질에 의존한다는 것이 후쿠야마의 견해이다(1995: 351). 이 주장에 의하면, 경제적 성공이 목표라면 경제적 합리성으로는 불충분하다. 성공은 "번창하는 시민사회 〔……〕 습관, 관습, 윤리—즉 점증하는 문화의 인식과 존중을 통해서 〔……〕 키워져야 할 속성들"에 의해서 밑받침되고, 채워져야 한다. 후쿠야마에 따르면, 이런 공유된 가치로부터 "신뢰가 형성되고, 신뢰는 〔……〕 커다란 측정 가능한 경제적 가치를 지닌다." 후쿠야마가 말하듯이, "경제 생활의 검토를 통하여 우리가 배울 수 있는 가장 중요한 교훈 중의 하나는 어떤 나라의 경쟁 능력뿐만 아니라 복지는 단일한, 전반적인 문화적 특성 즉, 사회에 내재하는 신뢰의 수준에 의하여 조건지어진다"(같은 책: 10, 33, 5, 7; 또, Albert and Gonenc, 1996: 188, 190~1).

증거

그렇지만 문화적 요인이 이런 '인식과 존중'을 경제 성과의 촉발자로서 보증해주는가? 이를 결정하기 위해서 이 주장이 가장 강력하게 제기한—선진 자본주의 세계 내에서의—두 개의 주요한 사례를 주의 깊게 검토해보면 많은 것을 얻을 수 있다: 첫째, 현대 일본을 보고, 그리고 19세기 후반의 영국을 보자.

　일본의 '문화적 예외주의'　우리가 제1부 제2장에서 보았듯이 문화적 요인은 전후 일본의 경제적 성공의 핵심적 결정 요인으로 널리 인용되어왔으며, 일본형 유교주의는 일본 자본의 조직화에 강한 영향을 미친 요인으로, 그리고 종종 독특한 합의형의 일본 산업 관계라고 묘사되고 있는 바를 촉발한 중요한 요인으로 일반적으로 언급되고 있다. 유교주의가 전형적인 일본 기업의 조직 형태에 미친 영향은 제2부 제3장에서 논의될 것이다. 여기서는 문화와 산업 관계에 관심을 집중하려고 한다.

　일본의 노사 관계를 문화적으로 분석하는 학자들이 종종 내세우는 주요한 주장은 전후 일본의 산업 관계가 특히 협동적이고 조화로운 형태를 취했다는 것뿐만이 아니고, 그런 형태를 취한 것은 주로 산업 관계의 양 당사자——경영자와 노동자——가 사회 관계와 경제 생활이 어떻게 연계되어야만 하는가에 대한 특정한 이해를 그들의 머릿속에 지니고 다니고 있기 때문이라는 점이다. 일본의 노동자는 서유럽 노동운동에 특징적인 계급 연대의 강도를 결여하고 있으며, 일본의 경영자들은 앵글로색슨 경영자들의 노골적인 개인주의를 결여하고 있다고 말해진다. 이렇기 때문에, 그들의 머리가 독특한 일본식 유교 사상으로 꽉 차 있다고 말해지기 때문에, 일본 노동자의 지식과 헌신을 활용해 유례 없는 정도로——미국이나 영국식 자유주의적 자본주의에서는 확실히 선례를 찾아볼 수 없고, 독일이나 스웨덴식의 보다 협상적인 자본주의의 능력조차도 넘어서는 정도로——기술적 혁신과 생산적 효율성을 거둔 일단의 독특한 산업 관계의 관행을 확립할 수 있었다.

전형적으로 이런 주장과 이어지는 일본 산업 관계의 주요한 제도적인 새로움은 제1부 제2장에서 인용된 바 있다. 여기에는 높은 정도의 직업 안정성, 연공형 임금 체계, 직위 간의 제한적인 임금 및 지위의 격차, 산별 혹은 전국적이 아닌 직장별 노조와 낮은 수준의 산업 갈등이 포함된다——총체적으로 '일본형 고용 관계'라고 말할 수 있다. 또, 여기에는 높은 수준의 노동 훈련, 직장별 복지 프로그램, 품질 관리팀의 폭넓은 활용과 일반 노동자에게 위임된 "작업장에서 작업의 흐름과 품질을 통제하고 조정할 수 있는 상당한 정도의 재량권"도 포함된다(Lazonick, 1991a : 43). 또 일부 분석가들에 따르면, 이런 제도는, "고용 관계의 계약적인 성격이 모든 구성원에 의해서 공유될 수 있는 목표를 가진 집합체에서의 구성원 의식에 의하여 모호해지거나 대체됨으로써"(Dore, 1985 : 212), "작업장의 의식 개혁"(Fruin, 1992 : 169~70)을 통하여 경영자와 노동자 사이에 질적으로 다른 **신뢰**를 형성하기도 하며, 그 결과 일본 기업은 각각 "회사와 노동자, 회사와 노조, 상이한 수준의 경영층과 노동자가 그들의 경쟁자와 주변 사회로부터 확연히 구분된 공동 기업의 의식으로 묶여져 있는 정도의 측면에서 미국과 영국의 기업과는 뚜렷이 구분된다"(Glazer, 1976 : 876). 일본의 노동자는 "장시간 동안 일정한 속도로 작업"을 하고, "기업의 장기적인 목표를 위험케 하지 않으면서 그들의 임금 인상 요구를 기업의 현재 지불 능력에 반영하는 수준"에 제한하려는 유별나게 높은 성향을 보이며, 이 과정에서 "협력적인 고용 관계는 지난 40년 동안의 일본 경제의 엄청난 성공 과정에서 중요한 역할을 했다는 폭넓은 합의"를 만들어내고 있다 (Lazonick, 1995 : 70 ; 또, Iwaki, 1996 : 147)고 말해진다.

일본의 산업 관계를 이런 식으로 기술하는 모든 사람이 설명을 위해서 문화적 요인에 주목하는 것은 아니라는 점은 지적해두어야 한다(나중에 이 점에 관해서 논평을 가할 것이다). 라조닉은 분명히 그렇지 않다. 문화적 설명을 제시하는 사람들이 항상 문화를 작동 중인 유일한 요인으로 취급하고 있는 것도 아니다. 중요한 예를 든다면, 도어는 비교 분석에서 '문화'라는 용어를 사용하는 데 따르는 곤란성을 인정하고(Dore, 1993: 76), 전후 일본 경제의 성장에(일본 교육 체제의 성격과 특성을 포함하는) 광범위한 비문화적 원천이 존재함을 인정하고 있다(Dore, 1985: 199~201). 그러나 그는 적어도 이 설명 목록에 문화적 차원을 덧붙이고, 일본 경제 생활에 있어서 유교적인 유산의 중요성을 강조하는 데 열성적이다. 그는 1987년에 이렇게 적었다:

고대 중국의 어떤 유교 반대론자들이 그랬던 것처럼, 또 우리 서구의 경제적인 교의가 진화해온 18세기 사회의 기독교 성직자들이 그랬던 것처럼, 원죄의 가정으로부터 출발해보라. 그러면, 너는 일단의 대답을 얻게 된다. 〔……〕 인간은 사욕을 위해 일한다. 만일 평화롭고 번영된 사회를 원한다면, 사람들의 사욕이 동원되고 시장의 보이지 않는 손이 나머지를 처리하도록 제도를 설정해라. 모든 것을 이해 관계로 환원시켜라. 이와는 대조적으로 유교주의자들 중에서 적어도 맹자의 추종자들이 그랬던 것처럼 원초적인 덕행의 가정에서 출발한다면, 다른 결론이 도출된다. 우정과 동료 감정의 유대도 중요하다고 가정하게 되고, 충성심과 소속감——공동체, 회사, 국가에 대한——과 그에 따르는 책임감을 가정한다. 그리고 사람들로부터 최악이 아닌, 최선의 것을 이끌어내며, 보다 쾌적하고 평화로운, 그리고 아마도 궁극적으로는 보다 번영된 사회에 기여하는 경제 제도를 가정하게 될 것이다. (Dore, 1987: vii~viii)

다른 분석가들은 한층 더 나아가서 일본의 경우엔 문화적 변수와 노동자의 몰입 양상 사이에는 아주 직접적이며, 비매개적인 관계가 존재한다고 주장한다. 특히 립셋은 일본의 파업 양태, 임금 억제와 합의적인 분규 해결 절차를 일본 사회의 보다 넓은 문화적 양태와 직접적으로 연결지었다(Lipset, 1996: 225~6); 후쿠야마는 전후의 일본이 영국에 비해서 거둔 성과의 우위성의 일부를 두 나라 경제의 노동력에 두 가지 형태의 연대감이 상이하게 분포하는 점에 귀속시키기 위해서 집단 연대의 '수직적' 형태와 '수평적' 형태의 구분을 중시하였다——전자는 계급 의식을, 후자는 회사에 대한 충성심을 발생시킨다. 그는 이렇게 주장한다: '영국의 노동 계급은'

> 항상 강한 정도의 연대감과 전투성을 보여주었다. 〔……〕 그러나 바로 그 계급 연대감은 영국의 경영과 노동 사이의 분리를 심화시킨다. 이런 조건하에서는 노동자는 그들과 경영자가 공동의 이해를 지닌 하나의 커다란 가족이거나 팀을 구성한다는 생각에 코웃음친다. 〔……〕 이와는 대조적으로, 수평적인 노동 계급의 연대는 일본에서는 영국에서보다 약한 정도로 존재한다. 〔……〕 일본의 노동자들은 동료 노동자보다는 회사와 더 동일시하는 경향이 있다. 일본의 노동조합은 기업 노동조합이기 때문에, 보다 전투적인 해외의 동료들에 의해서 경멸받았다. 그러나 동전의 다른 측면을 보면 일본에는 보다 높은 정도의 수직적 기업 연대가 있다. 〔……〕 이런 종류의 수직적 집단 연대는 수평적인 대안보다는 경제 성장에 보다 공헌하는 것처럼 보일 것이다. (Fukuyama, 1995: 159)

그리고 노동 계급 안에서만 자유주의적 자본주의와 아시아 경제 사이의 사고와 행동의 무게 중심이 차이가 난다고 말해지는 것은 아니다. 경영층 전체에 걸쳐서도 차이가 난다고 말해지고 있다. 립셋의 주장은 미국의 경영자와 일본의 경영자가 대단히 다른 이념의 형성물이라고 보는 폭넓은 학자층을 대변하고 있다. 그는 두 나라의 경제적인 태도 차이에 관한 일부 연구의 결과를 보고하고 있는데, 예를 들면 적절한 보수 체계를 고안할 때, 일본의 경영자 중 절반이나 노동자 가족의 수를 기꺼이 포함시키려고 한 반면, 미국의 경영자는 5분의 1만이 그러하였다는 사례를 들었고, 또——햄프던터너와 트롬페나르스가 수집한 자료로부터——미국의 경영자는 일본의 경영자보다 훨씬 더 이윤에 초점을 둔다는 증거를 인용한다(Lipset, 1996: 233, 258). 만일 이것이 사실이라면, 전통적이고 유교적이기보다 더 자유주의적이고 신교도적인 문화 체계를 갖춘 사회에서보다는 일본에서 경영자와 노동자 양자가 모두 상호 존중과 신뢰를 보다 더 중시한다고 말해지는 것은 놀라운 일이 아니다(동아시아에서 유교주의와 자본주의 발전에 관한 일반적인 평가는 Kim, 1994를 보라).

이런 종류의 주장은 두 가지 종류의 비판적인 반응을 불러일으킨다. 먼저 일본식 산업 관계 체계를 묘사하기 위해서 지루하게 특징이라고 열거되고 있는 합의형의 특성들에 의해서 그 관계가 정확하게 파악되고 있는가를 검토하도록 만든다. 그리고 그렇게 파악되는 한에 있어서, 이런 특성들이 대체로 일본 산업 사회에 독특한 문화적 힘에 의하여 자리 잡혔고(현재도 그러하며), 유지되고 있는가를 묻도록 만든다. 이 중요한 질문을 차례대로 검토할 필요가 있다.

둘 가운데 첫번째 질문에 대한 대답은 일본의 산업 관계 체계는 옹호론자들이 그렇게 매혹을 느끼는 일련의 매력적인 제도와 관행에 의해서 충분히 파악되지 않는다는 점이고, 오히려 "대부분의 서구의 보고서에서는 대기업의 내부 노동 시장에 관한 집중된 관심 때문에 일본의 산업 관계를 과잉 단순화하게 되었다는 점이다"(Chalmers, 1989: 33). 이 산업 관계 체계도 나름대로의 단점을 갖고 있는데, 이 단점은 합의적인 차원을 밑받침하기도 하고, 합의적인 차원에 관례적으로 주어진 것과는 전혀 다른 반향과 의의를 그 차원에 주는 데 도움이 된다. 왜냐하면 이 체계의 안정성이 절정에 달했던 때에도(1992년 이전), 종신 고용 보장은 아마도 일본 노동자 4명 중 1명에 적용되었을 뿐이기 때문이다. 그것은 "전체 고용자의 작은 부분과 아주 적은 비율의 회사"에만 적용되었던(Tabb, 1995: 32), 찰머스가 말하는 "25퍼센트 모델"(Chalmers, 1989: 33)이었기 때문이다. 많이 인용되는 종신 고용 보장은 거의 전적으로 대규모 회사의 남성 노동자들의 영역이었고, 이들도 단지 55세까지만 이를 누릴 수 있어서, 그 이후에는 이런 노동자들조차 더 낮은 임금을 받는 보다 작은 회사에 배치되는 것이 일반적이었다. 왜냐하면 이런 대규모 회사 주변에는 수없이 많은 관련 하청 업체가 있었는데(현재도 있는데), 이들 하청 업체 노동자들에겐 그런 보장은 없었다(현재도 없다). 2차 노동력 전체 혹은 '주변' 부문은 보다 큰 혜택을 받는 핵심 노동자들을 위해서 시장의 불안정이 고용의 안전에 미치는 영향을 완화시키는 완충자로서 기능해왔다(현재도 그러하다). 그렇다고 대규모 일본 기업이 어떻게든 자본주의 노동 시장의 불안정을 초월해 나갔다는 말은 아니다. 오히려 이 기업들은 이 불안정을 밑에 있는 다른 회사와 다른 노동자들에게 전가시킬 수 있는 체제를 만들어냈다는 말이다.

그 결과로 전후 일본의 경제 성장이 가장 순조롭던 시기에도 핵심 노동자들이 향유한 고용 보장이란 짐은 곧바로 다른 일본 노동자의 어깨에 떨어졌고, 특히 "(관리직은 말할 것도 없고)핵심

생산직으로부터 두드러지게 멀리 떨어져 있고," 합의적일 뿐만 아니라 고도로 가부장적이며 반민주적인 문화 때문에 "소규모 제조업과 서비스 업체에서 초과 착취의 상황에 처한" 일본의 여성 노동자의 어깨에 떨어졌다(Burkett and Hart-Landsberg, 1996: 73). 여성은 현재 일본의 고용 노동력의 40퍼센트를 차지하는데, 이들의 노동은(프라이스Price가 지적했듯이) "메이지 시대부터 현재까지 '부국강병'을 위해서든 또는 '경제 초강국'을 건설하기 위해서든 공격적인 노동 시장 정책에 의해서 철저히 비인간적이며 차별적인 방식으로 동원"되어왔다(Price, 1997: 270). 왜냐하면 사실상, 일본의 산업 관계 체계는 합의적이라기보다는 분절적이기 때문이었다(계속 그러하다). 일본은 이중 노동 시장을 갖고 있다. 일본의 전체 경제는 "노동 조건이 열악하고 저임금을 지불하는 경향이 있는 일자리를 제공하는, 보다 작고, 보다 노동 집약적인 업체로 구성된 〔……〕 광범위한 2차 부문"의 존재에 기초를 두고 있다(Chalmers, 1989: 29). 일본의 전체 경제는 또 "강력한 가부장적 성향"을 포함하고 있다. "여성과 계약직 노동자는 '타자'가 (되었고), 이들의 어깨 위에 대규모, 사부문 기업이 올라서 있다"(Price, 1997: 272). 결과적으로 노동력 중 75퍼센트 정도의 작업 상황과 경험을 체계적으로 무시할 때에만, 이 경제의 산업 관계 체계를 일본의 문화적 속성에 관한 틀에 박힌 견해 위에 정확하게 그려낼 수 있을 것이다.

게다가 일본의 산업 관계 체계가 최고조에 달했을 때조차, 핵심 남성 노동자들은 자신들이 그 광범한 보호받지 못하는 주변부로 재배치되지 않는 한에서만 안정을 누린다. 그리고 바로 이 재배치의 두려움——그리고 이와 연결된, 노동자의 충원과 승진 과정에서의 일본의 인사 부서의 "엄청난 권한"(Lash and Urry, 1994: 68)——이 일본의 핵심 노동자마저도 장시간 작업하고, 직

업과 관련된 고도의 스트레스를 견뎌내려는 의지를 설명해주는
것 같다. 왜냐하면 핵심적인 일본 노동자 사이에서도 작업 시간
과 스트레스의 수준은(다른 선진 자본주의 경제에 비해서) 지극히
높기 때문이다. 실제로 "평균적인 일본인은 프랑스와 독일의 노
동자보다 1년에 5백 시간을, 달리 말해서 일주일에 평균 10시간
을 더 일한다. 이는 1년에 3개월을 더 일하는 것과 같으며"(Tabb,
1995: 144; 또, Sheridan, 1993: 219~20), 이들은 건강을 해치는
정도의 작업 강도, 압박, 스트레스 상황에서 노동을 한다. 결국
어느 다른 선진 자본주의 경제가 '과로사희생자를위한전국변호
위원회'를 필요로 하는가?(일본에는 실제로 설치되었다) (이 점에
관해서는 Tabb, 1995: 140~52). 그리고 어느 다른 선진 자본주의
경제에서 정부의 조사 보고서(1992년)가 6명 중 1명의 남성 제조
업 종사자는 1년에 3,100시간 이상을 일한다고 보고하고 있으며,
또, 3천 시간 (혹은 일주일에 60시간) 이상 일하는 것은 잠재적으
로 목숨을 앗아간다라고 부연하고 있는가(『타임 매거진 *Time
Magazine*』, 1994년 1월 31일: 9)?

일본의 노동자가 직면하고 있는 현실은 유교에 영감을 얻은 신
뢰에 기반을 둔 일련의 합의형 노동 관계라기보다는 극도로 견디
기 힘든, 사용자가 지배하는 노동 시장의 규제 체제이다. 일본의
핵심 노동자들은 단일한 회사의 사용자에게 발목이 잡혀 있다(그
리고 의존한다). 주변부 노동자들은 무엇보다도 기업에 기초를 둔
복지 프로그램의 체계로부터 배제되었다. 따라서 핵심 노동자들
에게—주변부 노동자에게는 말할 것도 없이—일본의 산업 관
계 체계는 1992년의 불황 이전에도 프롤레타리아의 천국일 수는
없었다. 물론 그 이후에는 확실히 아니었다. 왜냐하면 1990년대
에 일본 산업의 위기가 심화되자, 영속적인 산업 관계의 상당 부
분이 손상되기 시작했기 때문이다. 일본의 대규모 기업 자본은

하청받는 주변부에 압박을 강화하였고, 또 심지어는 핵심 요원에게도 의무적인 잉여 인원제와 재배치 제도에 대한 새로운 실험을 하였다. 그 결과 중소 규모 기업 부문의 파산 수가 급증하였고, 또 실업 규모가 급증하여, 1998년 12월이 되면 46년 전에 일본의 전후 실업률 조사가 시작된 이후 처음으로 일본 경제의 공식적인 실업 수준은 미국과 같은 수준(4.4퍼센트)을 기록하게 된다.

이런 시각에서 보면 유교주의보다는 평범한 요소가 일본 산업 관계 체제의 존재와 성격을 설명하는 데 도움을 준다. 그리고 처음에는 문화적인 기원이 있어 보이는 많은 것들이 종종 제도적인 용어로 적절히 설명된다(Johnson, 1982: 8; Drucker, 1988: 106; Wilks and Wright, 1991: 22~8; Weiss, 1993: 347; Iwaki, 1996: 162). 일본 대기업의 핵심 노동자들은 기술적인 변화와 강도 높은 작업 관행과 관련하여, 그리고 임금 억제와 비용 절감과 관련하여 그들의 직접적인 사용자와 협력해야 할 매우 강력한 물질적인 이해 관계를 갖고 있고, 그 까닭은 적잖게는 그들이 회사에 특정한 숙련 기술을 보유하며, 임금 보상이 근무 연한에 의존하고 있기 때문이다(Glazer, 1976: 877). 사용자들은 생산 과정과 관련해 이런 일단의 심각한 의존 관계를 유지하고, 노동자들의 뇌리에 일본 문화라는 이미지——이는 후쿠야마의 용어를 빌려 말한다면, 수평적인 충성보다는 수직적인 충성을 유지하는 데 도움이 된다——를 유지하는 데 똑같은 정도의 강력한 물질적인 이해 관계를 갖고 있다. 실제로 전후 일본의 사용자들은 전원 일치와 합의라는 문화적 허구를 창조하고 지속시키기 위해서, 그리고 특정한 일본의 역사 인식과 민족적 동질성에 그 허구를 연계하기 위해서 엄청난 양의 기업의 에너지를 사용했다. 왜냐하면 이 사고 체계의 주도권 장악은 그들이 고용하는 노동을 통제하고 착취하기 위해 꼭 필요하기 때문이다. 탭은 이렇게 말한다:

일본 회사가 존경의 습관을 주입하고 동원하며 작업 규율을 내면화하는 다각적인 방법은 일본에서 높은 생산성을 이룩하는 데 있어서 주요한 요인이다. 권위주의적인 요구와 복종의 규범은 일본적 성격의 문제이기보다는 훌륭하게 구성된 노동 통제 체제의 문제이다. 의례의 사용과 겉으로 나타나는 합의의 과정은 노동자가 회사를 위한 개별적인 충성이라는 면에서 서로 협력할 것을 고무하면서도, 작업에 모든 열성을 바치도록 고안되었으며, 노동자를 서로 경쟁시키도록 주의 깊게 가늠한 보상과 처벌 체계에 바탕을 두고 있다. 이 체계의 비판자들은 이를 "긴장에 의한 관리"라고 부른다. (Tabb, 1995: 163)

실제로 현재 독특하고, 영구적으로 일본적인 것으로 선전되는 문화 체계는——우리에게는 학계의 논평가에 의해서, 일본 노동자들에게는 인사 부서에 의해서, 일본의 산업 관계에 처음부터 독특하고 합의적인 방식으로 영향을 준 산업사회 이전의 믿음과 관행이라고 제시된 문화 체계는——실은 전혀 그런 것이 아니다. 그것은 오히려 전쟁 직전과 직후, 일본 국가 정책의 의도적인 가공물로서, 자본과 노동 사이의 전통적인 계급 긴장——1905년에 처음으로 나타났고, 1918년에 다시 출현했으며, 1945년 군사적인 패배 직후 가장 강력한 형태를 띠었다——을 방지하고 완화시키기 위해서 국가 관료제의 후원하에 그리고 사용자 계급의 일부 분파가 반대하는 가운데 형성되었다(Strath, 1996: 160~93; Johnson, 1982: 13~14). 특히 와이스는 이 형성 과정을 상당히 구체적으로 추적하였다(Weiss, 1993).

따라서 일본은 자본주의 유의 계급 관계로부터 유일하게 벗어나 있었기 때문에(현재도 그렇고) 일본의 문화는 독특한 유교적인 형식을 취했다고 믿기보다는 일본의 문화적 관행을(적어도 산업 관계의 맥락에서 나타날 때) 일본의 계급 투쟁 안에서의 노동 통제의 중요한 도구로서, 일본의 노동이 약했으나 전투적일 때 형성된 일단의 제도와 관행으로서, 그리고 그 이후에 온 장기적인 호황기 동안에 일본의 노동을 약하게 유지시켰거나 봉쇄하기 위해 고안된 관행으로서 이해하는 것이 보다 지각 있어 보인다. 왜냐하면, "'종신' 고용, 연공서열형 승진 [……] 집단 보너스 등등의 관행은 1950년대까지는 일반적이 아니었고, 이런 관행은 전후 초기에 미국식으로 조직화되었던(기업별 노조주의가 아니라), 강력하고, 전투적이며 주로 공산주의적인 노동조합 운동에 대해 업계의 세력이 승리했음을 나타낸다"(Tabb, 1995: 154)라는 점을 지적해둘 가치가 있기 때문이다. 또 일본의 노동조합이 1940년대 후반과 1950년대 초반에 일련의 주요한 패배를 겪은 후에야 기업별 노조에 바탕을 둔 일본식 고용 체계의 설립을 위한 길이 마련되었다는 점도 지적해둘 가치가 있다. 이런 면에서 그 이후에 일본 노동자의 4분의 1만이 대기업의 "종신 고용의 대상이 되었다는 점은 이 체제의 중요한 측면이었다"(Tabb, 1995: 158). 그 이유는 그것이 노동 귀족, 즉 대기업의 수익성이 궁극적으로 의존하게 되는 기업 네트워크의 다른 곳에 위치한 상황이 덜 좋은 노동자와 일체감을 갖기보다는 회사와 일체감을 가지려는 노동자를 형성함으로써 일본의 노동 계급을 분열시키는 것을 도왔기 때문이다. 이것은 전후 일본 산업 관계의 독특하게 '합의적인' 차원을 설명할 때 문화적 변수 자체보다는—오키모토가 '침묵 당한 노동의 목소리'라고 지칭한—조직화된 노동의 산업상의, 정치상의 '약함'을 강조하는 편이 왜 더 현명해 보이는가를 설명해준다.

그리고 실제로 일본 유의 분열된, 계층적인 노동력의 등장에 관해(특히 1945년 이후) 특별히 비이상적인 점은 없다. 모든 선진 자본주의 세계에서 전후 노동운동은 모두 1940년대 말의 강력하고 거의 보편적이던 계급 투쟁이 펼쳐져나간 방식에 따라 형성되었다. 일본은 이 점에서 대단히 전통적인 사례에 속한다. 결국 대규모 일본의 자본은——서유럽이나 북미의 사용자 계급이 그랬던 것처럼——전후의 노동운동의 전투성에 대해서 그들이 맞부딪힌 노동력 중 보다 잘 조직화된 부문과 타협을 함으로써 대응하였다(Itoh, 1990: 147). 아주 넓은 의미에서 서유럽에서의 이 타협은 케인스적인 복지자본주의의 형태를 취했고, 미국에서는 미국노동총동맹AFL, 미국 산업별노동조합CIO과의 체계적인 임금 협상의 형태를 취했다. 일본에서는 그것은 4명 중 1명의 노동자를 위한 종신 고용과 연공서열형 보수의 형식을 취했다(Pempel, 1998: 93~4, 109). 1940년대 이들 사회에서의 문화적 세력의 균형은 각각의 국가적, 그리고 좁게는 지역적 맥락에서 그 계급 타협이 취한 구체적인 형태를 형성한 하나의 요인이었을 것이다. 그러나 처음에 이 같은 타협이 필요하도록 만든 것은 계급의 권력(문화적 세력 자체가 아니라)이었다.

구체적인 제도적인 현상을 문화적으로 설명하는 데 따르는 일반적인 문제는 설명하는 변수의 비대칭성이다. 문화란 본질적으로 일반적이며 지속적인 현상이다. 제도적 관행은 필연적으로 구체적이며, 일시적이다. 이 비대칭성은 일본의 경우에 뚜렷하다. 일본 노동자 4명 중 1명만을 포괄하는 산업 관계의 관행을 설명하기 위하여 문화적 변수를 사용하기는 어렵다; 그리고 그 25퍼센트마저도 1945년 이후에야 공고히 한 관행을 설명하기 위해서 문화적 변수를 사용하기란 똑같이 어렵다. 문화 자체가 최근에 발생한 것일 뿐이라는 입증은 문화를 견강부회로 꾸며대는 데 도움이 될 뿐이고, 그것도 이제까지 문화라고 언급된 것을 일종의 지배 이데올로기나 계급적 구상이라고 이해하는 것이 낫다는 것을 입증하는 꼴이다. 그리고 이 점은 '일본식 고용 체제' 안에서 벌어진 최근의 전개 상황에 관한 자료를 꿰맞추어보면 더욱 뚜렷해진다. 일본의 경영자가 해외에서(일본 다국적 기업의 외국 자회사에서) 일할 때에는 이들은 자신들이 수출하는 체계의 차원을 고르는 데 매우 선택적이어서, 장시간 노동, 단일 노조, 품질 관리팀 등은 선택하지만, 일반적으로 종신 고용의 보장은 선택하지 않고, 심지어는 연공서열형 보수 체계도 선택하지 않는다는 분명한 증거가 있다. 우리가 이미 주목했듯이, 일본 자체 내에서도 1990년대의 아시아의 불황이 깊어가면서 고용 체계의 중심 요소들이 잠식되고 있으며, 대기업에 의한 하청 기업(과 그 노동자들)에의 압력이 강화되고, 일본 자본의 해외 유출이 일어나며, 심지어는 상당한 정도의 핵심 노동자들의 강제 실업도 발생하고 있다. 만일 일본의 산업 관계의 관행이 주로 문화적으로 추동되었다면, 세계화와 불황이 이전의 고용 체계의 특징으로부터의 그토록 급속한 이탈을 주조해내지는 못했을 것이다. 그러나 이런 변화는 일어났고, 1990년대엔 급속히 일어나서 일본 모델의 장래뿐만 아니라 문화적 형태를 띤 사회적 설명의 적절성에 관해 분명한 의문부호를 던지게 만들었다.

이런 모든 것은 일본의 산업 관계에 관한 토론에서 '문화주의자들'이 선호한 분석적인 움직임은 잘해야 과도한 것이었으며, 그렇지 않으면 잘못된 것이었음을 시사한다. 전후 일본의 경제 성장에서 일본 노동의 역할을 가리기 위해서 반드시 문화적 요인으로 가야 할 필요는 없는 것이며, 그곳을 처음으로 갈 필요가 없다는 것은 명확하다. 성장회계론의 방식을 따를 때 적절한 첫번째 움직임은 오히려 전후 일본의 성장이(다른 아시아 호랑이 경제와 마찬가지로) 노동의 동원에, 즉 일본 노동 계급의 증가와 장시간 노동

과 강도 높은 노동 관행의 지속에 심대하게 의존했다는 점에 주
목하는 일이다(Krugman, 1994b; Pilat, 1994: 57~8; Young, 1995;
Crafts, 1997b: 78). 이것이 지속된 것은 사회적 세력으로서의 일
본 노동의 약세의 산물로 아주 평이하게 잘 설명되어지며, 일본의
높은 경제 성장률은 부분적으로는, 자본주의 세계의 다른 곳에서
와 마찬가지로, 이용 가능한 노동력의 인원을 증가시키고, 작업
과정의 강도를 높일 수 있는 국내 사용자 계급의 지속적인 능력에
의존하게 되었다. 어떤 종별의 일본 문화의 모체가 이때——그 강
도를 높일 때——어떤 역할을 하였을 것이다. 그리고 그것이 일정
한 역할을 한 만큼에 대해서는 그 실체를 이해해야 한다: 즉 그
것은 제한된 지속 기간과 생존력을 지닌 사회적 구성물이며, 게
다가 일단의 지배적인 계급의 이해를 구현한 구성물인 것이다.
클렉과 그의 동료들이 말했듯이, "일본의 '집단주의'와 '합의'의
상당 부분은 문화의 효과이기보다는 위로부터의 통제의 효과이
다"(Clegg et al., 1990: 42).

  이제 위의 논의는 일본의 사례에서 나타난 문화적 힘과 경제
성장에 관한 일련의 연관된 결론을 시사한다. 그것은 일본의 유
교주의라고 일반적으로 명명된 이념화 체계는 지배적인 이데올
로기로 가장 잘 이해된다는 것을 시사한다. 또한 지배적인 이데
올로기로서의 그것은(문화주의적 설명이 예기했듯이) 경제 성장의
촉진 요인으로서 대단히 잘 기능했음을 시사한다. 그러나 그것이
유교주의 때문인 것은 아니었고, 유교주의의 **지배력** 때문이었다.
실제로, 우리에게 이용 가능한 전후 일본의 경제 성장에 관한 많
은 설명 중에는 강한 문화적인 '목소리'가 있다는 것은 놀라운 일
이 아니다. 실제로 전후 일본의 경우에 문화 변수는 경제 성장의
촉발자로서 특히 효과적이었기 때문이다. 그러나 이런 독특한 효
과성의 정도는 특별히 일본적인 유교주의적 사상과 국부 창출의

필수 요건과의 특정한 친화성의 결과가 아니다라는 점을 파악하는 점이 긴요하다; 그것은 오히려 기업의 필요에 순응한 데 대한 일단의 물질적인 보상(그리고 순응하지 않을 때에는 일단의 제재)에 의하여 광범위하게 지지를 받고 있으며, 그리하여 자아와 이기심에 관한 각 개인의 관념을 활기 있게 그리고 지속적으로 형성하는 체험적 이데올로기가 되었다. 유교에 의해 고무된 이념화 체계로서 이 체계는 일본 사회의 전체를 관통하여(노동력의 여러 부문을 포함한다) 발휘되는 지배력의 정도의 결과이다. 이런 순응 과정에서 경제적인 의의를 설명하는 열쇠를 쥔 것은 이념화 체계의 내용이라기보다는 그런 지휘의 강도와 포괄성이다. 물론, 유교 체계의 실질 내용은 개인과 제도가 상호 작용하는 방식에 실질적인 효과를 미친다; 그러나 그 효과는 현대 일본 사회에 이 이데올로기가 광범위하게 충만해 있다는 사실의 뒤에 있는(그리고 그 충만함을 설명해주는) 사회적 힘의 분포 때문에 일어난다. 주장의 이 단계에서, 문화론자들에게 이념이 경제적 성장에 영향을 준다는 점을 시인하는 것은 옳다. 그러나 이 같은 이념이 사회적 힘의 공백 상태에서 영향을 미치는 것이 아니라는 점을 강조하고, 또 이념이 출발하는 권력 구조에, 그리고 권력 구조의 지속에 끊임없는 이념의 확산이 필수적이라는 사실에 그 이념을 확고히 위치짓지 않고는 이념의 경제적 의의가 충분히 이해될 수 없다는 점을 강조하는 것 또한 옳다.

영국의 '산업 정신 상실' 일본의 경제적 성과가 문화적인 설명의 형식에 관심을 끌게 하는 유일한 것은 아니다. 영국에 기반을 둔 제조업이 20세기에 겪은 성쇠도 이런 종류의 주장에 알맞은 대상이 되었다. 영국의 사례에 대한 문화적 설명은 일본의 사례를 보충해주는 방법이 되고 있기 때문에 우리에게는 가치 있는 추가적인 증거이다. 왜냐하면 만일 우리가 보편적으로 공유된 일본의 문화라고 종종 기술되고 있는 것을, 애초에 노동 과정을 통제하고 강화하기 위하여 일본 지배 계급의 다양한 분파에 의하여 조정된 어떤 종류의 지배적인 이념이라고 보는 게 아마도 제일 낫다고 결론지으면서 일본 사례의 분석을 마쳤다고 한다면, 영국의 사례는 20세기 영국의 주도적인 이념의 분석으로 시작하고, 사회 전체에 대한 어떤 보편성도 주장하지 않기 때문에 흥미롭다. 우리가 보았듯이, (문화 사학자와 그 비판자들 양자 모두에 의해 만들어진) 일본 자료의 요지는 1945년 이후 지배 계급에 의해 조정된 주도적인 이념이 다른 제도적, 사회적인 과정과 결부되었을 때 급속한 경제 성장률을 촉진하는 데 대단히 중요하다는 것이었다. 우리가 이제 보게 되듯이 영국 자료의 요지는 이와는 정반대로서, 1900년 이후 영국의 지배 집단 내에서 주도적이던 이념은 급속한 경제 성장에 장애물로서 기능하였고, 그 이념이 강화하고 유지하는 데 도움을 준 바로 그 제도적, 사회적 세력을 통해서 그런 기능을 했다고 주장한다. 즉 일본의 사례는 애초의 우리의 질문—"경제 성과에 미친 문화적 변수의 영향은 무엇인가?"—을 주도적인 이념이 미친 경제적 영향, 즉 직접적으로는 제도와 사회적 관계에 미친 영향, 간접적으로는 성장에 미친 영향에 관심을 기울이는 질문으로 재정의하도록 권한다. 그렇다면 영국의 사례는 어떻게 이런 주도적인 이념이 이해되고 분석되어야 하는가를 보다 정확하게 보는 데 도움이 되며, 다른 나라의 경제 성과를 설명할 때 주도적인 이념에 부과할 수 있는 비중을 판단하는 데 도움이 된다.

영국에 기반을 둔 제조업이 20세기에 점차로 경쟁력을 잃었다고 말하는 문헌은 방대하다. 이 문헌에서 문화적인 주장은 단지 하나의 갈래일 뿐이다. 그러나 그럼에도 불구하고 중요하며 널리 인용되는 갈래인데, 그 이유는 적어도 그것이 전달하는 의미——즉 영국이 기업가적인 역동성을 결하고 있다——가 매우 일반적인 것이기 때문이다. 그것은 왜 영국의 생활 수준이 아직도 북유럽의 기준에 비해 아직 낮은가를 설명하는 많은 대중적인 논평에서 찾아볼 수 있는 주장이며(포터와 후쿠야마의 연구뿐만 아니라), 많은 진지한 학술적인 비교 연구에 기여하고 있는 주장이다. 예컨대 앨드크로프트가 제대로 언급했듯이, "물론 당연히 부정확하다 해도, 일반적인 인상에 의하면 영국인은 경제적인 발전의 추구를 미국인, 독일인 또는 일본인처럼 높게 평가하지 않으며, 기업과 이윤이 다른 나라에서처럼 높은 존중을 받지 못하고 있다"(Aldcroft, 1982: 58). 그것은 마치——왜 영국의 경제가 계속해서 성과를 내지 못하느냐는 대중적인 인식에서처럼——현재의 영국은 적절한 '성장 문화'를 결하고 있으며, 영국의 경제적인 저성과에 관하여 4반세기 전에 허드슨 보고서가 지적했듯이, "영국의 현재의 경제적인 어려움은 〔……〕 궁극적으로는 일종의 시대착오적인 사회적, 민족적인 심리에서 기인하며" "사회적이고 개인적인 관계에서 화해를 위한 화해를 하는 관습, 진취성의 결여, 현존하는 것의 존중, 산업사회 이전의, 실제로 자본주의사회 이전의 공상으로의 반복적인, 그리고 특징적인 도피, '능률'을 무언가 상스러운 것으로 보는 의구심, 노동 자체에 관한 혐오"에서 기인한다(Hudson Report, 1974: 113). 사실상 최근의 논평가들은 영국의 사례에서 묘한 문화적인 역설, 즉 기업 정신의 무기력과(그리고 관련된 경제적 쇠퇴와) 모든 영국적인 것의 우월성에 대한 숨 막힐 만한 거만함의 결합을 종종 발견하곤 한다. 영국인은 선진 자본주의 세계에서는 유례를 찾을 수 없을 정도로 경제적인 저성과와 자족과 자기 기만의 문화를 결합시키고 있는 것처럼 보인다(이에 관해서는, Hampden-Turner and Trompenaars, 1993: 297~336).

이런 관점에서 볼 때 상대적인 경제 성과에 관한 영국의 논쟁에서, 일관되고 완전히 전개된 문화주의자의 목소리가 설 확실한 공간을 찾게 되는 것은 놀라운 일이 아니다. 그리고 최근에 『영국 문화와 산업 정신의 쇠퇴, 1850~1980 *Englilsh Culture and the Decline of the Industrial Spirit 1850~1980*』(1981)라는 와이너의 격찬을 받은 연구가 이 공간을 가장 효과적으로 채웠다. 와이너의 명제—이 명제는 누구보다도 후쿠야마가 거리낌 없이 그리고 아무런 의문 없이 채택하였다—는 20세기 영국의 경제적인 저성과는 1850년 이후의 보다 일반적인 "산업 정신의 상실"의 장기적인 결과로서 가장 잘 설명되는데, 이 상실은 "19세기 후반기에 등장한, 경제 발전의 힘—기술, 산업, 상업—을 에워싼 문화적인 방역선"의 등장에 그 뿌리를 두고 있다. 그 결과는 "물질적이고, 기술적인 발전에 의구심"을 갖고, "진보에 불안해하는" 대단히 보수적인 "정신적인 격리"였다(Weiner, 1981: 5). 와이너에 따르면, 19세기 영국의 산업 발전은 기껏해야 "어떤 불완전성"으로 특징지어졌고, 그로부터 "장기적인 문화적인 결과가 기원"하게 되었다(같은 책: 7). 그것이 초래한 사회적 변혁의 정도는 처음에 생각된 것보다는 제한적이었다. 19세기에 영국이 경험한 것은 완전한 자본주의 혁명이 아니었다. 그 대신 영국은 "당시에도 그 이후에도 산업주의의 공격적인 발전이나 산업주의적 가치와 이해 관계로의 사회의 전체적인 전환을 결코 적극적으로 지지하지 않았던 귀족적인 헤게모니 안에서 자본주의가 봉쇄"되는 것을 목도하게 된다(같은 책: 10). 즉 빅토리아 시대의 산업가들이 지배적인 귀족 계급과 맺은 사회적 정치적 타협은 "비산업주의적이며, 반산업주의적인 주도적인 문화"를 그대로 온존시켰다(Warwick, 1985: 103). 와이너는 이렇게 말한다:

지난 한 세기에 걸쳐서, 영국의 경제 성장을 가로막은 내적인 장애물 중 강도 높은 것은 변화를 미심쩍어하고, 혁신을 주저하며, 현상의 유지에만 정력적인 유형의 산업 행태였다. 그런 유형의 행태의 근원은 상당한 정도로 중산층이 준귀족적인 엘리트에게 문화적으로 흡수된 점으로 거슬러 올라갈 수 있는데, 그것이 '영국적 삶의 방식'이라는 목가적이며 향수적인 신화를 키웠고, 또 관심과 정력을 부의 창출로부터 먼 곳으로 돌려버렸다. (Weiner, 1981: 154)

대두하던 부르주아가 위협받던 귀족과 맺은 사회적인 타협 때문에 영국의 자본주의는 1900년경에 이념적인 첨예함을 상실했다는 이 관념은 20세기 영국의 쇠퇴를 문화적으로 설명하는 데 동감하던 다른 저자들에 의해 세 가지 방식으로 강화되었다. 일부는 단순히 산업사회 이전의 과거를 미화함으로써가 아니고, 영국의 제국적인 현재를 특권화함으로써 그 문화적 타협이 어떻게 구축되었는지를 강조한다. 이리하여 그 결과로 생성된 영국에서의 문화적 혼합은 단순히 시대착오적인 것이 아닐 뿐만 아니라, 제국의 유지와 영국의 세계적인 역할에도 주목을 하였고, 국내적인 기반을 지닌 자본 축적의 중요성과 필요를 약화시키는 데도 주목하였다(Warwick, 1985: 103). 다른 일부는 영국의 공립학교가(북부 제조업자들의 자제를 받아들여 남부의 '신사'로 만듦으로써) 그 사회적 타협을 공고히하였고, 1918년 이후 점증적으로 등장한 국가적인 대중 교육 체제의 교과 과정의 통제를 통하여 영국 사회에 걸쳐 반과학적인 교육 문화와 정신을 일반화하는 데서 행한 중요한 역할을 강조하기도 했다(Mathieson and Bernbaum, 1988). 또 다른 일부는 부르주아에 기초한 '성장 문화'는 단지 산업주의 자체에 대한 귀족적인 반감의 주도력뿐만이 아니라, 영국의 지배적인 사상 속에 존재한 규제되지 않은 자본주의의 발전과 연관된 불평등에 대한 강한 사회민주주의적 복지주의적 반감 때문에 영국의 경제와 정치 생활에서 밀려나게 되었다고 주장한다 (Barnett, 1986). 이 주장에 따르면, 그 결과 1900년 이후 영국의 산업 자본가들은 나름대로의 문화적 헤게모니를 확립하는 데 실패한다. 그들은 자신들이 두 개의 폭넓은 반자본주의 계급——하나는 귀족이고, 다른 하나는 프롤레타리아이다——사이에 끼도록 내버려두며, 반(半)봉건적이고, 반(半)사회주의적인 문화적인 맥락에, 즉 "이윤을 어떤 죄악적인 것으로 간주하여, 영국이 이윤 동기의 미덕에 〔……〕 결코 완전한 조화를 이루지 못하게 만든" 문화적 맥락에 익사하도록 내버려두었다(Aldcroft, 1982: 52); 그리고 그러했기 때문에, 영국은 세계의 제조업자로서의 그들의 지도적인 역할이 가차 없이 미끄러져나가는 것을 허용하고 말았다.

두말할 나위도 없이, 이런 주장은 영국의 '쇠퇴론'의 논쟁 과정에서 다른 사람들에 의해 격렬한 논란의 대상이 되었다. 부분적으로 이런 논박은 제조업의 저성과를 촉발시켰다고 말해지는 문화적 요인 이외의 요인의 명시화에 초점을 두었다. 부분적으로는 그것은 문화적 변수의 영향에 관해 제시된 주장의 역사적 정확성과 개념적 적절성에 의해 좌우되었다. 와이너의 명제는 19세기의 북부 산업가들이 귀족적으로 지배되던 일단의 제도와 가치 체계에 의식적으로 그리고 대규모로 수용한 정도를 체계적으로 과장하여 진술하고 있는 것은 확실해 보인다. 제조업자의 자제들이 공립학교에 다닌 이후에도 가족의 사업을 지속했다는(그것도 지속적으로 잘 운영했다는) 증거는 많이 있고, 실제로 과학적이고 기술적인 내용이 알찬 교과 과정이 1890년대 이후 공립학교에서 가르쳐졌다는 증거도 많이 있다(Rubinstein, 1993:

102~40; Edgerton, 1991a: 159~60). 또 와이너의 명제는 19세기 귀족층에 뚜렷했던 반자본주의 감정의 정도를 과장하여 진술했고, 세기말 영국 지배층의 사고에 있던 강한 부르주아적 요소를 과소평가했으며, 보다 성공적인 자본주의 경제에서——독일과 일본의 경우 매우 두드러졌는데——귀족적인 문화가 영국의 귀족주의 문화보다 훨씬 더 엄격하게 반자본주의적이고 친제국주의적인 경향을 띤 정도를 과소평가하여 진술하고 있는 것처럼 보인다. 1900년경 영국의 귀족은 이미 1세기 동안 자본주의적 농업, 산업, 상업에 종사한 기록을 갖고 있었다; 영국 문화는 콜리지와 칼라일에 의해 형성된 만큼 애덤 스미스, 찰스 다윈, 새무얼 스마일스에 의해서 형성되었다; 그리고 영국 문화는 니체적인, 혹은 마르크스적인 격렬한 비난에 상응할 반(反)자본주의적 깊이를 갖고 있지 않았다(Rubinstein, 1993: 52~8, 69). 그리고 만일 영국 사회민주주의의 수사법이 부의 창출보다는 부의 분배를 우선시했더라도——바넷이 지적하듯 '신예루살렘적' 반자본주의적 낭만주의에 충만한 수사법이었더라도——부의 창출과 관련된 노동당 정부의 활동은 대단히 달랐다. 1945~51년, 1964~70년 기간의 노동당 정부는 모두 복지 프로그램보다 산업 투자를 확실히 더 우선시하였다; 그런데도 이 정부는 영국의 제조업 기반이 세계적인 지위를 지속적으로 침식당하는 것을 막지 못했다.

이런 사정은 적어도 영국의 경제적 성과에 관련하여 일부 저명한 평론가들로 하여금 문화적 설명을 전적으로 경시하도록 설득하기에 충분하였다——즉 문화적 설명이란 영국의 제조업이 왜 이제까지 1세기 이상이나 새로운 공장과 설비에 이토록 낮은 수준의 투자로 곤란을 겪었는지를 설명해주는 제도적 장치(그리고 이를 지탱하는 계급 권력의 유형)를 논의해야 하는 보다 심각한 작업으로부터 주의를 팔게 하는 설명으로 간주되기에 충분하였다.

적어도 이들은 경제적 또는 물질적 설명은 문화적 또는 사회학적 설명보다 항상 우선시되어야 한다는 일반적인 주장을 와이너 명제의 부적절성으로부터 추론해낼 준비가 되어 있었고(이에 관해서는 Hobsbawm, 1968: 187), 영국 그리고 다른 지역에서 경제적 성과의 형성자로서의 이념의 중요성을 적어도 묵시적으로 경시하였다. 그렇지만—무언가 이념적인 것이 현대의 영국 내에 진행되고 있다(잘못 진행되고 있다)는 인식이 영국 사회의 사려 깊은 집단 내에서 널리 퍼진 점을 고려할 때—이와 같은 문화적 요인의 전적인 부정은 부당해 보인다. 왜냐하면 1945년 이후 일본에서처럼, 1890년 이후 영국에서도 사람들의 머리에 담긴 이념(그들이 소중히 여기고, 특별히 대우하는 것들과 그들이 자신들, 자신들의 상황, 과거를 정의하는 데 쓰는 사고의 범주와 이야기의 총체 두 가지 모두)은 적어도 보다 물질적인 힘이 그들의 행동에 영향을 미치게 하는 여과 장치로 작용했고, 대체로 유사한 물질적인 경험에 조금 다른 반응을 만들어내는 데 역할을 했었기 때문이다. 따라서 성장의 성과에 미친 이념의 영향을 전적으로 무시하기보다, 아마도 보다 생산적인 방법은(적어도 홉스봄의 포괄적인 이론적 접근을 공유하는 우리들에게는) 주도적인 사고 방식의 무게 중심이 국민경제마다 다름을(각 국민경제 내에서도 시기별로 달라진다) 인식하고, 이런 주도적인 이데올로기의 꾸러미가 경제 성과에 영향을 주는 방법을 유물론적으로 설명해내는 일이다. 즉 적어도 우리에게 있어서 설명의 주안점은 이념의 역할을 전적으로 경시함으로써 '이념적'인 알맹이를 '문화적'인 껍데기와 함께 버려서는 안 된다는 점이다. 오히려, 어떻게 해서 일런의 관념이 사람들의 머릿속에 처음 자리 잡게 되었는지, 그리고 왜 어느 시대 어느 지역에 있던 노동자 혹은 관리자에게 사용된 이념, 개념, 가치의 총체가 다른 시대와 다른 장소의 다른 노동자와 관리자가 사용한 그것들의 총체와 다른지를 비문화적으로 설명해내고, 이 두 가지 종류의 설명을 경제 성과의 분석에 연결시키는 방법을 만들어내는 일이 설명의 주안점이다.

문제는 물론 그것을 어떻게 해내는가이다: 이 점에서 영국의 경험은 가치 있는 지침을 제공한다. 영국의 경험은 문화를 경제적 성과에 연결짓는 최선의 길이 이념을 계급에 연결짓고, 문화를 오랜 시간에 걸쳐 침전된, 다층적인 계급 이데올로기의 집합으로 보는 일임을 시사한다. 루빈스타인이 올바르게 지적했듯이, 와이너가 19세기 후반 영국의 기업가 정신을 삼켜버린 전체 사회를 풍미한 귀족적 성향이라고 본 것은 많은 기업가적 사회 계급 사이의 변화하는 관계이다. 이를 보다 구체적으로 말하면, 영국의 경우, 경쟁적인 세 엘리트 집단——토지 귀족, 상업 중심의 런던 엘리트, 그리고 북부의 제조 부문 엘리트(Rubinstein, 1993: 140)——사이의 관계와 이들과 대다수 국민과의 관계가 근대 영국 역사의 실체를 구성했고, '귀족적 성향'이란 이들 집단 사이의 변화하는 관계의 변화의 이념적 결과로서 보는 편이 더 낫다. 루빈스타인의 경우에, 20세기 영국 제조업의 취약성을 이해하는 열쇠는, 영국 경제가 19세기 중반에 세계를 주도하던 절정기와 그 이후에서조차도 그 북부 엘리트의 경제적, 사회적 권력이 얼마나 제한적이었나를 파악하는 데 있다(Rubinstein, 1993: 24~5). 이념적인 변수가 경제 성과에 미치는 영향을 한 단계 더 깊게 이해하려는 우리에게 있어 문제의 열쇠는 루빈스타인의 계급 분석을, 사회적 관계가 대중문화적, 엘리트적 해석의 층화와 재층화를 촉발한 방식을 이념적으로 그려냄으로써 보충해내는 일이다.

사회 계급이란 언제나 그러하듯이, 19세기 말에 이들 사회 집단은 제각기, 그리고 주변부의 다른 계급도 마찬가지로(귀족 계급과 프롤레타리아 계급 모두), 일정한 '이념 성향,' 즉 일단의 특정한 가치, 범주, 설명 체계에 일체감을 갖고, 이를 분명히 표출하려는 일정한 경향성을 보여주었다. 일단 분명히 표출되면, 이런 이념 체계는 자율성을 획득하게 되고, 나름대로의 궤도를 지니게 되고, 이로써 다른 사회 계급의 사고 속으로 전파되며, 원래의 계급이 사라지거나 바뀐 뒤에도 오랫동안 대중의 의식 속에 지속되게 된다. 그렇지만 이런 이념의 등장과 애초의 영향력은 원래의 혹은 '후원적인' 계급의 사회적 힘과 밀접히 연관되어 있다. 따라서 1900년경 영국 사회의 이념 시장에는 낮은 사회 계층에 대한 가부장주의와 무역과 산업에의 경멸감을 전통적인 교회와 국가 제도에 대한 열정과 결합시킨 두드러지게 귀족적인 문화가 있었던 명백한 증거가 있다. 그 귀족 문화는 사적 재산권, 시장에서의 교환, 이윤 추구의 옹호를 중심으로 형성된, 자유주의적이되 보다 전통적인 부르주아 문화와 섞여 있었다; 그리고 이둘은 이념적인 공간과 주도권을 차지하기 위해, 경제 내에서 귀족적, 부르주아적 권력의 재산권적 기초를 어떤 형식의 국가 통제나 소유권을 통해 규제(혹은, 극단적인 경우, 대체)하려고 한 아직은 미발달된 포괄적으로 프롤레타리아적인 이데올로기와 싸움을 벌였다. 이 이념들의 상대적인 힘은──엘리트 수준에서 그리고 일반 대중 사이에서──각각의 이념과 가장 긴밀하게 동일시되는 계급의 사회적, 경제적 힘에 따라 부침하면서(현재에도 그렇듯이) 시간이 지남에 따라 변해갔다. 이것은 '산업 정신의 상실'로 시작한 것을(진정 이런 일이 있었다고 한다면) 부적합한 부르주아 권력의 이념적 결과로서, '영국 산업 부르주아지의 실패'로서, 이해하는 것이 보다 합당한 이유를 설명해준다──와이너 자신은 실제로 이렇게 말하려고 시도했다.

.그렇지만 그와 같은 의미에서의 20세기의 부르주아의 실패는 존재하지 않았다. 왜냐하면 와이너의 분석이 오도한 것은──그

리고 그의 비판자들의 논점이 우세한 것은——이념을 계급에 연결시키고자 했던 그의 잠재적인 성향이거나 이념적 주도권을 계급 권력의 관점에서 설명하려던 잠재적인 성향이라기보다는(이건 흠잡을 데 없다) 명시한 주도 이데올로기의 구체적 내용이었고, 이와 연관하여 거기에 함축된 계급 관계에 대한 해석이었기 때문이다. 와이너의 분석에 의하면, 반자본주의적 문화가 대두하는 친자본주의적 문화를 삼켜버렸기 때문에 영국은 쇠락했다. 즉 하나의 문화가 다른 문화를 완전히 대체한 것이다. 그렇지만 사실상——다른 어느 곳에서나 마찬가지로 영국에서도——사고의 주도적인 양상은 실제로는 경쟁적인 이데올로기의 다층적인 혼합이다; 그리고 이 다층화 속에서 귀족적 사고가 아니라 부르주아적 사고가 전기간을 통해 주도적이었다. 영국의 대중 의식과 엘리트의 여론에 전자본주의적 귀족적인 이데올로기와 자본주의 이후의 사회민주주의적/노동당적 이데올로기의 흔적이 모두 남아 있었다(실제로 현재에도 남아 있다); 그리고 이 흔적들은, 귀족적인 과거나 강력한 사회민주적 노동운동을 결여한 다른 경쟁 국가의 경제보다는, 영국 사회가 조금은 덜 성장 지향적이고, 그리고 조금은 더 사회적인 동정심이 있는 사회가 되는 데 도움을 주었다고 생각된다. 그러나 이미 1900년경부터 영국의 지배문화와 대중문화에 있어서(1979년 이후엔 사회민주적인 사고에 있어서도) 귀족주의적 요소는 대중과 지배층의 사고에 있어서 부차적인 흐름에 지나지 않았다(현재도 그렇다). 영국은 압도적으로 귀족주의적인 문화를 가진 사회도 아니고(전후의 스칸디나비아에서처럼), 사회민주주의적인 문화를 가진 사회는 더욱이 아니었다. 왜냐하면 20세기에 영국의 주도적인 이념의 무게 중심은 전자본주의적이기보다는 **초기** 자본주의적이었기 때문이다(현재도 그렇다). 와이너의 주장에도 불구하고, 20세기 전기간을 통하여 영국은 자유주의적 문화를 가진 압도적으로 **자유주의적** 사회였다; 실제로—케인스가 말했듯이—"종교 재판이 스페인을 정복하듯이" 1830년, 1840년대에 "리카르도의 교의가 영국을 완전히 정복한" 이후 영국은 자유주의적이었다(Keynes, 1936: 32). 자유주의적 범주, 자유주의적 전제, 자유주의적 정책 처방이 영국의 모든 상식을 관철하고 있다; 그리고 경제, 국가와 사회가 어떻게 상호 작용해야 하는가에 관한 자유주의적 이념은 지난 한 세기 이상 특히 영국 산업계의 모든 지도자들이 가진 자기 인식과 세계관을 형성해왔다.

결과적으로 와이너 주장의 실질적인 내용은 아주 잘못되었다. 어떤 귀족적 성향 때문에 유도된 '산업 정신 상실' 때문에 영국의 제조업 부문이 20세기에 쇠퇴한 것은 아니다. 오히려 그것은 지배 계급이 19세기적인 자유방임주의와의 일체감을 단절시키지 못했기 때문이다. 마퀀드가 말했듯이, "17, 8세기에 문화적 혁명을 이룬 영국은 20세기에 또 하나의 혁명을 이룰 수가 없었다. 산업적 실험실, 화학 공장 그리고 컴퓨터의 시대에 영국은 증기 기관 시대의 정신적 틀에 고착되었다"(Marquand, 1988: 8). 영국의 제조업이 쇠퇴한 것은 영국의 지배적인 사고가 후퇴했기 때문이 아니다. 영국의 제조업은 영국의 지배적인 사고가 고착되었기 때문에 쇠퇴했다.

문화, 계급 그리고 권력

따라서 영국의 경험이 시사하는 바는 어떤 한 나라의 자본주의 경제에서의 자본 축적을 둘러싼 문화는 장기간에 걸친 이념적 침전의 결과로서 이해되어야 한다는 것이다. 즉 문화는 바위가 수천 년에 걸쳐서 어떤 자리에 정착하듯이, 특정한 이념이 하나하나 쌓여지는 오랜 복합적인 역사의 결과물로서 이해되어야 한다.

이런 이념의 일부는(특히 전자본주의적 이념은) 국가적으로 혹은 지역적으로 특정한 것이었을 가능성이 있다. 그러나 산업화 자체를 둘러싸고 촉발된 이념은(민족주의와 자유주의로부터 사회민주주의와 마르크시즘에 이르기까지) 절대로 그렇지 않다. 이런 이념들이 어떻게 특정 국가 안에서 뒤섞여 정착하게 되었는지는 대체로 각국 자본주의 내에서(경제적 통제력, 정치적 권력, 문화적 주도권을 둘러싼) 사회적 집단 간의 투쟁의 결과로 이해되어야 한다. 각각의 경우에 작동하는 계급 유형과 이념적 유산은 조금씩 다를 것이기 때문에, 그 결과는 각각의 경우에 조금씩 다를 것이다―각국의 문화는 상이한 이념적인 무게 중심을 가질 것이다. 그러나 그 결과는 단지 조금씩만 다를 것이다. 왜냐하면 자본주의적 산업화는 어느 곳에서든 공통된 논제를 부과하며 전반적으로 유사한 범위의 반응을 초래하기(그리고 촉발하기) 때문이다. 다시 말하면 자본주의는 일정한 '모델'로서 등장한다. 그러나 모든 모델이 다 자본주의적임은 곧 알 수 있다.

이 책의 관심사인 자본주의 모델의 선택이 어느 정도는 주도적인 문화의 선택이란 사실에는 실질적인 의미가 있다. 다양한 모델이(특정 모델의 사례가 그리고 또 일반적인 모델이) 부분적으로는 문화적 차원에 의해 구분되어질 수 있다는 것은 분명하다. 1980년대의 영국의 자본주의는 '신뢰에 기반을' 두었다기보다는 '자유주의적-시장에 기반을' 두었다고 할 수 있지만, 그 특징적인 제도의 구조는 18세기의 귀족적인 과거도, 20세기의 강한 사회민주주의적인 실체도 지니지 않았던 다른 위대한 자유주의적인 자본주의 경제인 미국보다는 사회민주주의적인 복지에의 관심과 가난한 자에 대한 귀족주의적인 가부장주의의 흔적을 훨씬 더 크게 보여주고 있다. 그리고 뒤늦게 발전하여, 그에 따라 자유주의적 이념이(그리고 이와 관련된 중산 계급이) 약했고 군사적 민족주의적 귀족제가 강력했던 독일이나 일본보다 이 두 사회는 훨씬 자유주의적이었다. 일본은 아니지만, 독일에서는 또한 강력한 노동운동이 구축되었다. 그리하여 독일에서는 사회민주적인(그리고 기독교 민주적인) 복지주의가 강한 제도적인 문화적인 유산을 남겼는데, 일본에서는 이에 상응하는 것을 찾을 수 없었다(현재도 그렇다). 즉 문화는 경제 성과의 결정 요인 가운데서 두각을 나타낸다. 그렇지만 문화는 원래 그것을 구체화한 사회 계급과의 연계 속에서만 그렇고, 문화의 존재와 세력이 확립하고 지켜낼 수 있는 제도적 구조와의 연계 속에서만 그러하다.

우리가 검토를 마친 두 가지 사례로부터 경제적 설명에 있어서 문화적 요인의 지위에 관한 세 가지의 결론이 나타나는 것 같다.

1. 첫번째, 문화와 경제 성과의 관계는 꼭 집어내기가 극히 어려운 관계이다; 그리고 어렵기 때문에 그것은 종종 조야한 풍자와 순환 논법에 떨어지고 만다. 느슨한 의미로 사용한다면 '문화'란 용어는 오랜 기간 지속되며, 변화 없이 유지되고 사회 전체에 보편적으로 적용되는 일단의 가치와 관행을 의미한다. 그런데 만일 이것이 문화의 본성이라고 한다면, 그것은 시기별로 다르거나 경제의 어떤 부문에는 적용되지만 나머지에는 적용되지 않는 경제적 활동의 유형을 설명해낼 도리가 없다. 오자키가 올바르게 지적했듯이, 전후의 일본 자동차 산업의 성공을 설명하기 위하여 일본 사회의 일반적인 작업 윤리를 제시하지만, "석유 산업 부문에 발을 들여놓으면 왜 똑같은 일본인이 그 작업 윤리를 잃어버리는 듯 보이는가"에 대해선 아무런 말도 하지 못하는 그런 형태의 설명에는 무언가 근본적인 잘못이 있다(Ozaki, 1991: 83). 또 문화는 일정한 상태인데 성과가 추락할 때 문화가 성과에 열쇠를 쥐고 있다는 주장은 무언가 문제가 있다. 아마도 일련의 문화적

산물——보통 '저급'보다는 '고급' 문화로부터 추론한 문화적 산물임을 밝혀둔다——에 주목하여 민족 문화의 이미지를 창출하는 것은 어떤 유의 문예사가에겐 적합할는지도 모른다. 그러나 바로 이런 방법론은 그 문화가 폭넓은 대중의 사고를(혹은 주요 경제 집단의 사고 유형을) 얼마나 대표하고 있는지 검토하고 있지 않으며, 또 일반적인 이념을 경제 활동을 위한 특정한 촉발제로 전환시키는 명확한 연계를 자동적으로 보여주지도 않는다. 그것은 문화와 성과 사이에 커다란 간격을 남겨놓으며, 그 인과적 연계는 함축되었거나 주장되었을 뿐 증명되고 있지는 않다. 그리고 궁극적으로 그것은 인과 관계의 방향을 확실히 제시할 수도 없고, 사실상 인과 관계의 존재 자체를 증명할 수도 없다.

2. 두번째 일반적인 결론은 이렇다: 비록 많은 경제적인 분석가가 문화적 변수를 전적으로 무시하고 싶은 유혹을 받고는 있지만, 그런 경향을 저지할 필요가 있다. 왜냐하면 우리는 직관적으로 국가별 문화의 차이가 존재한다는 것을 알고 있기 때문이다——일본의 사회 관행은 영국의 사회 관행과 다르며, 가난한 자를 취급하는 미국의 방식은 스칸디나비아의 방식과 다르다 등등. 그 대신 우리가 필요로 하는 것은——문화적 차이에 대한 전적인 냉소주의를 대신하여——일반적인 사회 이념과 개별적인 경제 행위 사이에 존재할지도 모르는 어떤 연계를 보다 가까이 접근할 수 있게 해줄 방법론이다. 양국의 사례가 시사하듯이 그 방법론은, 문화를 먼저 그 구성 요소인 이념적 형성물로 분해하고, 그 다음에 이 이념적 형성물을 그들이 발전을 밑받침하는 복합적인 역사의 줄거리 속에 위치지으며, 마지막으로 이 분해된 형성물을 그것이 힘을 불어넣는 제도적 구조에 발판을 두게 하고, 그들이 가장 밀접하게 연관된 사회적 계급 속에 발판을 두게 해야만 한

다. 이 계급-이데올로기의 연계 자체가 풀어내기 힘든—난점과 논쟁으로 가득 찬—복합적인 것이지만, 그것은 적어도 사회적 행위자(이들의 상호 작용을 경제 성장의 궁극적인 근원이 된다)를 통하여 이념을 경제 성과에 연결짓는 메커니즘을 제공한다.

3. 세번째 결론은 이렇다. 경제적 힘으로서의 이념의 효력은 단지 이 이념과 연관된 사회 계급의 성격에만 달려 있는 것은 아니라는 점을 일본과 영국의 사례 연구는 모두 시사하고 있다. 그것은 계급 자체의 힘에 의해서도 좌우된다. 바로 그렇기 때문에, 다양한 유형의 경제 성과에 대한 궁극적인 책임은 일차적으로 노동에 있지 않다는 점을 보여준다. 아직까지는 노동 세력, 노동 기관, 또 전체 노동운동조차도 문화적인 권력을 행사할 만한 위치에 설 만큼 충분한 경제적, 사회적, 정치적 권력을 향유한 적이 없다. 경제 성과는 특정한 경제를 주도하는 이념에 의하여 영향을 받는 것처럼 보인다—그 정도를 측정하기는 어렵지만 부인하기도 힘들다. 그러나 아직까지는 그런 이념이 주로 노동운동에 의해서 개발되고 명확해진 적은 거의 없다. 스웨덴 모델이 전성기에 있던 시절의 스웨덴은 아마도 예외일 것이다. 그 이외의 지역에선 자본주의의 경제 성과를 주도한 이념은 주도적인 계급의 이념이었다; 생산의 과정을 둘러싼 제도적 장치는 대체로 이들 이념에 의해 규정되고 고안되었다. 그러므로 결국 노동력 내에서 주류를 이루는 숙련의 수준이나 노동 세력 가운데서 주도적인 이념이나 그 어느 것도 대개 그들 자신의 창조물과 자신들의 통제의 결과가 아니다. 제도와 이념을 형성하는 주된 계급은 고용 계급이었다. 주도적인 사회 세력은 자본이었으며, 노동이 아니었다. 따라서 경제 성과의 근원을 탐색 중인 우리는 이제 자본, 즉 자본의 산업 조직과 자본의 정치적 관행을 살펴보려고 한다.

제3장 성장을 추구하는 자본의 조직

우리가 이미 제1부 제1장과 제1부 제2장에서 보다 자세히 보았듯이, 다양한 자본주의의 모델 사이의 논쟁에는 단지 노동 세력의 힘 또는 지배적인 이념의 본질 이상의 것이 있다. 실제로 노동의 역할도, 문화적 세력의 영향도 특정한 자본주의적 조직 및 운영 체제의 가장 중요한 규정 인자는 아니다. 오히려, 자본주의의 주요한 모델들은 주로 각 모델 안에서 자본이 조직화되고 국가가 배치되는 방식에 따라 서로 구분될 수 있다. 특정한 국가의 자본주의 내에서 경제적 행위자로서의 국가의 역할은 제2부 제4장에서 다룰 것이다. 이 장은 기업 조직과 경영에 초점을 두며, 기업이 서로 간에, 금융 자원에, 그리고 그들이 고용하는 자들에 연결되는 상이한 방식에 초점을 둔다.

자유주의적 자본주의에 대한 중도좌파의 비판

자유주의적인 기업 지배 구조의 형태가 경쟁력 상실의 두 가지 주요한 원천 가운데 하나(우리가 제2부 제4장에서 보듯이 다른 하나는 국가 정책이다)라는 주장이 최근 자유주의적인 자본주의 모델의 중도좌파적인 비판의 일관된 주제가 되었다. 그 비판은 두 가지 길 중의 하나를 선택하는 특징을 보였는데, 그 각각은 경제를 운영하는 자유주의적 자본주의의 방식은 기업들을 연결시키기 위해 지나치게 시장 제도에 의존하며, 이런 목적을 위해서 연결망을 거의 사용하지 않고 있다는 인식에 바탕을 두고 있다.

첫번째 비판의 형태는 산업과 금융의 관계에 집중한다: 즉, 이 관계는 적어도 다음과 같은 세 가지 방식 중의 한 측면에서 결점을 가졌다고 지적되고 있다.

1. 자유주의적 자본주의 경제는 은행이 아니라 주로 주식 시장을 통하여 투자의 원천을 주요 회사에 연결시키고 있다고 이해되고 있다. 이 주장에 의하면, 이런 경제에선 새로운 자금을 구하는 대기업은 은행의 대출보다는 주식 자본을 모은다. 은행 대출은 소기업 부문을 맡는다. 이 과정을 통해, 이런 경제 모델의 핵심엔 단기 이윤 획득의 논리가 만들어진다. 왜냐하면 주식 소유자들이 주식을 팔고자 하지 않는다면 높고 즉각적인 배당금 지급을 요구하기 때문이다. 그리고 기업 경영자는 주가가 떨어지고 결과적으로 인수당하지 않기 위해서 이와 같은 배당금을 만들어주지 않으면 안 된다. 즉, 주식 시장에 기초한 투자 자금화의 체제는 금융 기관과 제조업 제도 간에 '대화'의 관계보다는 '절연'의 관계를 발생시키는 경향이 있다(Zysman, 1983; Pollin, 1996; Watson and Hay, 1998: 411; Blackburn, 1999: 8~10). 이번에는 이것이 자유주의적 자본주의 경제의 투자 결정에 있어서 단기간주의의 경향을 부여한다. 단기간주의는 장기적인 경쟁력의 보호에 필수적인 그런 종류의 투자에는 중요한 장애가 된다. 우리가 제1부 제1장에서 보았듯이 이 주장이 20세기 영국의 쇠퇴에 관한 허튼의 설명의 핵심이다(pp. 94~5를 보라). 또한 이것은 1980년대 미국 경제의 미진한 성과에 관한 포터의 보다 다면적인 설명의 중심 요소이기도 하다: 즉 일본과 독일의 산업이 '헌신적인 자본'으로 즐거움을 맛보았다면, 전후의 미국 산업은(영국에도 적용되는 논

리이다) '유동 자본' 때문에 고통을 받았고, 각국의 자본 배분의 '외적인' 체계상의 이런 차이는 경영 관행과 기업 성과의 지표에 중요한 '내적인' 영향을 미쳤다[(현재에도 지속되고 있다) (유사한 주장은 Ellsworthy, 1985; Pollin, 1996: 270~76; Hollingsworth, 1997b: 292~30)].

   2. 지역적인 기반의 제조업체와 지역적인 기반의 은행 체제 사이에 자본 시장이 삽입되거나 존재하는 경우에 이것은 산업과 금융 사이의 경쟁에 해로운 간극을 반영하는 것이며 또 그 간극을 악화시키는데, 그 간극은 곧바로 스스로 지속할 힘을 갖게 된다고 얘기되고 있다. 지역적인 기반의 은행은 유수한 지역 회사에 집중적으로 투자하지 않는다. 그 대신 작은 회사에 투자하며(이들에게 버거울 정도의 회수율을 부과한다), 외국에 투자함으로써 그 수익성은 외국 회사와 해외 노동력의 경쟁적인 성공에 체계적으로 의존하게 된다. 이같이 해외의 경쟁자에게 은행에 기반을 둔 자금을 제공하는 것은 지역에 기반을 둔 제조업체에게 두 가지 방식으로 타격을 준다. 그것은 지역 산업으로 하여금 은행이 촉구하는 현대화의 자극을 받을 기회를 주지 않는다; 그리고 국내의 생산성, 성과 수준과 자금 여건이 보다 좋은 해외 경제의 생산성, 성과 수준의 격차가 벌어지게 한다. 그 결과 지역에 기반을 둔 은행은 점차로 국내에 투자할 자극을 잃게 된다. 그런 투자란 경쟁력이 결여된 산업——은행의 관리 부재가 경쟁력의 결여에 기여하였다——에 은행의 자산을 쏟는 것을 의미하기 때문이다 (이 점에 관해서는 Coates, 1994: 41~4; Hutton, 1994: 110~31).

   3. 은행에 기반을 둔 자본 수출과 주식 시장에 의해 유도된 단기간주의의 누적 효과는 서로 맞물린 경로-의존적 성장 체계를

만들어낸다고 얘기된다. 자유주의적 자본주의 경제는 장기 투자의 부족으로 불리한 제조업 부문을 보유하게 되고 경쟁력이 저임금과 장시간 노동에 의존하게 되는 성장의 경로에 정착하게 되고, 반면에 산업-은행의 긴밀한 연계에 기초한 경제는 제조업 공장과 설비 투자, 연구 개발 투자 그리고 훈련의 투자가 높고, 따라서 경쟁력이 첨단 기술의 개발과 활용에 기반을 두게 되는 경로에 정착하게 된다. 미국의 경제가 주요 경쟁국과의 격차가 줄어드는 것을 바라만 보고, 영국의 경제가 급속한 경쟁력 하락을 겪게 되며, 반면에 독일과 일본 유의 경제가 번성한 이유의 상당 부분은 바로 이 때문이다라고 말한다. 특히 영국의 은행과 산업은 너무 오랫동안 서로 떨어져 있었고, 영국의 자금 관리자는 지나치게 높은 단기 배당금 지급을 요구하게 되었다. 그랬기 때문에, 전후에 영국 제조업 부문은 낮은 투자 수준으로 곤란을 겪은 반면, 독일의 경쟁자들은 체계상 이로부터 자유로웠다——이것은 상대적인 성장률에 대한 분명하고 예견 가능한 결과를 낳았다. 왜냐하면 독일의 은행은 "단기간도 아니며 거리를 유지하지도 않는" 투자를 그들이 지원하는 산업에 제공하였기 때문이다. 독일에 있어서는 "일본 재벌의 경우와 마찬가지로, 은행의 대표들이 오랜 기간 동안 고객인 기업의 사무에 관여하게 되었고" 바로 그랬기 때문에 "(일본인들이 그러하듯이) 그들은 독일 기업이 주식 시장에서 자금을 조달하는 미국 기업보다 더 장기적인 투자의 시각을 가질 수 있도록 안정된 자금 지원을 하였다"(Fukuyama, 1995: 214). 적어도 이런 주장이 제시되고 있다.

책임의 화살을 금융 기관에 돌리는 이 특별한 형태의 주장은 20세기 영국의 경제 성과에 관한 최근의 중도좌파적인 주장 중에서 대표적인 흐름이 되었다. 유사한 주장이 미국의 논쟁에서도 발견되고 있지만, '산업과 금융'이란 쟁점은 주로 유럽 내에서의,

주요한 두 경제 사이의 경제 성장률의 차이를 설명하기 위해서 동원되었다. 이와는 대조적으로 자유주의적 자본주의의 결점에 관한 미국의 문헌에서 중요한 비교의 준거점은 독일이 아니고(우리가 이미 보았듯이) 일본이다; 따라서 미국의 중도좌파가 전개하는 기업 자본 비판의 중심적인 초점은 조금 다르다. 미국의 기업 자본은 산업과 금융의 결합이 부적절하다고 해서 비판받은 것만이 아니다(그것이 주요 원인도 아니다). 오히려 보다 성공적인 일본의 대기업 부문에 비교할 때, 그것은 기업 조직과 관행의 형태가 일반적으로 열등하다고 해서 비판을 받아왔다. 여기서도 주장의 흐름은 세 가지 서로 연결된, 그러나 구분되는 방식으로 전개되었다.

1. 일부 평론가에 따르면 일본의 기업 자본을 차별화하는(그리고 강화해주는) 것은 협력적 성격이다——즉 "동맹 자본주의"로서의 지위이다(Gerlach, 1992). 우리가 이미 상세히 보았듯이(pp. 106~15), 여기서 기본적인 주장은 "일본식 자본주의를 밑받침하는 핵심 이념은 **연결망**이며, 반면에 미국식 자본주의의 〔……〕 본질은 애덤 스미스가 정의한 시장의 개념 속에서 찾을 수 있다"는 점이다(Nakatani, 1995: 43; Gerlach, 1992: 3). 미국의 기업은——각각의 자금원에 대하여——각자의 주주에게 책임을 지는 독립된 회사로서 관계를 맺는다. 일본 회사는 그렇지 않다. 일본에서 대기업은 상호 주식 보유를 통하여 별개의 집단으로 연결되며, 각 집단은 그들 나름의 주요 은행을 보유한다. 이 기업의 주식 보유와 내적인 은행의 지원은 외부의 주주가 기업의 정책에 유의미한 영향력을 행사하는 것을 막고 있으며, 그 결과로 일본 대기업에 제공된 자본의 비용은(전후 기간을 통하여 외국 기업이 감당한 자본의 비용과 비교할 때) 낮았으며, 자본 비용을 어떻게, 언제 메워야

할지에 대해 일본 회사는 미국의 회사에 비해서 보다 자유롭게 긴 시야를 취해왔고, 그들에게 요구된 수익률은(장기적으로 보아도) 그에 상응할 정도로 낮았다. 실제로 전후 기간을 통하여 주요한 국제 기준에 비교해볼 때 산업 자본에 대한 일본의 수익률은 형편없었다—전세계 기준인 15.1퍼센트에 비해서 1991년에 평균 8.6퍼센트를 기록했는데, 미국과 영국의 경우엔 각각 19.1과 20.2퍼센트를 기록했다; 물론 1991년 이전의 30년 동안 급속한 경제 성장률을 보인 것은(미국 또는 영국의 산업 경쟁 상대가 아니라) 일본의 산업 자본이었다. 많은 학자들은 이런 중대한 역설을 설명하는 핵심 요인으로 일본의 기업 연결망 체제를 제시한다.

2. 그렇지만 일본 기업 자본을 연구하는 다른 일부 학자는 전후 일본 산업의 경쟁력상의 강점이 기업과 기업 간의 외적인 관계라기보다는 전형적인 일본 회사의 내적인 구조와 운영에 있다고 본다. 분석가들은 미국, 유럽, 일본의 기업 구조를 특징에 따라 대비시켜왔고—그것을 'M'형, 'H'형, 'J'형 등으로 다양하게 이름지었다(Fruin, 1992: 302)—소위 프루인이 말하는 '일본 기업 체계'의 덜 계층제적인 구조 안에서 다른 곳으로부터 시작된 기술을 차용, 채택, 개발하는 고도화된 능력을 발견하였다. 이 주장에 따를 때 일본 기업은 특징적으로 한편으로는 "정보 처리와 의사 결정과 다른 한편으로는 실질적인 집행 사이"의 명확한 구분을 회피하며, 그리하여 작업장에서의 숙련 기술과 헌신을 동원할 향상된 능력을 보유하며, 그럼으로써 "상대적으로 많은 근로자들이 폭넓게 학습할 유인을 제공한다"(Aoki, 1994: 13, 23). 대규모 일본 회사의 정보 체제와 유인 구조 때문에 이들 회사는 시장의 가변성에 대응하여 특히 유연할 수 있고, 무엇보다도 혁

신적인 작업 조직과 자원 배치의 형식을 생성해낼 채비가 되어 있다고 얘기되고 있다(이 중에서도 1970년대 도요타의 간반, 즉 적시 생산 체제가 종종 전형적이며 동시에 상징적인 예로 제시되고 있다). 그리고 일본의 대기업을 지탱하는 하청 연결망은 일본의 인간적 자본주의(Ozaki, 1991) 체제에 특징적인 수평적인 정보의 흐름과 직무 유연성과 결합하여, 전후 성장기 동안에 이룩한 전형적인 일본의 판매와 생산 전략, 즉 먼저 "양과 가격 경쟁력으로 저기술 시장을 정복하고, '다양화된 품질 경쟁'을 통해 상향 이동하는" 전략을 촉진하였다고 말해지고 있다(Lash and Urry, 1994: 72)——1970년 이후 미국에 대한 일본 차의 판매가 이것의 고전적인 사례이다.

3. 사실상, 미국 자동차 산업의 경험은 단순한 적절한 사례인 것만은 아니다. 우리가 제1부 제1장에서 보았듯이, 1973년 이후 미국의 자동차 시장에 대한 일본 차의 공략 속도와 강도는 미국 산업계의 결함(우리의 세번째 주제이다)을 보다 일반적으로 분석할 것을 촉발하였다. 이 분석은 세계 상품 시장에서의 미국의 주도적인 위치에 대한 일본의 도전을 미국의 기업 자본이 견디어내기 위해서는 **대량** 생산에서 **소량** 생산으로의 패러다임 전환의 필요성을 역설한다. 1980년대 미국의 경영 문헌에 등장한 일본 자본주의에 대한 찬사 중 세번째 갈래는 『세계를 바꾼 기계 *The Machine that Changed the World*』라는 워맥 등의 연구에 의해서 정해졌다(Womack, et al., 1990): 즉 기술자 생산에서 대량 생산으로 전환한 서구의 자본주의는(그 과정에서 영국의 세계 주도권이 미국으로 넘어갔다) 이제 제3국면의 문턱에 서 있는데, 미국의 기업 자본이 그 생산 방식을 전환하지 않고(워맥), 노동의 훈련과 숙련화에 대한 자세를 고치지 않고(라이치), 제약 없는 경영 통

제권의 열정을 저버리지 않는다면(라조닉), 새 국면은 일본의 경제적 지도력에 의해 특징지어질 것이다. 우리는 이 주장을 제1부 제1장에서 구체적으로 접한 적이 있다. 미국의 기업 자본이 아니라, 일본의 기업 자본이 새로운 경제 환경에서의 성공적인 경쟁력에 필수적인 기업 지배 구조의 형식, 기업 통제의 구조, 그리고 노동 관리의 형식을 찾아냈다고 말한다; 그리고 바로 그렇기 때문에, 미래의 성공적인 경쟁력은 무엇보다도 자유주의적 자본주의 기업 구조와 행태의 형식을 일반적으로 일본적인 유형의 보다 협력적인 형식으로 교체하는 데 달려 있다. 소량 생산이 결국에는 "산업적인 노력의 모든 분야에서 대량 생산과 현존하는 기술자 생산의 기지를 대체하고, 21세기의 표준적인 세계적 생산 체제가 될 것"이라고 말한다; 그리고 그때 "그 세계는 아주 다르고, 훨씬 좋은 곳이 될 것이다"(Womack et al., 1990: 287).

따라잡기와 수렴 요인에 대한 고려

이런 문헌의 상당수에서 나타나는 가장 큰 하나의 약점은(우리가 후에 긍정적으로 논평할 많은 개별적인 통찰력의 가치에도 불구하고) 일반적으로 말하면 이들은 자료가 정당하게 허용할 수 있는 것보다 많은 것을 주장한다는 점이다. 왜냐하면 자본주의 모델이 보여준 전후의 상이한 성과에 관한 중도좌파의 많은 성찰의 일반적인 논점은 이런 차이가 모델 사이의 제도적 차이와 관련하여 주로 설명될 수 있다고 보기 때문이다; 그것이 확실하게 함축하는 바는 일단 이런 제도적 차이에 의하여 서로 갈라서는 성장의 궤도에 정착하면, 자유주의적 자본주의의 경우에는 주요한 제도적 변화가 초래될 때까지 그리고 변화가 초래되지 않는다면 이 경제적 기록은 지속될 것이라는 점이다. 이것은 정말로 대단히 거창한 주장이다. 그리고 이런 주장을 할 때 시장에 기초한 자본 축적의 조정 방식을 비판하는 자들이 1945년 이후 미국의 미진한 생산성 증가 비율에만 공격을 집중하는 특징이 있다는 점은 중요하다. 그들은 미국의 우수한 생산성 성과의 수준이 지니는 풍부한 의미를 무시하는 경향이 있는데, 그 우수한 수준은 그들이 의존하는 비교 성장의 수치에서 계속적으로 입증되고 있다. 그리고 생산성의 수준이 아니라 비율을 강조하는 경향이 바로 1970년대까지 경제 성장 이론가와 경제사가들 사이에서 일반적이었다는 점은 분명히 기록해둘 필요가 있다(Broadberry and Crafts, 1990: 386). 현재 미국의 결함에 대한 중도좌파의 비판가들이 미국의 정책 결정자들에게 독일이나 일본의 기업 관행을 배우라고(모방하라고) 권할 때, 이들은 전후의 독일과 일본의 경제적 성공이 학습과 모방이라는 그 이전의 비슷한 과정에서 유래하고 있는 정도를 충분히 고려하지 않는 경향이 있다는 점도 또한 중요하다.

은행 주도의 자본 축적과 동맹 자본주의에 대한 열망으로 인해 많은 중도좌파 분석가들은 전후의 상이한 경제 성과의 배후에 깔린 것이 어떤 경제가 다른 경제에 대해 지닌 제도적 우위성이 아니라, 1945년 이후에 각각의 경제가 대체로 동일했던 성장의 궤도에서 차지한 상이한 위치였다는 가능성에 충분한 비중을 두지 않는다(혹은 이것을 적절하게 고려하지 않는다). 즉 그들은 전후의 기간에 선진 자본주의 경제 사이의 성장의 차이가 이들 경제가 장기적인 성장 궤도의 상이한 시점에 위치한 점——바로 Barro와 살리이마틴 Sali-I-Martin을 좇아서 홀과 존스가 '전환의 역학'이라고 명명한 바(Hall and Jones, 1997: 173)——에 의해 설명될지도 모른다는 가능성에 충분한 비중을 두지 않으며, 어떤 궤도의 속도는 다른 궤도와의 상호 작용에 의해서 영향을 받을지도 모른다는 가능성에 충분한 비중을 두지 않았다(거의 확실히 영향받는다). 그 상호 작용의 성격은 대단한 논쟁을 불러일으키는(그리고 궁극적으로는 매우 이론적인) 쟁점이다. 그 상호 작용은, 신고전파 성장 이론이 시사하듯이, 생산요소가 재배치됨에 따라 저발전의 경제에 보다 높은 성장률을 만들어낼지 모른다. 아니면 포스트케인스 이론과 마르크스 이론이 시사하듯이, 대체로 긍정적이며, 누적적인 인과 관계와 '저발전의 발전'의 과정을 통해 기존의 성장 차이를 확대함으로써 대체로 부정적일지도 모른다. 그러나 결국 경제 간의 관계가 어떻게 이론화되든지 간에 그 관계는 존재한다. 그렇기 때문에 영구적인 경쟁 우위의 조직론적인 근원을 가려내려고 하는 시도는 먼저 이런 점을 통제해야 한다. 그것은 장기적인 성장의 궤도상의 상이한 시점에 있는 경제 간의 상호 작용에 의해서 야기된 현재의(그리고 최근의) 성장의 차이라는 차원을 통제해야 한다. 그리고 일시적으로 급속히 성장한 모델이 보다 조용한(그러나 역사적으로는 보다 성공적인) 경쟁자와의 거리를 따라잡게 됨에 따라, 적어도 성장 성과의 차이가 시간이 지나면 감소할지도 모른다, 즉 성장률의 **수렴**이 있을 수 있다는 가능성을 허용해야 한다.

신뢰에 기반을 둔 자본주의의 보다 열성적인 주창자들은 일반적으로 수렴과 따라잡기의 영향에 대한 예민한 주의력을 보여주지 못한다. 은행의 개혁 추진을 지지하기 위해 선진 자본주의 경제의 전후의 성장 기록에서 증거를 찾아내는 과정에서 비교 통계 자료에 의해 드러난 성장의 차이가 모두 제도적 장치에 기인할 수 있다고 암시할 때(그리고 그렇게 하는 만큼) 그들은 지나치게 많은 것을 주장하고 있다. 그들은 반대의 가능성, 즉 실제로 전후의 국민경제 사이의 성장의 차이를 수치로 보면, 의미있는 설명

거리가 없다는 가능성을, 다시 말해서, 1945년 이후에 일부 경제와 모델이 이룩한 급속한 성장이 기술과 노동 사용에 있어서 그 경제가 상대적으로 낙후했기 때문에 나타난 일시적 현상일 뿐이라는 가능성을 체계적으로 다루어본 적은 결코 없다(Feinstein, 1990: 291~2)——그리고 이 성장률은, 생산 양식이 충분히 수렴하게 되면, 즉 따라잡기가 완결되면 곧 전체 자본주의 블록에 적용되는 공통적인(그리고 더 낮은) 성장률로 떨어지게 될 것이다. 또 만약 상황이 그들이 기술한 바에 가깝다고 하더라도, 수렴과 따라잡기가 기껏해야 전후 사건의 일부분이라고 하더라도, 그것의 존재 때문에 제도적 변화를 지지하는 증거로 사용되고 있는 상이한 자본주의 모델의 서로 다른 성장 성과에 적용되는 수렴과 따라잡기의 정도를 참작할 수 있도록, 중심적인 주장을 재설정해야 할 것이라는 점을 자유주의적 자본주의를 열정적으로 비판하는 이들 중도좌파 비판가들은 인정하지 않는다는 것이 일반적이다. 이런 재설정이 필요한 이유는 전후의 따라잡기와 수렴은 실제로 엄연히 존재하며, 특정한 자본주의 모델의 과거의 강점과 약점을 평가할 때, 우리는 다음과 같은 차원을 참작할 필요가 있기 때문이다.

1. 우리는 먼저 전후 초기에 미국의 생산성이 주도력을 지녔음을 설명할 수 있어야 하며, 19세기——신생하는 자본주의 세계 경제의 어느 곳보다도 미국의 노동생산성이 높았던 시기——의 산업 주도력의 관점에서 보아서, 1870년과 1913년 사이에 영국이 많은 서유럽 경제와의 수렴을 경험하고 미국 경제에 의해 따라잡히게(그리고 추월당하게) 된 방식을 설명할 수 있어야 한다: 1913년이 되면 미국 경제는 총노동생산성의 수준에 있어서 영국을 아주 큰 차이로(28퍼센트) 앞서게 되며, 그 과정에서 다른 15개 선진 자본주의 경제가 성취한 노동생산성의(훨씬 낮은) 평균 수치를 훨

씬 상회하게 된다. 노동생산성에서의 미국의 우위는 그후 제1차, 제2차 세계 대전 사이의 파탄과 제2차 세계 대전의 상이한 충격에 의해 더욱 벌어져서 "전시 중의 파괴와 경제의 파탄에 의한 가장 심각한 사후의 영향으로부터 회복이 이루어진 이후"인 1950년에 "다른 선진 자본주의 경제의 평균적인 비교 생산성 수준은 미국의 54퍼센트 수준에서 43퍼센트 수준으로 떨어져버린" 방식에 주목할 필요가 있고, 이를 설명할 필요가 있다(Abramovitz and David, 1996: 28).

2. 또한 우리는 1950년과 1973년 사이에 세계 경제의 자본주의 부문의 한 양상이었던 총노동생산성 수준에서의 **따라잡기와 수렴이**(그리고 이와 관련하여 일인당 소득이) 전례없이 진행된 정도를 설명할 필요가 있다. 전후 자본주의의 '황금기'는 실제로 세계의 주도국과의 전례 없는 따라잡기를 나타내어서, 미국이 역사상 가장 급속한 생산성 성장의 기간을 구가하고 있었는데도 이 기간 동안에 선진 15개국 경제의 노동생산성 수준은 연간 1.8퍼센트의 비율로 미국의 수준과 거리를 좁혀갔다. 사실상 적어도 이 점에 관해서 전쟁 이전의 시기와의 대비가 이보다 더 극명하게 드러나기도 힘들다── "1870년과 1950년 사이에 선진 자본주의 경제 중 13개국이 〔……〕 미국의 생산성 수준에서 멀어지고 있었던 반면, 1950년 이후 선진 경제 중 15개국이 미국과의 거리를 좁혀갔다"(Maddison, 1995b: 45). (이들 15개)국가에 걸쳐 "생산성 수준의 편차가 그 어느 때보다도 급속히, 그리고 일관되게 줄어들었다"는 점에서 "황금기" 동안에 세계 경제의 자본주의 부문은 역시 전례 없는 수렴을 경험했고(Abramovitz, 1994a: 86), "사용된 기준에 따라 다르긴 해도 따라잡기의 과정엔 현재 20~40개 국가가 포함된다"(Baumol, 1994: 64). 실제로 그 기간을 연장

해보면, 아시아의 새로운 핵심적인 주자들도 이 목록에 추가될 수 있다: 일본뿐만 아니라, 1950년을 기준년으로 삼을 때(우리가 서론에서 보았듯이) 1992년 당시 아시아 경제 중 가장 급속한 성장을 보인 한국, 대만, 태국도 포함된다(Maddison, 1995b: 22).

3. 1973년 이후 세계 경제의 자본주의 부문은 노동생산성 수준에서의 수렴과 따라잡기의 비율이 상당히 완만해짐을 목도하였고, 이미 언급한 대로 주로 동남 아시아에 위치한 제2차 신흥 공업국의 물결이 도래함을 목도하게 되었다. 이같이 세계 경제의 자본주의 부문이 목도하게 된 **1973년 이후의 훨씬 더 모호해진 수렴과 따라잡기**의 양상을 설명할 필요도 있다. 1980년 이후 세계 자본주의는 총노동생산성에서 미국의 절대적인 우위의 지속을 목도하였고, 1990년대에는 영국이 독일과의 생산성 간격을 줄여 나갔고, 보다 일반적인 유럽의 수렴이 일어나 1990년대 초에 "유럽 대륙의 9개 국가는 일인당 소득이 중앙값에서 플러스, 마이너스 8퍼센트 사이에 위치하는 '중심' 집단을 형성하였는데, 1950년에는 오직 2개국만이 그러하였다"(Crafts and Toniolo, 1996: 5). 이 또한 우리가 설명할 필요가 있다.

4. 마지막으로, **전후 경제 성과에 있어서 국가별, 부문별 차이**의 존재를 설명할 필요가 있다. 급속한 수렴과 따라잡기의 '황금기' 동안에조차도 모든 국가 경제가 이 과정에 포함되지는 않았던 방식을 인지하고 설명할 필요가 있다. 이들 경제의 대다수에겐 성과의 차이가 오랜 기간 지속되었다——부유한 경제는 계속 부유하였고, 가난한 경제는 계속 가난하였다; 오직 일부 경제만 생산성의 성과를 변화시켜, 전후의 "수렴 클럽"이라고 명명된 집단에 참가할 수 있었다(Baumol, 1994: 64). 상당한 정도로 따라잡기와

수렴을 이룩한 경제라고 하더라도, 모든 부문이 주도자-추종자 사이의 성과의 격차를 줄이는 비슷비슷한 능력을 보인 것은 아니다. 또 수렴이 생산성 성과의 모든 척도 면에서 일관되게 일어나지도 않았다.* 이런 국가별, 부문별 차이도 역시 설명될 필요가 있다.

이를 설명하는──그리고 동시에 자본주의 모델 간의 차이의 중요성을 배척하는──한 가지 방법은 파인스타인과 크루그먼이 채택한 길을 따르는 일이다(크루그먼의 주장은 제1부 제2장에서 잠시 언급했다): 즉 전후의 모든 성장에 관한 이야기를 단지 따라잡기와 수렴의 이야기로 환원시킴으로써, 그리고 경제 성장의 기적을 단순히 '후발국의 일시적인 이점'의 문제로 축소시킴으로써 1950년대 유럽의 '경제 기적'이나 1980년대 아시아의 기적의 존재를 부정하는 일이다. 이것이 바로 파인스타인이 독일 그리고 일본의 전후의 성장을 다룬 방식인 것이다. 파인스타인은 "전후 기간에 경제적인 성과상 차이의 상당히 큰 부분은 급속히 성장한 추적자 집단이 진전을 이룩하기 시작한 수준이 낮았다는 관점에서 설명될 수 있다"고 역설하고, "독일과 일본이 성취한 급속한 성장은 [……] 그들 경제와 사회적 장치의 독특한 장점보

---

* 브로드베리는 미국을 대상으로 한 유럽의 수렴이 유럽에 기반을 둔 산업의 우월한 생산성의 성과의 결과가 아니라는 점을 분명히 입증했다: 오히려 이미 1870년부터 "미국 제조업의 노동생산성은 영국 수준의 약 2배 수준으로 변동을 보였고, 독일 제조업의 노동생산성은 대체로 영국의 수준과 같은 수준에서 변동을 보였음을 증명했다" (Broadberry, 1997: 337). 이와는 대조적으로, 일본의 따라잡기는 일본 경제 전체의 향상을 초과하는 제조업 부문의 생산성 향상을 포함하고 있다: 비록 시간당 산출의 면에서는 독일과 같은 수준이기는 해도(우리가 제2부 제2장에서 보았듯이, 일본 노동자는 훨씬 오래 일한다) 일본의 이런 향상으로 인해 일본은 노동자당 산출 면에서 이제 유럽을 앞지르게 되었다(그리고 미국에 근접했다). 실제로 제조업의 생산성에 관한 자료가 시사하듯이, 일본과 유럽의 전후 따라잡기, 수렴의 경험은 대단히 다른 바탕을 갖고 있다. 유럽의 따라잡기는 대개 급속한 총요소생산성(TFP)의 성장에 근거하는 반면, "일본의 성장의 상당한 부분은 인적, 물질적 자본의 축적에 기원한다"(van Ark and Crafts, 1996: 4).

다는 출발점이 낮았다는 점에 훨씬 더 많이 기인하고 있다"고 주
장하였다(Feinstein, 1990: 291). 유사하게 크루그먼은 보다 최근
에——대단히 논쟁적이고 많은 논란을 일으킨 글에서(Krugman,
1994b)——이렇게 주장했다: 한국, 대만, 싱가포르, 홍콩 등의 자
본 조직의 형식에서 최근 이들 국가의 놀라운 경제 성장을 설명
해줄 수 있는 아주 특별한 것은 아무것도 없다. 영과 다른 학자들
의 세심한 성장회계 분석을 바탕으로 하여 그의 주장을 펴면서,
그는 1997년 이전에 아시아의 호랑이 경제가 이룩한 괄목할 만
한 경제 성장률은 이제까지 활용되지 않았던 경제 자원을 한 번
으로 끝날(자원 동원이 다 이루어지면 필연적으로 완만해질 수밖에
없는) 성장의 역주에 효과적으로 동원하였음을 반영할 뿐이라고
역설하였다. "아시아의 성장은, 고속 성장 시대의 소련의 성장처
럼, 능률성의 향상이라기보다는 노동과 자본 등의 투입 요인의 엄
청난 증가에 의하여 추진되고 있는 듯하며, 따라서 이들 국가의
성장에 급속도로 증대된 투입 요소의 역할을 설명하고 나면 설명
할 것이 거의 없다"(Krugman, 1996b: 175)고 크루그먼은 썼다.

    그렇지만 사실은 크루그먼의 많은 비판자들이 즉각 지적했듯
이, 설명할 것은 많이 남아 있다. 크루그먼 자신이 시인했듯이 일
본의 경우 확실히 그러했다: 일본의 전후의 성장 성과는 "높은
투입의 증가율과 〔……〕 높은 효율성의 증가율"을 모두 포함한
듯이 보이며, 따라서 "기적적인 경제 성장의 시대는 이제는 과거
의 일이 되어 있다고는 하여도, 대부분의 기간 동안 일본은 아직
도 다른 선진국보다 빠르게 성장을 해내고 있다"(같은 책: 178).
또 아시아의 호랑이 경제에도 설명할 것이 있는데, 왜냐하면 그
들은 적어도 이전에는 해낼 수 없었는데, 이제까지 활용되지 않
았던 많은 경제 자원을 갑자기 동원할 수 있었던 반면, 대다수의
저개발 국가는 이들의 예를 따라갈 수 없었기 때문이다. 1950년

대의 유럽에 대해서도 비슷한 질문을 검토해보아야 하는데, 왜냐하면 서독은 급속히 그리고 충분히 지속적인 방식으로 성장하여서 미국과의 생산성 격차를 의미있게 줄여나간 반면, 다른 유럽 경제(이탈리아에서 스페인까지, 그리스에서 아일랜드까지)의 성장 성과는 여기에 미치지 못했기 때문이다. 그래서 '수렴 클럽'의 회원권과 그 안에서의 상이한 경제 성과, 이 두 가지는 수렴의 유형이 이미 기록되었다고 해도 설명되어야 한다; 그리고 그 설명은, 성장회계가 어떤 것이 중요한가를 밝히는 첫 작업으로서 중요하기는 하지만, 전통적인 성장회계라는 통계적 절차 이상의 것을 요구하고 있다.

크루그먼(그리고 파인스타인)을 따르기보다는, 현재 이 문제에 관한 광범위한 연구 문헌에서 선도적인 인물인 아브라모비츠의 방법대로 따라잡기와 수렴의 결정 요인을 이해함으로써, 자본주의의 상이한 조직의 형태가 1945년 이후 상이한 시기에 특정한 국민경제가 급속한 성장을 할 상이한 능력에 열쇠를 쥐고 있다는 가능성, 즉 자본주의 모델은 역사적으로 중요했다는 가능성을 열어두는 일이 현명해 보인다. 아브라모비츠는 전후의 '수렴 클럽'의 회원권이 자동적인 것은 아니었고, 따라잡기가 단순히 이제까지 미미하게 활용되던 경제 자원을 동원하는 문제 없는 과정은 아니라고 설득력 있게 주장하였다. 오히려 그것은 기술적인 합치성과 사회적 능력의 특정한 상호 작용에 달려 있다. "기술적 진보의 성격상의 변화는 〔……〕 어떤 국가의 자원과 제도적 능력과 보다 합치하며, 다른 국가의 그것들과는 덜 합치하고"(Abramovitz, 1986 : 406), 경제 간의 생산성의 차이는(추적하는 경제가 보다 앞선 경제의 기술을 모방할 때) 차후의 수렴에 강력한 잠재력을 창출한다고는 해도, 추적하는 국가는 특정한 '사회적 능력'이 있을 경우에만, "새로이 등장하는 기술적 기회를 활용할 능력"을 보유한 경우에만 따라잡기가 가능하며, 이 능력은 "그 나라에 특유하며, 기존의 생산성 수준에 밀접하게 결부되어 있지 않을 수도 있는 사회사에 의해 좌우된다"(같은 책: 406). 크루그먼과 파인스타인처럼 아브라모비츠는 수렴이 예상된다고 주장했다. 그들처럼 아브라모비츠는 "경제적 후진성"이 경제 성장을 추구할 때 이점을 부여하며, 후발 국가는 노동자를 낮은 생산성 부문에서 높은 생산성의 부문으로(항상 농업에서 산업industry으로) 옮김으로써, 이제까지 거의 자본을 보유하지 못한 노동자들에게 자본을 부가함으로써, 보다 발전한 경제로부터 모방한 최신의 기술을 채택함으로써, 그리고 이런 변화에서 기인할 가능성이 높은 시장 규모의 극적인 증가와 규모의 경제를 누림으로써(이미 확립된 산업 경제보다 더 쉽게) 급속한 생산성 성장률을(따라서 어느 정도의 따라잡기를) 성취할 수 있다는 점을 깨닫고 있다(Abramovitz and David, 1996: 22). 즉 그는 "비교적 생산성이 낮은 국가가 누리는 상대적으로 빠른 성장의 **잠재력**"이 있다는 점을 분명히 인식하였다(Abramovitz, 1994a: 87). 그러나 크루그먼과는 달리, 그는 수렴과 따라잡기는 이런 잠재력이 **현실화될** 수 있는 정도로만, 그리고 그런 곳에서만 발생할 것이라는 점도 역설하였다: 즉 이 현실화는 모종의 자연 자원의 부존, 모종의 기술적인 합치성과 모종의 '사회적 능력'을 요구한다.*

---

* 아브라모비츠는 여러 곳에서 대체로 다음과 같이 '사회적 능력'을 규정하였다:

 이것은 여러 사항의 모호한 복합체인데, 이 사항 중 분명히 정의되고 측정이 가능한 것은 거의 없다. 이것은 불완전하다고는 해도 측정이 가능한 속성인 개인적인 속성, 특히 교육 수준을 포함한다. 그러나 이것은 경쟁력, 합작 사업에서 협력할 능력, 정직 그리고 다른 사람의 정직을 믿을 수 있다고 느끼는 정도 등도 가리킨다. 이것은 또한 다양한 정치적, 경제적 제도에도 관련이 있다. 이것은 정부의 안정성과 경제 생활의 규칙을 규정하고 집행하는 효과성과 성장을 지원하는 효과성을 포함한다. 이것은 한 나라의 재계 사람들이 대규모 기업의 조직과 운영에 대해 닦은 경험과 국내, 국제 자본 시장의 발전 정도를 포함한다 (Abramovitz, 1994a: 88).

  이런 방식으로 개념적인 준비를 한 아브라모비츠는 전후의 수
렴과 따라잡기의 유형에 관해 각 사례에 맞는(그리고 대단히 신뢰
가 가는) 해석을 제공할 수 있었다. 그는 20세기에 처음부터 미
국이 생산성의 주도권을 유지한 것은 "미국의 예외적인 경제적,
사회적 특성과 기술적 진보, 노동생산성의 향상이란 주도적인
궤도——대체로 "자원 집약적일 뿐만 아니라 유형의 자본을 사용
하고, 규모에 의존적이었던" 궤도(Abramovitz, 1993: 230;
Abramovitz and David, 1996: 25, 41)——의 성격 사이에 존재한
운 좋은 합치"의 산물로서 설명했다. 즉 20세기 초의 미국 경제
는 풍부한 천연자원과 대규모 국내 시장을 애초에 대체로 미국이
해외에서 빌려온 기술과 결합시켰고(von Tunzelmann, 1995:
191), 국내에서 만들어낸 기업 조직의 형태(미국식 제조업 체계)
와 결합시켜서 챈들러와 라조닉이 경영 자본주의라고 부르고, 조
절 이론에서는 '국내적 포디즘'이라고 알려진 것을 창출해냈다.
그 이후의 따라잡기——그리고 급속한 전후의 수렴의 이야기——
의 시기는 합치하던 것의 일부가 잠식되고(특히 결국에 다가온 미
국의 천연자원의 이점의 잠식과 점차로 기술 진보가 유형의 자본에서
무형의 자본에 의존하게 된 일), 주로 유럽(또한 일본)의 경제가 그
들의 의심할 바 없는 "사회적 능력"을 활용할 능력에 대한 장애
물을 제거한 결과이다. 유럽과 일본의 사회 구성에서 농업의 비
중이 줄어들기 시작하자, 대공황과 제2차 세계 대전에 의해 야기
된 세계 무역에 대한 장애가 없어지자, 고등 교육의 확산과 대규
모 생산 경험의 증가가 사회적 능력을 증대시키자, 상당히 예측
가능한 따라잡기와 수렴의 과정이 뒤따랐다.
  아브라모비츠에 따르면 이런 방식으로 성장할 수 있었던 경제
는 미국의 기술적 주도력에 의해서 형성된 일반적인 따라잡기의
잠재력을 인식한 경제뿐이었다. 일부 경제를 도왔고, 다른 일부

를 저지하는 데 작용한 요인은 다음과 같다: 지식의 확산을 위한 시설(다국적 기업과 같은 국제적인 기술의 소통 통로를 포함한다); 물리적 지역, 직업 구성과 특정 경제의 산출 유형에서 구조적 변화를 촉진 혹은 저해한 조건들; 그리고 "자본 투자와 유효 수요의 성장을 고무하고 유지하는 거시경제적 조건, 금융 조건" 등이다(Abramovitz, 1986: 390). 일부 경제는 이런 조건을 경험했거나 창출해냈다. 대부분은 그렇지 못했다; 그리고 그 결과 전자만이 급속한 전후의 경제 성장을 경험했다. 아브라모비츠에 의하면 따라잡기를 위한 잠재력이 특정한 시기에 실제로 현실화되는 속도는 지식의 확산, 구조적 변화의 속도, 자본의 축적과 수요의 확대에 좌우되기 때문에, 1973년 이후에 핵심 클럽 회원 사이의 따라잡기와 수렴이 완만해지는 것도 설명할 수 있었다. 그것은 모두 전후 자본주의의 '황금기'를 뒷받침한 조건의 잠식 문제였고, 그 이후 내적으로 형성된 일반화된 경제의 가속화를 막는 장애가 등장한 문제였다. 그의 말을 빌리면, "잠재력에서와 마찬가지로 현실화에 있어서도 활성적인 수렴화 자체는, 급속한 호황의 속도로 혹은 최초의 수준과 차후의 성장률 사이에 존재하던 체계적인 연계와 같은 정도로 생산성의 수렴을 지속하기엔 불리한 조건을 형성한다. 활성적인 수렴이란 본래 전환의 경험이었다"(Abramovitz, 1994a: 119).

전후의 전개 과정을 이렇게 얘기하면 왜 어떤 경제는, 그리고 어떤 경제만 성장하고 수렴했는지를 설명하는 데 도움이 된다. 수렴 클럽의 회원권을 설명하는 데 도움이 된다; 또 그들의 **공통**된 수렴 경험의 어떤 것을 말해주기도 한다. 그런데 왜 공통의 수렴 유형 안에서 일부 선진 자본주의 경제가 다른 경제보다 보다 빨리 성장했는가를 분석하는 데는 큰 도움이 안 된다. 또, 1973년의 감속 이후 오랜 시간이 지나 많은 후발국이 클럽에 도착하고 합류한 점을 설명하는 데는 도움이 되지 않는다. '사회적 능력'이란 관념은 이런 설명을 만들 길을 제시한다: 전후의 전기간을 통하여 나타난 선진 자본주의 경제 사이의 상이한 성장의 성과가 "사회적 능력이란 요소의 차이로 정당하게 귀속될 수 있는 정도를 밝히기 위해서, 또 그렇다면 그중 어느 것에 귀속될 수 있는가"를 밝히기 위해서, 선진 자본주의 경제 사이의 제도적 차이를(이 장의 제1절에 인용된 많은 연구들이 했던 방식대로) 조심스럽게 분석하면 된다(Abramovitz, 1994a: 97). 아브라모비츠 자신은 "무능력을 내세우며"(같은 책) 이런 설명을 제시하기를 명백하게 사양했고, "국제적 조건과 주로 관련이 있고" "실제로 후발 국가 각각의 외적 환경인 현실화 요인"을 폭넓게 목록화한 범위 내에서 각국의 성과에 관한 일련의 단서를 제공하는 일에 자신의 임무를 국한시켰다(Shin, 1996: 25). 그러나 우리는 분명히 그 이상의 작업을 행해야 한다. 우리는 '사회적 능력'이란 관념을 더 따져보아야 할 필요가 있다. 왜냐하면 그것은 전후의 기간에 미사용된 혹은 저활용된 경제 자원을 동원하고, 일단 동원되었으면 그 사용의 효율성을 증가시킬 각 국가 경제의 상이한 능력을 이해하는 열쇠를 쥐고 있기 때문이다; 그리고 그렇기 때문에 그것은 또 성공적인 수렴 전략의 비경제적인 전제 조건의 중요성을 확립함으로써, 보다 전통적인 성장회계론에 의해서 폐쇄된 중도좌파적인 제도 분석 방식이 설명으로서 설 공간을 다시 열어준다.

자본을 동원할 필요

궁극적으로 경제 성장은 두 가지 구분되는 과정이 함께 뭉친 결과의 산물이다. 첫 과정은 생산적인 과정을 위해 동원된 노동과 자본의 양의 증가이다. 둘째 과정은 일단 동원된 자원의 사용 과정에서의 효율성의 증가——각각의 생산요소가 배치되는 효율성의 증가(노동 또는 자본의 생산성의 증가)이든지, 그들의 상호작용의 효율성 증가(총요소생산성의 증가, TFP)이든지——이다. 이 책의 부록에서 조사한 성장 관련 문헌에서, 우리는 이렇듯 구분되는 과정 각각이 특정한 시기에 특정 경제의 성장 성과에 미친 상대적인 기여에 관한 많은 논란을 볼 수 있다. 물론 노동의 공급은 대체로 인구의 증가율에 의하여 고정된다는 사실과 "노동력의 증가율은 국제적인 이동을 고려한다 해도 연 2퍼센트를 넘는 일이 거의 없다"는 사실은 일반적으로 인식되고 있다(Boskin and Lau, 1992: 17); 그러나 자본의 공급과 의의에 관해선 이에 상응하는 의견 일치가 없다. 오히려, 사용된 정의와 채택한 측정 도구에 따라서 자본의 크기 혹은 양의 증가는 노동생산성의 자극에 커다란 혹은 사소한 역할을 한다고 얘기되고 있다; 성장회계의 첫번째 흐름에서는(특히 1960년대의 에드워드 데니슨Edward Denison의 저작과 관련된 흐름) 이런 종류의 요소 투입은 20세기 미국의 노동생산성 증가에 있어서 크지 않은 역할을 담당했을 뿐이라고 생각되었고, 나머지의(잔여) 성장은 대체로 기술적 진보(즉, 자본의 질적인 향상)의 영향을 반영한다고 얘기되었다. 그 이후의 발전은 자본의 역할에 대한 이해와 측정 도구를 세련화했고, 생산성 증가를 창출하는 과정에서 자본의 양에 더 큰 역할 부여를 가능케 했다(Kendrick, 1993: 141); 총요소생산성의 증가를 발생시키는 잔여 요소는 기술적 변화 이상의 것을 포함한다고 이해되어, 경제 부문별 고용 분포의 재구조화, 노동자와 경영자 모두의 교육과 숙련 수준의 향상, 그리고 시장의 크기와 대규모 생산의 운전 시간과 연계된 규모의 경제를 포함시키고 있다(Abramovitz, 1994a: 93).

그 이후의 연구는 자본 집약과 총요소생산성이 전후의 성장 유
형에 미친 상대적인 기여도는 경제마다 다르며 시간의 경과에 따
라 변했음을 분명히 밝혔다(Dowrick and Nguyen, 1989: 1025).
특히 자본의 크기와 근대성은 아시아와 남부 유럽의 많은 경쟁자
들이 했던 것처럼 농업의 취업자를 전환시켜 노동생산성을 급속
히 향상시킬 능력을 결하였던 어떤 북유럽 국가의 전후 성장 성
과에서 특히 중요하였음을 효과적으로 확인시켰다. 이용 가능한
계량경제적 증거는 자본주의 "황금기는 예외적으로 높은 투자의
시기였으며"(Crafts and Toniolo, 1996: 578), 특히 1960년대에는
"유럽과 일본에 높은 투자붐이 있어서 노동자당 자본량의 증가
율은 1950년대의 고점을 상회했고, 자본의 구성은 고수익 자산
으로 옮아갔음"(Abramovitz, 1989: 195)을 분명히 보여주고 있다
(우리가 이 장의 앞에서 간략히 주목했듯이). 보다 최근의 아시아의
호랑이 경제에 관해서는 이 같은 의견 일치가 없고, 투입된 요소
의 상대적 기여와 요소 효율성의 향상에 관해 격렬한 이견이 있
다는 점을 덧붙여 이야기기해두는 것이 좋겠다(Krugman, 1996b;
Drysdale and Huang, 1997). 그러나 그 뒤의 연구가 쟁점이 된 여
러 성장 원인의 상호 연관성과 기술적 변화의 자본 보강적 성격
을 분명히 밝혀준 점을 고려한다면, 아마도 논쟁의 격렬함과 내
용은 그렇게 중요하지 않을 수도 있다——이제 자본은 기술적 혁
신과 확산을 촉발하고, 그리고 반응하는 것으로 이해되고, "기술
적 진보가 실질적인 산출에 미치는 효과는 자본량의 규모에 좌우
되며"(Boskin and Lau, 1992: 51), "생산성 향상의 잠재력을 각
나라가 활용하는 속도는 [……] 투자와 자본의 성장에 의하여
지배되는 것으로 이해된다"(Abramovitz, 1989: 195). 실제로 이제
는 급속한 경제 성장을 위해서는 사용 가능한 투자 자금의 양과 동
시에 투자가 행해지는 기술의 질이 모두 중심적인 중요성을 지닌

다는 점에 관한 보편적인 인식을 관련된 연구 문헌의 전체에 걸쳐서 찾아볼 수가 있다. 즉, 전후 기간 중 자본주의 경제는 임금 노동의 동원에 의해 살아남았고, 노동과 연계된 자본을 심화하고 확대하여 번영할 수 있었다는 인식이 널리 받아들여지고 있다. 표 6-1이 보여주듯이, 이렇게 번영할 능력은 전체 기간 동안 분명히 변동을 보였는데, 자원을 총고정자본 형성에 쏟으려는 성향의 차이에 따라 달라졌다.

표6-1 국내총생산 중 총고정자본 형성의 비율

국가	1960~7	1968~73	1974~9	1980~9	1960~89
			평균		
미국	18.1	18.4	18.8	17.7	18.2
일본	31.0	34.6	31.8	29.5	31.4
독일	25.2	24.4	20.8	20.5	22.6
영국	17.7	19.1	19.4	17.4	18.2
EEC 전체	22.7	23.4	22.2	20.1	21.9
OECD 전체	21.4	22.7	22.2	20.8	21.6

출처: Young, 1992: 2.

　주로 슘페터주의적인 일단의 경제학자와 경제사가들이 입증했듯이, 이런 규모와 종류의 자본 투자가 전후의 경제 성장에 지니는 중요성은 무엇보다도 기술의 문제를 통해서 검증되어야 한다. "연구 개발과 특허권 등 기술 지표의 발전과 노동생산성 추세로 본 경제 성장 사이에 분명한 장기적인 관계"를 확립하여 기술이 성장에 미치는 중요성을 보여주는 분명한 연구 자료가 있다(Verspagen, 1996: 239; Pianta, 1995: 176). 또 투자와 총요소생산성의 증가를 연결시키고, 기술 변화와 자본 축적을 연결시키는 연구의 분명한 증거도 있다(Dollar and Wolff, 1993: 14; Broadberry, 1997: 334)——이런 연구는 울프가 말하는 "자본 축적과 기술 진전의 상보 관계" 그리고, 특히(드 롱 De Long과 서머스 Summers가

옳다면) 기계 및 설비 투자와 국내총생산 성장 사이의 관계를 확립해준다(Wolff, 1994: 53, 55). 실제로 연구 개발비, 자본 축적, 경제 성장, 그리고 더 많은 연구 개발비를 연결시켜주는 누적적 인과 관계의 '선순환'의 존재를 확인해주는 연구 결과도 있다(Pianta, 1995: 177). 또 일정 수준의 자본 투자가 있고, 일정한 정도의 독자적인 연구 능력과 활동이 있는 나라만이 다른 나라의 기술 혁신으로부터 혜택을 볼 수 있으며, "기술적 진보는 자본량의 수준이 낮은 나라보다 높은 나라에 더 많은 도움이 된다"는 점을 보여주는 분명한 증거가 있다(Boskin and Lau, 1992: 51; 또, Fagerberg, 1988: 451). 그리고 전후 자본주의의 황금기 동안 북유럽 경제와 일본 경제가 따라잡는 과정은 무엇보다도 1950년 이전에 미국 산업과 주요한 국제 경쟁자 사이에 확립되었던 기술 격차의 감소(완전한 제거는 아니지만)를 포함하고 있었다는 압도적인 증거가 있다(van Ark and Crafts, 1996: 20; Dollar and Wolff, 1993: 13~14; Wolff, 1994: 72). 이런 모든 증거는 전후에 주요 자본주의 경제의 성장률이 차이 나게 된 것이 주로 노동운동의 힘이나 주도적인 문화의 성격 때문이 아니라는 점을 강력히 시사한다. 주로 기술 발전과 모방을 위해 자본을 동원하는 능력의 차이 때문에 성장률이 벌어졌다.

이것은 "전후 경제의 수렴 요인으로서 미국의 기술적 주도력의 잠식"을 논하는 문헌에서 분명히 나타난다(Nelson and Wright, 1994). 이런 문헌에서는 전후 초기의 미국의 노동생산성의 우위는 미국의 기술의 우월성에 바탕을 두고 있고, 그 우월성 자체는 미국에 근거한 기업이 지닌 기술적, 조직적 혁신 능력의 산물이었다. 넬슨과 라이트에 따르면, 이 초기의 우위는 두 가지 구성 요소를 갖고 있었다. "하나는 대량 생산 산업에 있어서의 미국의 주도력이었다"——미국은 적어도 1900년 이후 이 부문에서 뛰어났다. 다른 하나는 첨단 산업에서의 미국의 주도력이었는데, 여기서 미국의 우월성의 기간은 보다 짧았고, "전쟁 이후 연구와 개발에 대한 대량의, 전례 없는 투자의 결과"였다(같은 책: 129). 서유럽과 일본 등 주요한 자본주의 경제 클럽에 의한 그 이후의 따라잡기와 수렴의 과정은 처음에는 기술력 확산의 결과였고, 기술과 미국식의 기업 조직 형식을 모방하고 전파할 '사회적 능력'의 반영이었는데, 미국의 우위의 크기를 생각한다면, "따라잡기의 기회는 [……] 정말 매우 컸다"(Maddison, 1996: 53). 이 주장에 함축된 것은 미국과 다른 주요한 자본주의 경제 사이의 수렴의 속도는 1973년 이후에 느려졌는데, 그 주된 이유는 그 모방과 전파의 과정이 끝나가면서, 미래의 노동생산성의 성장률은 자본주의 블록 전체에 걸친 보다 일반적인 혁신 능력에 의존하게 되었기 때문이다. 아브라모비츠와 데이빗이 말했듯이, "제2차 대전 이후 따라잡기를 지원한 세력의 결합은 대체로 그 효과를 다 발휘하여" "선진 자본주의 국가의 노동생산성 수준은 실질적으로 대등한 지위에 이르렀고," 그리하여 "선진 경제 가운데에 남아 있던 의미있는 지체가 [……] 더 이상은 쓸모없어진 설비와 조직에 구체화되어 있던 후진적 기술이 현저하게 지속되고 있었기 때문은 아닌" 상황이 벌어졌다(Abramovitz and David, 1996: 60). 처음엔 급속하고 즉각적인 전후의 재건 과정의 혜택을 받아서, 그리고는 미국형 기업 행태의 모방으로부터 혜택을 받아 번영했던 경제가, 모방의 능력이 쉽게 혁신 자체의 능력으로 재조정될 수 있으리라는 보장도 없이, 이젠 내적으로 형성된 기술과 경영 변화의 형식에 의해서 생산성 성장의 길을 유지해야만 했다. 1973년 이후 유럽과 일본에서의 생산성 성장의 둔화는 이런 재조정을 하기가 어려웠음을 시사한다.

　실제로 피안타는 선진 자본주의 경제에서의 전후의 경제 성장은 "기술에 의해 제공된 두 가지 '성장의 엔진' 중의 한 가지, 즉 분절된 성격의 지식과 혁신의 형성이든지 아니면 투자로 구체화한 기술의 사용에 주로 의존해왔다"고 최근에 주장했다(Pianta, 1995: 181~2). 전자를 개인당 연구 개발비에 의해 측정하고, 후자를 근로자당 자본 형성에 의해 측정한 그는 전후 주요 국가의 경제 성과에서 뚜렷한 차이가 있음을 관찰했다——1970년과 1990년 사이에 일본은 기술적으로 유도된 성장의 두 척도에서 모두 OECD의 평균치를 뛰어넘었고, 독일(그리고 좀 덜하지만 영국)은 첫번째 척도에서는 OECD 평균을 유지했지만 두번째 척도에서는 그렇지 못했으며, 미국은 혁신과 자본 투자 양면에서 모두 OECD의 평균치를 밑돌아서, "기술과 성장 사이의 선순환 과정이 훨씬 약하게 나타났다"(같은 책: 183). 피안타의 연구 자료는, 미국과 다른 주요한 자본주의 경제 사이의 기술적 격차가 줄어들고, 시간이 지남에 따라 OECD 경제 전반에 걸쳐 행동 유형에 수렴이 나타남을 보여주었고, 성장을 유인하는 두 가지 양식에 보다 균형되게 의존할 필요를 보여주었다. 그가 지적하듯, "처음에는 따라잡기의 범위가 커서 각 국가는 높은 연구 개발의 집중도를 보이며 혁신의 생산에 '전문화'하거나 혹은 근로자당 높은 투자를 통하여 기술의 확산과 활용에 전문화할 수 있었다." 그러나 나중에는 "따라잡기의 공간이 줄어들면서, 연구 개발과 투자 강도의 조합도 다양성이 줄어들었고, 성장은 두 가지 '성장 엔진'을 보다 균형되게 사용함으로써 유지할 필요가 있었다"(같은 책: 185). 이런 필요는——1973년 이후——유럽과 일본에서 특히 일본이 연구 개발 비용을 급속히 증가시켰는데도 모두 생산성의 증가가 완만해졌다는 명백한 증거에 의하여 강화되었다. 개인당 연구 개발비가 증대한 가운데서도 생산성 증가가 완만해진 것은 현재 경제학사의 놀라운 수수께끼 중의 하나이다. 그것은 솔로의 역설Solow Paradox란 이름까지 갖고 있지만, 이에 대한 분명한 설명은 아직 없다(최근에 시도된 설명은 Gittleman and Wolff, 1998을 보라).

이런 중대한 공백은 연구의 중요한 영역이 되었고——현재 기술 혁신과 확산에 관한 새 세대의 미시적 연구에 의하여 채워지고 있다——우리가 제1부 제1장에서 보았듯이, 1980년대의 다양한 이론가들이 메우려고 애썼던 정책의 공백으로 남게 되었다. 그 1980년대 미국 정부에 급속한 생산성의 성장을 어떻게 해서 다시 촉발시킬까에 대한 충고가 부족했던 것은 아니었다——충고의 상당수는 당시 연구 자료가 확인해준 것처럼 보이는 성장 성과에 관한 일반적인 연구 결과와 완전히 일치하였다. 왜냐하면 특정한 국민경제가 기술 혁신과 모방을 위해서 자본을 동원할 수 있는 능력은, 아브라모비츠가 주장했듯이, '기술적 합치성'과 '사회적 능력'의 특정한 결합에 달려 있다고 주장하는 것이 일반적으로 안전했기 때문이다. 기술적인 합치성은 성공적인 경제 성장에 필수적인 것으로 보인다. 제1차 산업혁명의 기술적 필수 요건이 영국 산업가들이 보유한 천연자원의 바탕과 대두되던 시장 조건과 특히 용이하게 맞아떨어진 것은 제2차 산업혁명의 기술적 필수 요건이 미국의 그것과 아주 딱 어울렸던 것처럼 분명한 일이었다. 아주 일반적인 용어로 표현하자면, 초기 산업주의의 기술은 소규모의 투자, 숙련된, 장인적인 노동과 전문 기술에 바탕을 둔 유연한 생산 방식을 필요로 했다. 영국은 이런 요인을 풍부히 보유했다. 이와는 대조적으로, 제2차 산업혁명의 대량 생산적 기술은 "아주 대규모의 시장과 값싼 자원 등과 같은 어떤 특별한 성질"을 요구했고(Nelson and Wright, 1994: 131), 처음에 더욱 발전했던 영국 경제보다 20세기 초의 미국 경제는 이것을 더 적절히 공급했다. 바로 이런 중요한 의미에서 자본을 동원하는 능력이 프리먼과 다른 사람들이 말하는 주도적인 "기술적-경제적 패러다임"의 성격에 좌우된다는 생각은 설명에 어느 정도 도움이 될는지 모른다(Freeman and Perez, 1988; Freeman and Soete, 1997). 기술 변화의 순서에 갑작스런 단절의 선을 긋는 작업을 쉽게 받아들일 사람은 없다; 그렇지만 기술들은 주도적인 집단으로 집결하며, 일단의 지원하는 제도에 연계된다는 생각은 생산적인 생각이다. 왜냐하면 그것이 사실이라면, 전후 성장의 이야기에 대한 하나의 해석을 제공하며, 선진 자본주의 경제에서——1973년 이후에——생산성 비율이 왜 완만해졌는가에 대한 하나의 해석을 제공하기 때문이다. 그것은 어떤 패러다임이 주도하고 있을 때 주요한 경제는 덜 발달된 경제로부터 거의 추적을 당하지 않는 경향이 있음을 시사한다; "기술은 패러다임 안에 집결하기 때문에 〔……〕 제도는 패러다임을 지지하기 위해서 진화해왔고"(Shin, 1996: 18), 핵심 경제에의 기존의 투자는 점차 많은 이익을 낳는다. 그러나 그것은 또한 어느 기술적-경제적 패러다임이 다른 것에 의해 대체되는 과정에 있을 때에 경제는 수렴할 수 있고 수렴하며 추월당하기까지 한다는 점을 시사한다. 왜냐하면 이때는 당연히 "이전의 기술적 혹은 제도적 발전이 더 이상 이점으로 작용하지 못하고 〔……〕 오히려 선두 주자의 구조 조정에 값비싼 장애물이 되기 때문이다"(같은 책). 패러다임의 전환기에는 새로운 기술 체제에서 "더 가볍고 더 빠르며"(같은 글), 그 결과 기존의 경제보다 더욱 빠르게 성장하는 것은 후발 주자이다 (Brezis et al., 1993도 보라). 그리고 이런 기간 동안에는 전체 생산성의 성장률은 급락할 것으로 예상되는데, 그 이유는 새로운 기술은, 의미있는 능률성을 생성시키기 위해서 오랜 학습 기간을 필요로 하기 때문이며, 낡은 기술은(그리고 그와 관련된 지식과 경험의 기반은) 이익의 체감을 경험하기 때문이다.

우리가 제1부 제1장에서 보았듯이, 1980년대 미국의 산업 성과에 대한 중도좌파적 비판의 모든 논점은 대체로 이런 종류의 사고에 바탕을 두었고, 일본의 산업 조직 형태가 보다 잘 들어맞는 새로운 기술 패러다임이 나타나고 있다고 역설하였다. 그 주장은 타당할 수도, 타당하지 않을 수도 있다. 그것은 분명히 논란의 대상이며, 실제로 미국과 미국의 주요 경쟁자 사이의 줄어드는 기술적 격차의 설명에 본질적인 것은 아니다. 그들과 기존의 패러다임 사이의 새로운 기술적 합치성으로 그런 설명을 하는 데에는 충분하다(이 점에 대해선 Nelson and Wright, 1994: 155~6). 그러나 '패러다임의 전환'이란 관념에 아주 밀접한 관계가 없는 학자들조차도 기술은, 일단 채택되면, 정착하고, 경로 의존적이 되며, 자기 유지적이 되는 능력이 있음에 주목한다——소위 통상 배열 현상 QWERTY phenomenon(David, 1985: 292)을 경험한다——그리고 그 결과 새로운 산업국가에겐 진입 비용을 높이고, 이미 확립된 국가에는 산업적인 관성을 주게 되는 경향이 있다. 20세기 말의 선진 자본주의 경제가 하나의 기술적-경제적 패러다임에서 다른 패러다임으로 옮아가고 있지는 않다고 하더라도, 각각의 경제 성장의 속도에 뚜렷한 결과를 가져올 인지 가능한 질적인 기술 변화의 과정을 겪고 있다는 점을 이들 학자 중 일부는 주목하고 있다. 여기에서 우리의 주장은 시간이 지남에 따라 주도적인 기술이 과학에 더 많이 기초를 두게 될수록(그리고 그런 정도로)——아브라모비츠의 용어를 빌리면, 투자가 유형 자본에서 무형 자본으로 옮겨갈수록(Abramovitz, 1993: 230)——경제의 천연자원의 기반과 그런 주도적인 기술 자체를 활용할 산업 자본가의 능력 사이의 적합성의 밀도는 떨어지게 된다는 점이다. 넬슨과 라이트가 얘기하듯이, 과학에 기초한 기술의 도래는 원초적인 기술의 이해가, **그들이 어디에 살든지**, 훈련된 과학자와 기술자들에 의해서 보유되는 정도를 증대시켜서 이제는 선진 자본주의 경제의 고품질 생산을 특징짓는 "기술에 관하여 본시 미국적인 것이란 거의 없다"(Nelson and Wright, 1994: 159, 131). 이들 경제는 새로운 기술적 패러다임을 맞이하게 될 수도 있고 그렇지 않을 수도 있다; 그러나 이들 사이에서 경쟁력 있는 기업이 되기 위해서 이들은 수준 높은 과학자, 기술자, 기능공을 필요로 하는 기술적인 기반에 의존할 것은 틀림없다. 바로 그렇기 때문에, 이들 경제가 현재의 기술의 생산 능력을 완전히 활용할 수 있는 능력은 이제는 자원 기반과 국내 시장의 크기 그 이상의 것에 의해 좌우된다. 새로운 성장 이론가들이 우리에게 끊임없이 얘기해왔듯이, 그 능력은 또한 이들 경제가 연구와 개발에 그리고 인적 자원에 투자하는 데 달려 있다.

따라서 일부 지식인들이 일본적인 것 일체에 보여주었던 1980년대의 열정에서 우리가 분명히 살려낼 수 있는 것은 기술적인 합치성이 더 이상은 주로 천연자원의 분배에 의해서 확정되지는 않는다는 인식이다. 모든 것을 따져볼 때 일본은 많은 기본적인 산업상의 투입물이 부족했다(현재도 그렇다). 1992년 이전에 일본의 산업 자본을 미국의 자본보다 우월하게 만든 것은 이제까지 과소 활용된 경제적 자원을 동원하고, 일단 동원한 후엔 이용의 효과성을 높일 수 있었던 전례 없는 능력이었다. 마찬가지로 미국 산업으로 하여금 영국의 산업에 경쟁적 우위를 갖게 한 것은 단순히 미국 국내 시장의 규모가 더 컸고, 값싼 천연자원을 미국의 제조업자에게 풍부하게 제공했기 때문만이 아니다. 챈들러가 꼼꼼히 제시했듯이, 그것은 미국에 기반을 둔 기업이 전문 경영진을 만들어내고, 새로운 기술적인 기회와 시장에서의 기회를 철저히 활용하는 데 필수적인 조직의 내부 구조를 만들어낼 수 있던 능력을 갖추었기 때문이기도 하며, 챈들러가 말한 "근대적인 생산 기업을 탄생시킨 생산, 유통, 경영의 세 방향 투자"를 개발할 능력이 있었기 때문이다(Chandler, 1990: 8). 왜냐하면 기술적 합치성이 경쟁의 성과에 미치는 영향을 궁극적으로 확립해주는 것처럼 보이는 것은 천연자원이나 시장의 규모가 아니기 때문이다. 오히려 산업 자본의 소유자가 현재의 기술을 신속하게 채택하도록 만들어주고, 기술 사용의 규모와 강도를 재빨리 확산시키며, 결국에는 기술적 혁신과 변화를 유도할 능력이 있는 경제 제도와 사회적 관계의 유무가 그 영향을 확립해주는 듯이 보이기 때문이다. 즉 기술적 합치성이 성장의 유형에 미치는 영향을 확고히해주는 것으로 보이는 것은 경제의 '사회적 능력'의 성격이다.

자본을 동원하는 능력

'사회적 능력'의 중요성이 일단 인정되면, ——각국의 자본주의 내에서——서로 다른 제도의 성격과 제도 간의 관계의 성격을 검토할 필요가 있다. 실제로 업계의 전체 체계, 즉 모든 주도적인 경제의 기술적 혁신과 확산의 체계 및 회사와 회사, 산업과 금융, 자본과 노동을 연결하는 보다 일반적인 체계를 모두 검토할 필요가 있다. 이것은 본질적으로 바로 '새 제도주의자'의 영역인데, 이들은 사회과학의 여러 분과에 거점을 둔 지식인 집단으로 다음과 같은 두 가지 일반적인 주장을 펼 채비를 하고 있다: 특정한 경제 제도가 작동하는 방식은 자본주의 국가별로 다르며, 이 차이는 성장과 경쟁력의 유형에 직접적이고 강력한 결과를 가져온다고 주장한다. 또 이런 제도적 차이는 무작위적이라기보다는 체계적이라고 주장한다. 이런 차이는 우연적이기보다는 구조적이며, 보다 넓은 '사회적 효과'가 경제 활동에 미치는 영향을 반영하는데(Maurice et al., 1986), 사회적 효과 자체는 국가별 상황에 뿌리를 박고 있다. 구체적으로 보면, 어떤 연구가 논의되는가에 따라, 주장의 갈래가 달라진다. 그러나 일반적인 명제——경제 행위의 '사회적 감싸임'(Granovetter, 1985)——는 달라지지 않는다. 경제의 성과는 제도적인 관행에 의해 영향을 받는다. 제도적 관행은 경제마다 다르다. 이런 차이는 체계적이며 서로 강화하는 작용을 한다. 또한 사회적인 뿌리를 갖고 있으며 나라별로 제한받고 있다. 집합적으로 이들은 생산의 사회적 체계를 구성한다. 그리고 그 사회적 체계는 왜 성장률이 다른가를 해명할 열쇠를 쥐고 있다.

'사회적 효과'와 '생산의 사회적 체계'라는 관념은 교육과 훈련의 체계, 산업 관계, 작업 조직의 유형이 유럽 국가 간에 달랐던 점에 관심을 기울였던 일군의 학자들에 의해서 처음으로 발전되었다(Maurice et al., 1986; Sorge and Warner, 1986; Sorge, 1991). 이들의 연구는 "기업이 감지될 수 있는 시장과 기술 환경에 무한대의 탄력성을 가지고 반응하지는 않으며," 오히려 "자본과 인력에 대한 과거의 투자에 의하여, 특정한 사회적, 정치적 제도적 환경의 성격에 의하여 조건되어진" 방식으로 반응한다는 점을 시사하였다(Sorge, 1993: 273~4). 또한 이들의 연구는 기업이 내부적으로 조직하는 방식은 조직을 둘러싸고 있는 교육과 훈련의 체계, 사회적 계층화와 산업 관계에 밀접하게 연계되어 있음을 시사하였고, 기업은 이 같은 내부의 관행을 기업을 둘러싼 사회에서 통용되는 관행과의 일치도를 높임으로써 경쟁력을 강화할 수 있음을 시사하였다(Sorge, 1991; 163, 186). 따라서 이 학자들에게는 경제 행위의 사회적인 모수(parameter)가 경제적 행위의 중요한 결정 요인이었고, 상이한 경제 성과를 설명할 때 중요한 요인이었다. 그리고 이런 사회적 모수의 효과는 무작위적이 아니며, 그 기원이 개별적인 것도 아니다. 사회적인 모수는 사회적으로 형성되었고, 제도적으로 일관되며, 시간적으로 지속적이고 상호 연계된 것으로 표현된다(Sorge, 1991: 163). 홀링스워스와 보이어는 이런 논의에 작용하고 있는 중요한 일반적인 아이디어를 다음과 같이 표현했다:

> 생산의 사회적 체계란 [……] 어느 나라 혹은 지역의 제도나 구조가 하나의 사회적 총합체로 통합되어가는 방식을 의미한다. [……] 이들 제도, 조직, 사회적 가치는, 비록 이들 각각이 결합하여 완성된 체제로 결집되는 정도에서는 차이가 있기는 하지만, 서로 응집하는 경향이 있다. 이들 구성 요소의 각각이 어느 정도의 자율성을 지니며, 그것이 통합하게 되는 다른 제도의 목표와 대립하는 어떤 목표를 가지고 있을지 모르지만, 모든 사회에서의 제도적인 논리는 여러 제도를 하나의 복합적인 사회적 총합체로 결합하도록 유도한다. 이런 현상이 발생하는 것은 제도가 문화에 감싸여 있기 때문인데, 제도적인 논리는 이 문화 속에 상징적으로 뿌리를 두고 있고, 조직적으로 구조화되어 있으며, 기술적으로, 물질적으로 제약되어 있고, 정치적으로 옹호를 받는다. (Hollingsworth and Boyer, 1997: 2)

이런 사회 체계가 상이한 경제 성과에 미치는 영향은 다양한 이론적 전통——슘페터적인 전통뿐만 아니라 신고전파 그리고 마르크스주의 전통——을 지닌 경제학자들에 의해 인식되어왔고, 일련의 분석적인 과제에 활용되었는데, 이런 분석이 누적된 결과 이 책이 주로 관심을 기울이고 있는 자본주의 모델이란 관념이 심화되었다. 예컨대 국가별 산업 관계 체계의 연구에 몰두한 일군의 학자층이 있다. 우리가 이미 보았듯이, 이들 가운데서는 사회민주적인 '체계,' 일본적인 '체계' 양자가 크게 부각된다(Tolliday and Zeitlin, 1986; Howell, 1992; Kogut, 1993; Edwards, 1994; Cooke and Noble, 1998). "역사적으로 어떤 국민경제에서 새로운 제품과 제조 과정의 개발, 도입, 향상, 확산을 조직하고 유지하는 방식에는 국가별로 주요한 차이가 존재해왔다"는 사실을 입증하는 데 관심을 기울여온 국가별 혁신 체제에 관한 광범위한 문헌이 있다 (Freeman, 1995: 19). 상이한 기업 지배 구조 체제(Hollingsworth and Boyer, 1997), 국가의 관행(Crouch and Streeck, 1997), 정치 경제(Pempel, 1998), 회계와 금융(Zysmann, 1983; Williams et al., 1990)에 관한 비교 연구의 문헌도 있다; 이런 모두를 포괄하는 국가별 기업 체제에 관한 연구가 싹트고 있다(Whitely, 1992a; 1992b).

이런 문헌을 보면, 주도적인 연구가들은 자본의 세계를 이런 형식으로 개념화하는 것의 위험——즉 어떤 국민경제 내의 이질성에 비해 동질성을 강조하는 위험, 국부적인 그리고 초제도적인 중대한 유형화를 간과하는 위험, 지나친 체계화와 기능주의의 위험, 그리고 제도적 변화의 근원을 확인하는 문제(Rubery, 1994: 337~8) 등——의 일부를 인지하고 있다. 그러나 이들에게 있어서, 이런 위험은 감수할 가치가 있다. 왜냐하면 이들 연구가들은 독특한 기업 체제라는 관념에 의해서, 경쟁력과 성장의 목적을 위해 특정한 국민경제가 내적으로 조직해나가는 상이한 방식의 중심적인 양상을 통합하고 체계화할 수 있는 핵심적인 비교의 수단을 획득하기 때문이다. 상이한 경제 조직 형태의 구분——특히 시장, 계층제, 네트워크, 국가에 의존하는 정도의 차이——이라는 개념을 활용하여, 기업 체제의 분석가들은 경쟁력이 적어도 다음과 같은 16가지 기업 특성의 지배적인 배합에 의하여 영향을 받는다고 주장해왔다.

1. 기업의 성격

—사적인 경영층이 경제 활동을 조정해온 정도

—소유주로부터의 경영 재량권의 정도

—권한의 계층 체제 내에서의 경영 능력과 활동의 전문화

—성장이 불연속적인 정도와 성장이 숙련과 활동의 급격한 변
 화를 포함하는 정도

—위험이 업계의 동업자와 피고용자와의 상호 의존을 통하여
 관리되어지는 정도

2. 시장의 조직

—부문 내, 부문 간의 기업체 사이의 장기적인 협력 관계의
 정도

—시장 거래의 조정에 관여하는 중개인의 의미

—기업 집단의 안정성, 통합성과 범위

—협력 관계가 사적인 연계와 신뢰에 의존하는 정도

3. 권위적인 조정과 통제 체제

—경제 활동의 통합과 상호 의존 정도

—권위와 복종 관계의 몰인격성

—과업, 숙련, 역할의 전문화와 개별화

—권위의 역할과 전문성의 분화 정도

—작업 통제의 분권화와 작업 집단의 자율성 수준

—관리자와의 거리감과 관리자의 우월성

—고용인-피고용인 사이의 유대와 조직에 기반한 고용 체계
 의 정도 (Whitley, 1992b: 9)

이런 종류의 구분을 사용하는 범위는 학자에 따라 다르다. 일부 학자에게는(최근의 중요한 사례를 들자면, 홀링스워스가 이에 속한다), 기술과 시장이 변화함에 따라 자유주의적 자본주의 경제의 지배가 신뢰에 기반한 자본주의에게 지배권을 넘겨준 데에 대하여 우리가 했던 이야기를 전개할 때 이런 구분이 그 핵심이 된다. 홀링스워스에 따르면, "시장이 안정되고, 소비자의 기호가 동질적이며, 기술이 고도로 복합적이지 않고, 서서히 변할 때"에는 미국 유형의 대규모 생산을 위한 "계층제와 시장"의 혼합 체계가 효과적이었다(여전히 그러하다). 그러나 "일단 시장이 불안정하게 되고 소비자가 복합적인, 변화가 잦은 기술에 기초한 제품을 요구하게 되면" 일본과 독일식의 후발 산업화 경제에 특징적인 "덜 계층제적이고, 더 네트워크적인" 조정의 양식이 보다 더 효과적이라고 입증되었다(Hollingsworth, 1997a: 140). 미국의 기업 체제는 아직도 상당한 강점을 지니고 있다고 여겨진다. "창의성, 개인주의, '단기간주의' 그리고 유연한 노동과 자본 시장을 촉진하는 제도적 장치"는 새로운 산업을 자극하는 데 특히 우수하다고 여겨진다. 그러나 그것은 특별한 약점도 지니고 있다고 여겨진다. 특히 "안정된 동질적인 시장에서의 지속적인 지배력에 부적합하며 [……] 기술적 복합성이 낮은 제품," 더 이상 자본주의의 첨단에 있지 않은 시장과 제품에 부적합하다(같은 책: 142, 145). 다시 말해서, 비록 그의 저작이 클린턴 이전 시기의 미국 정책 토론에서는 거의 눈에 띄지 않았던 변화의 용이함에 대해 심각한 비관론을 추가하고 있기는 하지만, 홀링스워스는 우리가 제1부 제1장에서 논의했던 1980년대의 미국 자본주의에 대한 중도좌파 비판가들의 관심사를 상당히 반영하고 있다. 홀링스워스와 같은 학자들에게 이런 기업 체제의 특징은 그 체제의 감싸임, 경로 의존성, 다른 지역의 보다 성공적인 기업 체계로부터 점증적인 방식으로 제도적 관행을 이식할 때에 수반되는 어려움, 그리고(중대한 위기가 없는 한) 하나의 경로에서 다른 경로로 이탈할 때의 어려움 등이다. 그의 견해에 의하면, "단기간주의와 제도적 관성" 때문에 "미국의 이행은 매우 어려울" 것이며, "현재의 유력한 산업 관계의 관행, 교육 체제, 금융 시장——간단히 말해서, 과거의 사회적 생산 체제의 제약"이 그런 변화를 완전히 차단할지도 모른다(Hollingsworth, 1997b: 293).

다른 한편, 위에 적은 16개 항을 제시한 휘틀리는 경로 의존성과 사회적 특정성의 문제를 똑같이 인지하고 있으면서도 특정한 기업 체제의 우월성에 관해서는 보다 회의적으로 적고 있다. 그의 목록은 "어떤 하나의 유형도 다른 모두에 대해서 명백히 우월하지는 않다"는 주장의 일부로서 작성되었고, "모든 시장 경제에 걸쳐 통용될 추상적인 상황과 효과적인 조직 구조 사이의 어떤 보편적인 상관 관계를 추구하는 노력"의 가치를 부정하기 위해서 작성되었다. 휘틀리의 입장에서 보면, "기업 조직이 제도적으로 상대적인" 세계에서는 보편적인 것은 가능하지 않다(Whitely, 1992b: 5); 그 대신 제도적인 다양성의 기원을 분석하는 편이 바람직하다. 이 목적을 위해서 위에서 열거한 16개의 특징을 이들이 상호 작용하게 되는 소위 "여섯 개의 폭넓은 배후의 제도"와 연결할 것을 휘틀리는 제안하고 있다. 이 여섯 개의 제도는 "금융 자원과 상이한 종류의 노동 권력의 가용성 및 이들에의 접근을 지배하는 조건"에 관련되며, "재산권을 제도화하고 안전과 안정성을 제공하며, 사적인 기업 활동을 지원하는 유형과 정도에 있어서의 차이를 만드는 전반적인 정치적, 법적인 체계"와 관련된다(Whitley, 1992b: 25). "휘틀리의 여섯 특징"은 국가 차원의 변수로부터 시작하는데(기업 활동은 국가에 의존하며 산업 발전과 위험 분담에 대한 국가의 약속에 의존한다), 이에 대해서는 제2부

제4장에서 살펴볼 것이다. 그것은 노동의 변수로 끝나는데(훈련 체계와 숙련 노동자의 노동조합), 이에 대해서는 이미 논의를 하였다. 여기에는 자본 집중적인 변수인 "자본 시장 혹은 신용에 기초한 금융 체계"도 포함되는데, 허튼과 다른 학자들은 이것이 바로 영국의 경제적 저성과의 형성 요인이라고 지적한 바 있다. 이 요인에 대하여 좀더 상세히 알아볼 필요가 있다.

금융과 산업 간의 간격: 영국과 서독의 경우

금융 회사와 산업 회사 사이의 제도적인 거리가 경제적인 성과의 주요한 결정 요인이라는 주장은 전후의 기간 중에 영국의 금융 제도를 비난하고 독일의 그것을 칭찬하기 위해서 사용되어왔음을 우리는 이미 보았다. 그렇지만 이용 가능한 연구 결과에 따르면, 그 기본 형식을 볼 때 그 주장은 독일보다 영국에 대해서 더 강력하고, 양 국가 모두에 대해서 상당히 미발달된 상태라는 점을 고려한다면, 이런 주장이 온전히 유지되려면 이런 점수 평가는 상당히 다듬어질 필요가 있다.

전후의 대부분의 기간 동안에 독일보다는 영국에서 산업과 금융 간에 더 먼 거리가 있었음을 보여주고, 이런 먼 거리가 대부분의 영국의 제조업 부문에 숱한 해로운 결과를 가져왔음을 보여주는 증거는 분명히 존재한다. 이런 증거에는 다음과 같은 사항이 포함된다.

1. 대기업의 기업 지배 구조의 형태는 영국과 독일(특히 일본)의 경우에 의미있을 만큼 다르다. 영국의 은행은 기업의 지배 구조 내에서 독일이나 일본의 은행이 발휘하는 역할을 발휘하지 않는다——독일이나 일본에서는 "주식의 소유, 여신의 비율, 이사회에서의 지위 때문에 [……] 은행은 영국에서 전형적으로 일어

나는 것과는 다른 관계를 기업과 맺게 된다"(Prevezer and Ricketts, 1994: 247). 외부의 주식 보유자가 영국의 기업 결정 과정에서는 주요한 준거점이다(Prevezer, 1994: 196). 기업의 주식 가격은 고위 관리자를 이끌어가는 핵심적인 성과 지표이다; 적대적인 인수의 위험은 독일(혹은 일본)에서는 쉽게 유례를 찾을 수 없을 정도로 영국의 이사회가 주의를 기울여야 할 주요 관심사이다(Prevezer and Ricketts, 1994: 245).

2. 영국의 대기업이 주식을 통해 마련하는 투자 자금의 비율은 독일과 일본의 기업보다 훨씬 더 크다; 그리고 독일의 기준에 비추어볼 때 주식 배당은 높다. 그렇지만 투자 수준이 높지는 않다(Buxton, 1998: 169~76). 연구 및 개발의 지출 수준도 역시 높지 않다. 일본의 경우, "1972년과 1994년 사이에 연구 개발에 대한 실질적인 지출이 네 배 이상 증가했고, 독일과 이탈리아의 경우 두 배 반 이상이었음"을 지적해둘 필요가 있다(Buxton, 1998: 170). 같은 기간 동안 영국의 경우, 연구 개발 지출은 단지 20퍼센트 증가했을 뿐이다. 그렇지만 같은 기간 동안 영국(그리고 미국) 기업에서는 부채 중 주식 비율이 일본과 독일보다는 의미 있을 정도로 더 높았다. 1988년 비금융 기관 중 일본의 부채에 대한 주식 비율은 4.19였다. 같은 해 독일의 부채에 대한 주식 비율은 4.25였다. 이에 상응하는 미국의 수치는 0.76이었다. 영국의 수치는 1.03이었다(Prevezer and Ricketts, 1994: 254). 1973년과 1988년 사이에 영국에 기반을 둔 제조업체에서 총운영 잉여금 중 배당금으로 지불된 비율은 "일반적으로 독일 제조업체의 그것보다 3~4배 정도 높았다"(Williams et al., 1990: 475). 그리고 1988년 영국의 비금융 기관의 경우 총수입에 대한 배당금의 비율은 42퍼센트였다. 같은 해 일본의 경우, 그것은 10퍼센트였다

(Prevezer, 1994: 202).

3. 영국에서 투자 자금을 빌리는 비용은 독일과 일본의 업체가 물어야 할 비용보다 상당한 정도로 높다; 그리고 대출을 상환하는 기간은 일반적으로 상당한 정도로 짧다. 하원의 무역및산업 특별위원회가 최근에 계산한 바에 의하면, 영국 제조업 부문에 요구되는 내적 수익률의 중간점은 저위험 운영 투자의 경우 놀랄 정도인 21~25퍼센트이고, 전략적인 투자의 경우 16~20퍼센트이며, 만료 기간의 중간점은 겨우 19~24개월이었다; 그 결과 이 위원회가 런던 금융가가 유도하는 단기간주의, 중소기업 부문에서의 부적절한 은행-산업의 연계와 영국 제조업 전체에 걸친 제한된 투자 수준에 대하여 혹평을 퍼부은 것은 이해할 만하다 (Lee, 1997b: 238~9).

4. 영국의 금융 기관은 현재 주요한 국제적인 행위자이며 영국에 기반을 둔 제조업이 고용과 GNP 무역 수지에 기여하는 바는 감소하는 데 비해서 영국 경제에서 금융 기관의 비중은 증대되고 있다(Lee, 1997b: 250). 런던 시의 소득은 영국의 수지 균형에 도움이 되는 기여 요인으로서 증가하고 있고, 런던 시는 자본 수출(수익은 바로 이것에 의존한다)의 주요한 통로로 작용해왔다. 우리가 제2부 제1장에서 보았듯이, 영국은 1980년대 내내 그리고 1990년대에 들어와서도 주요한 그리고 지속적인 자본 수출국이었고, 리가 지적하듯이, 다음과 같은 상황이 창출되었다:

제조업의 성과에 부과하는 런던 시의 비용은 널리 인정되어온 반면, 장기적인 투자에 대한 낮은 비용의 자본 공여에 따라 제조업자가 얻게 될 수도 있는 산출, 생산성, 이윤율의 증대는 실감되고 있지 않는데, 수지 균형에 주는 런던 시의 혜택은——산업 부문의 부활에 따르게 될 혜택보다는 적겠지만——실제로 존재하고 있으며, 그 혜택을 보는 사람들에겐 실질적인 것이다. (같은 책: 249)

이런 모든 점이 실제로는 영국의 경쟁력과 성장에 해를 미치고 있는지 모른다. 그렇지만 영국의 산업과 영국의 금융 제도와의 간극은 오랜 기간 존재해왔고, 또 전적으로 구조적인 기원을 갖고 있기 때문에 역사적인 관점에서 보면 충분히 이해가 가는 일이다. 이 간극이 애초에 생겨난 것은 영국의 제조업이 19세기의 얼마 동안 세계를 독점하던 시기에 처음으로 확립된 이해 관계의 분산 때문이다. 그 시기에 영국에 기반을 둔 산업 부문의 회사들은 막 커나가던 독일과 일본의 산업체가 보여준 것과 같은 정도로 은행 자본을 필요로 하지 않았다. 영국의 세계 독점은 산업 자본가들에게 이윤을 주었고, 이에 따라 내적으로 조달된 장기적인 투자가 신속히 진행될 수 있었다. 그것 때문에 또 파운드화는 19세기 세계 경제에서 달러화가 1944~71년에 행했던 것과 유사한 특별한 역할을 담당했고, 자국의 산업적인 도약을 위해서 이 잉여금을 이용하는 데 재빨랐던 외국의 차용업자들을 런던에 끌어들였다. 1870년대부터 영국의 은행 체제는 무역에 자금을 조달하고 해외에서 주식 투자를 하는 것이 장기적인 자금을 필요로 하는 국내 산업계의 요구에 응하는 것보다 더 이익이 난다는 점을 알게 되었다——실제로 무역에 오래 관여해온 런던에 기반을 둔 일련의 상업적인 이해 집단과 결합하는 것이 유리함을 알았다. 이 결합은(우리가 제2부 제2장에서 주목한 바와 같이) 제조업과 금융업계의 거리를 확정지었고, 또 영국의 은행으로 하여금 그 어느 곳에서 유례를 찾아볼 수 없을 정도로 국제적인 시야를 갖도록 하였다. 영국에 기반을 둔 은행이 1900년 이후에 영국의 제조 회사에 자금을 빌려주지 않았던 것은 아니다. 이것은 은행이 제조 회사에 장기 신용을 제공하거나, 채권자로서의 지위를 활용해 산업의 합리화를 권장하기를 점차로 꺼리게 되었음을 의미한다. 1945년 이전에 영국의 은행 부문이 산업 부문에의 장기적인 관여 혹은 산업 조정이라는 포괄적인 활동을 위한 습관을 확고히 하지 못한 것으로 보인다. 그리고 바로 그 시기에 독일과 일본의 은행은 모두 이런 일을 하고 있었기 때문에, 영국의 은행이 국내 제조업에 광범위하게 관여하기를 꺼린 점으로 인해서 금융과 산업의 관계는 유럽과 아시아의 다른 지역에서 생성되고 있던 관계와는 다른 궤도를 밟게 된다.

다른 곳에서 이미 보다 상세히 보고했듯이(Coates, 1994: 155~6), 이런 독특한 궤도가 20세기에 미친 영향은 많고 다양하다. 영국에 기반을 둔 은행의 생존은 국내 제조업 경제의 '건강'에 전적으로 의존하지 않았다. 그렇기 때문에(과거에 대출한 자금의 이윤성을 보장하기 위해서) 장기적인 대부를 공여하거나, 혹은(미래에 대출할 자금의 이윤을 확보하기 위해서) 산업 근대화의 조정자로서 활동해야 할 체계적인 압력을 받지 않았다. 오히려 영국의 은행이 영국의 산업에 대출했을 때, 대출의 대다수는 단기적이었다. 실제로 "1950년, 1960년대의 장기 호황 동안에 다른 선진 자본주의 은행과는 달리, 영국의 은행은 기계 장비와 같은 자본재 장비의 구입을 위한 대출에 2년 이상의 기간을 주지 않았다"고 윌리엄스와 그의 동료들은 주장한다(Williams et al., 1983: 69). 그 이후 윌리엄스는 이렇게 말하고 있다: "이런 목적을 위한 장기 융자가 1973년 이후에 제공되기는 했지만, 은행이 대출의 기준을 바꾸지는 않았다. 은행은 여전히 고정 자본에 대한 담보 확보에 몰두했다." 은행은 미국의 은행협회가 윌슨위원회의 증언 중에 말한 소위 "처분식 접근 방법"을 여전히 굳게 지켰다

(Williams, Williams and Haslam, 1989: 78).

이 같은 자금 운영 접근 방법과 국내 제조업에 묶인 은행 자산의 비율이 지속적으로 낮았던 점은 국제적인 금융 중심지로서의 런던의 강점 때문에 영국의 은행은 독특하게도 광범위한 선택 방안을 지녔음을 반영한다. 영국에 기반을 둔 은행들은 오래전부터 국내 산업에 자금을 조달하든지, 영국 정부에 자금을 주고, 해외에 대출하고, 다른 사람들의 자금 순환을 도와서 이윤을 얻든지 하는 선택을 할 수 있었다. 바로 이런 이유로 20세기에 영국에 기반을 둔 금융 기관은 "최대의 융통성과 유동성"(Fine and Harris, 1985: 42)을 선호하는 은행의 일반적 경향성을 특히 예리하게 보여준 것처럼 보인다. 이들 은행은 대부금이 손쉽게 환수될 수 있는 조건에서만, 그리고 어느 한 기업, 산업 혹은 어느 한 나라의 경제에 크게 의존하지 않는 형태로만 산업계에 대출할 용의를 보였다. 자이스먼이 주장했듯이, 실제로 이것은(런던과 같은 유형의) 강한 자본 시장이 금융 기관과 나란히 존재할 때면 언제나 설립되는 은행과 산업계의 전형적인 관계이다. 간단히 표현하면, "산업 발전의 자금 조달을 위해 자본 시장이 생성된 경우에 은행의 대출은 전통적으로 단기적인 목적에 제한되었다. 자본 시장이 발전 자금의 원천으로서 적절치 못하거나 신뢰할 수 없는 곳에서는 은행이나 특수 기관이 대출하여 이 간격을 메운다(Zysman, 1983: 61). 독일과 일본에서 이런 일이 일어났지만, ——완전한 산업화가 일어나기 전에 런던 자본 시장이 힘이 강했던——영국에서는 그렇지 않았다.

그렇지만 최근에 세계 금융 시장의 자유화의 영향 때문에 영국의 기업과 금융 기관 사이의 간격은 상당히 줄어들었음에 주목해야 한다. 상업은행이 영국의 중소기업에 대출을 늘렸다는 증거가 있고(Prevezer, 1994: 201), 이들 은행이 점차 장기적인 대출을 할

용의가 있다는 증거가 있다(Laverack, 1996: 56). 역사적으로 영국 자본보다는 일본의 자본과 연관되던 형태였던 은행이 주도하는 기업가 집단이 등장했다는 증거가 있다(Scott, 1997: 121). 또 영국의 대기업이 영국 밖에 있는 여러 금융 기관과 금융 수단에 이전에 비해 더 많이 의존한다는 증거도 있다(Prevezer, 1994: 200). 그러나 이에 따라서 자본을 수출하려는 경향에 변화가 있다는 증거는 없다. 오히려, 특히 1980년대에 영국의 대규모 산업 자본과 영국의 금융 자본이 함께 해외로 진출하며, 주식 투자 자금과 병행하여, 생산 활동과 고용을 영국의 밖으로 이전함으로써 산출과 고용 면에서 모두 일반적인 "공동화"를 겪었다(Williams et al., 1990: 480). 윌리엄스가 영국 제조업의 25개 대규모 기업을 조사한 바에 따르면, 1979년과 1989년 사이에 영국에 기반을 둔 고용은 33만 명이 줄어들었고, 해외의 고용은 20만 명이 늘어났다. 대규모 영국의 산업 자본은 영국의 금융 자본으로부터 예전처럼 그렇게 멀리 떨어져 있지 않지만—따라서 급진적인 제도 개혁이 한때 그랬던 것처럼 만병통치약은 아니다—둘 다 대다수의 영국 제조업의 기반으로부터 예나 다름없이 멀리 떨어져 있고, 그 결과 영국 제조업 기반은 저비용의 투자 기금의 부족을 겪고, GNP나 고용의 증대에 기여할 능력이 점차 줄어들고 있다. 적어도 이 정도만큼은, 영국에 기반을 둔 회사에 자금을 제공하는 제도적인 틀이 영국 경제를 특히 낮은 성장의 궤도에 묶어놓고 있는 것처럼 보인다; 그러므로, 허튼과 다른 학자들이 했던 것처럼, 영국의 전반적인 사회적 생산 구조의 특질을 경제 성장의 주요한 장애물로 보는 지적은 어느 정도 정당하다.

이런 주장에서 숨겨진 비교 경제—즉 독일—에 관한 자료는 영국의 경우보다는 금융/산업의 "간극" 이론을 훨씬 덜 직접적으로 지지하고 있다는 점도 주목할 필요가 있다. 그렇다고는 해도,

다음과 같이 지지하는 증거는 있다.

   1. 독일 은행과 독일 기업 사이의 제도적인 연결은 영국에서
주도적인 연결과는 상당히 다르다는 점은 확실하다. 독일의 은행
체제는 1870년대에 설립되어 상업 은행의 서비스와 예금 은행의
서비스를 결합한 대규모의 많은 일반 은행을 중심으로 이루어졌
다. 직접적이든 간접적이든 이런 일반 은행은 일단의 독일 회사
들과 밀접하고 장기적인 관계를 가지며, 이들 기업에 주거래 은
행의 역할을 한다. 이 관계는 독일의 일반 은행이 기업의 주식을
보유하고 독일 기업의 감독 이사회에 참석한다는 점에서 직접적
이다. 또 감독 이사회 구성원의 자격으로서 독일의 은행가들은
그들의 고객이 은행에 맡긴 주식의 대리 투표를 관리하고 다른
은행이 그들에게 공여한 대리 투표를 관리한다는 점에서 간접적
이다. 1975년까지도 서독의 은행과 투자 회사는 서독의 74개 대
기업 주식의 9.1퍼센트를 보유했고, 이에 덧붙여서, 수탁자로서
53.6퍼센트를 통제했다고 알려졌다(Scott, 1997: 147); 그리고 특
히 "3대" 일반 은행은 "상위 백 개 기업 중 28개 기업의 주식을
25퍼센트 이상(실제적인 거부권)을 보유했다"(Dyson, 1986:
129). 같은 해에 서독 은행은 상위 백 개 기업의 감독 이사회 자
리 중 15퍼센트를 차지했고, 그 중 31개 기업에선 이사회 의장직
을 맡았다.

   2. 독일 기업은 분명히 일반적으로 은행권에서 장기 대부를 얻
을 수 있는 능력을 보유하고 있으며, 그것도 영국에서보다는 낮은
이율로 얻고 있다. 독일의 중소기업은 영국의 기업에 비해 상대적
으로 특히 이 점에서 유리한데(Anglo-German Foundation, 1994:
11; Middleland Bank, 1994), 왜냐하면 이들은 지역, 도시, 협동

조합 등으로 분화된 은행으로부터, 그리고 영국에서는 직접적으로 대비될 수 있는 것이 없는 장기적인 고정 이자율의 산업 투자(특히 재건신용대부)를 제공하는 금융 기관으로부터 전문 지식과 지원을 받을 수 있기 때문이다. 이들 저축 및 협동조합 은행은 전 독일 은행권 자산의 절반을 관리하는데 "통상적으로 주주들보다 낮은 배당금을 받으며 [……] 신속한 자본 이득을 추구하지 않고 [……] 중소기업에 상대적으로 예측 가능하고 적절한 가격의 자본 공급을 보장해준다"(Lane, 1995: 48, 53). 슈나이더렌의 계산이 맞다면 1990년까지 독일 회사에 공급된 총 대부금 중 거의 3분의 2는 장기 대부이며 고정 이자율이 적용되는 반면, "이와는 대조적으로 영국 은행 대부의 만기 구조는 이와는 정반대인 것처럼 보인다": 영국 은행의 기업 대부 중 3분의 2는 단기 대부이며, "장기 대부의 경우, 만기까지 고정적인 이자율이 적용되는 것은 규칙이라기보다는 예외이다"(Schneider-Lenne, 1994: 293).

3. 독일 제조업이 영국의 그것보다 전반적으로 보아서 상당히 더 경쟁력이 있는 것도 분명하다. 1979년 이후 영국과 독일 제조업 사이의 생산성 간격이 좁혀지고 있다고는 해도, 독일 제조업은 아직도 영국의 제조업에 비해서 자본에 대비해 일반적인 생산성의 우위를 보유하고 있다. 이용 가능한 연구 자료에 따르면 "1950~89년 기간에 걸쳐서 독일 회사의 투자는 영국에서의 그것보다 일반적으로 높았다는 견해"를 확인해준다(Edwards and Fisher, 1994a: 17); 그 격차는 1950년대에 특히 두드러졌고, 1970년대엔 특히 적었다. 1989년까지도 "독일 제조업은 영국의 제조업보다 노동 시간당 30퍼센트 더 많은 유형 자본(장비와 구조물)을 보유하고 있었다"(O'Mahoney, 1994/5: 12); 그리고 1992년 독일의 노동자당 주식 자본은 50,116달러인 반면, 영국의 그

것은 22,509달러에 지나지 않았다(Hutton, 1997: 28). 그 결과 독일에 기반을 둔 회사가 유럽과 세계 시장에서 두각을 나타내었고, 이는 영국 기업의 대다수가 성취한 성과를 크게 앞서고 있다. 예컨대 1985년에 "서독은 유럽 공동체 제조업 생산의 38퍼센트를 차지하는 반면, 영국은 12.8퍼센트에 불과하였고"(Williams et al., 1990: 483), 서독 경제는 일본 인구의 절반밖에 안 되지만 1989년에 일본보다 더 큰 무역 흑자를 내었다. 실제로 서독은 세계 시장에서 일본을 앞선 반면, 1980년대의 영국 경제는(비록 당시에 개인당 실질 소득을 보면 독일보다 더 빠르게 증가하고는 있어도) 유럽연합의 다른 나라에 무역 적자를 기록하고 있었고, 그 중의 3분의 2는 독일과의 무역에 의해 유발되었다. 다시 말해서 영국에 기반을 둔 다국적 기업의 자본 수출에 의해서 창출된 "공동화된 공간을 채우기 위해서 독일이 우리에게 완제품을 수출하였기 때문에"(Williams et al., 1990: 485) 유발되었다.

물론 이런 각각의 명제를 인과적으로 묶어서 독일 제조업의 우위는 독일 은행 기관이 독일 산업의 여러 부문에서 행한 역할의 결과라고 주장할 유혹을 느낄 만도 하다. 그러나 이런 유혹은 적절치 못하다. 정당하게 얘기될 수 있는 것은——그리고 진지한 학자가 주장할 수 있는 것은——독일 은행과 독일 제조업체 간의 제도적 관계는 독일 은행으로 하여금 상당한 정도로 산업계에서의 지도력을 행사하고, 독일의 경영진에게 다른(보다 장기적인) 기대와 책무를 줄 잠재력을 갖게 한다는 점뿐이다. 자이스먼이 표현했듯이, "독일의 사례에 대한 결론을 도출하는 데 있어서, 우리가 주장할 수 있는 것은 장기적인 은행의 자금이 장기적인 자본의 원천을 제공하고, 또 주식 시장의 단기적인 동요에 대한 관심 대신 장기적인 업계의 필요에 대한 시각을 지니도록 함으로써, 산업가들이 보다 장기적인 시각을 갖도록 고무한다는 것 이상을 크게 넘어설 수는 없다"(Zysman, 1983: 265). 우리가 그 이상을 주장할 수 없는 이유는 실제로 독일의 금융 기관이 보유한 그 잠재적 통제력의 행사는 대단히 미묘한 것이기 때문이다—이 관계는 영국과 독일의 산업-은행 관계가 실제로 다르다는 것을 부정하는 새로운 수정주의 연구가 들어설 여지가 있을 만큼 미묘하다(Edwards and Fisher, 1994a; Schneider-Lenne, 1994).

이런 수정주의의 핵심에는 두 나라 경제의 관행에서 나타나는 외관상의 격차가 대부분 통계상의 신기루, 즉 상이한 회사 회계 방식의 결과물이라는 주장이 있는데, 이를 따라 수치를 표준화해 보면, 영국과 독일 산업 부문은 모두 내적으로 창출된 자금에 주로 의존하며, 1970년과 1989년 사이에 독일 기업은 영국 기업보다 자금의 원천으로서 은행 대출에 덜 의존했다고 한다. 또 독일 은행가들이 자리를 차지한 감독이사회가 효과적인 산업적인 지도력을 행사하지 못한다고 주장한다. 독일 제조업 회사 내에서의 효과적인 권력은 한 단계 낮은 집행이사회에 있으며 모든 사회적인 파트너들은 실질적으로 이에 참여하지 못한다(Esser, 1990: 27; Lane, 1995: 54; Schneider-Lenne, 1994: 291). 이에 덧붙여 독일의 대기업은 다른 곳의 대기업과 마찬가지로, 실질적으로는 특정한 주거래 은행에 의존하지 않고 있고(Esser, 1990: 29), 독일의 3대 일반 은행은 독일의 대기업에 대부하는 비율을 낮추고 있는 중이다(Schneider-Lenne, 1994: 288)라는 인식을 하게 되면, 독일에서의 금융-산업의 연계의 가장 독특한 부분이 어느 곳인가에 대한 보다 정확한 모습이 떠오른다. "대기업에는 주거래 은행 관계란 결코 존재하지 않는다(Edwards and Fisher, 1994b: 267)." 독일의 경우, 은행과 산업이 가장 효과적으로 서로 맞물리는 곳은 중소기업이다; 그리고 바로 이곳에서 장기, 저리 대출의 경쟁상의 이점이 가장 뚜렷이 나타날 것이다. 대기업 부문에

선 은행의 통제가 추구되지도 않고, 행사되지도 않는다.

요약한다면 독일의 은행은 그들의 자본 참여, 감독이사회의 기능, 대리 투표권의 결과로서 재계에 상당한 잠재적 영향력을 보유하고 있다. 그렇지만 회사는 은행에 의해서 지배받지 않고, 다른 기업의 업무에 대한 책임을 지는 것이 은행의 이익이 되지도 않는다: 은행은 관련 영역에 필요한 전문 지식의 결여 때문에 이런 기능을 만족스럽게 할 수도 없을 것이다. 게다가, 은행은——회사, 무역 협회 및 다른 협회, 노동조합과 함께——폭넓은 부문의 사업의 이해 관계를 지배하는 견제와 균형의 복합적인 체계 내의 한 요소일 뿐이다. 궁극적으로 보면, 은행 자체도 동질적인 집단이 아니라, 은행끼리 서로 치열하게 경쟁한다. (Schneider-Lenne, 1994: 292)

독일 은행에 대한 수정주의의 자료의 힘은 대단히 강력하다. 특히 에드워즈와 피셔의 저작은 "독일 은행이 기업에 통제 기능을 행사한다는 주장이 견실한 이론적인 지지와 적절한 경험적인 지지를 얻지 못하고 있음"을 보여주었고, 두 나라 경제의 기업 금융의 구조가 질적으로 다르며, 상반된다는 이전의 주장의 신뢰성을 깨뜨려버렸다(Dyson, 1986: 129). 그러나 이런 주장은 영국과 독일의 제도적인 차이에 관한 주장의 3분의 1일 뿐이다. 영국 금융 기관의 개혁을 주장하는 다른 두 요소는 자본 시장이 영국의 투자 유형과 경영진의 행위 기준에 미치는 나쁜 영향과 관련되고, 19세기 은행업 관행에 뿌리를 둔 장기적인 성장 궤도의 형성과 관련된다. 이것은 "단기간주의"에 관한 명제이며, 산업 부문에 대한 체계적인 저투자에 관한 명제이다; 이 문제에 대한 증거는 확정적이지 못하고, 판결은 아직 내려지지 않았다. 왜냐하면 은행의 대부를 별개로 놓고, 영국의 금융 체계와 비교할 때 독일의 금융 체계의 다른 중요한 특징이 자본 시장의 취약성이란 주장에는 분명히 상당한 타당성이 있다. 최근의 수치를 보면, —— 대기업 부문에서 —— 은행의 대부가 영국과 독일 양국 모두에서 외적인 자금 조달의 주요 형태임을 알 수 있다; 그러나 중규모의 기업에 있어서는 그렇지 않다. 영국의 중규모 기업은 독일의 경우보다는 외부 자금을 얻기 위해 주식 시장에 가는 경향이 있다 (Schneider-Lenne, 1994: 293); 그리고 독일의 경제사 전체를 통해 보면 20세기의 대부분의 기간 동안 독일의 제조업 부문의 기업은 규모에 상관없이 즉각적인 이윤과 높은 배당금을 내라는 단기적인 압력에 과다하게 노출되지 않도록 영국의 기업보다는 더 많은 제도적인 보호를 받았다. 세계화는 이것에 종지부를 찍고, 수렴 현상을 만들어낼지도 모른다: 영국의 은행은 일반 은행이 되어가고 있고, 독일의 대기업은 세계의 주식 시장에서 주식 투자 자금을 구하고 있다. 그러나 이런 종류의 주식 투자 자금은 독일의 경우엔 역사적으로 거의 의미를 지니지 못했고, 아직도 부차적인 중요성을 가질 뿐이다; 이런 모두를 종합해볼 때, 비록 현재 추세로 보아 독일의 미래의 발전은 이제까지 보아온 그런 독일식 예외주의의 잔존하는 요소에 거의 의존하지 않으리라고 생각되더라도, 지난날의 독일 산업의 힘의 원천을 논의하려면 금융 기관과 비금융 경제 기관의 밀접성에 어느 정도의 비중을 두지 않을 수 없다.

사실상, 독일의 사례에서 본 은행과 산업의 관계에 대한 주장으로부터 우리가 건질 수 있는 것은 대기업의 감독이사회에 참석하는 은행의 대표권이 독일의 대규모 산업 자본의 계층 안에서의 긴밀한 조정 시스템에서 맡는 위치이다. 에드워즈와 피셔마저도 이 문제를 인식하고 있는데, 그것은 감독이사회에 참석하는 은행의 대표권은 단연 "상이한 제도적 특징의 가장 두드러진 측면으로서, 이에 따라 대기업은 서로 서로의 감독이사회에서 대표권을 가질" 가능성을 의미한다(Edwards and Fischer, 1994a: 238). 독일 자본은 내적으로 고도로 조직화되어 있고, 주로 발달된 상호 이사직제에 의해서 조직화되어 있다. 스코트는 "1976년 현재, 중복 이사직은 상위 250개 독일 기업 이사직의 10.7퍼센트를 차지하며, 이것이 4분의 3이 넘는 기업을 광범위한 연결망으로 엮어 내고 있음"을 발견했다. 그는 또 "은행의 이사가 이 연결망에서 특히 중요하며, 이 연결망의 긴밀도는 〔……〕 다른 어떤 앵글로 아메리칸 국가에서 발견된 것보다 높고," 일본의 수준에 근접함을 발견했다(Scott, 1997: 149, 193). 독일 산업 자본은 또—영국의 기준으로 볼 때—종적인 통합과 수평적인 결합이 모두 다 높은 특징을 지니는데, 경쟁자와 공급자 간의 수평적 연계는 중소 기업의 경우 특히 높다. 즉 독일의 업계 조직은 "매우 긴밀한 사회-제도적 틀에 다중적으로 연계되어 연결되고 상호 간의 높은 다중적인 연계에 의하여 연결되어" 있는 반면, "영국의 조직은 제도적으로 보다 고립된 경향이 있다"(Lane, 1992: 76). 이것의 완전한 경제적 의의는 경험적으로 밝혀내야 한다(따라서 이런 주장은 잠정적이다); 최근의 조사 자료는 지난 20년 동안 모델 간에 어느 정도 수렴이 나타나고 있음을 보여준다. 그러나 역사적으로 볼 때 네트워크 관계를 통한 기업의 조정은 독일(그리고, 우리가 곧 보겠지만, 일본) 자본주의의 의미있는 특징이었다고 말하는 것은 적어도 무방하며, 일반 은행과 산업의 긴밀한 얽힘이—그 무엇보다도—일련의 "금융 집단"을 중심으로 한 고도로 조직화된 자본주의 생산과 재생산의 체계를 조장하였다고 말해도 무방하다(Esser, 1990: 29, 30). 그리고 그러한 정도로 1870년대 이후 독일에서 확립된 독특한 사업 체계가 그 이후 지속된 경제 성장을 이해하는 중요한 열쇠를 제공한다고 주장하는 것은(많은 사람들이 그랬듯이) 적어도 정당한 일로 보인다.

독일의 우수성에 관한 제도주의적 주장을 적어도 이 정도까지 펼치는 것은 가능하다. 왜냐하면 궁극적으로 이 주장의 문제는 그것의 실체보다는 그것이 한정하는 범위에 있기 때문이다. 상이한 경제적 성과에 관한 제도주의적 설명은 결국은 그들이 논의하는 것에 의해서 한정되는 것이 아니라, 그들이 논의하지 않은 것에 의해서 한정된다. 그들이 한정한 강조점과 그들이 정해놓은 분석의 수준이 결국 분석의 해체를 초래한다. 우리가 보았듯이, 영국과 독일의 전후 경제 성과에 관한 제도주의적 설명이 상이한 기업계 체계의 역할에 초점을 맞출 때, 이 설명은 그들이 우선시하는 제도적 차이의 체계적 속성에 분석의 중점을 둔다. 이리하여 이 주장의 논리에 따르면 알짜만 선택하라는 정책 제안을 하게 되고,——더디게 성장하는 경제는 보다 급속히 성장하는 경제의 제도적 관행을 탐색하고 채택하라고 제시한다—— 그리하여 보다 정교한 제도론자는 "제도적 감싸임"의 개념을 강조하게 되고, 그와 관련하여 하나의 통합적인 제도와 관행의 체계로 간주되는 것에서 하나의 요인만 추출해내는 데 따르는 어려움을 강조하게 된다. 그러나 기업 체계의 분석을 하면서 체계적이라는 관념에 강조를 두기 때문에, 제도론자들은 분석 대상인 체계가 기업 체계라는 점을 등한시한다. 왜냐하면 역사적인 기록을 보면, 기업의 운영 방식에 열쇠를 쥐고 있는 것은 사업가 계급이 체계적인 방식으로 서로 연계되어 있다는 사실이 아니라, 체계 내의 사업가 계급의 성격임을 시사하고 있으며, 이 논리를 따르면 만일 알짜만 선택하는 방식으로 따라잡기가 효과를 보려면 차용해야 할 것은 단순히 그 제도가 아니라, 바로 그 계급 자체라는 점을 시사하고 있기 때문이다.

    이런 방식으로 국가별로 상이한 기업 체계의 계급적 바탕을 인식하면, 체계에 특징적인 제도적인 차이는 다른 보다 예리한 설명의 형식으로 나타난다. 영국과 독일의 비교를 구체화하여, 이 설명은 두 체계의 제도적 차이 뒤에 자본주의 계급의 금융 분파와 산업 분파 간의 상이한 관계가 있음을 분명히 밝힌다──이 차이는 주로 1870년 이후의 세계 경제에서 영국과 독일의 자본주의가 차지한 독특한 지위에 기인한다. 왜냐하면, 우리가 제2부 제2장에서 보았듯이 영국의 금융 자본가는 산업화되기 오래전부터 중대한 세계적인 역할을 수행했고, 이 역할은 19세기 중엽 영국의 산업 자본가들이 향유한 일시적인 세계적인 독점 체제에 의해 강화되고 지지되었기 때문이다. 그 결과, 20세기 영국에서의 산업 자본의 축적은 전면적인 자본 수출이란 배경을 뒤에 두고 (잘 조직된 그러나 보수적인 노동 계급의 방어적인 그리고 온건한 노동자주의에 의해서 정해진 기준선 안에서뿐만 아니라), 영국 국가 엘리트의 제국주의적인 야심에 의해 세워진 내적인 기준선 안에서 이루어졌다. 독일의 산업화를 추동하고 억제한 계급적 기준점 class parameters은 출발점부터 아주 달랐다. 독일 자본가 중 금융 계층은 국제적인 역할과 지향을 발전시키지 못했다(우리가 제2부 제4장에서 보게 되듯이) 독일 국가는 국내의 자본 축적과 관련해서 완전히 다른 역할을 수행하였다. 독일의 노동운동은(영국의 노동 계급보다 후에 보다 급작스레 형성된 노동 계급이 그러하듯이) 1913년 이전에 그리고 1945년 이후에 영국의 노동운동보다 정치적으로 보다 전투적이었다; 그리고 궁극적으로 이런 차이는 모두 독일의 자본주의가 신생한 세계 자본주의 경제에 늦게 가담한 결과이고, 또 독일이 처음에 세계적으로 차지하게 되었던 상이한 위상의 결과이다.

    영국에서의 금융과 산업의 간격은 단순히 제도상의 간격이 아니다. 그것은 동일한 계급 내의 분파 간의 간격인데, 1870년 이후 신생하는 세계 자본주의 체제의 위치 때문에 금융 계층은 일단의 국제적인 지향을 갖게 되고, 이런 지향을 국내의 산업 자본에 부과할 시장력을 갖게 되었다. 독일의 경우는 이와 같지 않았다. 그리고 이에 따라 독일 산업 발전의 궤도는 영국의 궤도와 달랐다. 현재의 수렴 과정—격심해진 세계적 경쟁의 영향하에 일어나는—은 영국의 대규모 산업 자본을 영국 밖으로 밀어내고, 독일의 대규모 산업 자본을 이제까지 피해왔던 국제 자금과 생산지에 접근하게 할지도 모른다. 그러나 이 수렴은 한 세기에 걸친 상이한 내적인 자본 축적 과정 말미에 일어나고 있다. 그 상이한 유산은 결국엔 각 경제에서의 계급의 균형과 성격에 의거해서 설명되어져야 하며, 그 계급 관계가 결집하게 된 제도의 구조와 조직적 관행에 의거하여 단순히 설명될 수는 없다. 우리가 독일의 사례를 통하여 다룬 것은 단순히 일단의 우수한 제도적 관행이 아니다: 우리는 보다 강한 산업 부르주아를 다루고 있는 것이다.

조정된 자본주의: 일본의 사례

그렇다면 이제 남겨진 연구 과제는, 조정의 네트워크 형식을 통해서 서로 연계하는 산업 부르주아는 계급 내의 관계를 주로 시장에 기반한 조정의 형식을 통해서 해결하는 산업 부르주아보다 반드시 그리고 영구적으로 더 경쟁력을 지니는가?이다. 우리가 이 장의 첫머리에서 보았듯이, 그리고 제1부 제2장에서 보다 본격적으로 보았듯이, 이것은 특히 전후 일본의 산업자본주의에 대해서 제시되는 주장이다. 즉 대규모 일본 자본의 네트워크 구조가 1945년 이후의 자본 축적, 기술 이전 혁신을 촉진했으며, 일본의 대규모 회사의 내적 구조화 때문에 일본 회사는 자본주의의 "제3의 산업혁명"의 기조를 이루는 기술적 요구와 시장의 요구를 특히 잘 활용할 수 있는 위치에 놓이게 되었고, 이 이중 경제의 저변인 하청 업체는 다른 경제가 갖지 못한 유연성과 역동성을 제공한다고 말해지고 있다. 따라서 널리 인용된 주장의 하나에 의하면, 전후 일본 경제의 성공은 새로운 정보에 기초한 기술적 패러다임이란 경쟁의 세계에서 성공에 불가결한 "집단적 반응성"을 만들어낼 수 있는(명백히 슘페터적인) 대규모 기업을 보유한 점에 주로 의존하고 있다(Best, 1990: 137~66; Lash and Urry, 1994: 65~80). 혹은 보다 더 널리 인용되는 반대 주장이 논하듯이, 일본의 전후 성공은 대기업과 소기업의 특정한 접합 방식에, 그리고 그와 관련하여 소기업 부문의 역동성(유연성과 전문화된 숙련 기술)에 발판을 두고 있다. 즉 대기업 부문이 아니라 새로운 유연한 전문화 시대에 경쟁적 우위를 확립할 수 있는 소기업의 네트워크 능력에 발판을 두고 있다(Friedman, 1988). 혹은 전후 일본의 성공은 일본 대기업 간의 치열한 경쟁에 발판을 두고 있거나(Patrick and Rosovsky, 1976: 43), 혹은 이들이 기적적으로 만들어내고 있는 경쟁과 협력의 균형에 발판을 두거나(Hutton, 1994: 269), 혹은 일본이 다른 경제에서는 고립된 형태로 나타나는 제도적인 특질을 혼합해내는 방식——오키모토가 말하는 "전체의 역동적인 상호작용적 화학"(Okimoto, 1989: 175)——에 발판을 두고 있다. 선진국 간의 전후의 경제 성장률이 왜 달랐는가에 관한 1992년 이전의 문헌에 의하면, 일본 자본의 조직화가 누구나 좋아하던 답변이었다(Kenney and Florida, 1993: 24~7); 그리고 이것은 포스트포디즘 이론가, 신슘페터 이론가, 포스트케인스 이론가 혹은 신고전파 경제학자를 불문하고 적용되었다. 일본의 자본은 전세계에 몇 가지 얼굴을 제공하였고, 동시에 소기업 부문의 역동성, 산업 집단의 네트워크화, 대기업, 소기업 모두의 경쟁력 때문에 찬사를 받았다.

　이런 다양한 주장의 불협화음 속에서 사실에 직면하는 일은 극히 어렵지만, 전후 시기에 일본 자본의 일반적인 조직화를 미국 자본의 그것과 구분시켜줄 많은 중대한 사항이 있는 것처럼 보인다.

　1. 전후 일본 자본주의를 구분짓는 한 가지 특징은 주요한 산업 기업의 다수를 연계하는 복합적인 네트워크로 보인다(Gerlach, 1989; 1992; Lincoln et al., 1992). 1945년 이전 일본 산업 자본 중 많은 부분은 10대 재벌——즉 가족이 지배하는 지주 회사를 중심으로 통합된 회사의 네트워크——에 의해서(그리고 그 안에서) 조직되었다. 비록 1945년 이후 점령군에 의해서 공식적으로는 해체되었지만, 재벌 기업은 경제적 정치적 상황이 허용하자마자 상당한 정도로 재건되었다; 그리고 특정한 은행 혹은 대규모 제조 업체를 중심으로 조직화된 새로운 기업의 연합이 생겨났다. 그 결과, 1945년 이후 일본 산업 자본의 많은 부분은 에서가 독일에 관해서 논하며 "금융 그룹"이라고 부른 것과 유사한 방식으로 조직화되기에 이른다. 일본의 연구서는 이를 항상 "산업/기업 집단"이라 이름 붙이며, 일본인들은 연혁과 폭에 따라서 기업 집단이든지 계열이라고 부른다(Esser, 1990: 30; Scott, 1997: 194~5). 그 결과 일본 경제의 대기업은 서로 얽힌 상호 주식 소유에 의하여 연결되었다(실제로 현재에도 그러하다): 실질적인 의미에서 그들은 서로를 부분적으로 소유하고 있다. "전형적인 일본의 상장 회사는 거래 당사자(은행, 보험 회사, 공급 업자, 고객, 무역 회사), 관련 회사와 광범위하게 주식을 공동 소유하고 있다"(Sheard, 1994: 310). 최고 규모의 기업 집단은 전형적으로 광범위한 산업 부문에 걸쳐 있고, 각 집단은 주요한 산업 부문에 적어도 하나의 유수한 회사를 갖고자 노력한다——소위 "한 세트" 원칙이다(Gerlach, 1989: 147~8). 전후에 생겨난 기업 집단은 항상 독일의

주거래 은행에 해당하는 일본 은행을 중심으로 조직화되었고, 하나 또는 그 이상의 주요한 증권 회사와 연결되어 있다. 그리고 "수평적"인 기업 집단 네트워크(그리고 닛산, 도요타, 도시바와 같은 계열)에 속하지 않는 주요한 일본 기업조차도 그들의 주요 은행과 하청 공급 업자들의 연쇄망에 "종적으로" 서로 얽혀 있어서 전반적으로, 그리고 평균 잡아서 "전형적인 일본 회사의 경우 주식의 약 70퍼센트를 다른 기업이 보유하고 있다"(Sheard, 1994: 312).

2. 각 "기업 집단" 내에서 회사들은 서로를 고립된 시장의 주체로 대하는 것이 아니라 일관된 자본주의 기업 네트워크의 구성 요소로 대하게 된다——그리고 이 네트워크는 다른 네트워크와 치열한 경쟁을 벌인다. "기업 집단을 구성하는 기업들은 상호 자본적인, 상업적인, 인간적인 관계를 통하여 서로에 연결된다; 이들은 우선적인 거래, 공동 투자, 기술 통합에 관여하고, 이들의 단합된 참여는 집단의 은행이 제공하는 특혜 대부에 의해서 그리고 집단 내의 신탁 회사와 보험 회사가 제공하는 자금에 의해서 강화된다"고 스코트는 말하고 있다(Scott, 1997: 193). 주식 보유, 서로 얽힌 이사회직과 집단이 관리하는 금융은 집단의 결속을 위한 연결고리이며, 이들이 누적되어 일본에서의 금융과 비금융 기관 사이의——산업 자본과 금융 자본 사이의——일정한 연계를 확립한다. 이런 연계는 미국이나 영국에서는 그 유례를 찾아볼 수 없으며, 독일 경제에서 보는 은행-산업의 상호 작용의 정도마저도 뛰어넘는 것이다. 이런 산업 네트워크는 일본 산업 체계에서 위험을 분산하고 감소시키는 효과적인 메커니즘을 제공하며, 사기업 부문의 "위험 분산과 위기 관리"를 위한 "계열에 기초한 일종의 보험 체제"로 작용한다(Okimoto, 1989: 139). 이것 역시 자유주의적 자본주의에서는 그 유례를 찾을 수 없다; 그리고 이런

과정에서 이들은 외국인의 기업 소유를 봉쇄하고, 외국에 기반을
둔 회사가 일본의 국내 시장에 침투하기 어렵게 만든다(Gerlach,
1992: 262~5). 일본 유형에서 독특한 점은 단지 은행이 대부를
해주는 회사의 주식을 많이 소유한다는 점이 아니다——물론 대
기업 부문 전체로 보았을 때, 주식수와 가치의 면에서 가장 두드
러진 상호 연계는 회사의 "주거래 은행"으로 인식되는 은행과의
관계라는 점은 명시해둘 필요가 있다(Sheard, 1994: 314). 또 다
른 독특한 점은 은행의 주식 자체가 은행의 주요 고객인 산업체
에 의해서 소유되고 있는 정도이다. 우리가 이미 주목했듯이, 대
다수 회사의 주식 중 70퍼센트가 다른 기업에 의해서 소유되고
있는 한편, 쉬어드에 따르면, 일본의 21개 주요 금융 기관의 주
식이 이런 식으로 소유되고 있다. 쉬어드는 특히 다이이치간교
(第一勸業) 은행에 주목한다. 그는 이 은행의 상위 주식 소유자
20은 기업이며, 이 모든 기업에 대해 이 은행이 제일 큰 주주이
며, 거의 모든 기업에 이 은행이 제일 많은 은행 대출을 해주었음
을 발견했다. "달리 말하면, 이 은행은 대체로 그 자신이 주거래
은행이 되고 있는 기업에 의해서 소유되고 있다"(Sheard, 1994:
334~5). 그리고 이런 사정이 전후 일본 6대 산업 네트워크 중의
하나의 중심에 있는 은행에 적용되고 있는 것이다.

   3. 전후 미국의 자본 조직화와 일본 산업 자본의 일반적인 조
직화를 구분짓게 하는 세번째 특징은 하청에 대한 강한 선호이
다. 일본은 거대한 고용 업체로 이루어진 경제가 아니다. 오히려
일본의 비농가 노동력 중 88퍼센트는 중소기업 부문에 고용되어
있다: 50퍼센트 이상이 30명 미만의 정규직을 고용한 업체에서
일하고, 42퍼센트는 10인 미만의 업체에서 일한다(Chalmers,
1989: 47). 북미나 서유럽의 기준으로 보면, 심지어 일본의 대기

업조차도 많은 인원을 고용하지 않는다: 예컨대 제너럴 모터스가 1년에 790만 대의 차량을 생산하면서 75만 명을 고용하는 데 비해서 도요타는 450만 대를 생산하며 6만 5천 명을 고용한다(Fruin, 1992: 256). 그 대신 산업 생산의 과정은——자동차를 포함하는 많은 핵심적 산업 부문에 있어서——굉장히 하청 업체화되어 있다. 예를 들면, "부품의 60~70퍼센트를 자체 생산한 1980년대 미국 자동차 회사와는 달리, 일본의 주요한 생산 업체는 30퍼센트만을 생산하고 나머지는 관련 업체 체제를 통하여 하청을 주었다"(Tabb, 1995: 122). 일본의 주요한 자동차 생산 업체는 1970년대가 되면 태산같이 많은 소기업을 통할하게 된다: 1978년의 경우, 일본 통산성은 "평균적인 일본의 자동차 업체는 171개의 1차 하청, 4,700개의 2차 하청, 31,600개의 3차 하청 부품 업체를 갖고 있다고 추산하였다"(Lash and Urry, 1994: 73); 그리고 이때쯤 도요타는 잘 알려진 '적시' 생산 체제를 갖추어서 공식적으로는 독자적인 하청 업체가 제공하는 부품을 중앙에서 지휘하여 경쟁적인 우위를 획득하였다. 이것은 일본 자동차 산업의 특징만은 아니다. 실제로 현재 일본 경제의 광범위한 산업 집단의 각각이 집단 내의 각 수준에 고도의 회사별 전문성을 지니면서 계층적으로 조직되었다. 즉 일본 회사는 특정한 산업 집단 내에서 중심과 주변 회사라는 복합적인 계층적 관계에 얽혀 있으면서 특정한 한 사업 분야에 집중하며(Okimoto, 1989: 125; Gerlach, 1992: 27), 그 분야에서 다른 집단의 전문화된 회사와 경쟁하는 경향을 두드러지게 보이고 있다.

4. 이런 네트워킹과 하청의 과정은 일단의 특정한 내적인 경영상의 관행(그리고 내적인 기업 조직의 형태)과 공존하는데, 바로 이런 관행 때문에 일본 회사는 미국의 주요한 경쟁자와 구별된다

고 많은 경영 전문가들은 말하고 있다. 일반적으로 일본의 기업은 미국의 대기업이 채택하여 20세기 전반기에 성공을 거두었던 M형(multi-divisional, 다중 사업부형) 조직의 형태나 유럽식 H형(holding company, 지주 회사형)을 모방하지 않았고, 오늘날에도 주요한 일본 회사는 "비슷한 미국과 유럽의 주요 회사보다는 [……] 고용원 수가 적을" 뿐만 아니라, "종적으로 덜 통합되었으며, 생산 라인이 덜 다각화되어 있다"고 보고되고 있다(Fruin, 1992: 26; 종신 고용제와의 관련성에 관해선, Okimoto, 1989: 125). 또, 이들 기업은 후발 발전과 자원 결핍의 논리 때문에 차용한 기술을 충분히 활용하도록 고안된 조직의 관행을 택하게 되었고,——일찍부터 공장, 회사, 네트워크를 연결짓는 조직 학습과 협동 구조의 중요성을 강조했다(같은 책: 13)——그 과정에서 정보의 공유와 종업원 기술의 체계적인 개발과 활용을 통해 효율성을 얻는 팀 중심의 작업 조직 모델을 확립하게 되었다고 프루인은 말한다. 즉 전후 일본의 산업 조직은 "팀워크와 경험에 의해서 지속적으로 새로운 생산 서비스를 창출하는 학습 조직"이 됨으로써, 그리고 대량 생산에의 관심과 복합성을 최소화시키는 생산 설비를 결합함으로써 번성하였다고 한다(Best, 1990: 166). 또 자본과 노동 간에 고도의 협력이 이루어지는 회사들 간의 협업의 이점을 서로 연결지음으로써 번성하였다고 한다; 확실히 도요타와 하청 업체 간의 '적시 체제' 관계는 일반적으로 직무의 유연성이 포괄적이며, 종업원의 참여가 권장되고, 품질 관리는 높은 '린 생산' lean production이란 보다 폭넓은 체계의 한 부분으로서 제시되고 있다. 그리고 모방이 가장 진지한 형태의 찬사를 의미한다면, 그리고 체제의 확산이 그 체제의 강력함을 말해주는 최선의 지표라면, "일본식 기업 체제"가 모든 선진 자본주의 국가의 "학자들의 이론에서, 경영자들의 실무에서 주류로 공인을 받고 있다"는 점은 의미있는 일이다(Lincoln, 1993 : 55). 특히 아오키와 프루인의 저작은 관련 연구 문헌에서 널리 토의되고 인용되고 있다.

적어도 1992년 이전에 일본 기업 조직의 상호 연계적 특성이 애초에 미국에서 발전한 대량 생산 기술의 완전한 활용과 개발을 촉진했다는 것은 의심할 여지가 없다. 전후 일본의 경제적인 따라잡기의 설명에서 일본 국가의 역할(여기에 대해선 제2부 제4장에서 논의할 것이다)을 논의하지 않는다면 그것은 완전하다고 할 수 없다; 그러나 일본 회사의 네트워크 안에서 일어나는 장기적인 투자 전략과 생산 체제에 대한 고도의 비공식적인 지휘 과정을 언급하지 않는다면 그 설명도 적절하다고 할 수 없다. 칼더가 말했듯이, "연구 결과에 따르면, 일본의 가장 성공적인 산업 부문의 번영 과정에서 중심적인 '기업 주도의 전략적 자본주의'의 핵심적인 구성 요소는 장기신용은행과 계열형 산업 구조임이 밝혀진다"(Calder, 1993 : 21). 1980년대가 되어서야 미국의 산업 계획자들이 비로소 확실히 깨닫게 되었듯이, 이런 부문은 조선, 철강과 자동차뿐만 아니라, 당시의 소비자 전자 제품, 로봇 공학, 슈퍼컴퓨터와 원격 통신을 포함한다(Kenney and Florida, 1993 : 51).

예컨대 은행 자금은 전후 일본 기업이 신속하게 새로운 자원, 즉 자본과 노동 모두를 획득하고 동원하는 데 중심적인 역할을 하였다(아직도 그렇다). 일본의 제조업체는 1945년 이후의 독일 기업보다도 훨씬 더 은행의 자금에 의존했고(Corbett, 1994 : 306, 311 ; Edwards and Fischer, 1994a : 68), 일본의 은행은 역사적으로 영국의 그것보다 훨씬 덜 국제적인 관점을 가졌음을 보여주는 연구 결과는 많다(Calder, 1993 : 11). 또한 일본 은행이 산업 집단 내의 회사에 대출한 자금의 비용이 적어도 1990년대까지는 국제적인 기준으로 보아 낮았었다는 분명한 조사 자료가 있다(Tabb, 1995: 103; Nakatani, 1995: 51). 은행이 중심적인 역할을 한 임원의 겸임과 안정된 주식 보유의 체계가 일본 산업 경영자들을 고배당의 압력으로부터 벗어나게 했고(Okimoto, 1989: 121; Masuyama, 1994: 333; Corbett, 1994: 307; Lash and Urry, 1994: 77), 그들로 하여금 단기적인 이윤 취득보다 시장 점유율의 확보에 비중을 둘 수 있도록 했다는 명백한 증거가 있다(Drucker, 1988: 106; lash and Urry, 1994: 77; Johnson, 1995: 61). 상호 주식 보유의 체계가 일본 기업으로 하여금 적대적인 인수로부터 자유롭게 해주었고(Hiroshi, 1988: 81~2), 그 체계가 1960년대에 자본의 통제를 자유화하던 조치와 관련하여 외국인 소유의 위험을 차단하기 위해서 만들어졌으며(Hiroshi, 1988: 82; Masuyama, 1994: 328), 그 체계가 1973년 석유 위기의 전과 후에 경쟁의 어려움에 빠진 회사와 산업 부문이 질서 있게 구조조정 되는 것을 용이하게 했다(Pascale and Rohlen, 1988: 149~70; Calder, 1993: 166~73)는 사실을 보여주는 명백한 조사 자료도 있다. 즉 전후 오랫동안의 급속한 성장 기간 동안 일본의 산업 자본은 제도적으로 금융의 논리를 제조업의 논리에 따르게 만들 위치에 있었다(Clegg et al., 1990: 56). 부연하자면 영국에 기반을 둔 산업 자본은 이렇게 할 위치에 있지 못했다. 은행 간의 경쟁과 장기적인 산업 대출에서의 은행의 깊은 개입이 이것을 보장해주었다(Hidaka, 1997: 166); 그 결과 은행은 일본의 산업 자본이 급속한 자본 축적과 지속적인 산업 근대화를 촉진시킨 가격과 조건으로(미국이나 영국의 산업 자본이 경험할 수 있었던 것보다 상당히 큰 정도로) 투자 자금에 접근할 수 있게 해주었다.

　이런 자본의 흐름이 먼저 일본의 중공업과 대량 소비재 생산을 미국 수준에까지 이르게 하는 데 사용된 것은 의심의 여지가 없다; 그러나 1945년 이후의 일본의 성장을 단순히 후발 주자의 따라잡기의 문제로만 보는 것은 아주 잘못된 일이다. 왜냐하면 일본 산업 자본의 여러 부문이 1980년대까지 새로운 기술의 개발과 적용 능력을 개발했기 때문인 것 또한 확실하기 때문이다—이는 일본 기업 네트워크의 정보 공유에 의하여 개발된 능력이며, 당시에 이미 새로운 첨단 산업에 적용된 능력이다. 이 기술 혁신을 위한 능력 그 자체는 일본의 그 이전의 후진성과도 관련되는데, 1945년 이후 일본의 제조업 회사들이 "역엔지니어링," 즉 해외에서 완제품을 구해서 분해하여, 그 제품을 재생산하고, 세련화시키는 산업 능력을 키워 번성했던 초기의 방식에서 출발한 장기적인 발전의 결과였다는 명백한 연구 결과도 있다(Freeman, 1988: 335). 그 귀결점은 독특한 산업 연구와 개발의 체제(Westney, 1993: 37), 즉 "근본적인 혁신보다는 점증적인 혁신에 초점을 둔 〔……〕 제품 혁신보다는 생산 과정 혁신을 향한 강력한 성향"(Imai, 1992: 225)에 의해 특징지어지는 체제의 등장으로 보일 것이다. 그리고 이 체제에서는 일반적으로 미국과 유럽에서보다는 연구 개발R&D 부서와 생산 엔지니어, 생산 공정 관리자 사이에 밀접한 작업 관계가 설정되며, 그것은 고품질의 소비자 제품의 생산에 편향되어 있다—"최근의 추산에 따르면, 일본 전체의 연구 개발 노력 중 거의 10분의 9가 제품 개발에 바쳐지고 있다"(Kenney and Florida, 1993: 58). 일본의 연구 개발 부서가 이렇듯 공정 혁신의 경쟁적 우위에 민감했기 때문에 미국에서 시작된 컴퓨터 기술의 산업적인 잠재력을 일찍 인지할 수 있는 성향을 갖게 해주었고, 이런 기술을 기존의 대량 생산 체제에 적용할 수 있도록 장려하고, 알려진 대로 변모시켰다. 실제로 "1989년까지 일본 기업은 219,667기의 산업 로봇을 배치한 데 비해서 미국은 36,977기, 독일은 22,395기를 배치하였다—당시에 이들 이외엔 만 기 이상의 로봇을 배치한 나라는 없었다"(같은 책: 71). 군사-산업적 생산 체제가 연구 개발 능력의 배분에 미치는 왜곡된 영향에서 자유로웠던 일본 회사는——1990년이 되면 일본은 상업적 연구 개발 부문에 미국보다 GNP의 1퍼센트를 더 지출하였다——1973년 이후 점증하는 연구 개발비를 "가장 신속히 성장하는 민간 산업"의 제품 개발에 집중시켰다. 예로써 "전자 산업 부문의 특허권 자료에 따르면 1980년대에 유수한 일본의 전자 제품 회사는 이 산업 부문에서 미국과 유럽의 회사를 앞지르는데, 국내 특허 수뿐만 아니라, 미국에서 취득한 특허 수에 있어서도 앞선다"(Freeman and Soete, 1997: 302). 그 결과 1990년이 되면, 포디즘에 의한 대량 생산 체제의 산업뿐만 아니라, 반도체, 컴퓨터, 원격 통신, 소프트웨어와 생명 공학 등의 새로운 첨단 부문에서도 미국과 일본 회사 사이에 의미있는 위치의 변화가 일어난다(Kenney and Florida, 1993: 50).

또한 하청 체계와 이에 연관된 생산의 흐름과 노동력의 통합에 대한 내부 경영진의 주도권도, 자본과 노동이 일단 동원되고 나면, 그것을 완전히 활용하도록 잘 맞추어져 있다는 점도 분명하다. 이 모두가 합쳐져서 일본 기업으로 하여금 "제조 수준에서는 제품과 공정, 회사 수준에서는 전략적 기획과 마케팅의 조정, 그리고 회사 내부의 수준에서는 제품과 시장의 폭을 잘 결합시킬 수 있도록 해주었다"(Fruin, 1992: 10). 하청은 바로 좋은 예이다. 고위 관리자와 핵심 노동자를 하청하는 기업에 배치하고, 신용 수단을 산업 집단의 상부에서 하부로 확대하여 소기업과 대기업을 함께 묶었다. 이들 소기업의 대기업에 대한 경쟁적인 싸움은 이들 사이에 역동성과 혁신을 장려했다; 그리고 분화되고 기업가 정신이 있는 소기업 부문은 핵심 노동자와 중앙의 경영진에게 취업 안정을 보장할 수 있는 능력을 보호함으로써(그리고 그들의 훈련에 투자할 가치를 보장함으로써) 대기업에게 완충 기능을 하였다. 적어도 이 정도만큼은 1973년 이전 그리고 이후 고성장 시대에 일본 소기업 부문이 보여준 경쟁적인 역동성과 기술적인 역동성을 인정하면서, 일본 성장에 관한 "유연한 전문화" 명제를 받아들이는 것은 가능하다. 그러나 일본의 성장이 주로 소기업 부문에 의하여 추동되었다는 일반적인 주장은 설득력이 없다 (Fruin, 1992: 300을 보라; 또, Williams et al., 1987). 왜냐하면 전후 일본 경제는(소기업 부문을 포함한) 각 산업 집단 내의 대기업들에 의해서 지배되었기 때문이다. 하청 체제로부터 강력한 경쟁력의 우위를 이끌어낸 것은 바로 그들이었다; 적어도 자동차와 소비재 전자 제품에 있어서, 특히 1970년대 이후에(생산성의 증가와 세계 시장의 점유율 양 측면에서) 정말로 놀라운 결과를 생산해낸 것은 그들의 지도를 받은 대량 생산 체제의 재조직화였다. 1980년 통산성 백서가 추산했듯이, "1960년대에 자본의 증가가 일본의 생산의 증가에 가장 기여를 많이 한 반면" "1970년대에는" […] 화공 제품, 섬유, 금속 제품과 전자 제품 등 다양한 산업에서 "기술과 다른 요소의 중요성이 증가하였다"(Hajime, 1988: 147). 핵심적인 자동차 산업에 있어서, "다른 요소 중에는" "린 생산"에 따르는 온갖 내용이 포함되어야 할 것이다— 이 린 생산 때문에 미국의 3대 자동차 업체의 재고 비용이 차당 6백~7백 달러일 때, 도요타의 평균 재고 비용은 차당 40달러에 불과했다 (Tabb, 1995: 123; Fruin, 1992: 251~95; Cusomano, 1989).

"린 생산"은 원래 순전히 도요타 회사만의 현상이었지만, 1973년 제1차 석유 파동 이후 일본 제조업의 대다수가 그 행동 준칙— "고용의 합리화, 새로운 기술의 도입(컴퓨터 적용한 기계 포함), 에너지-감축 능력의 개발, 재고 감축과 재고 관리 체제의 재조직, 작업 재조직과 기술 재훈련"——의 일부 또는 전부를 채택한 것처럼 보일 것이다(Peck and Miyamachi, 1994: 657). 기술적인 측면에서, "린 생산이란 간접적인 노동력, 완충 작용의 재고, 대량 생산에 특징적인 재처리 작업 등의 부재로 특징지어지고, 급속히 전환하는 소량의 적시 생산에 적합한 유연한 장비를 사용하는 재훈련된, 다기능 노동자의 존재로 특징지어진다"(Williams et al., 1992: 324). 이 같은 노동 과정의 조직 형태에 관한 열성적인 지지자들의 주장을 보면 놀랍다: "그것은 대량 생산에 비해서 모든 것을 적게 사용한다——공장의 인력의 절반, 제조 공간의 절반, 공구 투자의 절반, 새로운 제품 개발을 절반의 시간에 절반의 기술적 노력만 들인다"(Womack et al., 1990: 13). 그리고 일본의 수출 부문이 세계 시장에서 정말 두각을 나타낸 것은 겨우 1973년 이후였기 때문에, 린 생산과 연계된 것으로 보이는 엄청난 생산성의 증가가 그렇게 열정적으로, 특히 일본 밖에서 자국의 산업 기반의 경쟁력을 향상시키려고 한 이들에 의해서 열정적으로 토론된 것은 아마 완전히 놀랄 일은 아닐 것이다. 왜냐하면 다음과 같이 묘사된 노동 조직의 형태에서 누가 반대할 만한 사항을 찾을 수 있을 것인가, 특히 그것이 경쟁력, 성장, 고용과 높아지는 생활 수준의 열쇠라고 논의된다면:

일본 조직의 특성은 장기적인 고용 관계, 연공서열별 승진, 유연한 중첩적인 역할 배분, 포괄적인 교차 훈련, 팀 생산, 결속력 있는 작업 집단, 강한 수직 관계, 낮은 불평등과 결합되며 세밀하게 등급화된 계층제, 폭넓은 참여가 가능하나 공식적으로 집중화된 결정, 기업 기반의 노동조합, 풍부한 종업원 복지 서비스, 핵심적인 기업 가치에 대한 호소를 통해 사기와 몰입을 확립하려는 끊임없는 노력, 신입 구성원의 엄격한 선발과 사회화 그리고 많은

예식과 관례를 포함한다. (Lincoln, 1993 : 71)

그 대답은(우리가 제2부 제2장에서 일본의 산업 관계를 논의할 때 보았듯이) 린 생산에 대한 주장과 린 생산 자체에 대해서 상당히 많은 반대할 만하고 왜곡된 사항이 있다는 점이다. 이 반대와 왜곡 때문에 이것은 영구적으로 성공적인 자본 축적의 길로서는 한계가 있고, 자본과 노동 간의 점진적인 해결 방안의 모델로도 한계가 있다. 왜냐하면 조직 과학의 외형적으로는 중립적인 분석적 범주를 사용하는 학자들이 린 생산을 묘사할(그리고 주장할) 때 결여한 것은 그 속에 흐르고 있는 권력 관계에 대한 명확한 인식이며, 그 결과로서 생기는 생산성과 성장에 미친 영향을 이해하는 실질적인 열쇠인 강도 높은 노동 착취에 대한 명확한 인식이다.

워맥, 존스와 루스의 연구는 신뢰성 있는 학술 저작이 되기엔 심각한 결함이 있고, 이는 누구보다 윌리엄스와 그의 동료들에 의해 지적된 바 있다(Williams et al., 1992). 윌리엄스 등이 설득력 있게 입증했듯이, 그 연구의 조사 자료는(통산성의 정책 배경 논문으로서 하나하나 출판되었는데) 린 생산에 의해서 획득된 생산성 증가의 규모에 대한 주장을 뒷받침하지 못하고, 노동 조직의 린 생산 체제가 성취된 생산성 증가에 중심적이란 주장을 뒷받침하지 못한다. 『세상을 바꾼 기계』의 결론은, 그들 자신의 조사에 따라 1973년 이후의 일본 자동차 업체가 거둔 시장에서의 영향에 중심적인 역할을 행사했다고 지적했던 자동화 수준, 디자인 요소, 용량 활용의 중심적인 역할을 무시하고 있다. 그들의 연구는 생산성 차이를 좁혀가는 과정에서 처음에 후진적이었던 일본의 자동차 산업이 보여준 따라잡기의 차원을 적절히 고려하지도 못하고 있다; 윌리엄스와 그들의 동료가 말하듯이, "대당 노동 시간 이야기의 요점은 〔……〕 일본이 장기간에 걸친 개선의 길을 걸어왔는데, 정체적인 미국의 훨씬 뒤에서 출발하였기 때문에 현재 미국과 일본 산업의 격차는 상대적으로 작다"(Williams et al., 1992: 333)는 것이다. 게다가 워맥과 그의 팀은 일본의 자동차 생산성이 일단 따라잡기에 성공한 이후에는 일정한 상태를 유지한 사실의 의미를 완전히 놓치고 있는 듯하다: 즉 린 생산이 영속적인 생산성의 성장을 발생시키지는 않았고 그럴 수도 없었다. 그리고 무엇보다도, 보고서가 특별한 역점을 두고 있는 조사 자료에서 찾아낸 생산성 결정 요인의 일부만을 선택함으로써, 통산성 연구는 윌리엄스와 그의 동료들이 제대로 보고 명명한 "소프트한 조직의 특성"(팀 작업 등)의 논의를 배제했고, 전후 기간 동안 일본 자동차 산업의 경쟁에서 성공할 때 장시간 노동, 강화된 작업 일과, 저임금 등이 맡은 중대한 역할을 의도적으로 무시하고 있다.

전후 일본의 자동차 산업에 적용된 린 생산은 현실적으로 볼 때 "강도 높은 노력과 장시간의 노동을 결합함으로써" 노동으로부터 잉여를 추출해내는 우수한 체제이다(같은 책: 342). 린 생산이 테일러리즘과 포디즘의 변형에 불과한가 아니면 새로운 무엇인가에 관한 건전한 토론이—특히 노동 과정과 후기 포스트주의 문헌에서—진행 중이다; 이 문헌에는 도요타와 다른 일본 회사들이 핵심 노동자들에게 제공하는 취업 안정과 강도 높은 작업 과정 사이의 맞교환이 다른 지역의 노동운동이 타결한 임금-노동 강도 사이의 협상보다 바람직한 것인가에 관한 격렬한 의견 대립이 포함된다(이 점에 대해선 Peck and Miyamachi, 1994: 651~2; Kenney and Florida, 1993: 24~5). 그러나 이런 의견 불일치에도 불구하고 이 연구 문헌은 그 옹호자들이 고의로 무시하고 있는 린 생산의 어두운 면을 아주 명백히 보여주고 있다. 린 생산의 효과성은 다음에 달려 있다:

＊중심 회사와 하청 업자 체제 사이, 그리고 이를 통하여 형성되는 중심 회사와 하청 업체 네트워크에 고용된 노동 간의 고도로 강압적이며 착취적인 관계(Kenney and Florida, 1993: 47);

＊일의 설계, 배분, 속도에 관한 어떤 정도의 통제도 주장할 능력도 의지도 없는 심각하게 약화된 노동운동(Dohse et al., 1985);

＊핵심 노동자들의 과도한 작업 시간: 탭은 1989년에 일본의 자동차 노동자가 291시간의 시간 외 근무를 포함하여 2, 210시간 일했다고 보고했는데, 이는 일본 전 산업의 평균치보다 높은데, 전 일본 평균은——우리가 서론에서 보았듯이——선진 자본주의 그 어느 곳에서보다도 높다(Tabb, 1995: 120);

＊중심 회사와 하청 체제 모두에서 나타나는 강도 높은 작업 일과(Cusomano, 1989; Dohse et al., 1985: 129~34);

＊임금의 등급화: 핵심 노동자는 높고, 공급선의 밑으로 내려갈수록 낮아진다(Arrighi, 1994: 343~4; Kyotani, 1996).

"매년 일본의 자동차 산업 노동자들은 독일의 노동자들보다 개인당 250내지 8백 시간 더 생산 라인과 기계 작업에 시간을 보낸다: 매년 도요타는 폴크스바겐보다 그 생산 능력(즉 공장 가동 시간)을 약 9백 시간 정도 더 활용한다"(Bosch and Lehndorff, 1995: 1~2). 그리고 카마타 사토시가 『절망의 자동차 공장 *The Automobile Factory of Despair*』이란 제목으로 적시 체제의 운영에 관해 출판한 일기가 도요타의 노동 생활에 바탕을 두었다는 점은 의미가 없는 것이 아니다(Cusomano, 1989: 305). 적어도 일본에서는 린 생산의 이면이 작업 스트레스, 공장 사고 그리고 높은 자살률인 것처럼 보일 것이다.

미국에 수출되었을 때, 린 생산은 처음에는 돌이킬 수 없었던 일본 자동차의 수출의 상승을 역전시키는 데 나름의 역할을 했지만 그것은(우리가 마지막 장에서 보다 상세히 다루는 바와 같이) 임금의 저하와 임금 지불-작업 노력의 협상을 격화시킨 대가를 치렀다. 왜냐하면 어떤 의미에서 린 생산은 질적으로 새로운 종류의 노동 관리가 아니라, 아주 오래된 종류의 관리이기 때문이다. 그것은 각각의 기업에게 급속히 시장 점유율을 높이도록 해주는데, 이것은 기업이, 그 기업만이, 노동자로부터 잉여 착취의 과정을 강화할 수 있는 한에서만 그렇다. 그러나 그것은 또한 다른 지역의 경쟁 기업에게 복제와 확산을 초래하고(실제로 강요하고), 궁극에 가서는 최초에 있었던 경쟁의 간격은 그대로 남는 채, 작업 강도의 수준은 보다 높아지고, 노동에 돌아가는 보상은 보다 낮아진다. 이런 의미에서 린 생산은 자본주의의 성장 문제에 대한 새롭고 영구적인 해결책이 아니라, 노동자의 권리와 노동자의 보상 수준을 끌어내림으로써 그 문제를 일시적으로 해결하는 핵심 기제이다.

어떤 경우에도, 1973년 이후에 일본 경제가 완전히 이런 방향으로 재정비되었다거나, 일본의 산업 자본 계급이 경제 전체의 생산성 향상을 기하는 열쇠를 발견했다는 가공의 이야기를 그대로 받아들이는 일은 현명치 못한 일일 것이다. 어떤 경우도 사실이 아닐 것이다. 린 생산은 자동차 산업 내에서도 주도권을 쥐지 못했고, 그 이외의 산업에선 말할 것도 없다. 닛산은 1970년대부터 간반 체제(적시 체제)를 채택하려고 애를 썼다(Fruin and

Nishigushi, 1993). 혼다도 마쓰다도 완전히 도요타 체제로 이행하지 않았고, 둘 다 1980년대에 개선되어가던 미국 자동차 업체와 비교할 때 성과가 뒤처졌다(Williams et al., 1992: 326). 보다 일반적으로 말해서, 일본의 생산성은 "산업 간에 극히 편차가 컸음"이 드러났다(Oulton, 1994: 53): 자동차, 전자 제품, 철강에선 높았고, 식품, 음료, 농업, 섬유와 소매 서비스 부문에선 낮았다. 월프는 1988년 일본 농업의 생산성은 미국 수준의 18퍼센트에 불과하며, 식품, 주류, 담배의 경우 35퍼센트, 섬유의 경우 57퍼센트임을 밝혔다(Abramovitz and David, 1996: 33). 그렇다면 포터가 일본을 "대조를 지닌 대상"——즉 세계 최고의 회사가 있는 어떤 부문과 "최고의 세계 수준의 경쟁 상대의 기준을 맞추지 못할 뿐만 아니라 훨씬 뒤처지는 회사가 있는" 다른 부문으로 나뉘어진 대상——이라고 생각한 것은 놀라운 일이 아니다(Porter, 1990: 394). 물론 이런 분리는 수출 산업이 이류의 명단에 들어가지 않는 한에서는 일본의 전반적인 국제적인 성과와 지위에 영향을 미치지는 않는다; 그러나 1992년 이후 이제까지 놀라웠던 무역의 성과가 빗나가기 시작하자, 분리된 상태는 엄청나게 중요해지기 시작했다. 우리가 이미 보았듯이 1992년 이후 일본 모델의 옹호자들은 당연히 조용해졌다.

1990년대의 신뢰에 기반한 자본주의에 관한 노트

1990년대는 신뢰에 기반한 자본주의의 경제적 성과에는 좋은 10년이 아니었다. 동서가 새로이 통일된 독일 경제는(우리가 제3부에서 보다 상세히 논의하듯이) 전례 없이 높은 수준의 실업과 제조업 부문의 낮은 수익성(1990년대 후반에는 연평균 GDP 성장률 2퍼센트를 유지하긴 했지만)과 싸우며 1990년대를 보냈다. 1990년 동경 주식 시장의 주가 붕괴의 내적인 결과를 완전히 받아들이고

난 이후, 일본 경제는 독일보다도 성과가 나빴다. 경제적 침체로 1990년대를 보냈고, 불황으로 1990년대를 마쳤다. 1996년을 제외하고, 일본 경제는 1992년 이후 연평균 1.5퍼센트 이하의 성장률을 보이며, 같은 기간 동안 미국이나 영국의 평균 성장률을 밑돌았다. 주요한 자본주의 경제는 그후 일반적인 동아시아 금융 위기(이에 대해서는 제3부에서 논평할 것이다)로 형성된 혼란에 빠지게 된다; 그러나 일본만은 1992년에 그들 나름의 작은 위기를 겪었는데, 위기의 근원은 일본 성장 모델의 강점과 약점에 관해 통찰력 있는 시각을 제공해주었으며, 위기의 해결안은 "일본의 기업 체계"가 유럽과 북미 중도좌파의 모델로서 부적절함을 명백히 보여주었다.

1990년대 일본의 경기 하강은 이제까지 산업계와 금융 기관 간의 깨뜨릴 수 없는 기업 관계로 보이던 것의 약점을 명백히 드러내주었다. 우리가 이미 보았듯이 국제적으로 폐쇄적이고, 고도로 네트워크화된, 국가 주도라는 전후 일본 은행 체제의 속성은 일본의 제조업 부문에 값싼 자본이 끊임없이 흘러 들어가게 했고, 1973년 이후 일본의 대기업을 주요 수출업자로 전환시켰다. 그러나 바로 그 성장 때문에 은행의 신용에 대한 대기업의 의존은 줄어들었고, 일본은 금융 시장을 자유화하고 엔화를 재평가하라는 무거운 국제적인 압력을 받게 된다. 즉 국내, 국외의 발전 과정이 전후 일본의 경제 성과의 제도적 지주를 깎아먹어 들어갔다.

외적으로 보면, 미국 행정부로부터의 압력은 1985년 플라자 협약을 맺게 하여, 일본으로 하여금 강한 엔화를 수용하도록 밀어붙인다(당시 18개월 만에 달러화에 대한 엔화의 가치가 거의 두 배가 된다). 수출 시장이 압박을 받자, 일본의 대기업은 자본을 해외

로, 미국과 유럽(일본의 주요 시장), 아시아의 호랑이 경제국(일본
에게 값싼 노동의 주요한 원천)으로 옮겼다. 일본의 정책 체제는
이른바 펨펠이 말하는 "감싸인 중상주의" 단계에서 "국제적인 투
자가"의 단계로 옮겨갔다(Pempel, 1998: 16). 사실상, "1985년
이후 〔……〕 엄청나게 많은 일본의 해외 직접 투자가 일어났다."
1988년까지 3년 동안 일본의 자본 수출은 "1951년 이후 35년 동
안 이루어진 해외 직접 투자의 총액을 초과했고"(Hobday, 1995:
20), 1987년과 1990년 사이에는 미국 해외 직접 투자의 거의 두
배에 이르렀다(Brenner, 1998: 217). 그 이후, 1991년과 1995년
사이에 "일본의 제조업 부문 연간 해외 직접 투자는 또다시 거의
50퍼센트 증가했고, 이 증가분의 거의 대부분은 아시아에 투여
되었다"(Brenner, 1998: 223~4). 이런 과정에서 일본과 아시아
호랑이 경제의 생산, 금융, 수출 체제는 서로 엇물리게 되었고,
1997년에 동아시아의 금융 위기가 닥치자 주요한 일본의 금융
기관의 생존이 위협받을 정도였다.

내적으로 보면, 일본 정부는 의도적으로 화폐를 푸는 정책을 폄
으로써 엔화의 재평가에 의해 촉발된 기업 이윤에 대한 압력을
막아내려고 노력하였고, 그로 인하여 발생한 가용 자금의 과다
공급은 일본 금융 기관과 제조업 기관으로 하여금 점차적으로
투기적인 투자를 하도록, 특히 간신히 유지될 산업 프로젝트와
토지와 금융 자본과 같은 비생산적인 용도에 투자하도록 유도하
였다. 인플레이션된 토지와 자산가는 기업 담보의 가치를 오도
케 하였고, 보다 더 생존 가능성이 적고 위험한 기업의 모험 사
업에 대한 대출을 유도해나간 한편, 은행, 제조업체, 관료제와의
강한 네트워크적인 연계는——정실주의와 부패로 윤기를 더해가
면서——과도한 대출과 서면상의 기업 가치의 인플레이션을 조장
하였다. 1985년과 1990년 사이에 산업 공장과 설비에 대한 투자

는 연 10퍼센트 이상 증가했고, 경제의 평균 성장률은 거의 5퍼센트에 달했다(Brenner, 1998: 216). 그러나 동시에 "일본 내 재산의 가치는 2백 퍼센트 이상 증가하였고," 일본의 대기업이 1985년과 1990년 사이에 노구치가 말하는 "부동산 열풍"에 44조 엔을 낭비하게 되자, "이미 비싼 재산의 가치를 급속하게 높여버렸다"(Leyshon, 1994: 142). 이에 따른 "거품 경제"가 1990년 9월에 터져버리자, 그 결과는 숱한 스캔들, 기업 붕괴, 축소된 투자 신뢰로 나타났다——이 신뢰(그리고 악성 채무)의 위기는 1995년 후반까지, 그리고 1997년부터 다시, 일본 경제 전체를 저성장의 궤도에 묶어두었다.

이 과정에서 일본에 기반을 둔 자동차와 소비자 전자 제품 산업의 세계 시장 점유율은 줄어들고, 미국의 제조업 자본은 1990년대에 "제자리로 돌아오고"(Lester, 1998), 일본의 수출은 첨단 기술 집약적인 제품 시장에 의존하게 된다(Yoshitomi, 1996: 69). 그 결과로 1998년까지 일본은 10년 전에 비해서 훨씬 더 전형적인 자본주의 경제인 것처럼 보였다. 이제 기술 이전과 확산은 양방향으로(일본 안으로, 밖으로) 움직여서 일본의 기업 네트워킹은 더 이상은 다른 지역의 새로운 민족 자본주의가 의당히 따라야 할 분명한 이상적인 바로 그 모델이 아니었다.

1990년대의 어려운 교역 상황에 대한 대규모 일본 산업 자본의 대응도 어떤 명칭으로 불리든——프루인의 "일본 기업 체제," 허튼의 "인간주의" 혹은 오자키의 "인간적 자본주의" 등등——일본 모델은 다양한 형태의 서구의 중도좌파 세력에게는 부적합한 모델이었다(그리고 항상 그러했었다). 일본 경제 성장이 전성기이던 시절에도 중도좌파의 열렬한 지지자들은 항상 선택받은 25퍼센트인 핵심 노동자에게 주어진 조건에 초점을 맞추고, 나머지의 운명은 도외시하면서 일본 모델에서 알짜만 선택하였다; 그러나 이들도 1990년대의 스태그네이션과 불황에 의해 촉발된 작업 과정의 일반적인 강화와 보다 커진 취업의 불안정을 인지하지 않을 수 없었다. 대규모 제조업체들도 축소된 수익성에 대하여 다른 지역의 자본과 완전히 똑같은 방식으로 대응하였다. 이들은 점차적으로 무게 중심을 제조업에서 금융 서비스로 옮겨갔다 (Leyshon, 1994). 이들은 자신들의 하청 업체에게 압력을 강화하였고, 핵심 노동자의 권리를 잠식해갔다. 또한 1950년대에 경공업을 해외로 옮기고, 1973년 석유 파동 이후에 기초 제조업을 해외로 옮기며, 그 이전에 적어도 두 번을 그렇게 했었던 것처럼, 이들은 생산 능력을 해외로, 보다 노동력이 싸고, 덜 조직화된 동아시아의 다른 곳으로 옮김으로써 대응하였다. 일본의 수입 중 일본 회사의 아시아 관련 회사로부터의 수입 비중은 1990년대에 급속히 상승하여 1985년에는 5퍼센트 미만이었던 데 비해서, 1994년엔 전체 공산품 수입 중 15퍼센트를 차지하게 되었고, 아주 의미 깊게도 "아시아 관련 회사 수출품의 대다수는" 당시에 점점 어려운 경쟁 상태에 있던 "가정용 전자 제품, 전기 기구류, 운송과 전기 산업 부문의 표준화된 부품이었다"(Yoshitomi, 1996: 69). 달리 말하면, 1990년대의 일본의 대규모 산업 자본은 그들의 직접적인 이윤 문제에 부딪히자 그들이 고용했던 노동자로부터의 잉여 착취를 강화함으로써(일본과 해외에서 직접적으로 그리고 하청 체제를 통하여 간접적으로) 대응하게 된다. 이렇게 됨으로써, 이 10년 동안의 린 생산은 그것에 노출된 노동자들에겐 정말로 대단히 메마른(lean) 것이 되어갔고, 이는 무엇보다도 1980년대에 라조닉과 다른 사람들이 모든 일본적인 것에 대해 전개한 찬사와 워맥, 존스, 루스가 내세운 주장, 즉 린 생산에 의해 지배되는 세계는 보다 좋은 곳이 될 것이라는 주장을 우습

게 만들어버렸다. 특히 일본 노동자와 다른 동아시아의 노동자
들에게, 1990년대는 그것이 더 좋은 세상이 아님을 분명히 밝혀
주었다.

제4장 성장 방정식의 한 요소로서의 국가

우리가 이미 보았듯이, 자본주의 모델에 관한 논쟁의 중심에는 노동자의 권리와 자본의 힘에 관한 의견의 불일치가 자리 잡고 있다. 이 의견 불일치는 경제 성장 과정에 있어서의 주체로서의 국가의 적합한 역할에 관해 치열하게 경쟁하는 의견과 항상 함께 제기된다. 사실상, 공공 정책의 형성이 성장을 위해 자본주의 경제를 특정한 방식으로 조직하는 문제에 대한 학술적 논의(그리고 모든 대중적인 옹호)의 중심 과제이기 때문에, 국가의 문제는 이들 간의 논쟁에서 항상 중심적인 쟁점이 된다. 아주 넓은 의미로 보면 경제적인 주체로서의 국가에 대한 태도는 부록에 실린 지적 전통과 아주 직접적으로 조응한다. 이미 다른 곳에서 충분히 다루었듯이(Coates, 1996: 4~16), 대체로 신자유주의적 신념을 지닌 연구자, 논평가, 정책 결정자는 늘 성장의 방정식을 "국가 대 시장"의 문제로 제시하고, **시장을 강화**하며, 국가의 활동을 불가피한 시장 실패를 수정하기 위해 고안된 정책에 한정시킨다. 보다 케인스적인 색채를 띠는 정책 집단은 어느 정도 국가에 의한 경제 운영을, 특히 총수요 수준의 조정을 통한 경제 운영을 옹호하는 경향이 있다. 보다 슘페터적인 시각에 영향을 받은 사람들은 국내적 생산요소—자본과 노동 모두—의 질을 향상시키기 위해 고안된 정책에 의해서 **시장에서의 우위를 창조**해내는, 경제의 공급 측면에서의 국가의 행위를 옹호하는 경향이 있다. 급진적인 학자들은 특권 계급의 사적인 이해에 의해 추동되어진다고 보이는 경제 과정에 대해 높은 수준의 **국가 규제와 통제**를 항상 역설한다. 자본주의 모델에 관한 논쟁의 어느 곳에서보다도 더 분명하게 국가의 영역에서는 성장의 결정 요인에 대한 기술적인 주장과 사적 소유권의 적절성에 관한 가치관의 문제가 뗄 수 없게 얽혀 있다.

정치적인 것과 경제적인 것의 접합은 논쟁의 양대 진영의 사회과학 분야에서 오랫동안 주요한 연구 영역이었다; 그리고 그것은 급속히 성장하고 있는 국제 및 비교 정치경제학이란 분과 학문의 중심적인 관심사이다. 경제가 정치에 미친 영향에 대해서는 풍부한 연구 문헌이 있어왔고, 특히 안정된 민주 정치 체제의 성립을 위한 경제적(그리고 사회적) 필수 조건에 관심을 기울인 연구가 많았다(Lipset, 1959; Moore, 1966; Therbon, 1977; Rueschemeyer et al., 1994). 또 '국가-사회' 관계가 기술적인 혁신 능력과 확산, 그에 따라 경쟁력(Hart, 1992a; 1992b)에 미치는 일반적 영향, '체제 유형'과 경제적 성장 간의 관계에 미치는 일반적 영향에 관한 비교 연구도 있다(Sirowy and Inkeles, 1990; Haggard, 1990; Helliwell, 1994; Siermann, 1998). 또 전후의 기간 동안 특정한 국가 경제의 성과를 특정한 종류의 정부 정책과 연결시키는 여러 가지 연구 자료도 있다. 우리는 제1부 제1장과 제1부 제2장에서 이 자료의 일부를 접한 적이 있다; 그 자료로부터 이제 세 가지 중심적인 갈래를 뽑아낼 필요가 있다. 우리는 전후 기간 동안 미국과 영국 경제가 둘 다 부분적으로는 부적절한 형태의 국가 개입과 경제 운영 때문에 성과가 좋지 않았다는 주장의 적합성을 검토할 필요가 있다. 전후에 나타난 미국 수준의 생산성으로의 수렴과 독일과 일본이 성취한 시장에서의 성과에 국가 정책의 역할이 중심적이었다는 주장의 적합성을 검토할 필요가 있다; 그리고 성장을 유도하는 유형의 국가 개입을 위한 공간이 세계화라는 현상에 의하여 심각히 제약받고 있다는 주장을 검토할 필요가 있다. 즉 우리는 주요한 자본주의 모델이 보인 경쟁력 성과상의 과거의 차이가 국가라는 시각에서 설명될 수 있는 범위와 경쟁력 성과상의 미래의 차이가 유사하게 촉발될 수도 있는 범위를 모두 검토할 필요가 있다.

자유주의적 자본주의와 국가

성장을 추구함에 있어서 자본과 노동이 어떻게 상호 작용하는가를 결정하는 데 국가는 대단히 제약된 역할을 한다는 것이 자유주의적 자본주의 모델의 한 특징이다. 이 모델을 주창하는 사람 가운데 국가가 계획 혹은 규제의 역할을 수행하라고 열성을 보이는 사람은 없다. 이들이 보기에 국가의 과제는 건실한 화폐를 조성하고, 독점에 의한 요소 시장, 제품 시장의 왜곡을 방지하며, 개방적이고 자유로운 무역을 확보하여 시장의 과정이 완전히 기능을 발휘하도록 지지하고 촉진하는 일일 뿐이다. 이 모델에 따르면 이를 넘어선 국가의 경제적 활동은 공공재의 제공——즉 "비사유적이며, 비소모적인" 재화(국방과 기초 사회간접자본 등)의 조성에 제한되어야 한다(Sharp and Pavitt, 1993:5); 만일 국가가 이렇게 제한받지 않으면, 경제적인 저성과가 따르게 될 것이다. 실제로 제2부 제1장에서 보았듯이, 이런 자기 제약적인 역할이 전후의 영국 정부에 의해서 지켜지지 않았고, 영국의 경제적인 성과를 조금이라도 향상시키려고 한다면, 그것은 재구성되어야 한다는 주장이 1970년대 신자유주의적 경제학자들이 전후 영국 경제의 쇠락에 대해 전개한 설명의 핵심이다. 그러나 우리가 이미 보았듯이, 전후에 영국의 국가-경제 관계에 있었던 문제에 대한 신자유주의적 설명이 폭넓게 토의된 유일한 것은 아니다. 다양한 지적인 신념을 지닌 좌파 논평가들은 다른 이야기를 들려주고 있다. 즉 영국(그리고 미국) 경제의 경쟁적 지위의 약화는 과도-정부가 아니라, 과소-정부 및 실책한 정부에 원인이 있다고 한다: 적절한 산업 정책의 결여(규모와 종류에 있어서), 군사-산업적 생산의 조정에 과도히 관여한 정부가 소비재 산업의 국제적 경쟁력에 미친 왜곡 효과 등이 그 원인이다. 국가의 성과에 관한 신자유주의적 비판은 압도적으로 영국에 집중되어 있어서, 특히 1970년대에 영국 국가는 우파와 좌파 모두로부터 비판을 받게 되었던 반면 미국 국가는 10년 후에 주로 중도좌파로부터 공격을 받게 된다. 중요성, 영향, 폭넓은 논란에 비추어볼 때, 이 두 비판은 주의 깊은 경험적인 검토를 받을 가치가 있다.

영국 국가에 반대하는 논리

1970년대 후반 영국의 대권을 향한 정치적 투쟁이 절정에 달했을 때 마가렛 대처하에서 활력을 얻은 보수당은 영국의 선거인들에게 전후 영국 국가의 경제 활동에 관해 강력하게 표현된 신자유주의적 비판을 일반적으로 널리 알렸다. 이 주장에 따르면, 1970년대의 영국 경제는 지나치게 통치되고, 지나치게 규제되며, 지나치게 세금을 내고 있다. 영국에서 부의 창출 과정은 지난 30년 동안 "장기적인 경제의 잠재력에 해가 되는 공급의 경시와 구조 정책"을 동반하는 케인스적인 수요 관리에 의해서 약화되어왔다(Aldcroft, 1982: 42). 투자의 성과는 지나친 완전 고용이 노동력 비용에 미친 영향에 의해서, 그리고 높은 비율의 정부 차용이 자금 조달의 비용에 미친 영향에 의해서 잠식되었다. 기업가적 능력은 지나친 정부의 지출로 인해 불가피해진 높은 추가 세금률과 평등주의적 사회적 공학의 성향에 의하여 저해되었다;

노동층의 근무 정신은 과도한 복지 프로그램으로 조성된 의존적 정신 상태 혹은 문화에 의하여 부식되었다. 케인스주의에 의하여 촉발된 국가 관료 제도의 성장은 노동 시장에서의 이익의 균형점을 자본으로부터 멀어지게 하였고, 특히 중소 규모의 사업을 숨막힐 정도의 규제와 번잡한 규칙으로 몰고 갔다고 대처주의자들은 주장했다. 그리고 전후 경제 성장의 공을 차지하려는 정치가들의 끊임없는 의지는 경제 성장이란 투자, 경쟁, 노고와 위험을 감수함으로써 실제 세계에서 **창조해내는** 무엇이 아니라 **말로 만들어낼 수 있는** 무엇이다라는 환상에 불을 붙였다(Coates, 1994: 57~58). 따라서 대처의 보수당은 '**국가를 축소한다**'는 생각에 확신을 갖고, 시장의 힘을 개입주의적인 정치에서 풀어놓음으로써 영국의(경제적인, 정치적인) 국제적 지위를 강화시킬 일단의 국내 정책에 확신을 갖고 정권을 잡았다.

그렇지만 1979년 이전과 그 이후, 보수당 비판 세력에게는 보다 강력한 국제적인 역할을 추구하기 위해서 국가를 축소하는 일이야말로 경쟁적 지위의 신속한 회복을 위해서 영국 경제가 필요로 하는 것이 아니었다. 오히려 중도좌파의 논점은 이렇다. 전후의 경제적 저성과(1951년 두번째로 강력한 자본주의 경제에서 미끄러져 30년 후엔 중간 집단에 속하게 된 점)를 초래한 가장 중요한 이유 중에는 전후에 국내 제조업의 기반을 일단의 보다 높은 우선적인 목표——준비 통화로서의 파운드 방어, 국제 금융 센터로서의 런던 지키기, 영국 정치 엘리트의 '강대국' 지위 유지——에 종속시키려고 했던 영국 국가의 경향이 있었다. 이런 종속화에 대한 중도좌파의 비판자들은 영국 행정부가 대를 이어가면서 파운드화에 대한 해외의 신뢰도를 유지하기 위해서, 그리고 런던에 단기 투기 자본을 끌어들이기 위해서(이 자본은 해외에서의 과도한 군사비 지출과 국내에서의 산업 경쟁력의 저하에 따라 촉발된 수지 균형의 부족분을 메우기 위한 자금으로 쓰일 수 있다), 이자율을 인상함으로써, 국내의 제조업 공장 및 설비에의 투자를 저해하며, 내적인 불황마저도 기꺼이 촉발시키려던 의지를 지적한다(이것이 1950년대와 1960년대의 소위 '왔다갔다stop-go' 정책 사이클을 낳았다). 비판자들은 민간 산업 부문의 근대화를 위한 정부의 지출 수준이 높지 못함을 지적했고, 정부가 증여금 공여 및 보호의 면에서 농업 부문을 특혜화하고 있음을 지적했고, 정부의 지출(그리고 정부의 연구와 개발 능력)이 군사 부문에 크게 집중되고 있음을 지적했다. 전후 영국 국가가 시장의 힘을 성장의 촉매제로서 보는 온당한 '자유주의적' 인식에서 멀어져갔다고 믿기는커녕, 대처식 프로그램의 비판자들은 영국 국가가 너무 **자유주의적**이며, 전후 세계 질서가 요구하는 경쟁적인 요건에는 더 이상 적절치 못한 19세기적인 사고 방식에 너무 얽매여 있다고 생각했다. 프랑스나 일본형의 강한 보수주의적 통제주의의 전통도, 또 스웨덴이나 독일 방식으로 국내의 산업 자본과 적극적인 협조 관계를 확립하고 참여하려는 노동운동도 결하고 있었기 때문에, 경쟁력 있는 근대화를 옹호한 좌파는 국가의 지도력을 성공의 열쇠로 보며, 이것의 부재(그리고 그와 관련하여 국가 관료제 내의 산업적인 전문 지식의 결여)를 슬퍼하는 경향을 보였고, 1979년 이후 대처식의 국가 경제적 활동의 축소를 영국의 장기적인 경제 문제(이에 대해선, Coates, 1994: 60~70)의 일부분으로(그리고 문제의 치명적인 악화로) 취급하는 경향을 보였다.

전후 영국 경제의 부진에 미친 국가의 기여도에 관한 이 두 견해의 이견의 깊이를 고려한다면, 이 둘 다 맞을 수는 없다——비록 둘 다 틀렸을 수는 있지만. 이용 가능한 증거는 신뢰의 균형이 신자유주의적 주장보다는 중도좌파의 주장 쪽으로 기울고 있음을 시사하지만, 두 주장 모두 흠이 없는 것은 아니다.

먼저, 대처주의자의 주장을 보자: 우리는 이미 대처식 주장 중 노동조합과 관련된 한계를 보았다(pp. 153~66), 이제는 이에 덧붙여서, 국가의 기능에 관한 이용 가능한 상당수의 비교 자료에 비추어볼 때, 신자유주의적 주장이 취약하다는 점은 주목할 만하다. 상이한 성장의 유형이 확립되었던 결정적인 시기에 영국의 조세 수준과 복지 프로그램의 규모가 경제적으로 보다 성공적인 서유럽 국가(가장 대표적으로 스웨덴과 독일 경제)의 경우보다 컸었다는 것은 명백히 사실이 아니다. 우리가 제2부 제1장에서 보다 상세히 보았듯이, 그렇지 않았다. 만일 비교의 틀을 장소에서 시기의 차원으로 옮긴다고 하더라도 대처주의자의 주장에 함축된 인과의 연쇄 고리는 사실과 맞지 않는다. 신자유주의적 주장에 의하면, 높은 수준의 정부 지출이 경쟁력의 상실에 선행해야 하며, 상실을 촉발시켜야 한다; 이에 비해서 영국의 경우, 정부 지출의 폭발은 실제로 경쟁력의 상실을 뒤따랐으며, 상실에 대한 반응이었다. 정부의 손을 통과하는 GNP의 비중은 1950년대에 하락했고, 영국이 주요한 유럽의 경쟁자에 추격당하고, 뒤처지는 동안에, 정부가 사적 부문의 경제 활동을 지휘하는 정도는 축소되었다. 영국이 뒤늦게나마 유럽 국가에 대한 따라잡기를 시도하던 1960년대 말과 1970년대 초에 정부의 지출(그리고 산업의 근대화를 위해 사용된 지출의 비율)은 증대되었다. 실제로 1970년대는 산업(그리고 넓게 보아 경제적인) 경영에 정부가 관여한 시기이다—그리고 그 경영은 대체로 성공하지 못했다. 이에 대한 대처주의의 주장은 유력하다. 그러나 쇠퇴는 훨씬 이전에 시작되었고, 신자유주의가 해결안을 찾기 위해 기대한 규제받지 않은 민간 부문에서 시작하였다. 영국의 국가에 대해 물어야 했던 질문은 "왜 국가가 그렇게 깊숙이 개입했는가"와 "왜 이런 손상을 입혔는가"가 아니라, "왜 그렇게 뒤늦게 개입했으며, 이렇게 효과가 없었는가"였음을 의미한다. 우리가 곧 보겠지만 이에 대한 대답은 있다. 그러나 그것은 신자유주의적인 대답이 아니다.

왜냐하면 영국 국가의 경제 활동에 대한 신자유주의적 비판이 인식하지 못한 것은, 특히 1950년대의 케인스적인 수요 관리 방식의 채택을 비판할 때 인식치 못한 것은, 자본주의의 '황금기'의 높은 수준의 국가 지출이 자본 축적(그리고 급속한 생산성 증대)에 대해 지닌 기능성이었다. 1950년대, 1960년대의 성공적인 자본 축적은 새로이 확립된 소비재 부문의 반자동화된 생산 체제의 산출물을 흡수할 수 있도록 안정되고 성장하는 시장을 필요로 했다. 그것은 또한 새로운 자본 집약적인 대량 생산 산업의 상승하는 생산성에 의해서 자리를 잃은 노동자들을 흡수하기 위해 새로운 고용의 출구를 필요로 했다. 정부의 지출과 복지 프로그램의 확대는 이 두 조건을 모두 충족시켰다. 국가 지출의 성장은 사부문의 생산성 증대가 둔화될 때에만 역기능적이다: 이때는 공공 부문의 임금이 결국은 사부문의 임금 비용과 이윤 수준에 압박이 되며, 공부문의 임금 자금이 점차적으로 보다 가격 경쟁력 있는 물품을 해외로부터 빨아들이게 된다. 우리는 제2부 제1장에서 스웨덴 모델을 논의하면서 이를 보았다; 그리고 여기서 그 시점이 중요하다. 영국 경제는 스웨덴 경제보다도 더 일찍 "생산성 문제"에 부딪혔다. 영국 경제는 1970년대 이 문제에 첨예하게 부딪혔는데—그래서 신자유주의적 사고에 새로운 대중적 호소력을 주었다—그랬던 것은 대처의 계획이 언급하기를 거절했었던 이유 때문이었다. 그것은 전후 전기간을 통하여 영국 경제의 대량 생산 부문에 대한 투자 수준이 해외의 주도적인 자본주의 경제의 일반적인 투자 수준 이하로 떨어졌기 때문이며, 우리가 이미 말했듯이 GNP 중 국가 지출의 비율이 상승하기 이전에 그런 문제에 부딪혔다(이 점에 대해선 Coates, 1994: 178~9).

이곳이 바로 중도좌파의 주장이 힘을 얻는 지점이다. 과소 투자는 확실히 정부의 반복된 '왔다-갔다' 정책들에 의해서 심화되었다. 이를 뒷받침할 많은 연구 자료가 있다(Pollard, 1992: 368~9). 이 정책들은 수지 균형의 위기에 의해서 촉발되었는데, 이는 이전의 과소 투자뿐만 아니라, 막중한 해외의 군사비 지출을 반영한다. 이것 또한 경험적 자료를 보면 분명하다. 그리고 이 지출은 군과 관련된 제품을 생산하는 산업을 특별 대우한 보다 넓은 정부 성향의 일단을 보여준다. 왜냐하면 영국은 전후의 전 시기 동안 세계의 군사 장비(군용 비행기를 포함) 시장에서, 그리고 관련된 민간 비행기에 있어서도 주도적인 위치를 유지했다(현재도 그렇다); 그것은 영국 국가가 관계 산업의 재조직과 근대화의 과정에서 지속적이고, 효과적이며, 통제적인 역할을 수행했기 때문이다(Edgerton, 1991b). 에저턴의 연구가 입증하듯이, 전체로 볼 때 전후 전기간에 걸쳐서 "영국은 국방 산업의 연구 개발의 지출에 있어서 절대적인 기준으로 볼 때, 자본주의 세계에서 두번째였고," 그것을 "상대적으로 볼 때, 방위 산업 연구 개발에 대한 몰입은 엄청났다." 1970년대 전기간을 통해서, 모든 주요한 자본주의 강국 중에서, "영국은 가장 높은 비율로 정부의 연구 개발비를 국방에 지출하였고(대략 28퍼센트), 1976년과 1981년 사이에 가장 높은 비율(50퍼센트)로 지출했다"(Edgerton, 1991a: 164). 일본이 통산성을 가지고 있었다면, 영국은(다양한 이름으로) 국방부를 가지고 있었다; 국방부와 그 전신이었던 부서는 전후 영국 국가를 위해 대단히 효과적인 산업부로 역할을 한 것은 틀림없다. 실제로 신자유주의자들이 1980년대의 영국(그리고 대처 정부)을 국가의 축소와 관련된 경제 성장의 명백한 증거로서 지적했을 때, 그들은 대처 정부가 영국산 무기류의 판매에서 맡은 바로 그 적극적인 역할과 중요한 보수당 장관들이 무기를 만드는 회사의 재건과 현대화를 정부의 책임으로 받아들였던 그 진지함(1986년 웨스틀랜드 사건Westland Affair으로 내각이 분열될 정도에 이르렀다), 그리고 1980년대에 영국의 제조업이 이윤과 고용을 위해서 무기 생산에 대한 의존을 강화한 점 등을 기억해두는 것이 좋을 것이다. 에저턴이 주목했듯이, 그 결과 영국은 "유럽에서 가장 크고 가장 강력한 군사-산업-과학 복합체로서 1990년대를 맞게 된다——영국 경제의 다른 부분들은 떨어져 나간 반면, 이 복합체는 그 강력함을 유지해나갔고"(Edgerton, 1991a: 164), 1990년대에 무기 판매는 기록적인 수준에 도달했으며, 세계에서 두번째로 큰 무기 수출국으로서의 지위를 확고히 하였다(Norton-Taylor, 1998: 16).

이와는 대조적으로, 영국의 민간 산업에 대한 자금의 규모는 1960년대까지는 무시할 정도였고, 그 기간 중 자금 배분의 지침이 된 기준은 지나치게 지역 발전, 군사적 연구 개발, 그리고 파산한 회사와 산업의 구제에 집착한 것으로 보일 것이다. 또한 그나마 주어진 자금의 집행은 눈에 띌 정도로 수동적이었고, 방향이 없어서 1950년대에 영국 산업 기반의 경쟁적 지위를 강화할——1945년과 1951년 사이에 애틀리 정부가 시작한 것과 같은——진정한 기회는 완전히 날아가버렸다. 1961년까지도, "영국 국가는 농업 보조금으로 2억 7천만 파운드를 썼고, 산업과 고용에는 5천만 파운드 미만을 썼다"(Hall, 1986: 273). 1970년대까지, 영국 국가가 "다른 어느 유럽 국가보다 민간의 기술 발전을 풍부하게 지원했다"는 점은 인정해야 하며(Edgerton, 1991b: 83), 그때까지 영국의 산업 지원의 거의 50퍼센트는 연구와 개발에 주어졌다; 그러나 그 중의 70퍼센트는 아직도 국방, 항공, 핵산업에 쓰이고 있다. 이런 우선 순위는 독일, 프랑스, 일본에서 명백히 드러난 우선 순위와는 뚜렷한 대조를 이루었다. 이들 국가는 "그에 상응하는 금액을 화학, 전기 제품, 운송과 기계 공구가 포함된 넓은 범위의 유망한 산업"에 사용했다(Hall, 1986: 274). 게다가 1979년까지도 기껏해야 준코포라티즘적인 산업 정책이라 부를 수 있는 방향성 없는 분위기 속에서 "지역 보조에 할당된 공공 지출금의 비율은 대부분의 다른 유럽 국가보다 두 배 정도 많았다." 홀은 이렇게 적었다: "간헐적인 국유화를 예외로 한다면, 강제적인 계획은 회피되었다. 〔……〕 1918년 이후 영국의 산업은 스스로 합리화하도록 요청받았다"(같은 책: 275); 그리고 다른 곳에선——대다수 서유럽과 일본——산업 정책이 보다 풍족하고, 민간 소비를 위한 재화를 생산하는 산업에 보다 집중하고, 수익성 있는 산업에 보다 집착하여, 곳에 따라선 더욱 통제적이었고, 엄청나게 성공을 거두는 가운데, 이런 일들이 일어났다 (Coates, 1994: 186~7).

그렇지만 1964년 이후 사태는 확실히 변했고, 보다 통제적인 방향으로 바뀌었다. 1964년과 1979년 사이에(1970년대 초기 히스 정부의 집권기 중 전반부의 짧은 막간이 있었지만) 노동당, 보수당 정부 모두 산업 현대화에 대한 그들의 마음을(그리고 정책을) 바꾸었다. 특히 1960년대엔 "연구 개발을 위한 국가의 지원을 국방 부문으로부터 민간 부문으로 전환하고, 장기 사업으로부터 단기 사업으로 전환하려는 대단히 진지한 시도가 있었다"(Edgerton, 1991b: 105). 매우 짧은 기간 동안 영국은 첫번째 윌슨 정부가 신설한 기술부 안에 "자본주의 세계 어느 나라보다도 훨씬 큰 활동 영역을 지닌 산업부를 보유했다; 널리 회자되는 일본의 통산성은 이에 비하면 미미한 존재였다"(Edgerton, 1991b: 105; Tomlinson, 1997도 보라). 에드워드 히스의 보수 정부는 이 기술부를 해체했다; 그러나 보수 정부도, 그 유명한 정책 전환 이후, 산업법을 제정하고, 그에 따라서 그 정부는(그리고 뒤를 이은 노동당 정부도) 산업 재건에 자원을 쏟아부었으며, 1964~79년 기간의 두 노동당 정부 모두 개입주의적 기관으로 무장을 하고 (1960년대의 아이아르시IRC, 1970년대의 엔이비NEB), 부진한 대규모 사부문 제조업체를 공적으로 관리하였다. 항공, 자동차, 민간 엔지니어링은 모두 이 국가적 선심——이 선심은 결국엔 특별히 만들어내고자 의도했던 경쟁력의 부활에는 영향을 주지 못했다——의 수혜자였다.

국가의 실패는 대처식 부활과 영국의 연구 개발비 지출 중에서 정부가 대던 자금의 비중 축소——1986년까지 전체의 39퍼센트로 축소(Walker, 1993: 173)——를 촉발한 것만이 아니다. 그것은 산업 현대화의 도구로서의 영국 국가의 취약성에 대해서, 영국 국가가 현대화시키는 데 여지없이 실패한 산업 부문의 성격에 대해서 많은 점을 이야기해준다. 어떤 수준에서 보면, 대처주의자들이 주장하듯이, 그 실패는 정책과 제도의 실패였다——비록 그것이 그들이 서술하는 것과 같은 종류의 정책과 제도의 실패는 아니었다 하더라도. 정책의 수준에서 보면, 국가가 유도하는 산업 현대화가 영국에서는 실패하였다. 왜냐하면 국가가 제공한 자원의 상당 부분은 기업과 산업의 구제를 위해서 사용되었는데(특히 자동차 산업), 이들은 수년에 걸친 과소 투자와 부적합한 구조 조정으로 경쟁적인 면에서 이미 약화된 상태여서 아무리 많은 국가의 자금도 너무 적고, 너무 늦었기 때문이었다. 보다 심층적인 수준에서 보면, 그 실패는 국가 기구 자체 내의 제도적 상호 작용의 실패다. 1970년대의 영국은 미국 국가와 마찬가지로 본질적으로는 삼각형으로 둘러싸인 국가로서, 그 무게 중심은 재무부, 국방부, 민간 산업 생산부 사이에서 왔다 갔다 하였다: 이 삼각형상의 국가에서 민간 산업 부서는 항상 신데렐라의 역할을 맡았다(Coates, 1994: 205). 대처의 보수파가 집권하여 이 제도적 권력의 불균형을 강조하기 이전인 1970년대에도 영국 국가 내에서는 재무부와 국방부가 너무 강력한 정치적인 주먹을 휘둘렀기 때문에 영속적으로 재규정되고, 이름이 바뀌던 산업부가 민간 부문의 산업의 재건을 위해서는 불가결한 이자율, 지출 우선 순위, 무역 정책과 관련하여 자원을 획득하는 정치적 싸움을 이길 수는 없었다. 더 한층 깊은 수준에서 보면, 산업부는 민간 사업부로서 그것이 표출하는 사회적 세력이 재무부와 국방부를 둘러싸고 있는 사회적 세력보다 약했기 때문에 이 싸움에서 졌다.

이 심층적인 취약성을 보다 자세히 생각해볼 가치가 있다. 왜냐하면 그것은 국가의 역할에 관하여 여기서 전개된 주장의 일반적인 차원을 강조하기 때문이다. 우리가 관심을 기울이고 있는 각국의 자본주의의 경우, 성장 방정식에서의 한 요소로서의 국가의 능력은 대체로 그를 둘러싸고 있는 사회적 계급의 성격에 의존하며, 그 사회적 계급을 통해서 국가는 통치할 수밖에 없다. 왜냐하면 민주적 정치인이 갖추고 싶어하는 권력의 장신구들에도 불구하고, 그들과 국가의 관료제는 경제적 성과를 거두려면 궁극적으로는 다른 사람, 즉 줄잡아 말해서 노동자, 사용자, 은행가의 행동에 의존한다. 국가 정책은 이들 집단의 행동을 중요한 방식으로 형성할 수 있다——국가는 어느 정도는 독자적인 주체이다——그러나 결국에 경제적 성공의 정도를 결정하는 것은 다른 집단의 행동이다. 국가는 이런 의미에서 단지 상대적인 자율성만을 행사할 뿐이다. 1970년대 영국 국가의 자율성은 오랜 기간 동안 그 주변에서 형성되어왔던 일단의 계급 관계에 의해 이미 깊게 제약을 받았다(이에 대해선 Mann, 1988: 217~18). 1970년대까지 런던의 금융 기관은 재무부와 2세기 이상 밀접한 업무 관계를 향유했다. 군수품과 군 관련 제품 생산에 관여해온 영국 산업 자본의 분파는 국방부와 거의 그 절반에 해당하는 기간 동안 긴밀한 업무 관계를 향유했다. 이와는 대조적으로 영국에 기반을 둔 소비재 생산자들은 이와 같은 국가와의 밀접한 연계의 전통을 갖고 있지 않다. 실제로 적어도 1870년대 이후로 이들은 이런 밀접한 업무 관계가 없기를 요구하는 자유주의 이념을 지지해왔다(Wilks, 1990: 145; Boswell and Peters, 1997). 이들은 20세기의 거의 대부분 동안 국가 규제의 가능성은 내재적으로 사회주의적인 것으로 취급해왔고, 이들이 쉽게 구제되기 어려울 정도로 경쟁력이 약화되었을 때에만 최후의 수단으로서 국가에 도움을 요청할 자세를 가지고 있었다. 이들에게 적극적이며 친재계적인 산업부와의 긴밀한 업무 관계라는 우익 국가주의 전통이란 통하지 않았다. 비앵글로색슨 자본주의의 지배적인 계급 블록과는 달리, 1900년 이후 영국 국가를 둘러싼 특권화된 사회 계급의 모든 블록은 영국 제국에 대한 책임(그리고 세계의 강대국으로서의 역할)을 사적 자본 축적의 조정에 있어서의 모든 체계적인 국가의 관여에 대한 반감과 결부시켰다. 이들이 형성하고 유지해 온 국가는 자유주의와 군사주의 양자에 모두 터를 두고 있었다 (Mann, 1988: 228; Edgerton, 1991b; Reynolds and Coates, 1996: 241~6; Lee, 1997a: 134~59); 그리고 이렇기 때문에, 1964년 이후 영국 국가를 영국 산업 기반의 소비재 부문을 현대화하는 도구로서 전환시키려 했던 노력은 열의를 결여하였고, 효과적이지 못했으며, 나중에 입증되었듯이 결국 일시적일 운명에 처해 있었다.

만약 1945년 이후 강력한 군사-산업 기반의 지휘에 국가가 심각하게 관여했고 그것이 영국 산업 생산 전체를 위한 효과적인 대안적인 현대화의 전략으로 작용할 수 있었더라면, 위의 일들은 별반 중요치 않았을 것이다. 만일 예컨대 군사 부문에 집중된 연구 개발의 부산물이 대량 소비품의 생산을 지향했던 영국 산업 부문의 경쟁력 있는 발전을 촉진하였다면, 전후 영국 국가는 그래도 경제 현대화의 총괄적인 주체로서 작용했었을 수도 있었다.

영국의 군사적 지출에 관한 문헌은 이 군사-산업 복합체가 일반적인 경제적인 경쟁력을 촉발시켰을 능력에 관한 상당한 논쟁을 벌이고 있다——미국의 군사비 지출에 관한 문헌에는 더 많은 논쟁이 있다; 그러나 적어도 영국의 경우를 보면, 제2차 세계 대전 이후 강력한 세계적인 역할의 유지를 위하여(그리고 첨단 무기를 만들어낼 독자적인 능력의 유지를 위하여) 각 행정부마다 열중했기 때문에 영국의 민간 부문이 치러야 했던 대가는 예외적으로 높았던 것처럼 보인다(Coates, 1994: 193~201). 전후 시기가 시작되던 결정적인 시절에 군사 중심적 연구 개발에 할당된 과학적 연구 자원의 비율은 엄청나게 높았다. 우리는 에저턴이 말하는 "영국 과학과 기술의 심각한 군사적인 경향"을 잊어서는 안 될 것이다(Edgerton, 1991b: 85). 한편으로는 무기 수출이, 다른 한편으로는 해외에서의 군사비 지출이 영국의 무역 수지 균형에 미친 영향은 대체로 부정적이었다. 그리고 제2차 세계 대전을 이긴(그럼으로써 군사적 능력을 보유한) 선진 자본주의 국가의 전후의 경제 성과와 전쟁에서 진(그럼으로써 군사력이나 군사력을 무장화할 기술적인 복합체를 구축하는 것이 금지되었던) 국가의 그것이 만들어낸 극명한 대조를 피할 길은 없다(Kaldor et al., 1986: 36). 아주 실질적인 의미에서 영국은 전쟁에서 승리했고, 평화시에는 패배했다; 그리고 대체적으로 이 패배는 각 정부로 하여금 대대로 세계 무대에서 그들의 장점을 뽐내도록 설득하고, 뽐내기 위해서 필요했던 무기류의 생산에 적합한 부문에(산업 정책을 통해서) 특혜를 주라고 설득한 국가의 '심적 상태'에 의하여 촉발되었다.

영국 국가에 남아 있던 제국주의는 1945년 이후에 영국을 해외의 경제 정책, 군사 정책에 묶어놓았는데, 이들 정책은 직접적으로 영국의 수지 균형에 영향을 줌으로써, 간접적으로는 이들 정책이 시동을 건 산업 정책의 우선 순위를 통해서, 전후 20년 동안 민간 산업의 현대화에 과소 투자가 발생토록 하였고, 그 결과 그 다음 20년 동안 영국 산업 기반의 경쟁력은 곤두박질했다 (Blank, 1977). 이와 연관된 영국 사용자 계급의 자유주의와 산업 근대화를 이끈 국가 전통(그리고 국가의 전문성)의 결여 때문에 그후 1970년대에 있어서 정부 지출, 계획과 공공 소유에 의해서 경쟁력의 곤두박질을 바로잡으려던 노력도 취약하게 된다. 한편으로는 이런 군사 중심주의와 다른 한편으로는 깊숙이 몸에 밴 자유주의의 융합은 1979년 이후 대처식의 신자유주의적 반응을 형성하였는데, 이때는 먼저 서유럽의 코포라티즘이 그리고 일본 자본주의마저도 주춤거릴 때로서, 영국 국가는 세계화의 힘이 충분히 발휘되어 국가가 주도하는 변화를 차단하기 전에 국제적으로 영국 경제의 위상을 재정립할 수 있는 마지막 기회에 당면하였다. 대처주의자들은 이 순간의 전략적 중요성을 인식했지만, 세계적인 경쟁이 이미 경쟁력이 없는 산업 기반에 미치는 국내적인 영향을 역설하며, 자본 통제와 국가 보조금을 제거하고, 노동 조합과 노동자의 권리를 제거함으로써 경제적인 성공을 거두려고 노력했다. 그 결과는 이제 우리가 아주 분명히 볼 수 있듯이, 영국에 기반을 둔 산업 자본의 앞으로의 장기적인 경쟁력을 위해서는 참담한 것이었다. 왜냐하면 거의 20년에 이른 대처주의로부터 나타난 것은 이미 백 년 이상 영국에 기반을 둔 산업 자본을 약화시킨 바 있는 금융 자본과 산업 자본의 구조적 불균형, 즉 강한 런던, 국제적으로 경쟁력 있는 군사-산업 부문, 줄어든 민간 산업 기반, 저임금, 부적합한 훈련 체계하에서 장시간 근무하는 노동을 더욱 심화시켰다. 이것으로 노동당 정치인들이 1960년대 후반에 기술부를 신설하고, 그 역할을 확대시키면서 머릿속에 그렸던 영국 경제의 국제적인 위상 정립이 될 수는 없다; 새로운 위상의 정립은 신자유주의의 시절이 지나고 나서, 후일의 노동당 정부에게 맡겨졌다(그리고 맡겨진 상태이다).

산업 정책과 미국 국가

물론 영국 국가가 '자유주의적 군사주의' 혹은 그것이 연상시키는 잔존하는 제국주의를 독점하는 것은 아니다. 세계 자본주의를 운영할 책무는 오래전에 영국에서 미국으로 넘어갔고, 전후 미국 국가와 그 바탕이 된 경제와의 관계는 결과적으로 우리가 입증해온 많은 자유주의적, 군사주의적 특징을 보여준다. 영국에서와 마찬가지로 미국에서도(특히 연방 수준에 있어서) 소비재를 제조하는 산업에 대한 국가 정책의 정신은 오래전부터 **자유주의적**이었고(그래서 대체적으로 그 성격은 자발적이고, 형식은 반사적이고 수동적이며, 범위는 제한적이고, 초점은 압도적으로 시장 형성적이다) **군사적**이었다(조달 정책을 주요한 수단으로 삼으며 국방성에 자리를 잡고, 국가 자금을 받는 연구 개발은 무기 생산에 주로 초점을 두고, 항공 산업을 포함해서 한정적이고 제한된 산업만을 대상으로 한다). 또한 현재도 그렇다(영국에 대해선 Reynolds and Coates, 1996: 243~4; 미국에 대해선 Weiss and Hobson, 1995: 235~7). 이 같은 국가 정책의 특징은 그렇지만 영국에 영향을 준 것과 똑같은 방식으로 미국 경제의 성과에 영향을 주지는 않았다. "비록 정치적으로 문화적으로 같은 역사적인 틀에서 기원했다고 해도" 결국에 가서는 "미국은 영국 정치 경제의 재판은 아니기 때문이다"(Weiss and Hobson, 1995: 219). 왜냐하면 다음에 보다 상세히 검토하겠지만, 포터가 정확하게 언급했듯이, 전후 "미국의 정부 정책이 〔……〕 사회적인 프로그램과 〔……〕 국가 안보를 위해서 산업을 대체로 무시함으로써"(Porter, 1990: 531) 생겨난 나쁜 결과는 산업 자본이 스스로 창출한 생산성의 우위와 규모 그리고(1970년대까지는) 소비재 내부 시장의 대체적인 수입 자유적인 성격에 의해서 최소화되었기 때문이다. 게다가 미국 군사-산업 복합체는 엄청난 규모(와 중심성) 때문에 미국 제조업 자체 내에서 한 자리를 차지했고, 그리하여 애초부터 영국에서는 그 유례를 찾아볼 수 없는 유익한 부산물을 민간 산업 부문에 발생시켰다(Porter, 1990: 305). 그러나 종국적으로는 전후의 미국 경제는 국가 엘리트들이 수행한 세계에서의 역할을 위해서(경쟁력의 측면에서) 영국 경제가 이전에 지불했던 것과 같은 대가를 치렀다. 1870년 이후의 영국과 같이, 1945년 이후의 미국도 산업적인 우위에 근거를 둔 국제적인 정치적 군사적 패권의 행사가 결국 그 패권의 바탕인 산업적인 우위를 부식해들어가자 궁국적으로는 제국적 지배의 모순적인 결과를 경험하게 된다.

매우 특별한 의미에서 미국 국가와 그 산업적 기반의 소비재 부문의 관계가 깊이 뿌리 박힌 자유주의적인 이념들로 뒷받침되고, 이들 이념은 정책에 대하여 뚜렷한 내용과 강력한 영향을 미치고 있으며, 다음과 같은 것이 포함된다는 점도 의심의 여지가 없다:

> 미국에 있어서 국가의 구조에 관한 가정, 열린 시장의 긍정적 성격, 세계의 부를 창출하고 분배하는 데 있어서의 다국적 기업의 핵심적 역할 등. 자유주의적 이데올로기는 자유로운 자본의 이동을 지적으로 정당화하며, 전후의 세계 경제는 상호 의존적인 체계로 발전하였고, 국민경제를 이로부터 떼어내려는 노력은 실제적으로 실현 가능성이 없고 규범적으로도 바람직하지 않다는 주장에 의해서 뒷받침되고 있다. (Reich, 1995: 60)

이런 이념이 민간의 산업 생산과 관련한 연방 정책의 발전을 막지는 않았지만(Diebold, 1982; Mowery and Rosenberg, 1993),

연방 정책의 형식에는 영향을 주었다. 이런 이념은 미국에서 정치적 토론이 벌어질 때, 장기적인 산업 전략의 설계에 있어서 국가의 관여에 대한 반감을 끊임없이 불어넣었다; 그리고 이런 이념은 산업 부흥의 지휘자로서의 연방 부처의 역할을 약화시켰다. 연방 수준에서, 그리고 민간이 주도적인 산업 생산자를 다룰 때, 미국 국가는 일본의 통산성은 말할 것도 없고 상대적으로 비효과적이었던 영국의 무역과 산업부에 상응할 기구에도 전혀 미치지 못했다. 연방 정부의 구조 자체는, 그 안에 뿌리를 둔 정치적 전통과 마찬가지로, 동아시아와 같은 형식의 '발전 지향형 국가'로 작용할 능력을 차단해버리고 말았다.

"연방 국가의 어떤 부분은 놀랄 만한 행정적인, 관료제적인 능력을 지니고 있으며, 약한 국가라는 개념과는 어긋나는 국가-시민 사회의 체계 내에서 작동할 수 있다"는 것은 사실이다(Lindberg and Campbell, 1991: 391); 그러나 와이스와 홉슨이 주목했듯이, 이 부분은 거의 전적으로 국방과 농업 부문과 관련이 있다(Weiss and Hobson, 1995: 225). 이런 부문에서는 적어도 "미국은 산업에 관한 상대적으로 포괄적인 일단의 정책을 갖고 있다: 실제로 미국은 '승자'를 목표로 정해놓고, 자본과 노동이 패자로부터 멀어지도록 권장한다"(Vogel, 1987: 92). 보겔이 "국방부, 미국항공우주국NASA, 국립의료원, 농업부는 승자를 선발하는 능력에 있어서 일본의 통산성에 뒤지지 않았다——혹은 더 나았다——"고 강조하는 것은 옳다고 할 수 있다(같은 책: 95). 존슨이 "미국에서 실제로 일본의 통산성에 해당하는 것은 상무부가 아니라 그 성격이나 기능 면에서 통산성의 전략적, 목표 지향적 시각을 지닌 국방부이다"라고 강조하는 것도 똑같이 옳다(Johnson, 1982: 21). 그러나 민간 제조업 부문과 관련하여, 그리고 국방과 농업과는 아주 대조적으로, 전후에 미국 국가가 "산업에 직접적으로 개입한" 정도는 "세계에서 가장 낮은 정도이다"; 그리고(사회적, 물적 간접자본의 제공을 통한) 간접적인 활동이 "산업으로 유입된 혜택을 만들어낸 것"은 틀림없는 사실이라고 해도, 이것이 주된 원동력이 된 적은 거의 없다. 오히려 "미국의 경제적 힘은" 전후의 미국 국가에 의하여 "다른 목표, 주로 다양한 외교 정책적인 성격의 목표를 추진하기 위하여 사용되었다"(Porter, 1990: 305).

미국 정치 문화에서의 자유주의의 힘이 사이먼 라이치가 명명한 "반복해서 벌어지는 상황에 처한 토착적인 산업을 향한 적극적이고, 일상적인 국가의 반응(이것이 총합적으로 일상적인 정책 결정의 과정이 되고, 그 결과 사실상의 산업 정책이 되었다)"이 생성되는 것을 막지는 않았다(Reich, 1995: 58). 또 위기가 닥쳤을 때 강력한 뉴딜 정책을 막지도 않았고, 우리가 보게 되듯이, 적극적이고 개입적인 대외 경제 정책의 추구를 막지도 않았다. 그리고 1970년대에는 곤란을 겪고 있는 일부 기업을 정부가 고강도로 '구제'한 일과 부합하기도 한다: 1971년의 록히드사와 1979년의 크라이슬러사가 그 예이다. 그러나 그것은 보다 일반적으로 미국 국가가 민간 제조업과 관련하여 "몇몇의 상대적으로 무딘 개입주의적인 수단"(같은 책: 61) 이상을 개발하려고 하는 의지와 능력은 제약하였다. 특히 산업 정책이 규제적인 방침을 취하도록 몰고 갔고——특정한 부문 안에서의 경쟁적인 과정을 강화하는 데 국한시켰다——국내 생산자와 해외 생산자 사이에 차별을 가할 수 있고, 각 산업 부문별 쇠퇴를 용이하게 넘기거나 되돌릴 수 있는, 혹은 장기적인 경쟁력(그리고 궁극적으로 비교) 우위를 의식적으로 설계할 수 있는 산업 지원 정책의 발생을 막았다. 실제로 중도좌파의 많은 사람들은 미국 국가가 바로 이 같은 일단의 차별적이고 목표 지향적인 정책을 택하여 1980년대 초반의 강력한 일본의 경쟁에 맞서라고 촉구했다; 그러나 결국엔 그렇게 하기를 사양했다(Johnson, 1984; Thompson, 1989; Graham, 1992). 결국 1980년대에 실제로 일어난 얼마 안 되는 차별적인 정책은 주로 주 수준에서 등장했고, 이것은 주로 산업 자본을 미국 국내에서 이동하는 일에 국한되었다. 이런 정책은 국가의 하부 단위에서 일어나기 때문에 미국 산업 자본 전체를 대상으로 한 연방 정책을 대체할 수는 없다(Eisinger, 1990; Borgos, 1991). 소비재 산업을 대상으로 한 바로 이 같은 연방 정부의 비차별적 입장 때문에——국내에 기반을 둔 회사와 외국에 기반을 둔 회사 모두에게 미국 내에서의 '경쟁의 장을 동등하게' 하려는 서약 때문에——중도좌파의 많은 이들은 이것이 국내에 기반을 둔 생산자에게 경쟁력 약화를 가져온 부가적인 원천이라고 비난하였고, 외국의 기업들이 미국 시장에 진입하기 전에 그들의 정부로부터 제공받는 산업 활동에 대한 국가 조정력 행사를 미국 기업은 제공받지 못하고 있다는 비판을 하고 있다(Reich, 1995: 56). 중도좌파는 일관된 산업 정책과 관리된 무역을 원하였다; 하지만 둘 중 하나도 성취하지 못했다.

그렇지만 소비재 생산자와 관련한 이런 국가의 인색함과는 대조적으로, 미국의 군사 예산의 규모는 전후 시대를 통해 엄청났는데, 한국전쟁 시기에 첫번째 정점을 이루었고, 베트남전쟁 시기에 두번째, 그리고 1980년대에 세번째 정점을 이루었다. 전후 시기의 이런 후한 지출 유형은 보통 GNP의 1퍼센트 정도에 머물던, 1946년 이전의 평화 시기의 군사적 지출의 규모에 비출 때 대조를 이룬다(Edelstein, 1990: 421). 왜냐하면 전쟁이 끝난 후, 미국 정부는 "국가 안보라는 공언된 목표하에"(Best and Forrant, 1996: 225) 정부 부처, 산업 실험실, 대학 실험실, 정부 실험실, 그리고 기업을 연결 짓는 거대한 과학/기술의 하부 구조를 발전시켰기 때문이다. 그 결과 군사비로 할당된 미국 GNP의 비율은 냉전의 조용한 시기에 약 7퍼센트에 머물렀고, 한국전쟁과 베트남전쟁 동안에는 8.5퍼센트를 유지했다. 이 과정에서 미국 산업 자본의 일부 부문은 소련의 영향권 밖에 있는 여러 정부에 무기를 제공하는 최대의 공급자가 되었고, 군사와 관련 있는 연구 개발에 지출된 비율도 상당히 증가하였다. 미국에서는 현재 모든 연구 개발의 대략 반 정도가 연방 정부에 의해서 자금을 받는데, 그 중 3분의 2는 국방 부문으로 간다. 베스트와 포란트는 1988년 미국의 국방 연구 개발비가 401억 달러였다고 보고하고 있다. 같은 해 이에 해당하는 독일의 수치는 11억 달러였다(같은 책: 225).

이런 군사 제품 생산의 확대는 국방부에 의해서 총괄되었는데, 국방부는 미국 정부 내에서 상대적으로 자율적인 부서로서 전후 전기간을 통하여 강력하고 포괄적인 유형의 실질적인 산업 정책을 집행하였다. 베스트와 포란트는 이를 "비가시적 산업 정책"이라 불렀고(같은 책: 226), 마커슨과 유드켄은 "숨겨진" 산업 정책이라 불렀다(Markusen and Yudken, 1992: 51); 반면 아담스는 국방부와 의회, 국방 산업을 연결시키는 정책 결정 과정의 폐쇄적 성격을 지칭해서 "철의 삼각형"이라고 하였다(Adams, 1982: 24). 왜냐하면 만일 산업 계획을 "특정 산업 부문의 생산과 분배를—개별 기업에의 개입과 협상을 포함한다—형성하려는 국가의 노력"으로 이해한다면(Hook, 1990: 359), 전후 미국 국가는 다른 아시아 호랑이 국가와 마찬가지로 적극적인 산업 계획자였다. 다만 그 계획의 상당수를 국방부의(그리고 미국항공우주국의) 연구 개발과 물품 조달 조치를 통해서 했을 뿐이다.

GNP의 비율로 보면, 전후 기간을 통하여 미국 정부의 물품 조달은 일본 정부의 그것보다 적어도 두 배는 되었다: 분명히 "모든 항공기, 무선 전신과 원격 통신 장비의 반 이상을 차지하고;

모든 엔지니어링과 과학 도구의 4분의 1; 미국에서 제조되는 모든 진공관과 비철 금속 주조물의 3분의 1을 차지했다"(Reich; Weiss and Hobson, 1995: 228에서 재인용). 실제로 그레이엄은 미국방위고등연구계획국DARPA에 대해서 이렇게 말한다: "레이건 행정부가 끝날 때쯤에는" 그것은 "부분적으로는 자신들이 원해서, 부분적으로는 행정부의 비활동성에 대한 의회의 좌절감에 의해 추진을 받아서, 미국 첨단 산업을 위한 벤처 자본가의 역할을 맡게 되어" "고화질 TV, 초전도체, 그리고 다른 전자 기술" 영역에서 기업 정신을 자극하였고, 이 과정을 통해 "일본의 통산성에 대한 미국의 답변"이라는 격찬을 받게 되었다(Graham, 1992: 228). 국방부의 지휘는 확실히 전후 미국 항공 산업의 재건과 현대화 과정에서, 그리고 보다 최근에는 신생 전자 산업의 개발에서, 즉 미국이 전후 오랫동안 세계적인 경쟁력 우위를 보유한 두 개의 핵심 산업에서 중요한 역할을 하였다(Hook, 1990). 실제로 많은 논평가들이 국방부의 지원과 경쟁력 사이의 밀접하고 직접적인 연계의 존재를 주장했고(보겔처럼), "미국이 지속적으로 경쟁적 우위를 누리고 있는 거의 모든 산업 부문이—항공으로부터 제약, 생명 공학—직접적이고 실질적인 정부 지원의 수혜자였다"는 점을 지적한다(Weiss and Hobson, 1995: 228에서 재인용). 1987년 국방부가 국방과 관련된 50대 부문에서 출하된 물품의 17퍼센트를 구입했다고 지적하고 나서, 베스트와 포란트는 이렇게 적고 있다:

공적 부문과 사적 부문의 분리라는 외양 뒤의 실체는 기업의 연구 개발의 주요한 자금원으로서, 그리고 첨단 제품의 주요한 구매자로서 정부가 산업에 전면적으로 개입하고 있다는 점이다. 연방 정부는 1960년대 신생 전자 산업을 위한 연구 개발비의 85퍼센트를 제공했고 〔……〕 1980년대 중반까지도 항공 산업 산출물의 3분의 2 이상은 구입했다. 결정적으로 중요한 반도체 산업의 초기에 정부는 이보다 더 큰 비율로 구매를 했다. 실제로 전후 기간 중 주요한 미국의 수출 산업은 모두 생성 단계의, 생산성이 낮았던 기간 동안 상당한 부분 정부로부터의 연구 개발과 구매 지원을 받았다. 여기에는 항공기, 컴퓨터, 전자, 원격 통신과 기구들이 포함된다. (Best and Forrant, 1996: 226)

따라서 일부 학자들이 미국의 산업 자본 부문과 국방부 사이에 확립된 관계의 성격과 전형적으로 일본의 국가-산업의 상호 작용에 속한다고 보는 관계의 성격 사이에 존재하는 밀접한 유사성에 주목하는 것은 전적으로 놀라운 일은 아니다(Johnson, 1982: 21, 311; Weiss and Hobson, 1995; Best and Forrant, 1996). 그렇지만 놀라운 것은 국방부가 추구하는 산업 정책에 대해서 여론으로부터, 심지어는 미국이 일본형의 제도와 관행을 받아들이기를 원하는 사람들로부터도, 국방부가 일반적으로 얼마나 혹평을 받는가 하는 점이다. 왜냐하면 이들은 일본의 전후 경제 성장을 설명하는 데 있어서 일본 통산성의 '행정 지도'의 관행에 항상 중심적인 역할을 부여하고 있고, 이제 우리는 국방부도 유사한 형식의 지도를 행사했기 때문에(아직도 행사하고 있다), 국방부에 기반을 둔 산업 정책에 대해 유사한 찬사를 기대하는 것이 무리한 것은 아니기 때문이다. 그러나 찬사는 거의 보기 힘들다. 국방부 정책이 전후 미국 산업 자본의 일반적인 경쟁력에 긍정적인 영향을 미쳤다고 주장하려고 하는 일련의 연구를 찾아낼 수 있다; 하지만 이런 연구는 반대 주장을 하는 조사 연구에 바탕을 둔 자료 더미 속에 묻혀 있다. 실제로 우리가 곧 보겠지만, 주장과 반대 주장은 대단히 미묘한 균형을 이루고 있다.

이 설명을 받아들이는 측에는 네 갈래의 주장이 있다. 첫째, 전쟁 중 대규모의 군수품 생산 작업이란 동원 경험이 전후 포디즘 적인 생산성의 호황의 기초를 깔았다는 주장이다. 둘째, 전후 상당 기간 동안 국방부가 군수품과 관련된 생산에 대준 연구 개발 비용은 미국에 기반을 둔 민간 산업 생산의 생산성과 경쟁력을 위해 중요한 부수적인 효과를 낳았다는 주장이다. 셋째, 이와 관련하여서, 적어도 그 기간 동안 '군산 복합체'라고 대충 명명된 한 무리의 산업은 영국의 산업혁명에서 면화가 수행한, 그리고 19세기 미국의(그리고 독일의) 산업 발전에서 철도 건설이 수행한 일반적인 촉진제의 역할을 수행하였다는 주장이다. 넷째, 전후 미국의 군사비 지출은 미국 산업 전체에 걸쳐 고용과 수요를 유지했고, 한편으로 그 성격상——고도로 숙련된 노동과 집중적인 연구 개발에 의존한다——지식 기반의 산업 환경에서 점차적으로 요구되는 종류의 급료가 높고 잘 조직화된 노동력을 만들어 냈다는 주장이다. 달리 말하면 미국의 군사 예산의 규모는 이전의 영국의 경우만큼 토착적인 경쟁력에 부정적인 것은 아니었다고 주장하는 조사 자료가 있다. 영국의 경우(우리가 보았듯이), 자유주의적 군사주의는 산업적인 이해 관계에 대한 금융적인 이해 관계의 지배력을 강화해주었다. 이와는 대조적으로 미국의 경우 그것은 그 규모와 성격 때문에, 미국 산업 전체에 발전적인 잠재력을 제공했다(이에 관해서는 Weiss and Hobson, 1995: 223~30).

미국에서의 군사비 지출의 경제적 결과에 관한 이런 해석에 반대하여 미국과 영국의 경험이 쉽게 구분되지 않는다고 보는 일단의 주장이 있다. 군사 예산의 규모 때문에 어쩔 수 없이 다른 형태의 지출은 뒤로 밀렸음을 시사하는 대단히 조심스럽게 설계된 연구 자료가 있다. 물론 그 주요한 희생물이 민간 산업의 투자인지(Smith, 1977) 사적 부문의 소비인지(Edelstein, 1990) 혹은 다

른 형태의 사회적 지출인지(Mintz, 1992)에 관해선 상당한 이견
이 있기는 하다. 또한 영국에 못지않게 미국에서도 해외에서의
군사비 지출이 수지 균형에 나쁜 영향을 주고(Dumas, 1982),——
이로 인한 민간 부문의 소홀과 민간 부문에서의 생산성 증가율의
둔화를 통해서——인플레이션과 실업에 나쁜 영향을 주었다
(Markusen and Yudken, 1992; Dumas, 1982)는 주장을 뒷받침하
는 조사 자료도 있다. 미국의 군사 지출과 관련하여 일자리가 창
출되었다는 일반적인 주장은, 국방 부문의 노동 귀족은 주로 백
인이며, 1980년대에 국방비 지출에 의한 일반적인 고용의 영향
을 분해했을 때 "흑인에게 해로운 영향이, 백인에게 유리한 영향
이"(Abel, 1990: 418) 나타난다는 점을 보여주는 조사 자료에 비
추어보면, 진보적이지도 포괄적인 것으로도 보이지 않는다. 미국
에 기반을 둔 극소 전자 산업의 발전을 북돋아준 두말할 여지 없
이 확실한 국방부의 역할을, 국방부가 격려한 산업의 그 이후의
경쟁력의 역사에 비추어보면, 위에서의 일반적인 주장은 보기보
다 덜 인상적이다. 국방 부문의 지원을 받은 그 산업이 1980년대
에 접어들어 애초에 일본에 기반을 두었던 제조 회사들의 심각한
경쟁에 성공적으로 저항할 수 있었던 것도 아니었고, 그리하여
많은 국방부의 구매의 '비용-부가'적인 성격이 미군에 물품을
공급한 회사를 과보호 육성했고, 폭넓은 민간 부문에 의해 움직
이는 시장에서의 경쟁력에는 장기적으로 나쁜 영향을 주었다는
주장이 설 땅을 마련해주었다(Dumas, 1982: 7; Adams, 1982:
22). 국방부가 주도한 산업 전략으로 인해 일본에 기반을 둔 경
쟁에 희생이 된 산업 영역의 하나〔(철강에서 시작하고, 반도체에서
끝나는) (이 점에 대해선 Best and Forrant, 1996: 227)〕인 미국 소
비재 전자 산업의 운명을 마커슨과 유드켄은 "소홀에 의한 파괴"
라고 특징지었다(1992: 63).

이 같은 열띤 논쟁의 분위기 속에선 항상 논쟁의 양편에 부분적인 진실이 있게 마련이다. 그리고 어느 특정한 사례에서의 논점의 균형은 일단의 근본적인 공리로부터 바로 읽어낼 수 있는 것이 아니라, 많은 상황적인 변수를 고려한 가운데서 찾아질 수 있다. 미국 규모의 국방 부문이 항시 경쟁력을 파괴하는 것은 아니다. 이들은 항상 일자리 창출, 수요 유지, 기술적인 부산물의 잠재력을 보유한다; 그러나 똑같은 정도로 이들은 항상 퇴출의 위험, 연구 개발의 왜곡, 수지 균형 적자의 위험을 보유한다. 어느 특정한 사례에서 이런 효과의 적정한 균형을 찾는 것은 어려운 일인데, 부분적으로는 핵심 변수의 적절한 척도를 고안하고, 군사적인 효과만을 정확하게 분리시킬 수 있는 연구 전략을 고안하기가 대단히 어렵기 때문이다. 또 군사비 지출의 경제적인 결과에 관심을 기울이는 경험 연구의 상당수는 연구자로 하여금 서로 대립하는 방향으로 움직일 성향을 주는 서로 경쟁적인 이론적인 체계에(주로 신자유주의, 포스트케인스주의, 마르크스주의) 뿌리를 두기 때문에 효과의 균형을 찾기란 어려운 일이다(이 점에 관해선 Dunne, 1990). 그러나 적어도 전후 미국의 군사비 지출에 대해선 세 가지 상당히 믿을 만한 일반적인 결과를 도출해내는 것이 가능해 보인다:

1. 첫째, 대부분의 조사 자료는 적어도 1980년대까지는 미국의 군사비 지출이 보다 일반적인 미국의 경쟁력에 대해 잘하면 대체로 중립적인 영향을, 못하면 약간 부정적인 영향을 주었음을 나타내준다. 미국 내의 어떤 국지적인 산업 지역은——소위 미국의 '총기 벨트gun-belt'(Markusen and Yudken, 1992: 38)——국방부의 풍족한 지출로 크게 혜택을 본 것이 틀림없다. 왜냐하면 다른 곳에서와 마찬가지로 미국에서도 "군사비 지출은 대다수의 작업이 행해지는 지역과 군 기지가 자리 잡고 있는 몇몇 지역에

강한 지역적, 산업적인 고객층을 갖기 때문이다"(DeGrasse, 1983: 153). 어떤 직종의 일자리는(서비스 인력뿐만 아니라, 일정한 전문직 및 기술직 노동자도) 이런 지출에 크게 의존하고 있다는 점도 틀림없는 사실이다. 그러나 높은 군사비 지출이 일반적인 산업상, 고용상에 미치는 효과는 그렇게 유익한 것은 아니었다. 쇠락하는 미국의 경쟁력을 전적으로 군사비 지출 탓으로 돌리는 것은 아주 정당치 못한 일인 반면, 적어도 1980년대의 미국 경제에 대해서, "보다 높아진 군사비 지출이 민간용 재화 부문의 어려움을 증폭시켰고"(같은 책: 156), 전반적으로 "국방이 성장에 미친 순수한 영향은 부정적이었던 것"으로 보인다(Sandler and Hartley, 1995: 220).

  2. 우리가 이 분야에서 도출할 수 있는 상당히 믿을 만한 두번째의 결론은 미국의 국방 지출이 미국에 기반을 둔 자본 축적에 기여한 바는 일반적으로 시간이 지남에 따라 달랐다는 점이다. 전후에 포디즘적인 호황이 시작할 때에는 대단히 순기능적으로 작동해서, 미국 산업 전체에 포디즘적인 생산 방식의 확산에 윤활 작용을 했고, 미국의 수지 균형에 미친 부정적인 영향을 통해서, 세계 시장에서 미국 제품의 공급이 달리던 시절에 세계적인 화폐 공급을(그럼으로써, 세계적인 수요의 수준을) 증대시켰다. 그러나 포디즘적인 안정이 무너지자, 미국의 국방비 지출은 미국의 지속적인 산업적인 우위를 지키는 데는 점차 기능을 못하게 된다――1960년대 후반에 베트남전쟁의 비용을 충당하기 위해 원치 않는 달러를 세계 시장에 쏟아부음에 따라 달러의 붕괴를 촉발하게 되고, 그것이 발생시킨 산업적, 국가적 정책의 우선 순위 때문에, 미국의 위성 경제인 독일과 일본이 재정비하여 소비자 제품 산업에서 경쟁력을 회복하자 베트남전쟁 이후 미국의 수출(후에는 국내) 시장은 취약하게 되었다.

3. 우리가 도출할 수 있을 세번째 결론은 이것이다: 비록 국방부의 조달 정책이 영국의 국방부가 영국에 해를 끼친 만큼 미국 산업 기반의 경쟁력에 해를 끼치지는 않았다 하더라도, 국방부 주도의 산업 정책은, 전후 자본주의의 '황금기'라는 손쉬운 경쟁의 조건하에서도, 현대화의 도구로서 민간이 주도한 정책만큼은 효과적이지 못했다. 국방비 지출은 그 전성기 때조차도 일자리를 창출하는 값비싼 방식이었다; 그리고 그 전성기는 이제 지나갔다. 상업적으로 의미있는 부산물을 발생시킬 수 있는 국방비 지출의 능력은 점차적으로 줄어들었다(현재 군산 복합체에서 '나오는' 부산물보다 '들어가는' 부산물이 더 많다; 그리고 변화하는 세계적인 조건이 일반적인 경제 성과에서의 방위 예산의 중심적인 역할을 감소시키게 되었을 때, 민간 부문 산업에 대한 일반적인 무관심(그리고 보조를 할 수 있는 정책 도구의 결여)은 국가를 무기력하게 만들었다. 바로 그러하였기 때문에(현재도 그렇다), 샌들러와 하틀리가 국방비 투입과 산업 기반의 관계에 관해 놀랄 만큼 완벽한 연구의 결론으로서 내린 일반적인 판단, 즉 "국방비의 재분배가 성장을 위한 바람직한 길은 아니다"라는 판단에 쉽게 반대할 수 없다(같은 책: 220).

전후 미국의 국방비 지출의 일반적인 경제적 결과에 관하여 지적할 또 다른 중요한 점이 있다. 그것은 이것이다: 군사 장비에 대한 지출과 거대한 군 인원의 유지는 1945년 이후 적극적인 경제적인 차원을 가졌던 미국 외교 정책의 한 부분에 불과하였다는 점이다. 그 경제적 차원의 정신은 이제까지 압도적으로 **신자유주의적**이었다. 미국의 정책 결정자들은 미국 제조업 제품의 해외 시장을 개방하고 심화하기 위한 결연한 의지를 지녔고, 미국의 자본 수출과 기술 확산을 적극적으로 권장하여 자본주의 세계 경제 전체가 의미 있게 성장하도록 조정할 의지를 지녔다. 달러에 대한 고정 환율제를 택한 브레튼우즈 체제는 바로 이런 목적을 위해서 고안되었다(마샬 원조 자금의 분배도 마찬가지다); 1971년 달러 하락의 여파로 미국 국가는 주요한 시장의 무역 장벽의 감소를 위해 철저하게 압박을 가했다. 특히 두 개의 시장——유럽 연합과 일본——에 미국 무역 협상팀이 지속적으로 전력을 기울였는데, 각각의 경우 미국 국내 시장에 대한 개방적인 진입과 해외에서의 폐쇄적인 시장에 대한 보다 큰 접근성이 맞교환되었다. 물론 미국 국가는(북미자유무역협정 NAFTA을 통해서) 북미와 중미에 나름대로의 자유 무역 지역을 만들었다. 이런 의미에서 만일 개방된 시장이 실패한다고 하여도 미국 국가가 보호주의에 거부감을 갖지는 않는다: 그리고 사실상 보호주의는(보통 자발적인 수입 규제 협약의 형태를 띠는데) 1980년대에 미국의 국내 시장 안에서 일본의 경쟁이 대두하자 미국 국가가 보여준 초기의 반응을 구성한 강력한 요소였다. 그러나 전쟁 이후 미국의 대외 경제 정책의 밑바탕을 이룬 "자유 무역에 대한 일반적인 책무를 고려한다면" 특정한 산업 부문을 위한 보호주의적인 조치는 일반적으로 정치적인 압력이 허용할 수 있는 "협소한 발판 위에 서 있었고, 제한된 목적을 위해서만 가능했다"(Tyson and Zysman, 1983: 56). 이런 조치는 대개 비효과적이었고, 보다 진취적이고 경쟁적인 외국에 기반을 둔 생산자를 성공적으로 배제시키지는 못하면서 시장에서 취약성을 일으켰던 바로 그런 낡은 생산 형식을 강화해주었기 때문에 오히려 역효과를 내기까지 했다.

미국 국가의 산업에——국내의 산업과 국외의 산업 모두——대한 전후의 정책이 애초에는 미국에 기반을 둔 산업 생산자의 경쟁력을 촉발하고 강화하는 데서 나중에는 그 경쟁적 우위를 갉아먹게 하는 데 도움이 되도록 바뀌었다. 1941년과 1945년 사이의 군사비 지출은 미국의 군사적인 포디즘을 촉발하였다. 1945년 이후의 해외의 군사비 지출(그리고 미국 국가가 영국과 협상하면서 고안한 보다 넓은 국제 금융의 기본 구조)은 미국 상품의 수출에 불을 붙였다. 그리고 달러화의 일반적인 지위 때문에 전후 미국 경제는 국내적으로 디플레이션을 초래하지 않으면서도 수지 균형의 적자를 유지할 수 있었다. 그러나 이런 미국의 경제적 정치적 제국이 창출한 공간 속에서 강력한 경쟁적인 경제가 재등장하였다. 냉전의 지정학은 패배한 두 주축국을 새로운 세계적 분할의 경계선에 위치시켰고, 이들을 강력하고 안정된 자본주의적 민주주의로 재건하는 일이 미국 국가 정책의 중대한 요소가 되었다. 무장을 할 권리가 부정된 이 두 국가는 다른 국가의 군사적 지출의 혜택을 받았는데, 특히 일본 경제는 1950년대에는 미국의 한국에 대한 군사비 지출을 배경으로,* 1965년과 1975년 사이에는 베트남에 대한 더욱 큰 군사비 지출을 배경으로, 급속한 성장을 거두게 된다. 이런 세계에서의 역할에 주력함으로써, 또, 군사-산업적 기반의 보호에 주력함으로써 미국 국가는 소비재 부문이 스스로 현대화하도록 내버려두었고, 1980년대에 미국의 자동차 산업과 소비재 전자 산업이 겪었던 시장 점유율의 심각한 손실을

---

* 이것은 전후 일본의 성공을 얘기할 때 중요한 계기이기 때문에 상세히 들어볼 가치가 있다. 로버트 에인젤Robert Angel의 연구를 바탕으로 하여 탭은 이렇게 기술하고 있다.

    1949~50년의 세계적인 전후의 불황을 겪으면서, 미국은 일본에 대하여 다지 노선에 따르는 정통적인 디플레이션 정책을 택하라고 고집했다. 〔……〕 일본은 이 살인적인 긴축 정책으로부터 벗어나게 해달라고 요청했다. 그때 〔……〕 예상치 않았던 곳으로부터 구원이 왔다. 한국이라는 화로가 불꽃에 휩싸인 지 두 달이 지나자, 적절한 제조업 능력을 지닌 가까운 유일한 산업국가로서 고용 인원을 채우지 못했던 일본의 공장과 작업장은 먼저 1950년과 1955년 사이에는 연합군의 전쟁 물자와 서비스의 공급자로서, 1953년 7월 휴전이 성립되고 나서는 남한의 재건에 필요한 물자의 공급자로서, 한국의 불행으로부터 엄청난 혜택을 보았다. 〔……〕 넓은 의미의 특수 물자 조달은 24억에서 36억에 달하는 달러를 굶주리던 일본 경제에 쏟아부었고, 놀랍게도 일본 전체 수출의 60~70퍼센트를 차지하였다. 또 일본의 전후 경제 발전을 위해서 의미 깊은 것은 이 예기치 않았던 수요의 팽창이 섬유, 철강과 자동차 장비 부문에서 가장 컸는데, 바로 이 부문이 1950년대, 1960년대 일본의 수출 드라이브를 이끌어가게 된다는 점이다(Tabb, 1995: 91~2).

막는 데는 도움이 되지 못했다. 그래서 이전의 영국 국가처럼, 제국주의적 역할을 구실로 하여 미국 국가는 궁극적으로 미국의 세계적 역할의 바탕을 이루는 내부의 경제적인 힘을 보호하고 개발하는 데는 실패하였다; 그러나 이전의 영국과는 달리, 미국 국가는 한 단계 더 나아갔다. 1945년 이후 질적으로 상이한 경제적 사회적 체제와 세계의 주도권을 둘러싼 싸움에——19세기에는 유사한 예를 찾을 수 없는 냉전에——얽매인 미국 국가는 자체의 핵심적인 산업 기반을 무시하는 것 이상의 일을 했다. 그것은 냉전의 전방에 위치한 **경쟁국 경제를 적극적으로 재건하였고**, 이들 경제의 산업적 경쟁력이 미국의 토착적인 제조업의 핵심 지역을 녹슨 지대(rust belts)로 만들어갈 때도 방관하고 있었다. 미국 국가의 정책은 1980년대에 미국 자동차 산업을 돕지 않았는지 모른다: 그러나 미국 국가가 전후의 결정적인 시기에 일본의 자동차 산업에 엄청난 도움이 된 것은 확실하다.

국가와 후발 발전

따라서 미국 국가는 미국 자체의 경제 성장을 설명할 때보다 일본의 성장 방정식에서 보다 확실한 기여를 했다는 점은 전후 미국 대외 경제 정책의 역설적이면서도 중요한 결과이다. 그리고 미국 국가가 이런 기이하고 예기치 않은 역할을 한 점에서 유일한 것은 아니다: 영국 국가도 서독의 성장에 대하여, 독일 자동차 산업의 핵심적인 요소를 재건하는 데 있어서, 전쟁 직후에 유사한 역할을 수행하였다(Reich, 1990: 170~86).* 이 두 경우 모

---

* 영국 국가에 대한 라이치의 보고에 따르면 폴크스바겐의 재건에 대한 조달부의 반대가 재무부에 의해서 무시되고 있는데, 재무부는 독일의 식량 공급의 자금 지원이라는 단기

두, 전후의 경제사에서 짧았지만 전략적인 순간에——지정학적인 이유(영국의 경우), 단기적인 자원 제공과 인본주의적 이유와 결합되어——미국과 영국 행정부는 외국의(자동차) 제조업자를 국내의 제조업자보다 더 호의적으로 취급하였고, 그리하여 외국의 토착적인 제조업을 진실로 '발전 지향형 국가'의 방식으로 재건하는 데 직접적인 도움이 되었다. 이들은 정복된 땅에서 일시적으로 '국가'로서 행동할 때 우연히 그 역할을 하게 되었다; 그리고 이들이 국내에서는 유사한 '발전 지향형' 방식을 의도적으로 취하지 않았던 때에 우연히 그렇게 하였다. 이렇게 함으로써 이들은 자신도 모르는 사이에 후일 자기들의 경제적 성공을 능가할 두 경제의 성장을 설명할 때 국가라는 차원을 덧붙이게 되었고, 이런 성공의 사례에 다른 국가적인 차원이 있는가를 검토하도록 만든다. 즉 연합국의 짧은 점령 기간이 지난 후 전후의 경제 성장 과정에서 독일, 일본의 국가가 행한 역할을 검토하도록 유도한다.

전후 서독 국가의 경제적 역할

물론 우리는 자주 인용되고 널리 논의된 거쉔크론의 명제——즉 후발 산업화를 행하는 경제는(후발이란 19세기의 영국과 미국보다 늦게 산업화하는 경제) 최소한 일반 은행과 국가 등 "산업화를 위한 상이한 제도적인 도구"를 발전시킴으로써 산업화한다는 명제의 영역에 발을 딛고 있다(Gerschenkron, 1966: 16). 애초의

적인 문제에 관심을 기울이고 있었다. 라이치에 의하면,

> 독일 경제에 활력을 불어넣음으로써 가장 손쉽게 구원해줄 수 있었다. 폴크스바겐은 독일 경제의 초석으로 간주되었고, 따라서 재무부는 독일 주둔 영국 군사 정부와의 협력하에 폴크스바겐에 자원과 수익성 있는 시장을 찾기 위한 막대한 노력을 기울였다. [……] 재무부 관리들은 재무부의 편의를 위해서 폴크스바겐의 생산과 수출로 생길 수 있는 외화를 최대화하기 위한 온갖 노력을 기울여야 한다고 제안했다. [……] 간단하게 말하면 재무부는 영국의 경쟁력이라는 장기적인 문제보다 독일인을 지원하는 단기적인 문제에 우선권을 두었다(Reich, 1990: 309, 175).

이 명제에 따르면, 독일은 '은행이 주도하여' 후진성의 이점을 살린 두드러진 예이고, 국가가 주도한 산업화의 주된 사례는 1917년 전후의 러시아였다. 그러나 그 후 넓은 의미로 거셴크론의 입장을 따라서 주도적인 자본주의 경제가 성취한 모든 주요한 성공적인 따라잡기의 사례에서 국가를 핵심 변수로 사용하는 것은 관례가 되었다; 우리가 제1부 제2장에서 보았듯이(pp. 121~23), 전후의 서독 국가에 경제적인 근대화의 역군이란 의미있는(대체로 숨겨지긴 했어도) 역할을 부여하며, 전후 서독 국가의 경제 정책에 구체화된 우선 순위를(소비보다 투자를 선호한 점, 복지주의, 잘 조직화된 사적 부문에 대한 친근성) 독일이 19세기 '후반'에 출발한 점과 직접 연결짓는 일군의 학자들이 있다(Weiss, 1998: 123~5). 제1부 제2장에 인용한 린다 와이스의 저작이 이런 장르의 유일한 예는 아니다. 실제로 영국의 문헌에서 보면 유사한 연구 중 가장 인상적인 최근의 저작은 라이치의 저작인데, 그는 전쟁 이전의(파시스트) 독일 국가는 바로 이런 근대화의 역할을 수행했고(적어도 독일의 자동차 산업을 위해서는), 그 과정에서 국가의 전통(미국 제품에 대해서 차별을 함으로써 의도적으로 많은 핵심적인 독일인 소유의 자동차 생산자를 육성한 전통)을 확립했는데, 이는 1960년대까지(그 이후까지는 아니더라도) 단절 없이 이어졌다(Reich, 1990: 65, 67, 145). '파시즘의 열매' ——그 결과로 핵심적인 자동차 생산자에게 주어진 이점을 라이치는 이렇게 불렀다——는 일본의 사례에서도 분명했고, 그의 견해에 따르면 이들 자동차 생산업자들은 사적인 자본의 축적을 국가가 지휘하는 것이 정당화되기 어려웠던 보다 '자유주의적' 경제(영국과 미국 경제)의 자동차 회사들보다 경쟁상 시장의 점유율을 높이기에 유리한 위치에 서게 되었다.

　라이치와 와이스의 명제는 전후 독일 정부의 공식적 입장, 즉

"산업의 근대화와 구조적 변화는 시장에 맡기는 것이 최선이다라는 신념"에 근거한 사회적 시장 경제를 신봉한다는 입장과는 잘 맞지 않는다(Abromeit, 1990: 61). 이들의 명제가 통일 이전과 이후 모두 폭넓게 분권화되었던 국가 구조와 쉽게 양립하지도 않는다; 그럼에도 이들의 주장은 적어도 다음과 같은 이유 때문에 설득력을 지니고 있다.

1. 첫째, 독일형 코포라티즘 '모델'의 노동 규칙을 받아들이며 독일 국가가 수행한 중요한 역할이다(파시스트 시기를 제외하고는). 사회적 평화의 대가로 수용되어야 했던 독일 노동자 계급의 힘을 반영한, 비스마르크 시대까지 거슬러 올라가는 국가의 복지 전통에 맞추어, 전후의 서독 연방 정부는(우리가 제1부 제2장과 제2부 제1장에서 논의한 그런) 대단히 독특한 자본–노동 협약을 강화시켰다. 서독의 노동자들은 전후의 기간에 미국에서는(심지어 영국에서도) 그 유례를 찾아볼 수 없는 높은 수준의 취업 안정, 훈련과 작업장 참여를 향유하게 되었다; 그리고 서독 정부는(스웨덴과 다른 스칸디나비아 정부와 같은 방식으로) 역대 미국 행정부가 취했던 일반적으로 비적극적인 노동 시장 정책과 제한된 국가–복지주의와는 뚜렷한 대조를 이루는 적극적인 노동 시장 정책과 복지 정책을 추구하였다(이 점에 대해서는 Knoke, 1966: 36~48과 비교해보라). 전후 서독의 경쟁력이 산업 경영과 노동 사이의 높은 수준의 협력에 바탕을 둔 만큼은(우리가 보았듯이, 이 점은 널리 받아들여지고는 있지만, 그렇다고 전혀 논란의 여지 없이 확립된 것은 아니다), 그런 협력의 보장자로서의 서독 국가의 보이지 않는 간접적인 역할은 인정되어야 할 것이다.

2. 이에 덧붙여 국가와 산업 간의 신자유주의적 관계를 공식적

으로 신봉하면서도, 역대 독일 정부는 여러 가지 결정적인 방식으로 국내 산업의 축적 비율에 직접적인 영향을 주었다. 1950~60년대를 통하여 정부는 독일 마르크에 대해 낮은 달러 환율을 의도적으로 유지하여 독일 공산품 수출의 육성을 촉진시켰다; 그리고 은행 체제가 장기적인 산업 금융을, 특히 중소기업에 제공하도록 적극적인 지원을 하였다. 1970년대부터는 적어도 조선, 철도, 석탄, 철강, 농업 부문 등 포터가 말하는 "쇠퇴하는 부문을 보조하는 확고하고 집요한 경향"을 보여주었다(Porter, 1990: 378). 산업화를 위한 지역적인 지원도 전후 독일에서는 광범위하게 이루어졌다(현재도 그렇다); 민간 중심의 연구 개발을 위한 공적인 자금 지원도 높은 수준을 유지하고 있다. 예컨대 영독재단은 다음과 같이 보고하고 있다(Anglo-German Foundation, 1994: 11): 서독의 중소기업에 대한 공적인 대출, 공여금, 지급 보장액은 1988~89년에 10억 9,340만 파운드인 반면 이에 해당하는 영국의 수치는 단지 380만 파운드에 지나지 않았다. 비토이스는 독일의 총 연구 개발비가 GNP의 2.9퍼센트로서, "일본에 견줄 만하며 미국과 영국의 비국방 부문 연구 개발보다 대략 1퍼센트 높다"고 보고하고 있다. 그는 또 당시 서독이 "기본적인 연구의 강력한 촉진국 중의 하나"로서 단지 프랑스에만 뒤질 뿐이라고 보고하며, 이 부문의 지원에서, 즉 "외적인, 공적, 준정부적인 하부 구조의 지원과 기업의 내적인 혁신적인 능력을 고양시키는 프로그램에서" 양국이 수행하는 중대한 역할에 주목하고 있다(Vitois, 1997: 10~11). 에르가스는 서독(그리고 스웨덴)의 기술 정책이(미국과 영국처럼) **과업 지향**이기보다는 주로 **확산 지향**이었음을, 즉 전후의 독일과 스웨덴 정부는 영미 정부보다는 "기술적 능력이 산업 구조 전체에 확산되기를 장려하고, 그리하여 변화에 대한 지속적이고 주로 점증적인 적응을 촉진하는 데" 더욱 관심

을 기울였음을 설득력 있게 주장하고 있다(Ergas, 1987: 52). 그
가 제시한 증거는 다음과 같은 점을 시사한다: 만일 연구 개발
정책의 성패를 그것이 "기술적인 전문 지식에 폭넓게 접근"하는
것을 장려하고, "중소기업이 변화에 적응하는 데 드는 비용"을
감소시키는 것에서 찾는다면, 이들 정책은 적어도 인적 자본에
대한 투자를 우선시하고, 산업 표준을 체계화하고, 회사 사이 그
리고 산업과 학계 사이의 협업적인 연구 형태를 장려한 면에서
"대단히 성공적이었다"(같은 책: 67~75).

물론 독일에서 전후에 경제의 지도를 위해 공공 기구가 관여한
규모는 일본의 그것에 근접할 만큼 광범위하지 않고, 1967년 이
후 서독이 케인스주의적인 수요 관리 기법을 공식적으로 채택한
것은 영국처럼 이르지도 않았고, 오래가지도 않았다는 점은 인정
해야 한다(이에 대해서는, Allen, 1989; Thompson, 1991). 왜냐하
면 서독에서의 국가 기구에 의한 자본 축적의 지휘는 독일 은행
체제를 통해서(그리고 긴밀한 연락 관계를 가지면서) 수행된 일반
적으로 간접적인 것이었고, 노동 훈련과 복지 프로그램의 영역에
서만 아주 분명하고 직접적이었다. 일반적으로 회사를 개별적으
로 구제하는 것은 독일 방식이 아니었다(물론 미국에서와 마찬가
지로 독일에서도 유사한 구제의 사례는 있었고, 가장 잘 알려진 예는
1982년 아에게AEG 무선 전신 회사이다). 오히려 부문별 개입에 대
한 보통 정부의 역할은 "항상 은행, 업계, 노동과 협력을 해가면
서 〔……〕 산업이 주도하는 조정 조치를 지원하는 일이었다"
(Chandler, 1986: 180). 예를 들면 1970년대 중반에 폴크스바겐이
경쟁상 어려움을 겪었을 때, 같은 기간에 영국 정부가 성공도 하
지 못하면서 브리티시 레일랜드British Leyland에 쏟아부은 자금
에 비견할 직접적인 정부의 자금 지원을 받지 못했다. 그 대신
"연방과 주 정부, 주주 그리고 노조는 공히 〔……〕 노동자 각자

가 받을 조정의 비용을 완화해줄 사회적 프로그램의 시행을 포함하는 합리화와 현대화를 위한 [……] 조치에 합의했다"; 그리고 공적 자금에서 제공된 "유일한 의미있는 금전적 보조"는 "대량 해고로 영향을 받는 지역의 새로운 투자를 위한" 것이었다고 알려졌다(같은 책: 161). 그러나 그렇다고 하여도 이런 직접적, 간접적 국가 투입의 배합이 전후 독일의 성장 유형에 지니는 중요성을 의심할 수는 없다. 독일식의 '조직화된 자본주의' 모델의 무게 중심은 공적 부문보다 사적 부문에——산업부보다는 산업과 은행의 연계에 놓여 있는 것 같다; 그러나 그럼에도 불구하고 이런 연계의 공적인 지지와 국가가 노동을 사부문의 기업 지배 구조에 보조적인 동반자로 통합한 일도 전후 독일 경제의 성공을 이야기할 때 중요한 것으로 보인다. 와이스가 말했듯이, 독일식의 사부문 기업 지배 구조는 "국가의 관여를 배제하지 않는다; 그것을 전제로 한다." 그리고 "이런 의미에서 독일 국가의 능력은 [……] 체제에 깊숙이 뿌리를 내리고 있다"(Weiss, 1998: 136).

일본형 '발전 지향형 국가?'

독일이 도어가 말한 후발 발전의 초기 사례에 속한다면, 일본은 분명히 또 다른 사례이다; 독일 국가보다도 일본 국가는, 존슨의 말을 빌리면, "후기에 발전하게 되는 나라에서는 국가 자체가 산업화를 이끈다, 즉 국가가 발전적인 기능을 담당하게 된다"고 믿고 있는 다양한 성향의 학자들의 관심을 끌어왔다(Johnson, 1982: 19). 우리가 제1부 제2장에서 보았듯이(pp. 112~15), 특히 존슨은 전후 일본의 경제 성장이 주로 일본의 통산성을 통해서 행해진 국가 기획과 지도의 덕을 크게 보고 있다는 주장과 관련되고 있다. 그때 보았듯이, '일본의 기적'에 관한 '발전 지향형 국가'론이 도전을 받지 않았던 것은 아니다. 이 주장은 한편으로는 신고전파 경제학자들에 의해 도전을 받아왔는데, 이 경제학자들은 "성장의 주요한 추진력을 사기업 부문의 투자 수요, 사부문의 저축, 그리고 시장 지향적인 환경에서 활동하는 근면하고, 숙련된 노동력으로 보고 있다"(Patrick and Rosovsky; Anchordoguy, 1988: 509에서 재인용). 다른 한편 이 주장은 다양한 "'신제도주의파'에 의해 도전을 받고 있는데, 신제도주의파 학자들은 "관료제의 지배라는 명제를 더 이상 받아들이지 않는다"(Wilks and Wright, 1991: 39). 왜냐하면 그것은 전후 일본의 성장 과정을 설명하면서 정치와 사적 자본의 우위성을 과소평가하고 있기 때문이다. 그러나 이를 둘러싼 논쟁에도 불구하고, 전후 일본의 주요한 경제적 근대화 역군으로서의 일본의 관료 엘리트를 옹호하는 주장이 사라지지는 않았다. 실제로 존슨은 이를 지속적으로 옹호해왔는데, 제2차 세계 대전 이전과 이후의 관료제 사이의(메이지 유신 시대의 권위주의적인 일본 국가와 미국에 의하여 강요된 자유민주주의 국가 사이의) 연속성을 강조하며, 근대 일본과 중세 베니스 사이의 유사점——존슨은 이 두 경제의 경제적인 우월성을 "절대주의 국가의 효과성과 부르주아 시장의 효율성을 융통성 있게 결합시킬 수 있던 능력"과 연결시키고 있다——을 강조한다(Johnson, 1995: 29).

일본에 관한 '발전 지향형 국가'라는 명제는 대체로 다음과 같다: 1945년 이후 일본은 국가 관료와 사적으로 소유한 기업 및 산업 간의 긴밀하고 구체적인 작업 관계를 중심으로 세워진 "국가 주도의 고성장 체계"로 서술하는 것이 가장 좋다. 이 같은 성장 체계는 성공적인 자본주의적 발전 지향의 국가에 필수적인 몇몇 요건이 일본에 구비되어 있음으로써 가능하였다: 그 요건이란 "체계 내에서 얻을 수 있는 최고의 관리자로 채워진 작고, 비용이 들지 않는 그러나 엘리트적인 관료제"(같은 책: 315), 관료제에 상당한 자율성을 부여할 수 있는 정치 체제, 시장 순응적인 국가 개입의 방법을 쓰려는 신념, 그리고 통산성과 같은 우수한 조직의 존재이다(같은 책: 314~19). 이 견해에 따르면, 전후 일본에 이와 같은 모범적인 슘페터적인 국가가 출현한 것은——슘페터적인 성공적인 민주 정부의 필수 요건을, 그가 말하는 경쟁 우위의 역학과 결부시킨 것은——메이지 유신 이후의 강제된 산업화 과정에서 설정된 국가의 경제 경영의 유산 때문에 가능하였다; 그리고 그것은 전쟁의 패배로 일본이 강요받은 매우 불확실한 경제적인 조건 때문에 필연적이 되었다. 실제로 제1차 세계 대전은(특히 그 기간 중 일본 자본과 노동 관계의 재편은) 발전 지향 국가론이란 명제를 뒷받침해주는 설명 변수이다——전후 일본 체제의 독특함의 상당 부분, 즉 중공업으로의 전환, 농업 부문의 개혁, 은행의 합리화, 하청 체제, 종신 고용제, 연공서열형 임금, 심지어는 기업별 노조 등은 전쟁을 계기로 하여(그리고 국가 정책을 그 매개로 하여서) 발생하였다(Johnson, 1995: 29~34; 또, Weiss, 1993: 199). 존슨과 와이스는 모두 전후의 체제가 일본에서 어떻게——처음에는 일본의 재건에 대한 미국의 적대감 속에서, 그리고 일본 내의 격렬한 계급 투쟁의 가운데에서——재확립되어야 했는지 인지하고 있다. 그러나 이 재확립은 일본의 경우 국가가 유도했으며, 국가가 보장해준 것이었다. 그것은 냉전의 발발에 대응해서 그리고 노동계의 불안정을 완화하기 위해서(점령국 군사 정부라는 위장된 형태를 띤 채) 미국에 의해서 유도되었다; 그리고 나서, 그것은 전반적인 발전 성향을 지닌, 재건된 일본 국가에 의해서 보장되었다(Johnson, 1995: 29).

이 명제를 뒷받침하는 상당한 정도의 증거가 있음을 지적해두고자 한다. 처음부터 전후 일본 국가가(주로 통산성을 통해서) 후일 비판자들이 소위 "철거와 건설의 주기"(Burkett and Hart-

Landsberg, 1996: 70)라고 부른 일련의 과정에 따라 무게의 중심을 처음에는 농업과 섬유에서 철강, 화학, 기계 및 다른 중공업으로 옮기고, 다시(1973년 석유 파동 이후) 운송과 전자 제품(자동차, 오토바이, TV, 비디오, 계산기 등)으로, 또 그 이후에는 다양한 첨단 제품으로 옮겨가면서, 경제 전체를 의도적으로 재구조화하려고 했었다는 상당한 증거가 있는 것은 분명하다. 이 과정을 부정적으로 보면, 일본의 자본은 각 주기의 막판에 이르면 사양하는 산업을 해외에 재배치하였을 뿐이며, 그러면서 노동 착취의 과정을 심화하였는데, 처음으로(1990년대에) 마지막 주기를 고성장의 궤도로 재확립하는 데는 실패하였다(이것이 현재 일본의 위기의 성격을 말해준다). 이 과정을 긍정적으로 읽어보면, 일본의 자본은 정기적으로 위치를 새로 고쳤고 매번 기술 혁명의 첨단에 섰고, 매번 최신 형태의 연구 개발의 생산 잠재력, 기업 경영과 시장 전략을 먼저 모방하고 발전시켜나갔으며, 이 과정에서 일본을 세계에서 두번째로 번성한 경제로 만들어냈다. 그러나 일본을 어떻게 읽든, 일본의 자본이 스스로 성장 전략을 추구하지는 않았다. 그들은 전후 일본 국가 기관과의 긴밀하고, 궁극적으로는 지도받는 관계를 유지하며 전략을 추구하였다.

전후 일본 국가가 추구한 전반적인 산업 전략은 보통 시기별로 나누어진다. "제2차 세계 대전의 종결로부터 1960년대 중반, 후반에 이르기까지 [……]" 첫번째의 핵심적인 "재건과 고성장의 시기에 [……] 산업 정책이 바탕을 두었던 정부와 산업 간의 관계는 '정부의 산업 정책 지도 모델'로 특징지어질 수 있다"(Boyd, 1987: 78). 물론 1947년 미국의 외교 정책이 바뀌기 전까지 점령군 사령부의 애초의 의도는 국가 정책을 이용하여 일본을 탈산업화하는 것이었다. 즉 전후 배상의 일환으로 중기계 부문을 제거하고, 일본을 농업과 소기업이 지배하는 미개발의 경제로 새로이

자리매김하는 것이었다. 그러나 일본을 반공의 보루로 재건설해
야 한다고 미국 국가의 관료들이 결정하게 되자,——(아리기의 표현
대로) 일본이 "서구의 부유하고 강력한 국가들의 배타적인 클럽에
미국이 초대한 손님이 되어 [……] 이매뉴얼 월러스틴이 말한 **초
대에 의한 발전의 완벽한 모델이 되자**"(Arrighi, 1994: 340)——미
국의 차관과 대출 자금이 쏟아부어졌다. 전후 재건의 첫 시기에
(1955년까지), 일본 국가는 먼저 미국의 틀 안에서 일본의 기본적
인 경제적인 하부 구조를 재확립하려고 노력하였다. 1955년 이
전(미국의 군사적 통제하에서 그리고 갓 태어난 민주주의하에서) 일
본 국가의 계획가들은 처음에는 석탄과 철강 산업을 자원 배분의
목표로 삼았고, 후일에는 섬유, 조선, 화학을 목표로 삼았으며,
한편으로는(개발 은행과 수출입 은행을 포함하는) 일련의 새로운
은행을 통해서 이용 가능한 여유 자본금을 동원하였다. 일본의
최근 경제사를 분석한 많은 분석가의 판단에 의하면, 이 시기는
"산업 발전에 대한 광범위한 정부의 관여 때문에 일본이 산업화
한 서구에 경제적으로, 정치적으로 파괴적인 의존 관계에서 벗어
나게 되는 결정적인 기간이었고, 놀라운 경제적 성공의 조건을
창출해내는 데 결정적인 기간이었다"(Boyd, 1987: 85). 1990년
보고서에서 보호주의와 보조금을 제공하려는 일본 국가의 경향
을 폭넓게 비판했던 포터조차도 "철강, 조선, 재봉틀 등 초기 일
본의 성공 과정에서 이와 같은 정부의 역할은 건설적이었다"고
인정하지 않을 수 없었다(Porter, 1990: 414).

　1955년에 이르게 되면, 일본 국가의 계획가들의 자신감은 충
분히 살아나서 그 해의 백서는 일본을 "자원이나 축적된 자본이
결여된 과잉 인구를 지닌 가난한 나라"로 보는 운명주의적 견해
를 버렸고(Sheridan, 1993: 136), 미국의 원조와 정부 조달품 지
출에 대한 과도한 의존을 깨버릴 수 있는 방법을 모색하였다. 이

제는 유명해진 정책 결정을 통해, 이들은 **목표 설정**에 의해서——즉, 1955년에 일본이 어떤 분명한 국제적인 시장 우위도 갖고 있지 않았던 "자동차, 대규모 기계화된 장비, 산업용 기계, 대형 컴퓨터, 특수 강철, 석유 화학 등 자본 및 기술 집약적인 산업 부문의 무역에서의 비교 우위를 의도적으로 형성해냄으로써"(MITI; Johnson et al., 1989: 66에서 재인용)——고속 성장의 달성을 강력히 지지하였다. 이 비교 우위를 창출하기 위해서, 통산성은(일본의 산업 기초의 질적인 향상을 위해서) 외국 기술을 체계적으로 수입할 것을 권장했고, 한편으로는 국가가 유도하는 산업 구조조정이라는 착실한 방침에 따라 유치 산업에 대한 높은 관세의 보호망을 유지하였다. 셰리던이 말하듯이, "1955년부터 1960년대 중반까지, 통산성 관료들은 선택된 산업을 보호하고 육성하기 위해서 필요하다고 생각한 정책적인 조치를 고안해내고 집행하는 데 거의 제한을 받지 않았다"(같은 책: 151). 오키모토는 그 시기의 산업 정책을 다음과 같이 서술하고 있다:

1950년대와 1960년대 동안 산업 정책은 산업화의 따라잡기란 역사적인 도전에 응하는 데 중심적인 역할을 하였다(이 역할은 세월이 지나 일본이 선진국과의 간격을 좁혀가면서 줄어들었다). 애덤 스미스의 보이지 않는 손의 마술에 대해선 거의 신뢰를 보이지 않고, 일본 정부는 개입하여 1)부문별 우선 순위를 설정하고, 2)발전을 촉진하기 위해 자원을 동원하고, 3)유치 산업을 보호하며, 4)투자 수준에 대한 지도 방침을 발표하고, 5)합리화와 불황 방지를 위한 카르텔을 결성하며, 6)외환 대출을 분배하며, 7)일본을 드나드는 기술의 흐름을 조절하며, 8)해외 직접 투자를 통제하며, 9)준법률적 지위를 갖는 '행정 지도'를 공표하며, 10)일본의 미래 산업 구조의 중장기 전망에 관한 백서를 발간하였다. (Okimoto, 1989: 23)

그러나 1960년대 중반 이후, 이 정책이 성공하여 일본이 자본
주의 세계에서 두번째로 큰 규모의 경제로 전환되자, 정책이 다
시 바뀌었다. "산업화의 따라잡기라는 목표를 계속 추구하면서
도, 일본 정부는 무역 자유화가 미칠 잠재적으로 훨씬 심대한 영
향을 다루는 과제에 관심을 기울이기 시작했다"(Okimoto, 1989:
25). 국가의 정책 우선 순위가 강한 수출 산업의 형성으로 전환
되었다——먼저, 자동차와 소비자 전자 제품 등과 같은 중간 수준
의 기술에 의존하는 내구성 소비재 산업에 관심을 기울이고, 후
에는 기술적으로 보다 고도화된 소비자 생산품에 관심을 기울였
다. "외국의 대형 제조업체와 경쟁할 수 있도록, 통산성은 철강
과 자동차와 같은 많은 핵심적 산업의 '구조적 합리화'를 촉진하
는 선봉장의 역할을 맡아(같은 책: 25)," 규모의 확대를 위해 기
업이 합병할 것을 권고했다. 이 과정에서 통산성의 직접적인 개
입의 정도가 줄어들었다; 통산성은 내적인 재조직화를 겪으며,
특정 산업과 직접 연결하던 수직적 구조에서 멀어지고, 산업 내,
산업 간의 쟁점에 관심을 갖는 수평적인 관료 기구의 조합이 되
었다. 자원 할당과 '행정 지도'의 활용은 1960년대에 완화되었
고, 점차적으로 일본의 중소 산업 부문에 제한되었으며, 경제 전
반에 대해선 장기적인 '비전'의 설정으로 대체되었다. "이 '비전'
을 보면, 산업 정책의 초점은 중화학 산업에서 일단의 지식 집약
적 산업으로——예컨대 다양한 종류의 기계화 장비(전기, 운송, 정
밀 기계류), 첨단 산업(집적 회로를 사용하는 계산, 로봇 공학, 정밀
요업과 신소재 철강)과 수직적으로 통합된 조립 산업, 패션 산업과
정보와 연관된 산업"으로——옮겨갔다(Sheridan, 1993: 164~5).
　1980년대 통산성의 전략에서 핵심적인 것은 성장성이 높은 기
술의 개발과 관련된 독자적인 연구 개발 능력의 육성이었고, 이

것은 그 이전에 통산성이 보여준 열정적인 기술 도입으로부터의
정책 전환을 의미했다. 그것은 "본질적으로 후발 주자에서 선도
자로서의 전환"을 의미하며(Okimoto, 1989: 28), 주로 세금 우대
와 통산성이 지휘한 사부문과의 협력에 의하여 실행에 옮겨졌다.
그리고 1978년과 1983년에는 통산성이 사양 산업의 합리화를 촉
진토록 하는 법이 도입되었다(Young, 1991). 통산성에 의하면,
당시에 이렇게 "구조적으로 불황을 겪는" 산업이 11개 있었다:
섬유, 제당, 골판지, 화학 비료, 비닐 수지, 평로 철강, 전기로 철
강, 알루미늄 정제, 조선, 합판과 선박업이 그것이다. 즉 1980년
대에 두번째로 일본 국가는 버킷과 하트란츠버그가 말한 "철거
와 건설"의 발전 전략에 착수했고, 이 과정에서 독특한 국가 개
입의 시간적 유형을 확립했다. 전후 일본 국가는 한 산업 발전 주
기의 초기('건설' 단계)와 말기('철거' 단계)에 집중적으로 개입하
였으며, 그 주기의 중간 과정에서는 구체적인 개입에서 물러났
다. 오키모토의 그림이 이 연속 과정을 잘 나타내고 있다.

그림 7-1 산업의 수명 주기와 정부 개입

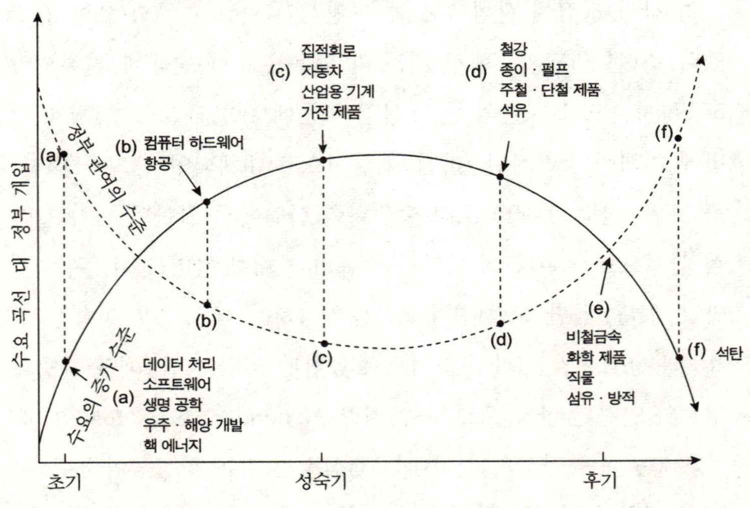

출처: Okimoto, 1989: 51.

또한 일본 국가의 여러 부처가, 특히 통산성이 이 발전적인 경
제적인 전략을 성취하기 위하여 직접 사용한 일련의 정책 수단을
(특히 1975년 이전의 시기에) 광범위하게 사용했다는 상당한 증거
가 있다. 이 정책 수단은 자유주의적 자본주의 정부가 같은 시기
에 자기 나라의 민간 산업의 기초를 위해서 일반적으로 활용했던
도구보다 훨씬 많으며, 종류와 혼합 형태도 다양하다. 여기엔—
종종 서술되고 있듯이—"은행 금융, 선별적 신용 대부, 수입 규
제와 보호, 국내 시장에서의 기업의 진입과 퇴출에 관한 제약, 외
환 통제, 그리고 또 해외 기술의 통제된 수입" 등이 포함된다
(Singh, 1993: 281). 전후 일본 국가는 유럽과 미국의 자본주의
국가가 선호한 주요한 정책 수단 중 두 가지를 마음대로 사용하
지는 못했다. 일본은 공적 소유 제도를 거의 사용하지 않았다;
또, 산업계의 행동을 형성해나갈 대규모의 군사 물품 조달의 예
산을 갖지 못했다. 특히 통산성은 "공공 물품의 조달을 위한 예
산을 거의 하나도 갖지 못했다"(Okimoto, 1989: 98). 그 대신 통
산성의 권력이 전성기였던 1950, 1960년대에 국가의 계획가들은
목표로 삼은 산업을 보호하고 발전시키기 위한 우대 금융, 세금
감면, 수입 제한 등을 활용했고, 통산성 자신이 나중에 회고하면
서 명명한 "계획 지향적인 시장 경제 체제" 내에서 경쟁력을 촉
발하기 위해서 카르텔과 은행에 기초한 산업 집단을 지휘하였다
(Johnson, 1982: 10). 만일 존슨이 옳았다면,

　　1960년대 후반과 1970년대의 자본 자유화 이전에는 어떤 기술
도 통산성의 승인 없이는 일본에 들어갈 수 없었다: 통산성의 엄
밀한 조사와 잦은 용어의 변화를 충족시키지 못하고는 어떤 합작
투자도 동의를 얻지 못했다; 특허권의 로열티를 낮추고, 일본 산
업 전체에 유리하게 다른 사항을 변경하라는 통산성의 압력을 받

은 후에야 특허권의 판매가 이루어졌다; 그리고 해외의 기술을 수입하기 위한 어떠한 프로그램도 통산성과 다양한 자문위원회가 시기가 적합하고, 관련된 산업이 육성을 위해서 선정되기 이전에는 승인을 얻지 못했다.(Johnson, 1982: 17)

그렇지만 1960년대에 일본은 국제적인 협약에 조응하여 자유화할 것을 강요받았다: 그 결과 통산성은 거칠고 직접적인 수단의 상당수를 잃게 되었다; 그러나 그것은 통산성으로 하여금 "보다 간접적이고, 교묘하고, 때론 비공식적인 방식"에 의존하도록 만들었을 뿐이다(Krauss, 1992: 313): 달리 말해서, 움직이는 보호주의의 권역을 유지할 보다 비공식적인 기제에 의존하며(Tyson and Zysman, 1989: 130), 행정 지도를 더욱 증가시키도록 만들었다. 다른 일본의 부처와 마찬가지로, 통산성은 법적으로 확립된 권한을 활용하여 지시, 요청, 경고, 제안, 장려를 할 수 있었고, 그 과정에서 "아주 상당한 정도의 재량적이며 감사받지 않는 권위"를 집적할 수 있었기 때문이다(Johnson; Coates, 1994: 226~7에서 재인용). 그것은 다른 어떤 주요한 자본주의 경제의 민간 부문의 부서에서도 그 유례를 찾아볼 수 없었던 높은 정도의 감독받지 않은 권한이었다(그리고 실제로 아직도 그렇다).

그렇지만 오키모토는 "불황 극복을 위한 카르텔과 같은 다른 산업 정책의 도구와 마찬가지로, 일본의 경제가 성숙해지면서 행정 지도는 점차 적게 사용되었다"고 보고하고 있다(Okimoto, 1989: 94). 그렇지만 존슨에 의하면 1980년대에도 통산성은 여전히 다음과 같은 네 가지를 포괄적으로 행할 능력을 보유했다. 통산성은 중기 경제 예측을 했다(비전 제시); 선택된 전략적 산업에 자본을 우대하여 배분하였다; 통산성이 미래의 경제 발전에 불가결하다고 본 산업을 목표 산업으로 정했고, 이들을 발전시키기 위한 정책 꾸러미를 고안했다; 그리고(1978년 이후) 통산성은 적극적으로 '구조적으로 불황인 산업'을 위한 정책을 만들어 냈다. 통산성이 사용한 정책 수단의 일부는 시간이 흐르면서 바뀌었다. 통산성은 "외환 규제(1964년까지), 보호적인 물품세 부과(1970년대 말까지), 해외 자본 투자의 규제(대략 1976년까지), 해외 기술의 수입 통제(1980년까지)"(Johnson, 1986: 202)를 사용했고 그리고 유효 관세, 쿼터, 숨겨진 무역 장벽 등을 다른 선진 산업화 국가보다 오랫동안 유지했다. 이 정책 수단 중 어느 것도 이제는 더 이상 사용할 수 없거나 효력이 없다. 그렇지만 존슨이 말하듯 비록 "시기가 바뀌면서 경제가 요구하는 것의 변화 때문에, 그리고 정부 내 통산성의 힘의 전환으로 인해 정책 수단의 특정한 꾸러미는 변했지만," 밑바탕에 깔린 목적은 전연 그대로 남아 있다: 그것은 일본이 선택한 산업이 국제 무역에서 상대적인 우위를 찾아나가게 해줄 "시장 순응적인 개입 방식"을 찾는 것이었다(Johnson, 1982: 29). 일본 국가는 1945년 이후 결정적이었던 50년 동안 이런 목적에 이례적으로 몰두했다; 적어도 1992년까지 일본은 이를 추구하는 데에 전례 없을 정도의 성공을 경험하였다.

따라서 전후 일본의 경제 성장에서 일본 국가가 하나의 핵심적인 발전적 역할을 수행했다는 명제를 상당한 정도로 진전시키는 일이 가능하며, 그 역할은 1973년까지 분출된 거대한 따라잡기 과정에서 특히 중요하였다. 그러나 여기서 조금이라도 더 나아가서 일본 국가에 유일하다거나 전적으로 독립적인 역할을 부여하거나 혹은 관료제의 완전 무결성이란 인상을 준다거나 하는 일은 옳지 못한 일일 것이다. 왜냐하면 그와는 반대로 우리가 이용할 수 있는 조사 자료는——이 중 상당수는 존슨의 1982년 연구에 의하여 자극을 받았다——발전의 주체로서의 일본 국가의 한계를 분명히 보여주고 있기 때문이다(이에 대한 일반적인 연구 조사는

Abe, 1997을 보라).

경제 성장을 위한 전략적 주체로서 통산성과 같은 기관들의 성과는 **일관성이 없음을** 이런 조사 연구는 분명히 밝히고 있다. 통산성은 성공도 했고 또 실패도 했다: 이런 실패의 사례로는 그것이 구조조정을 하려고 노력했으나 실패한 산업——조선, 기계화 도구, 1960년대의 자동차 산업, 석유화학(Friedman, 1988; Krauss, 1992: 316; Okimoto, 1989: 5~6)——과 서유럽의 정부가 겪었던 것처럼 심각한 정치적 압력 때문에 통산성이 보조했던 산업(석탄과 섬유 산업과 같은)이 모두 포함된다. 일본의 일부 산업 부문은 후원하는 부서와의 긴밀한 관계에도 불구하고——예를 들자면, 일본의 제약 산업과 보건복지부의 관계——번성하지 못했다는 명백한 조사 연구의 자료가 있다(Howells and Neary, 1991). 또 통산성의 면밀한 관여나 지도 없이도 성공한 회사에 대한 분명한 조사 연구가 있다——무엇보다(1970년대 일본에서 가장 성공적인 두 가지 경우인) 자동차와 소비자 전자 제품을 예로 들 수 있다. 예컨대 1950년대에 통산성은 후일의 소니에 트랜지스터 기술을 이전하는 허락을 내릴 때 신속하지 못했고, 당시 회사의 경영진이 이를 기정사실화하고 나서야 허락했다; 이 일화는 "가장 성공적인 일본 수출 산업의 일부——소비자 전자 제품, 카메라, 시계 그리고 다른 정밀 장비——는 통산성이 마련한, 선정된 유치 산업을 위한 보육실의 바깥에서 강하고 건강하게 성장해나갔다는 사실"을 강조하는 데 도움이 된다(Okimoto, 1989: 65). 또 1980년대에——그 이전의 20년 동안의 특별히 성공적인 출발을 한 이후에(Anchordoguy, 1988)——통산성은 1980년대와 그 이후 일본 경제의 경쟁적인 우위의 바탕으로 삼고자 했던 새롭고 급속히 변화하는 첨단 산업 부문에서의 챔피언을 가려내는 데 서툴렀음을 갈수록 더 보여주게 되었다는 점도 사실이다. 더 이상은 기술의 수입이 아니라, 기술의 개발이 관건이었던 이런 산업에서 "최근의 일본의 노력은 죽은 말에 채찍을 가하는 것과 같은 산업 정책이라고 비유될 수 있다"(Callon, 1995: 2). 비록 1980년대 후반에 일본의 첨단 기술 회사가 미국의 경쟁사와 시장 점유율을 놓고 경쟁을 벌이게 되었지만, 통산성은 이 따라잡기 과정에서 대수롭지 않은 역할을 수행했을 뿐이라는 점이 조사 연구에서 드러나고 있으며(Okimoto, 1989: 7), "이 결정적인 새로운 분야에서의 국제적 경쟁에서 일본이 놀랄 만큼 부상할 때 중심에 선 것은 정부의 관료가 아니라 회사"였음이 드러나고 있다(Callon, 1995: 3).

우리는 통산성이 결코 완전히 자율적이며 전능한 기관이 아니었음도 알고 있다. 통산성과 다른 국가의 기구 사이에는 항시 정책과 접근 방법의 차이가 있고, 일상적으로 '텃밭 싸움 turf wars'이 있음을 보여주는 많은 연구 자료가 있다(Callon, 1995: 31~54). 통산성의 행정 지도에 대해서 핵심적인 산업 부문이 효과적으로 저항했음을 보여주는 증거가 있고(Wakiyama, 1987: 225), "정책 목표를 성취하는 데 있어서 기업과 기업체 연합의 조직적인 힘에 의해, 그리고 이들이 거래상의 관계에서 사용하는 자원에 의해 그 기관이 얼마나 제약을 받아왔고, 받고 있는지"를 보여주는 증거도 있다(Wilks and Wright, 1991: 44). 사실, 사무엘스와 같은 이는 적어도 에너지 부문과 관련해 말한다면, "국가가 사적인 이해 관계에 맞서서 주도한 경우는 한 차례도 없었다"는 주장을 펴고 있으며(Samuels, 1987: 289), 캘론은——적어도 첨단 산업에서——점차적으로 "대규모 일본 기업은 통산성에 대한 의존을 탈피했고, 통산성 컨소시엄에 기여금 내기를 거절하였다"고 주장하고 있다 (Callon, 1995: 183).

통산성의 전성기 시절에조차도 통산성은 정치적 영향과 통제를 받아왔다는 많은 증거가 있다. 사무엘스가 말하듯이, "일본 국가가 이해 관계를 만들어내고, 조종할 수 있지만, 또한 이해 관계에 의해서 지배되기도 한다"(Samuels, 1987: 1993). 통산성이 가장 효과적인 경우는 일본의 재계에 명령을 발하는 것이 아니라 핵심 기업과 산업과 긴밀한 협력 관계를 맺고 일할 때였음을 보여주는 많은 자료가 있다. 즉 1960년대 중반부터 서구의 중도좌파 논평가들에 깊은 인상을 심어주었던 일본의 성장 전략은 국가가 주도하는 관계가 아니라, 긴밀하고 상호 혜택을 받는 국가와 자본의 관계에 바탕을 두고 있다는 명백한 증거가 있다. 사무엘스는 에너지 부문에서의 이런 관계를 아주 철저하게 기록해두었는데, 그는 통산성과 일본의 사적 산업 부문 간의 관계는 바로 "상호적인 합의"의 관계이며, 상호 조정을 모색하는 관계여서 국가의 주도권이란 추론은 문제의 소지가 있다고 주장한다(Samuels, 1987: 1~22, 261). 일본에 공공 소유권이 없는 점 그리고 정치인, 관료와 지속적인 유대를 유지하면서 시장 대체적 개입을 주의 깊게 막아내는 "강력하고 안정된 사부문 행위자"(Samuels, 1990: 37)가 일반적으로 대두한 점을 보면, 이런 면에서 에너지 부문의 경험이 일본의 재계 일반을 대변하고 있다고 보아도 무방하다는 점을 시사하고 있다(Abe, 1997도 보라).

시간이 지나면서 통산성의 지배력이 줄어들었다는 명백한 조사 자료가 있다. 전문가의 의견을 종합해서 말하면 캘론이 보고하듯이, "부정적인 비용이 들기는 했지만, 1950년부터 1970년 사이에 통산성의 정책은 일본의 경제 발전과 성장을 촉진하는 데 제한적이라고는 해도 긍정적인 역할을 수행하였다"는 점을 지적해두어야 하지만(Callon, 1995: 4; 또 Boltho, 1985), 관련된 문헌을 보면, 성장을 위한 돌진을 했던 1951년과 1973년 사이에 통산성이 실제로 얼마나 강력했는지(사적 부문의 경제 활동이 실제로 변화하였는지)에 대해서는 어느 정도 논란이 있다(Johnson,

1982: 31; Saxonhouse, 1983: 269~71; Calder, 1993: 249). 그러나, 지난 20년 동안 일본의 민간 부문에서의 자본의 축적에 기여한 통산성의 역할은 그 이전보다는 더 제한적이게 되었고, 덜 중심적이 되었다는 점에는 이론이 없다. 그 이유는 부분적으로는 1945년 이후 통산성이 촉발시킨 국가-자본의 관계로 인한 성공 때문이었다. 특히 투자의 국가 통제 및 지휘라는 중대한 영역에 있어서 "이러한 권한은 일본의 자본 시장이 발전함에 따라서 그리고 금융 체제가 국제화함에 따라서 점차적으로 약화되었고," 이런 국가 권위의 축소는 "국가와 민간 기업 사이에서 일어나는 광범위한 힘의 균형의 이동을——경제의 성장과 함께 민간 부문의 상대적 자율성이 증대한 이동을——나타내는 징후임을" 증명하는 자료는 압도적으로 많다(Okimoto, 1989: 143, 144). 실제로 "신제도주의파 학자들"이 현재 제시하고 있는 무제약적인 발전 지향형 국가론에 대한 가장 강력한 비판은 존슨의 명제가 "이제는 심각히 시대에 뒤떨어졌다"는 점으로서(Callon, 1995: 2), 시대와 조건이 변했고, 그와 함께 통산성 자체의 중요성과 역할도 변했다는 점이다.

사정이 어떠했든 다른 한 가지도 역시 매우 분명하다. 1945년과 1973년 사이의 성장을 촉발하는 데 통산성이 얼마나 잘했는지 못했는지는 차치하더라도, 통산성은 1973년 이후 일본의 성장률의 둔화나 1992년 이후에 일본이 빠져든 스태그플레이션을 막아낼 수 없었던 것도 분명하다. 통산성의 축소되는 권한을 일본의 경제적 성공과 성숙과 관련지어 설명하려는 사람들로서는 이는 감당하기 어려운 실패이다. 일본은 1940년 후반에 통산성이 주도하는 산업의 부흥을 배경으로 불황에서 벗어났다. 1990년대의 불황으로부터는 그와 유사한 방식으로 벗어나지 못하고 있다; 실패하고 있는 이유는 제한된 자본 수출과 팽창하는 세계

적 수요의 맥락에서 기술적인 따라잡기를 성취하는 데 맞추어진
성장 전략이 기술의 수렴, 광범위한 자본의 이동, 낮은 수준의 소
비자 신뢰의 세계에서는 더 이상 재생산될 수 없는 것이 분명하
기 때문이다. 통산성은 일본의 산업 자본을 한 번 구해낼 수 있었
는지 모른다; 그러나 다시 한 번 그렇게 하지 못하고 있는 것은
분명하다.

바로 이런 의미에서 일본의 경제 기적의 끝은 전후 일본 국가
의 경제적 역할이 지닌 진정한 성격을 명확히 밝히고자 할 때
1992년 이전의 논평자들에게 가능했던 것보다는 훨씬 유리한 지
점을 제공한다. 일본 국가는 기술적 경제적 수렴을 향한 초기의
질주 과정에서 일본의 산업 자본을 위해 많은 전략적인 계획 역
할을 완수하였다. 이것만은 확실하다. 1950년대에 일본의 계획가
는 국제 분업 체제 내에서의 일본 산업 자본의 위치를 재설정함
에 있어서 전후에 형성되는 세계 경제 안에 존재한 공간으로 인
해 제공된 기회를 충분히 활용하였다. 또 일본 국가는 환태평양
의 다른 지역에서의 값싼 노동력의 등장에 대응하여, 두 번이나
—1955년 이후에 그리고 1978년 이후에—산업 자본의 적절한
수출을 촉진하는 데 역할을 하였다; 그리고 전후의 전기간에 걸
쳐서, 일본 국가는 화폐의 관리 및 일본 노동력의 재생산에 있어
서 핵심적인 역할을 수행하였다. 이런 모든 의미에서, 그것은 마
르크스적인 지적 전통의 용어로 표현하자면 '이상적인 집단적
자본가'로서의 역할을 수행하였다: 먼저 초기의 취약한 산업 부
르주아를 육성하였고, 그후엔 다른 보다 자유주의적인 자본주의
국가가 하지 못한 방식으로 자본 축적의 기반을 재조정하였다.*

---

* 이용 가능한 연구 자료의 무게로 보면, 한국과 대만의 국가도 그렇게 한 것처럼 보인다.
다음을 보라. Henderson(1993a; 1993b); Henderson and Appelbaum(1992);
Deyo(1987); Amsden(1989; 1990); Wade(1988; 1990; 1992); Chowdhury and
Islam(1993); Pilat(1994); Fitzgerald(1995); Haggard(1990); Hamilton(1997).

그러나 전후의 일본 국가는 산업 자본의 분파와 긴밀하게 작업한다는 단순한 사실 때문에, 세계 자본주의를 특징짓던 일반적인 자본 축적의 논리로부터 국가 자체나 계급적 기초를 분리시킬 수 없었다. 선진 자본주의 국가 전체가 생산성 증가의 둔화를 겪던 1973년 이후 생산성의 증가율을 높일 방법을 찾지도 못했고, 1990년대 환태평양 지역 전체를 괴롭히던 일반화된 금융의 불안정과 과잉 생산의 경향을 벗어날 수단을 찾지도 못했다. 따라서 초기의 일본 국가의 경제적 '성공'은 자본주의 세계의 불균등한 발전이 제2차 세계 대전 직후에 후발 국가에게 제공해주었던 국가의 지휘에 의한 민간 부문의 자본 축적의 잠재력을 완벽하게 보여준 반면, 1973년 이후 일본의 산업 자본을 위한 '철거와 건설'이란 세번째의 성공적인 주기를 출발시킬 능력이 감소하였다는 점은 국가의 활동을 위한 잠재력이 한편으로는 성공적인 따라잡기에 의해서, 다른 한편으로는 점증하는 세계화에 의해서 잠식되고 있는 방식을 보여주고 있다.

변화하는 세계 질서하의 국가의 활동

안드레아 볼소가 '일본의 산업 정책은 성공적이었나?' 하는 질문에 답하려고 했을 때, 그는 성장의 방정식에서 국가를 하나의 요소로 다룰 때 우리 모두가 겪게 되는 딜레마에 빠졌다. 그는 그 질문에 대한 대답을 갖고 있다고 믿었지만, 그는 그것을 입증할 수 없다는 점을 알았다. 그는 "반증에 의한 실험이 불가능함을" 알았고, 그의 말처럼, "역사를 다시 쓰면서 산업 정책이 없었다면 일본이 어떻게 발전했을까를 알아낼 수도"없었다(Boltho, 1985: 188). 실제로 발전 지향형 국가론의 많은 비판자들은 결국에는 바로 이 점에 근거를 두고 주장을 편다: 즉 발전 국가론을 떠받치는 연구 방법론은 지나치게 정책의 투입에 집중되어 있으며, 경제적인 결과에는 거의 주의를 기울이지 않고, 결과가 검토될 때에는 다른 변수의 영향을 고려할 어떤 조치도 취해지지 않고 있다. 그래도 볼소는 모두를 고려해볼 때, "일본이 전후 경제 발전을 이루는 데에 일본의 정책이 대단히 중요한 역할을 했다고 의미를 부여하는 데 찬성하는 입장이라고" 말한다(같은 곳). 그러나 똑같은 자료를 바탕으로 하여, 똑같은 확실성을 가지고 색손하우스는 "일본의 경험에 관해서 자본 총액, 노동력, 지역적 위치와 자원의 부존 요인을 적절히 고려해보면, 산업 정책에 의해서 설명될 것은 거의 없다"고 결론짓는다(Saxonhouse, 1983: 271). 그러므로 어깨를 으쓱해 보이고는 사라져버리고 싶은 강한 유혹을 느끼게 되며, 연구를 검토한 후에도 논의의 출발 때와 마찬가지로 경제적 주체로서의 국가의 진정한 역할에 대해서 불가지론적이며, 불확실한 상태로 남아버리고 싶은 유혹에 빠진다.

그렇지만 이런 유혹은 물리쳐야만 한다. 가능한 인과 변수의 중복 때문에 어느 특정한 성장의 궤도를 추적할 때 각각의 변수가(정치적인 변수를 포함한다) 행한 역할에 대한 아주 적절한 성장 회계론적인 평가를 내리는 일은 어렵다(불가능에 가깝다). 우리가 검토한 제도적, 역사적 자료는, 성과의 지표를 아무리 세심하게 구성하였다 하더라도, 엄격한 수학적인 형태에 맞지 않는다. 그러나 그런 자료는 볼소와 같은(그리고 색손하우스의 그것과 같은) 잠정적인 판단에는 맞는다(우리가 이 책의 중간쯤부터 점차적으로 보아왔듯이). 조심스럽게 경험적인 자료를 수집하고, 그런 자료를 적절한 비교의 틀 속에 위치 짓고, 그리고 그것을 " [……]이 없었더라면 어떤 일이 일어났을까?" 하는 종류의 함축된 궤도에 삽입하여 내리는 판단에는 적합하다. 이 마지막 과정 —어떤 요

인의 존재 때문에 **발생하지 않은** 성장 경로의 설정에 궁극적으로
좌우되는 특정한 요인에 인과성을 부여하는 과정——은 바로 그
문제의 성격 때문에 경험적으로 확립될 수가 없다; 그렇다고 하
여 그것이 무의미하거나 자의적이라는 뜻은 아니고, 이런 인과성
의 부여가 회피되어야 한다는 뜻도 아니다. 선행한 궤도가 뒷받
침이 있는 적절한 이론적인 틀에 바탕을 둔 궤도인 한에 있어서
는 그렇지 않다. 경제 성장 영역에 있어서 인과적 분석의 구성은
항상 불가피하게 이론화의 순간을 포함하게 마련이다. 이 연구의
맥락에 비추어보면 그런 이론화는 필히 부록에서 논의한 자료에
돌아가게 한다. 결국 성장 방정식에 있어서 주체로서의 국가의
역할에 관한 판단은 자본주의 경제가 어떻게 작동하는가에 관한
우리의 이론적인 시각에 따라 달라진다; 그리고 그것은 국가의
기관이 개별 경제에서 수행한 여러 역할에 대한 이론적 시각도
포함한다.

그렇지만 이런 이론적인 조치는 경험적으로 제약을 받지 않는
다. 사실이 중요하다. 비록 어떤 것이 믿을 수 있는가를 분명하게
가리켜주지는 않지만, 사실은 어떤 것이 믿을 수 없는가를 가리
켜주는 데는 도움이 된다. 예컨대 독일 국가가 복지 프로그램을
지원하였고, 일본 국가가 산업화의 목표 설정에 관여한 사실이
밝혀지고 나면, 전후의 성장을 설명하면서 국가의 역할에 관한
순수히 신경제적인 시각을 유지하기란 극히 어렵다. 색손하우스
조차도 저축을 촉발하고 무역을 관리하는 데 있어서 일본 국가의
역할을 인정하여야만 했다; 세계은행마저도——제한된 다소 마
지못한 방식이긴 하지만——세계 발전에 있어 "시장을 지키고 교
정하는" 국가 정책의 역할을 인정하고 있다(Panitch, 1998:
15~20). 새로운 성장 이론가들은 서독(그리고 스웨덴)이 전후에
후한 복지 프로그램, 적극적 노동 시장 정책 그리고 강한 수출력

을 결합한 가운데에서 인적 자본의 중요성에 대한 자신들의 강조에 대한 상당한 지지를 찾아내고 있는 것은 분명하다; 그리고 슘페터적인 신조를 지닌 경제학자들은 카르텔화의 권장과 치열한 내적인 경쟁에 대한 강조를 결합시킨 통산성 유의 전략의 효과성과 바람직함을 설명하는 데 어려움을 느끼지 않는다(Dosi et al., 1989). 그렇지만 이런 시각 중 그 어떤 것도 이 장에서 다룬 다채로운 국가 관행으로부터 알짜를 찾아내는 일 이상은 하지 못한다는 것이 나의 견해이다. 이 문단에서 이제까지 언급한 이론적 접근 방법 중의 그 어떤 것도 전후 미국과 영국이 취한 국가 정책의 자유주의적 군사주의, 일본 국가의 개입이 보여준 변화하는 효과성, 우리가 선택한 경제와 국가가 그 안에서 지난 50년 동안 상호 작용해온 세계적인 기본 변수를 설명하지는 못한다. 내 생각으로는 우리가 그 정도의 설명의 적절성에 도달하려 한다면, 결국에 있어서는 자본주의를 세계 체제로 보는 일정한 형태의 마르크스주의의 시각에 뿌리를 두고 있는 분석적인 틀을 활용할 필요가 있다.

바로 이를 염두에 두면, 전후 성장의 방정식에서 국가의 역할에 관해 다음과 같이 포괄적인 세 가지 결론을 짓는 일이 적절해 보인다.

(1) 첫째, 정치인과 행정가가 직접적으로 경제 성장을 만들어내지 않는다. 이들이 자신들의 즉각적인 행동으로 국내외의 소비자가 사기 원하는 생산품을 만들어내는 것도 아니다; 그리고 적어도 이런 만큼은 신자유주의가 사적인 경제 과정에 몰두하는 것은 전적으로 타당하다. 신자유주의가 부족한 점은 시장을 계급의 지위와 그들이 자본주의 생산 양식 내에서 맺게 되는 불평등한 관계로부터 떨어진 고립된 개인들 간의 교환의 영역으로 보려고

하는 끈질김에 있고, 이와 연관하여 민간의 자본 축적을 지휘하는 과정에서 국가가 수행하는 중대한 기능을 인지하지 못하는 점에 있다. 자본주의하에서 시장은 아무런 도움 없이 작동하지 않는다. 또 시장이 공정한 경기장도 아니다. 오히려 자본주의 시장은 자본가 계급 간, 계급 내에서의 투쟁의 마당이다; 그리고 그렇기 때문에 시장은 불균등한 시장의 교환이라는 사적인 영역에 개입할 세 가지 가능한 접점을 갖는다. 그것은 상이한 자본주의 계급 분파 간의 관계를 조정하기 위해 작용할 수 있다. 그것은 자본과 노동 사이의 관계를 조정하기 위하여 작용할 수 있다. 그리고 노동력 자체의 재생산을 조정하기 위하여 작용할 수 있다.

실제로 노동력이 팔리는 조건의 창출은 역사적으로 자본주의 국가의 근본적이고 불변적인 기능의 하나였다(다른 기능으로 재산권 관계의 규제와 교환의 수단인 화폐의 규제를 들 수 있다)(Brunhoff, 1978). 국가가——자본-노동의 관계를 조정하기 위해서, 혹은 지배적인 자본주의 계급 분파 사이의 힘의 균형을 바꾸기 위해서——그 역할을 확대할 것인가는 시기적으로 자본주의 국가별로 다르다: 그러나 아무렇게나 다른 것은 아니다. 오히려 국가 행위의 정도와 규모는 그를 둘러싼 계급 세력의 균형점과 성격에 따라 다르고, 국가는 변증법적인 방식을 따라서 시간이 지나면서 그 균형을 재생산하고 형성하는 데 핵심적인 역할을 수행한다. 1945년 이후 미국의 군사비 지출은 미국의 사회 구성체 안에서의 상이한 자본 분파 간의 비중을 형성하는 데 결정적인 역할을 하였다. 독일의 국가 권력은 독일 노동계가 일정한 역할을 하는 것을 지원하였다 등등. 이 장을 통해서 일련의 자본주의 국가가 그를 둘러싼 각각의 계급 세력과의 관계에서 중요한 정도의 자율성을 행사하고 있음을 검토하였다. 한편 국가는 이들 계급 세력의 성격에 의해서, 이들 모두가 의존하고 있는 자본 축적의 리듬과 논리에 의해서 궁극적으로 제약을 받고 있다. 그러므로 여기에서 검토한 자료로부터 도출할 첫번째의 일반적인 결론은 이렇다. 전후 기간을 통하여 국가 기구는 통제가 미치는 영토 안에서의 축적의 유형과 관련하여 뚜렷하게 일정한 정도의 **자율성**을 누렸고, 이 자율성의 행사는 분명히 축적의 유형에 불확정적이라고는 해도 결정적인 방식으로 영향을 주었으며, 한편으로 가능한 자율성의 정도는 각 국가를 둘러싸고 있는 계급 세력과 경제적 과정에 의하여 중요한, 예상 가능한 방식으로 제약을 받았다.

(2) 둘째, 모든 자본주의 국가는 어느 정도의 상대적 자율성을 갖는다는 마르크스주의의 주장이 옳다고 하여도 그 이론적 통찰이 그 자체로서 왜 특정한 국가가 그 자율성을 다른 방식으로 사용할 것을 선택하는가를 설명하지는 못한다. 그런데 이것이 우리에게 핵심적 질문이다: 전후 기간 동안 특정한 국가는 왜 국내의 자본 축적을 지휘하는 데 상이한 역할을 수행했는가? '신제도주의' 연구가들은 이 질문에 대해서 '자율성'을 강조하며 하나의 대답을 제시한다. 광의의 마르크스주의 연구가들은 국가의 제약을 강조하며 또 다른 대답을 제시한다. 앞의 네 장을 통해서 우리가 반복적으로 보아왔듯이, '신제도주의'의 저작은 항상 상이한 제도적 관행의 분포, 국가 전통, 문화와 정치적 프로그램에 의존하며, 세계는 환원될 수가 없는 다원주의적이며 복합적이라는 일반적인 주장의 틀 안에서 특정한 국가의 관행의 유형과 설명을 제시한다(Hollingsworth and Streeck, 1994: 270~300; Hollingsworth and Boyer, 1997). 마르크스주의의 설명은 한 발짝 더 나아가서 이런 모든 복합성과 표면적인 다원성에는, 세계체제로서의 자본주의의 불균등한 발전에 결부된, 그 나름의 구조적 논리가 깔려 있다고 주장한다. 물론 어떤 비마르크스주의적 비교 사학가와 사

회학자들(거쉔크론으로부터 무어 등)도 또한 이런 정도의 주장을 내세우는데, 근대성에 이르는 상이한 경로의 존재와(무어) 후발 산업화의 영향(거쉔크론)에 주목하고, 이런 경로와 후발성을 전-자본주의적 사회 계급과 정치적 구성체에 연결짓기도 한다. 그러나 마르크스주의가 이에 덧붙이는 것은 그 경로가 상호 작용하며, 후발과 초기 산업화는 일관된——그리고 계급에 바탕을 둔——방식으로, 즉, 단지 전자본주의적 Pre-capitalist 계급의 힘과 성격에만 맞추어진 것이 아니라, 자본주의를 형성하는 계급의 힘과 성격에 맞추어진 방식으로, 설명될 수 있다는 관념이다(그리고 되어야 한다).

초기와 후발 산업화를 우리가 다른 곳에서 명명했듯이 "1단계와 2단계 자본주의"로 재규정하고(Looker and Coates, 1986: 98~101), 영국과 미국을 "1단계 자본주의"의 핵심적인 사례로 보고, 독일과 일본을 "2단계 자본주의"의 핵심적 사례로 취급하면 확실히 더 많은 설명을 할 수 있다.

*1단계 자본주의 산업화 과정은 공장 생산이 도래하기 전에 자본주의적 사회 관계를 이미 확립했던 장기간의 내적인 사회적 분화를 뒤따랐다. 즉 1단계 자본주의는 전자본주의적인 사회 계급을 억압하고, 봉쇄하거나 포용하는 과정에 관여한 강력한 부르주아를 이미 소유하고 있었다. 이 자본주의는 상대적으로 강력하고 집권화된 민족국가를 가지고 있었고, 사적 경제에 국가가 개입하는 것을 막을 수 있었던 잘 발달된 시민 사회를 가지고 있었다. 1단계 자본주의는 발달된 자유주의적 세속적 문화로 침윤되었고(현재도 침윤되어 있고), 그 속에서 토착적인 중간 계급이 산업화 과정을 주관하면서 경제 변화의 속도를 조절했다. 당시 산업화의 속도란 지금 본다면 상대적으로 더디었지만, 그 범위와

경제 전체에 대한 침투는 초기부터 상대적으로 완벽했으며, 밀도가 높았고, 생성되던 세계 질서에서 이들의 위치는 주기적으로 지배적이었다.

　＊자본주의의 제2의 물결은 다소 달랐다(현재도 다르다). 여기서는 자본주의적 산업화의 추동력이 사회의 내적인 진화에서 비롯된 것이라기보다는 국경 밖에서 생성되던 지배 계급에 대한 외적인 압력에서 비롯되었다. 이 사회에서는 자본주의와 산업화가 함께 도래하였다. 봉건주의로부터 자본주의로의 이행, 농업으로부터 산업으로의 이행은 첫번째 물결에서와는 달리 역사적으로 구분되었다기보다는(혹은 미국의 경우, 봉건주의는 존재하지 않았다), 역사적으로 융합되었다. 이런 과정의 원인이며 결과로서, 첫번째 물결의 경우에 비추어볼 때, 자본주의의 제2의 물결의 산업 부르주아는 약했고, 근대화하는 귀족은 강했으며, 자유주의적 세속적 이념은 덜 중심적이었고, 덜 주도적이었으며, 프롤레타리아는 초기에는 보다 급진적이었다. 그 결과 국가는 강력한 농업적인 뿌리를 유지했고, 역설적이게도 첫번째 물결의 자본주의적 산업화 국가의 경우보다는 자본 축적에 보다 긴밀하게 관여하였다; 자본주의적 생활 방식과 사고의 침투는 덜 깊었고, 덜 완벽했다.

　이런 도식화는 다양한 전후 자본주의 모델을 구분짓는 많은 국가 관행과 정치 철학을 연결짓는 데 도움이 된다. 예컨대 미국과 영국의 자본주의에 뚜렷하게 확립된 자유주의는 이들 경제의 이른 출발을 둘러싼 계급적 이념적 구성체에까지 그 근원을 추적할 수 있다(해야만 한다)는 점을 시사하며, 그 이후 영국과 미국 국가의 군사주의는 둘 다 1단계 자본주의의 제조업 부문이 잠시 누렸던, 세계를 경제적으로 지배하던 시기에 연원을 두고 있음을 시사한다. 이와 유사하게 우리가 여기서 관심을 기울이는 자본주의 경제 사이에 나타나는 상이한 성과의 유형은 결합된 그러나 불균등한 경제 발전의 지도 위에서 변모하는 일단의 국가별 궤도로서 가장 잘 재규정되는데, 이 궤도에서 따라잡기와 수렴의 공간은 거의 5세기에 걸친 계급 투쟁, 자본 축적, 생산과 무역에 의거해서 그 지도 위에 배분된 그 이전의 계급 관계에 의해서 미리 결정되어졌다. 그리고 이런 도식화는 주요한 자본주의 경제에서의 국가 기구가 1945년에 동일한 지점에서 출발하지는 않았다는 것을 잊지 않게 해주는 데 도움이 되며, 국가 기구가 동일한 힘과 잠재력을 가진 것으로 생각되어서는 안 된다. 오히려, 각 국가를 각각의 계급의 역사가 불균등하게 발전하는 세계적 과정과 상호작용하던 방식을 1945년에 물려받은 계승자로 여겨져야 한다. 이들 국가는 권력의 제도적 중심으로서 상이한 계급과 마주 대하며, 세계적인 경제 질서 내에서 상이한 역사를 물려받았고, 상이한 위치를 차지하고 있다고——따라서 다른 방법으로 행동하게 될 구조적인 성향을 가졌다고——생각해야 한다. 따라서 전후의 국가 경제 활동에 관한 조사 자료로부터 우리가 도출해야 하는 두번째 일반적인 결론은 이렇다. 국가의 행동은 1945년 이후 자본주의 국가 사이에 서로 달랐고, 이는 각 국가가 사회적 계급 및 생산과 무역의 세계적 유형이라는 공통된 지도 위에서 차지한 위치와 관련지어지며, 국가의 행동은 그 지도와 유형이 그 이전에 어떻게 확립되었는가를 볼 때 가장 잘 설명된다.

　(3) 전후의 성장 방정식에서 국가의 역할에 관한 세번째의, 마지막 견해로서 국가의 행동과 세계적 지위와 과정과의 관계에 관해서 해야 할 말이 있다. 왜냐하면 전후 기간 동안 국가의 행동이

그 종류가 다르고, 자본주의 경제 사이에서의 효과가 다른 것만은 아니기 때문이다. 그것은 어느 한 경제에서 시기적으로도 역시 달랐기 때문이다. 실제로 현재 정책의 차이가 조직화되고 있는 무게의 중심 자체가 1950년대와 1960년대와는 다르게 위치지어진 것으로 보인다. 오래된 자본주의에서는 종종 '황금기'라 불리던 시기에 국가는 대단히 적극적이고 깊이 관여하는 주체였다. 우리가 알고 있듯이, 국가 정책은 자본주의 국가별로 상이했다. 그러나 그것은 경제 생활에의 포괄적인 국가의 관여라는 공동으로 인지되는 의제를 중심으로 하면서 달랐다. 이제는 훨씬 더 제한적인 의제를 중심으로—이제는 공공 소유권, 국가의 대표적 산업의 선택, 국가 복지 비용의 확대 등의 의제는 사라져버렸다—하면서 다른 것 같다. 1950년대와 1960년대에는 상당한 정도로 국내적인 국가 관행의 차이를 허용했던(즉 다양한 자본주의 모델의 존재를 허용했던) 자본주의 경제 사이의 세계적 상호 작용의 유형이 이제는 단일한 모델, 즉 자유주의적 자본주의의 모델로 수렴하는 과정에 있는 것처럼 보인다.

그것이 사실인지, 다음 세기의 진보적 정치에 대한 귀결점이 무엇인지는 마지막 장인 다음 장에서 우리를 맞이할 그야말로 큰 쟁점이다. 그러나 그 논의를 위한 준비로 국가의 경제적 역할에 관한 자료를 모으면서, 전후의 전반부에 축적의 과정이 국가로 하여금 포괄적인 경제적 역할을 가능케 한 방식—적어도 두 가지가 있다—에 주목할 만하다. 노동생산성이 이미 높았던 자본주의 경제에서는 포디즘적인 생산 방식의 잠재력이 완전히 현실화될 수 있도록 자본과 노동의 관계를 국가의 행동이 지휘하는 것이 허용되었다(실제로는 이것이 거의 필수적으로 요구되었다). 이런 경제에서는, 국내적인 자본 축적률을 유지하거나 향상시키려면, 케인스파 경제학자가 방정식의 수요 측면이라고 특징지었을 것에 대한 국가의 행동이——(수요 관리와/혹은 군사비 지출을 통한) 직접 행동이든 혹은(사적 부문에 임금-이윤의 역동적 변화를 촉발할 노조와 노동자 권리의 공고화를 통한) 간접 행동이든——필수적이었다. 이와 대조적으로 생산성이 낮았던 경제에서는 국가의 행동은 방정식의 **공급** 측면에서, 즉 민간 저축, 수입한 기술의 이전 및 확산, 유치 산업의 보호, 국내 노동운동의 종속화 등의 조정이란 측면에서 가능하였으며, 필요하였다; 그리고 국가가(그리고 지원하는 사용자 계급이) 그런 가능성과 필요를 만족시킬 능력을 가진 만큼(아브라모비츠가 말했듯이, 이들이 적절한 '사회적 능력'을 가진 만큼), 세계 경제 중 이제까지 저개발된 영역에서 경제가 번성하였다(혹은 번성하는 데 실패하였다). 즉 전후 시기의 전반부에 이미 확립된 자본주의의 발전이 일정한 수준에 오른 국가는 자본주의 경제에서 작용하는 세 가지 기본 관계——자본 분파 간, 자본과 노동 간, 그리고 노동과 국내 경제 간——의 지휘의 정도와 형식을 스스로 확립할 수 있었다(그리고 확립하였다). 성장 방정식에서의 한 요소로서의 국가의 역할에 관한 자료 조사로부터 우리가 확실하게 도출할 수 있는 세번째 일반적 결론은 이렇다: 전후 시기의 전반부에 세계 질서의 성격은 순수한 자유주의적인 시장 질서에 대한 두 가지 대안, 즉 합의주의적인, 발전 지향적인 대안에게 의미있는 공간을 허용했다. 이제 우리 앞에 놓인 질문은 전후 시기의 후반부의 변화하는 조건하에서 이 대안적인 모델을 위한 공간이 축소되고 있는가 아니면 이미 사라졌는가이다.

제3부 결론

다양한 자본주의의 모델과 좌파 정치
혼란에 빠진 모델들
자본의 세계화와 노동 착취
좌파의 새로운 정치학

다양한 자본주의 모델과 좌파 정치

특정한 자본주의 모델의 성쇠는 우리 모두에게 즉각적인 교훈과 장기적인 교훈을 준다. 즉각적인 교훈은 보다 분명하다: 열광적인 일부 반응(특히 1980년대 일본 자본주의의 경이에 대한 중도좌파의 열광)은 지금은 특히 잘못된 것으로 보인다. 아마도 조금 불명확하겠지만, 보다 장기적인 교훈은 자본주의 체제의 변덕스러움 때문에 어떤 모델을 추구하려는 결정이란 항상 본시 불안하고 미덥지 못한 과정이라는 점이다. 우리가 "하나의 특정한 모범을 끌어안으려고 하면 언제나, 그것은 막 붕괴하려는 상황에 있음이 밝혀진다"고 한 월프의 말은 단지 영국의 좌파에게만 해당되는 것은 아니다(Wolf, 1996: 18). 자유주의적 자본주의 모델에 열광한 중도우파도 똑같이 그들이 선택한 사례가 영구적인 쇠퇴의 길에 있음을 발견하기 쉽다: 영원히 포착할 수 없는 의미있는 이륙점으로부터 한 발짝 떨어져 있든지(영국의 경제는 늘 그렇게 보인다), 아니면 수용하기 어려울 높은 수준의 불평등과 불안정을 대가로 할 때에만 성공을 거둔다(1990년대의 미국 자본주의가 이런 예이다).

왜냐하면 결국 문제는 모델 만들기가 아니라 자본주의에 있기 때문이다. 신자유주의와 중도좌파 이론가들이 모두 생각하고 있는 것처럼, 특정한 양식으로 재정립되지 않으면 특정한 자본주의의 모델이 만족스러울 만큼 작동하지 못하는 것이 아니다. 오히려 어떤 형태이든 자본주의 자체가 오직 일시적인 효과성만을 지닌 채, 그리고 항상 상당한 사회적 비용을 치르면서 기능할 수 있을 뿐이다. 그리고 이런 이유로 각 모델이 겪는 현재의 어려움을 근본적으로는 건전하고 믿을 만한 성장 궤도로부터의 일시적인 이탈일 뿐이라고 취급하는 것은 현명치 못하다. 왜냐하면 사실상, 짧은 기간 동안의 지속적이고 급속한 성장이 규칙으로부터의 이탈이었기 때문이다. 결국 1948년과 1973년 사이의 서구 자본주의의 '황금기'는 위대한 예외였음이 입증되었고, 그 기간은(다양한 자본주의 모델이 번성할 수 있었고, 번성했던, 선진 자본주의 전체에 걸쳐서 이윤과 임금의 급속한 성장이 이루어진 기간) 세계체제로서의 자본주의의 긴 역사에 비추어볼 때, 흔하지 않았던 만큼 짧았던 기간이었다. 그 기간에서조차도, '황금기'의 생존 능력은 불안정하고, 바람직스럽지 못한 조건에 의존했다. 즉 제1세계와 제3세계 사이의 불균등 교환(즉 어떤 모델의 성공은 다른 모델의 실패를 필요로 하였다)과 주기적으로 인류의 생존 자체를 위협한 군사적 포디즘의 기초에 의존하였다. 그러나 그럼에도 불구하고, 냉전의 나머지 기간에 있었던 보다 힘들었던 조건에 비교해볼 때, 그리고 20세기 말 냉전 이후의 시대가 처한 심한 경제적 불안정성에 대비해볼 때, 그것은 '황금기'였다. 바로 그렇기 때문에 그것이 만들어낸 경제적 성과의 기대감은 자본주의 체제 안에서 성취 가능한 것에 대한 대중의 기대감을 지속적으로 채색하고 있다. 하지만 우리가 이제 보게 되듯이, 그 체제에서 전후에 성공한 주요한 모범적인 사례는 모두, 그런 기대감을 아주 평범한 형태로라도 충족시킬 수 있는 현재 그리고 미래의 능력에 깊숙이 뿌리박고, 구조적으로 유발된 한계에 직면하고 있다; 그렇기 때문에 우리가 분명히 말할 수 있는 한 가지는 우리가 살아 있는 자의 머릿속에 악몽처럼 자리 잡고 있는 과거의 유산을 진정으로 막아내려면 좌파의 정치는 새로운 천년의 처음 몇 해 동안에 낡은 천

년의 마지막 몇 해 동안에 그랬던 것보다는 훨씬 더 확고해야 하며, 근본적이어야 한다.

혼란에 빠진 모델들

국가 주도형 자본주의: 일본과 아시아의 호랑이들

동아시아 자본주의의 금융 위기의 첫 물결이 1997년 가을에 태국에서 흘러나와 말레이시아, 인도네시아를 거쳐, 한국으로 그리고 일본에까지 이르게 되었을 때, 금융 전문 언론인인 브리튼은 그 결과로 우리가 이제 그동안 구가되던 아시아 자본주의의 장점에 대해서는 덜 듣게 되었다는 점에서 어떤 "자그마한 위안"을 발견했다(Brittan, 1997b: 24). 1990년대 중반에만 해도 한국식, 일본식 경제 조직 형태를 찬양하는 사설을 싣던 그런 신문들은 재빨리 입장을 바꾸어서 경제적 성장을 위한 정치적 제약, 금융 규제 완화, 그리고 자유로운 시장 세력의 움직임이 지니는 장점을 격찬하였다. 그리고 사실 그들은 최근 일본의 경제 성과에 관한 지표를 보고 고소해할 이유가 있었다. 왜냐하면 1998년까지 일본 경제는 공식적으로 불황에 처해 있었고, 1945년 이후에 가장 길고 가장 심각한 성장 둔화의 늪에 빠져 있어서, 23년 만에 처음으로 GDP가 마이너스로 성장하였고, 제2차 세계 대전 이후 가장 큰 연간 GDP의 하락을 경험하였다. 1998년의 일본의 불황은 기록적인 저금리, 과도하게 평가 절하된 엔화(당시 달러화에 대해 8년 만의 최저 수준으로, 그 결과 일본의 무역 흑자에는 큰 도움이 되었다)와 국내 수요를 자극하려는 일련의 재정 정책에도 불구하고 지속되었다. 그러나 1998년 일본의 국내 수요는 "떨어지는 임금, 높아지는 실업률, 도산하는 은행과 늘어나는 재정 적자를 두려워한 일본의 노동자들이 [……] 소비를 줄이고, 저축을 증가시켰기 때문에" 꿈적도 않고 그 상태를 유지했다(Persand, 1998: 20). 그리고 불황과 함께, 전후의 일본 경제가 그때까지는 주목할 정도로 겪지 않았던 일단의 경제 현상이 찾아왔다: 즉, 낮은 산업 투자율(투자는 1997년 한 해 동안에만 5.6퍼센트 하락했다), 주요 산업 재벌 업체의 심각한 이윤율 감소, 개인적 파산과 회사 파산의 증가, 많은 중개업자, 보증 회사, 은행의 놀라운 붕괴(일본에서 10번째 큰 상업 은행을 포함한다), 그리고 일본 금융 부문의 광범위한 규제 완화 등. 불황은 또 미국 재무부 관료로부터 어떻게 해서 일본의 경제에 다시 활력을 넣을까에 대한 '조언'을 들어야 하는 불명예도 낳았다: "GNP의 2퍼센트에 이르는 자극은 대단히 건설적이며, 금융 시장에 확신을 제공할 것이다"라고 미국 재무부 차관이 일본의 재무부 장관에게 말했다(『파이낸셜 타임스』, 1998년 3월 20일). 그러나 어느 것도 도움이 되지 못했다.

그렇다고는 해도 미국과 일본 사이의 이 같은 극적인 전환 때문에 일본 경제가 전후 50년 전체를 놓고 볼 때 얼마나 엄청난 성공을 거두었으며, 그 결과 일본이 현재 얼마나 큰 세계적인 역할을 하고 있는지를 잊어버려서는 안 된다. 실제로 미국 재무부의 개입의 신속성과 성격을 설명하는 한 가지 이유는 말할 것도 없이 일본의 중요성이었다: 미루어 보건대, 워싱턴은 당시 이미 세계 제2위의 경제국이 된(GDP가 독일, 프랑스, 영국의 총합보다 살짝 적은 규모) 나라이며, 아시아 전체의 수요와 투자의 주요한 원천인 나라의 장기적인 깊은 불황이 세계 경제에 미칠 영향에 우려를 나타냈다. 이렇듯 아시아 호랑이 경제와 일본 자체가 거둔 놀랄 만한 성장의 업적을 그렇게 빨리 그리고 열정적으로 무시함으로써, 일본의 현재의 병폐의 성격에 관한 신자유주의적 논평은 불가피하게 일본식 성장 모델의 강점과 약점을 균형 있게 평가하는 데 실패하였다. 보다 적절히 균형 잡힌 평가는 적어도 다음과 같은 점을 인정했었을 것이다.

1945년에 연합국이 주축국을 패배시킨 후 형성된 조건하에서 이 같은 모델이 급속한 따라잡기와 수렴이라는 성취를 위해서는 효과적이었음을 인정했어야 했을 것이다. 제도적인 면에서 볼 때, 국가 기구와 민간 자본의 소유자 간에 강화된 일본의 제도적 장치는 정부로 하여금 무역 상품의 비중이 높은 제조업의 발달을 위해 대규모의 자본을 동원하는 데 특히 유리한 위치를 제공하였다. 사회적인 면에서 볼 때, 이런 장치는 강력한 민족 산업 자본가의 강화를 촉진하였고, 이 자본가들은 거의 40년 동안 고용된 개인당 고정 자본의 축적을 놀라울 정도인 연 7.43퍼센트로 유지했고, 일본의 '고속 성장'이 이미 지난 1973년과 1990년 사이에도 연 6퍼센트가 넘는 축적률을 유지했다(Pilat, 1994: 46). 자유주의적인 자본주의 경쟁자들의 손이 닿지 못할 높은 정도로, 이들은 그 과정에서 적극적인 정부의 지원을 받았다. 제도적 수준에서 보면, 전후 일본의 산업가들은 미국과 영국에서 제조 부문의 투자를 완만하게 만들었던 주식 시장에 근거한 자본 형성의 형태와 연관된 결점으로부터 자유로웠다; 혹은(같은 점을 사회적인 면에서 말한다면) 그들은 미국과 영국에서 강력하고 국제적인 지향을 지닌 금리 대금업자와 금융가가 행사하는 국내 자본 축적의 리듬에 대한 악영향으로부터 자유로웠다. 적어도 1980년대까지 일본의 저축은 미국과 영국의 저축이 한 것과는 달리, 국외가 아닌 국내에서의 산업 투자에 힘을 보탰다. 동시에 산업 자본가들이 일을 함께 도모한 국가의 관료는 보다 상황적인 역사적 이유 때문에, 미국과 영국에서 국가의 에너지를 국가의 경제 성장으로부터 멀리 끌어내었던 국제적인 정치적 의무와 선입관으로부터 보다 자유로웠다. 일본에서는 국가와 자본은 서로 결합하여 나머지 세계 경제와의 관계를 관리해나가면서, 단순히 일본 경제를 국제 시장의 세력에 '개방'하지도 않았고, 자신들을 외국 자본과의 역경매 방식에 내놓지도 않았으며, 이 과정에서 전례 없이 성공적인 따라잡기와 수렴의 과정을 지휘해냈다.

그렇지만 일본 모델은 따라잡기와 수렴을 넘어서서 산업적인 지도적인 위치로 나아가는 방침으로서는 덜 유력해 보였다(그리고 그렇게 보인다). 일본식 기업 조직의 형태는 기술 확산으로부터 기술의 혁신으로 나가는 데는 분명히 유효했지만, 일본의 기술적 지도력이 수출 성장을 촉진하는 데 열쇠를 쥐게 되고 나서는 미국을 따라잡기 위해 고안된 조직적인 관행은 새로이 조정될 필요가 있었다; 이것은 쉽지도 않았고, 자동적인 과정도 아니었다. 왜냐하면, 모방 기술을 배경으로 형성한 연구 개발 체제는 자유주의적 자본주의 국가의 혁신 체제에 자동적인 우위성을 부여할 어떤 특성도 보유하지 못했기 때문이다. 적어도 이런 의미에서 크루그먼이 시사했듯이 일본 모델의 우수성은 한 번에 그치는 일시적인 사태이기 쉽다. 크루그먼이 지적했듯이 동아시아 호랑이 경제는 자원(자본은 물론 노동)을 동원해서 따라잡기를 촉진했고, 경제 활동을 농업에서 제조업으로 구조조정하고, 규모의 경제를 활용함으로써, 그리고 적어도 일본의 경우엔(제조업 부문에) 생산성 성장을 촉진한 사회 조직의 양식을 발전시킴으로써 생산성의 우위를 획득하였다. 그러나 그런 과정을 좇아서는 개별적인 '고성장' 단계의 극적인 성장과 생산성의 우위를 무한정 유지할 수는 없었다. 결국 모두 정상적인 성장 수준으로 속도가 줄었으며, 모두가 보다 일반적인 세계적인 과정인 수요 침체, 자본 투자에 대한 수익률 체감, 금융 투기, 환율의 변동성, 채무 지급 불능 등의 희생양이 되었다. 그들은 각각 나름대로 짧은 기간 동안 강한 자본주의 모델의 모범으로서의 지위를 누렸다; 그러나 그들은 궁극적으로는 그들이 구현했던 자본주의의 일반적인 취약성에 굴복하였다.

게다가 그들의 전성기에도 성공적인 아시아의 성장 경제는 성공을 위해서 다른 '모델들'이 베푼 관대함에 의존해야 했다(우리가 나중에 보겠지만, 이것은 미국과 영국의 자본주의가 각각 일본과 독일의 성장에 의존한다는 점에도 똑같은 정도로 적용되는 모델들의 특징―상호 작용―이기도 하다). 동아시아의 경우, 전후의 재건은 미국 외교 정책의 의도적인 작업이었다; 그리고 그 이후의 수출 주도형 성장 궤도는, 특히 미국 시장에서의 증대되는 수요(그리고 증대되는 생산성)에 결정적으로 의존했다. 헨더슨과 애플바움이 말하듯, "일본, 대만, 한국의 경제는―그리고 뒤의 두 국가의 군부는―공산주의를 견제하는 보루로서 미국의 원조와 기술 이전으로 의도적으로 건설되었고" "그에 덧붙여 일본의 산업은 [……] 한국전쟁 중에 나타난 [……] 증대된 수요로부터 혜택을 입었다(1992: 9). 전성기의 일본 모델마저도 그 시장을 위해서 다른 곳의 성공적인 모델을 필요로 했으며, 특히 미국에서의 성공적인 자유주의적 자본주의를 필요로 했다; 그리고 그것은 국내 시장을 비공식적인 보호주의의 형태로 보호하려는 성향에 대한(미국 정부가 정치적 이유로 베푼) 관대함을 필요로 하였다. 일본의 모델이 그 무엇을 의미하던 간에, 그것은 홀로 서서 번성할 수 있었던 모델은 아니었다.

물론 헨더슨이 아주 적절히 명명한 "기적의 어두운 측면"을― 특히 노동 탄압과 여성 노동자들의 착취를―잊어서는 안 된다 (Henderson, 1993b: 213). 왜냐하면 밖으로 보기엔 중립적인 크루그먼의 "요소 동원"이란 용어와 일본 기업과 일본 노동자를 연결하는 특별한 "신뢰" 관계를 묘사하는 미사여구의 밑에는 장기

간 노동, 강도 높은 작업 과정, 기업의 목표를 달성하려는 끊임없
는 경영진의 압력, 사회적 통일성이란 국민적 문화를 조성함으로
써 노동 저항을 최소화시켰던 섬뜩한 사회적 현실(현재도 그렇
다)이 깔려 있다. 노동권의 실질적인 억압은(일본의 기준에서 보
아도 임금은 낮고, 작업 시간은 긴) 한국에서 가장 뚜렷이 나타났
다; 그러나 노동의 일반적인 종속성은 일본의 성장을 설명할 때
도 절대적으로 중심적인 위치를 점한다. 노동의 종속성은 일본이
급속히 성장하던 시기의 '샐러리맨'에게조차도 적용된다. 그 문
제는 일본의 하청 부문의 노동자에게 특히 첨예하다; 그리고
1992년 이후 거품이 터지자, 일본 노동력의 전부문이 곤란을 겪
었다. 당시 일본의 가장 큰 기업의 핵심적인 남성 육체 노동자와
화이트칼라 노동자가 1950년대 중반 이후 맺었던 거래——정기
적인 임금 인상, 관대한 시간외 수당과 전반적인 취업의 안정성
과 맞바꾼 장시간 노동, 강도 높은 작업 과정, 그리고(사무직 노
동자의 경우) 장시간의 출퇴근 시간——는 잠식당하기 시작했다
(작업 시간에 대해선, 표 8-1을 보라). 1995년 아이에스아르ISR의
노동자 만족도 조사에 의하면, 일본의 노동자가 조사된 60개 국
가 노동자 중에서 가장 불만족스러웠다는 것은 놀라운 일이 아니
다(Taylor, 1995: 8). 헨더슨이 지적했듯이, 일본 모델을 사회적
으로 진보적인 모델로 제시하는 데 열성적인 좌파 지식인을 비판
할 때, 이 지식인들이 한 바와 같이, "동아시아 닉스NICs의——
그리고 일본의——경제 발전이 상당한 정도의 인간적, 환경적인
대가를 치르며 이루어졌다(현재 이루어지고 있다)는 점에 주의를
기울이지 않아서는" 안 된다(Henderson, 1993a).

　기적의 또 다른 어두운 면은 규제받지 않은 자본 자체의 성격
이다. 국가와 산업 간의 긴밀한 연계는 연고주의와 부패를 이 모
델의 불가피한 요소로 만들었고(Pempel, 1998: 202)——실제로

표 8-1 노동자당 노동 시간 1950~1992

국가	1950	1973	1992
스웨덴	1,951	1,571	1,485
독일	2,472	1,865	1,605
영국	2,224	1,929	1,720
미국	2,121	1,896	1,914
일본	2,166	2,201	1,965
대만	2,753	2,690	2,386
한국	2,200	2,428	2,454

출처: Crafts, 1997 b: 79.

고위 행정 관료가 급료가 좋은 민간 부문의 자리로 옮아가는 것은 일본에서 **아마쿠다리**(天下リ, 낙하산 인사)라고 널리 환호받고 있다——1990년대 일본의 정치는 연이은 스캔들로 뒤덮였다. 부패는 차치하더라도, 외부에서의 금융 규제의 결여와 금융 기관 간의 격렬한 경쟁 때문에 과도한 대출이 구조적인 경향이 되었고, 수출 성장이 과잉 생산을 회피하게 해주고, 자금이 부동산과 다른 형태의 투기로 옮아가는 것을 단념시키는 한에서만, 이 경향은 저지되었다(Brenner, 1998: 90). 그렇기 때문에 1997년 동아시아의 금융 위기의 결과로 일본 모델의 특징이 된 것은 신뢰에 바탕한 산업-금융 연계의 안정성이라기보다는 주요 금융 기관의 실패, 부실 채무를 부담하기 위한 주요 은행의 국유화였다는 사실은 아마도 그리 놀랄 일이 아니다. 게다가 대규모 산업 자본이 그 핵심 노동자를 보호하려는 결의는 일본의 국가와 산업으로 하여금 철거와 건설의 축적 전략을 선호하게 만들어서, 하청 산업과 사양 산업을 처음에는 일본의 다른 지역으로, 그리고는 동아시아의 다른 지역으로 재배치하게 만들었다. 그에 따른 일본 자본의 국제화는 결국 자본, 노동과 국가 사이의 제도적 장치를 잠식하였는데 바로 이 제도적 장치는 일본 산업 부르주아의 핵심

부문을 다른 지역의 자본 축적의 리듬에 따르는 국제적인 주체로 전환시켜줌으로써 일본 토착적인 산업 기반의 성장을 보장해주어 왔었다(Pempel, 1998: 139, 147); 그리고 이 과정에서 일본에 독특한 성공적인 전후 경제 성장의 밑받침이 되었던 국가 관료와 산업 자본 소유자와의 이해의 융합 관계가 약화되었다. 자본 수출에 의한 일본 산업의 '공동화'는 다른 지역, 예컨대 영국에 가까울 정도로 진행되지는 않았다; 그러나 이런 '공동화'는 위기의 시기가 되면, 자유주의적 자본주의 경쟁 상대에게서처럼 일본 모델에도 특징적으로 나타나며, 현재 일본 제조업 부문의 고용 비중은——영국에서처럼——1970년대의 정점에 비해보면 상당히 낮다(Jackson, 1998: 15).

이런 의미에서 동아시아 경제 성장의 호랑이들이 "황금알을 낳는 거위"라는 이미지는 진실이면서도, 오해를 자아낸다(Child-Hill and Fujita, 1996). 한국과 대만(그리고 보다 최근에 말레이시아, 인도네시아, 태국)의 산업적 발전의 상당 부분이 일본 자본 수출의 결과물이었다는 의미에서 그것은 진실이다. 그러나 그것이 제시하는 이 이미지는, 실제로는 그렇지 않은데도, 자비로우면서도 상호 혜택을 주는 과정이기 때문에 오해를 자아낸다. 일본 자본의 동아시아에 대한 수출은 일본에 기반을 둔 자본 축적의 내적 모순을 중심에서 주변으로 옮김으로써 해결하려는 시도로서, 끊임없이 저임금과 강도 높은 작업 과정을 추구하는 노력에 의하여 추진되고 있다. 이런 운동은 지역 경제 사이에 상호 의존성을 점증시키는 이상의 그 무엇이다. 그것은 동아시아 노동의 보다 많은 부문에 강도 높은 노동 과정을 불러들였고, 채무가 누적되고 화폐 가치가 폭락하면서 기업의 불안정성을 불러들였고, 동아시아의(그리고 일본의) 보다 많은 노동자 계급에게 취업의 불안정성과 빈곤을 조장하고 있다(Chote, 1998: 4). 바로 그렇기 때문에—일본 경제의 기적은 이런 어두운 측면을 지녔기 때문에—
유럽과 북미의 좌파가 일본 모델을 자유주의적 자본주의에 대한
진보적인 대안이라고 떠들 수도 없고, 떠들어서도 안 된다. 과거
에도 진보적 대안이 아니었다. 현재에도 아니다. 미래에도 그럴
수 없다.

협상적/합의제적 자본주의: 서독과 스웨덴

중도좌파는 유럽의 코포라티즘을 그런 모델로 제시할 때 훨씬
굳건한 지반 위에 선다. 스웨덴과 독일 사례에서 모두 보았듯이,
전후 서독의 코포라티즘은 일단의 노동자 권리를 그 핵심에 지니
고 있다; 그리고 적어도 1990년대까지 코포라티즘적인 자본주의
형태의 대표적인 사례인 스웨덴과 독일은 모두 이런 권리의 보호
(그리고 실제로 주기적인 확산)를 지속적인 경제 성장과 일반적인
생활 수준의 향상과 결합해낼 수 있었다. 그렇지만 일본의 경제
처럼 스웨덴과 당시 통일된 독일 경제의 경제적 성과는 1990년
대에 그 이전만큼은 인상적이지 못함이 입증되었다. 특히, 그리
고 전후에 처음으로 1990년대에 두 경제는 미국과 영국의 실업
보다 높고 GDP의 성장률은 낮은 상태에 머물렀다.; 미국보다는
항상 낮았던 독일과 스웨덴의 노동생산성은 밑으로 떨어져서 영
국 수준과 비슷해지거나(독일의 경우), 그 이하로 내려갔다(스웨
덴의 경우. Albert and Gonenc, 1996: 189). 독일의 실업률은 1999
년 1월에 9.1퍼센트에 이르렀고, 스웨덴은 7.6퍼센트에 이르렀는
데, 영국의 경우 그것은 6.2퍼센트에 불과했고, 미국의 수치는
4.4퍼센트였다. 그러나 1998년에 두 경제 중 어느 것도(일본과
는 달리) 사실상의 불황에 빠지진 않았다. 1998년 스웨덴의 추
정 GDP 성장률은 2.9퍼센트였고(『파이낸셜 타임스』, 1998년 8월
14일), 독일은 2.7퍼센트였다(Pain, 1998: 29). 독일의 제조업은

20세기 말에도 칼링과 소스키스가 정당하게 명명한 대로 "서유럽의 수출 강국"의 지위를 유지했다(Carling and Soskice, 1997: 73). 실제로 1993년까지도 통일된 독일 경제는 전세계 물품 수출의 10퍼센트 이상을 차지했는데, 당시 이보다 훨씬 규모가 큰 미국 경제의 수치는 12퍼센트에 지나지 않았고, 일본은 9.6퍼센트, 영국은 4.8퍼센트를 차지했다(Streeck, 1997b: 34).

따라서 전후 50년 전체를 놓고 보면, 두 경제를 평가할 때 어떤 경우에도 적어도 코포라티즘적 자본주의 모델이 지닌 다음과 같은 강점은 인정해야만 할 것이다.

이들 경제에서의 노동력과 복지 입법의 질을 인정해야만 하며, 그에 따른 높은 성과(사회적 지표의 관점에서)를 인정해야만 한다. 우리가 사회적으로 적절한 경제 지표(작업 시간, 취업 안정, 재훈련받을 권리, 복지 프로그램, 소득의 평등성 혹은 노동자 계급의 구매력 등)를 따져본다면, 전후 스웨덴과 독일의 성취 수준은 분명히 비교적인 관점에서 볼 때 인상적이다(괄목할 만하기까지 하다). 예컨대 작업 시간을 보자: 표 8-1은 우리가 선택한 모든 나라에서 전쟁 이후 작업 시간이 꾸준히 줄어들었음을 분명히 보여준다(1973년 이후의 미국이 예외라는 것은 의미심장하다). 그 표는 또 성공적인 동아시아 자본주의 경제에서보다 스웨덴과 독일이 작업장에서 보낸 시간이 의미 있게 적다는 것도 분명히 보여준다. 다른 종류의 지표도 똑같은 점을 밝혀준다. 1990년대 초에 각 개인이 현재의 직장에서 보낸 시간의 중간점은 독일의 경우 7.5년인데, 영국의 경우 4.4년이고, 미국의 경우 3.0년이었다(일본은 제일 높은 8.2년); 독일의 소기업 노동자는 평균해서 대기업 노동자 소득의 90퍼센트를 받은 반면, 미국의 수치는 겨우 57퍼센트였다(Streeck, 1997b: 36, 38); 1990년대 중반에 독일 생산직 노동자의 평균 시간당 임금은 31.87달러인 반면, 이에 해당하는 미국의 수치는 17.74달러였다(Brenner, 1998: 234) 등등. 그러므로 스웨덴과 독일의 육체 노동, 혹은 일상적인 화이트칼라 노동자는 사회적인 관점에서 볼 때, 일본이나 다른 아시아 호랑이 경제는 말할 것도 없고, 영국 혹은 미국의 노동자보다 훨씬 나았다(계속 그러하다)는 점은 의심의 여지가 없다.

어떤 평가이든 최근에 자본의 국제화가 심화되기 이전까지는, 이들 주요한 코포라티즘 경제가 노동자 권리의 강화를 지속적인 경제 성장, 자본 축적, 국제적으로 경쟁력 있는 기업의 공고화와 성공적으로 결합시켰던 능력을 인정해야 할 것이다.

* 스웨덴의 경우, 1980년대까지 이를 관철할 능력은 스웨덴 노동을 스웨덴 제조업의 고생산성 부문으로 재배치하고, 그에 관련지어 스웨덴 제조업 전체를 위해 고부가가치, 고임금, 고생산성의 성장 궤도를 강화한 렌마이드너 모델의 초기의 성공에 달려 있었던 것으로 보인다. 물론 그에 따른 많은 초과 이윤을 스웨덴 산업에 재투자한 것이 그 성장 궤도에 불가결하였다; 그러나 이 재투자가 일어나는 동안에는 그 모델은 자신에 찬 노동운동뿐만 아니라(비록 적긴 해도) 강력한 국내 산업 부르주아를 완벽하게 지지해주었다.

* 서독의 경우, 복지와 경제 성장의 결합은 노동의 재배치를 위한 중앙의 지휘보다는 제조업 상품의 세계 무역 점유율을 점점 더 높일 수 있었던 독일 산업의 점증하는 능력에 달려 있었던 것으로 보인다. 초기인, 서독의 성장률이 최고조에 달했던 1950년대와 1960년대에는 시장 점유율의 확보가 기존의 노동 숙련도와 자본을(1950년대에는) 저임금과 융합하고, 그리고 1960년대에는 독일 노동조합에 의한 자발적인 임금 자제와 융합하였기 때문에 가능하였다(Brenner, 1998: 65, 77); 그러나 1970년대부터 독일

의 수출 드라이브는 꾸준히 상승하는 독일의 노동 비용과 결합되어야만 했다. 당시 그 비결은—후일에 스트릭은 이를 "사회경제적 줄타기"라고 특징지었다(Streeck, 1997b: 42)—독일 수출 활동을 보다 높은 품질, 보다 높은 부가가치 상품의 생산으로 재배치할 것을 필요로 하였는데, 이 재배치(자본과 노동 모두)는 독일에 독특한 금융 기관과 산업 기관 간의 긴밀한 연계, 기술과 새로운 노동 조직의 형태의 확산에 관여하는 노동조합의 힘(Wever and Allen, 1991), 포괄적인 노동 재훈련 프로그램의 개발, 그리고(이것도 언급해야만 한다) 미숙련, 저임금의 저변에서 완충 작용을 한 값싼(대체로 터키인) 많은 이동 노동력의 유입이 있었기 때문에 촉진되었다. 이 비결은 성과를 내는 한편, 그 결과 서독은 자신에 찬 노동운동을 가졌을 뿐만 아니라(스웨덴에서처럼), 국내의, 산업 부문의 이해가 국제적인, 금융적인 이해를 압도하는 그런 자본가 계급도 갖게 되었다.

그러나 평가는 또 이제까지 성공적이었던 코포라티즘의 모델에 심각한, 진행되고 있는 약점도 인식해야 할 것이다.

그 하나는 국내에 기반을 둔 제조업의 경쟁적 지위의 약화이다. 이것은 처음에는 1970년 이후 국내 자본 축적률이 둔화되면서 촉발되었다. 예컨대 팽팽해진 수출 시장과 상승하는 노동비로 유발된 수익성의 압박에 대한 직접적인 반응으로써 서독에서 "1973년과 1979년 사이의 제조업 총 주식 자본 성장의 속도는 1960년대와 1970년대 초에 비교해볼 때 그 3분의 1만큼도 되지 않았다"(Brenner, 1998: 174). 그 후 1979년과 1990년 사이에 서독의 제조업 자본 성장은 더욱 둔화되어, 1973~79년 사이엔 연평균 2퍼센트였다가 1980년대엔 단지 1.4퍼센트로 떨어졌고, 그 과정에서 노동생산성의 증가율을 지속적으로 떨어뜨려서, 독일의 제조업이 전체 독일 GDP에서의 고용과 산출의 비중을 지속할 수 있는 능력을 잠식하였다. 우리가 제2부 제1장에서 보았듯이, 스웨덴의 경험도 이와 유사하다. 논평가들은 또 미국과의 기술 간격이 좁혀지면서 독일의 생산성 증가율이 완만해지는 경향이 있다고 지적했는데, 이는 독일의 금융과 산업을 결합하는 제도적 구조가 독일 산업 자본으로 하여금 기술의 혁신과 새로운 산업의 개발보다는 기술의 채택과 확산에 더욱 우수하도록 만들었고(Ergas, 1987: 74; Porter, 1990: 377, 380; Carling and Soskice, 1997: 64~8; Streeck, 1997b: 41, 46), 첨단 기술의 생산보다는 중간급 기술의 생산에 더 우수함을 시사한다. 또 현재 독일의 제조업 자본이 국제적으로 부담스런 노동 비용을 수용하면서, 끊임없이 고부가가치 시장으로 옮겨가면서, 수출 시장의 점유 비중을 지켜나가는 데는 점차적으로 큰 어려움을 겪고 있는 것도 분명하다. 아시아 경쟁 국가의 기술적 세련도가 높아지면서, 가격 경쟁은 독일 수출 시장의 전 영역에 걸쳐 심화되고 있다.

이 삼자의 혼합(저투자, 약한 혁신력, 강화된 가격 경쟁)으로 독일 모델이 새로운 세기의 초반에 고공 줄타기를 계속할 능력에 관해서는 심각한 의문부호가 찍히고 있다. 통일된 독일의 실업률(1997년에 전국적으로 12퍼센트; 동독 지역은 20퍼센트)은 이미 이전의 서독 경제에 있을 때보다 훨씬 높다. 실질 임금은 사실상 지난 15년 간 정체 상태에 있다(Mahnkopf, 1999: 159). 독일 제조업의 일부 부문은 이미 집권화된 단체 협상 체제에서 발을 빼고 있다(Carling and Soskice, 1997: 57; Mahnkopf, 1999: 161~5); 그리고 활력을 찾은 독일의 신자유주의 우파는 중대한 복지 개혁을 하라는 요구를 강화하고 있다. 20세기 말 독일은, 외부의 경쟁의 압력으로 말미암아 이제까지 마지못해 자본층이 수용해왔던 계급 협약으로부터 자본의 몇 부문이 떨어져 나감에 따라, 이제까지 굳건했던 코포라티즘 모델의 몇 부분이 해체되면서, 스웨덴의 방향으로 움직일 자세를 취하고 있는 듯하다. 이 해체 과정은 1998년에 독일의 중도좌파가 권좌에 오름으로 해서 둔화될지도 모른다; 그러나(우리가 이 장의 마지막 부분에서 보게 되듯이) 유럽의 사회민주주의는 낡은 방식의 계급 협약으로부터 후진하고 있어서, 독일 모델의 내적인 분해의 이 같은 둔화도 잘해야 짧은 기간 동안의 기간 연장에 지나지 않을 것이다.

이것은 독일 모델의 내적인 긴장이 자본의 수출과 대응되고 있는 방식(이것도 스웨덴 방식이다) 때문에 더욱 그러하다. 제2부 제1장에서 보았듯이, 코포라티즘적인 계급 협약은 1980년대까지 독일 모델의 특징이었던 제조업에 대한 국내 투자 유형(당시에 이미 자본 수출이 영국에 기반을 둔 제조업 부문을 공동화시키고 있던 방식과 비교가 된다), 즉 지속적인 국내의 자본 축적이 동반될 경우에만 작동한다. 스트릭이 말했듯이, "전후 독일에서의 자본과 노동의 타협은 〔……〕 국경을 넘나드는 생산요소의 제한된 이동성을 조건으로 하고 있다"(Streeck, 1997b: 49). 그러나 독일 기업의 자본 수출은——동으로는 구소련으로, 남으로는 라틴 아메리카의 새로운 시장으로, 그리고 서로는 기존의 미국, 영국 기업 자본으로까지——점차로 독일 코포라티즘의 높은 임금, 높은 사회적 과세의 협약으로부터 유래하는 시장 점유율 유지의 어려움에 대한 독일 업계의 반응을 의미있게(그리고 점점 더) 특징짓고 있다. 브레너가 최근에 주목했듯이, 1985년 이전에 독일의 해외 투자는(1년에 대략 100억 마르크 정도로) 안정적이었다; 그러나 1985년과 1990년 사이에 "독일의 해외 직접 투자는 세 배 이상 늘어나서 3백억 마르크가 되었고, 외국으로부터의 투자는 정체하였다"(Brenner, 1998: 229). 보다 최근에는 독일의 자본 수출이 전례 없이 높아졌다: 1997년에 575억 마르크 그리고 1998년

상반기에만 3백억 마르크가 되었다. 그러나 일부 투자가 외부에서 독일로 들어왔다——신자유주의 경제가 보통 자본 축적의 장애로 여기는 독일 노동 시장의 특성에(높은 숙련도, 높은 임금, 확립된 단체 협약권) 미국의 투자가들이 매력을 느낀 것으로 보이는데, 1998년 상반기에 140억 마르크의 투자가 이루어졌다(Norman, 1998: 20). 따라서 이 자본 유출의 규모와 지속성에 관한 판단은 아직 내려지지 않았다. 그러나 장기적으로 보면 독일로 향한 투자의 조짐이 좋아 보이진 않는다. 배럴과 페인의 수치는 1976년과 1995년 사이에 독일 경제의 자본 유출과 유입의 차이가 상당히 벌어지고 있음을 시사한다: 1976년과 1980년 사이엔 그 차이가 매년 평균해서 단지 250만 달러에 불과했는데, 1990년대 초반에는 연평균 2,390만 달러에 이르렀다(Barrell and Pain, 1997: 65). 실제로 1998년 유럽연합 안에서 세금의 조화(적어도 영업세에 관해서)를 위해 독일이 압력을 가한 부분적인 이유는 이 문제의 인식 때문이다: 즉, 독일의 사회적 자본에 부과된 사회적 비용이 유럽연합 전체에 일반화될 수 없다면, 독일의 산업은 그 생산 활동의 점차 많은 부분을 유럽연합 내의 다른 지역(노동력이 싸고, 노동자 권리가 견고히 보호받지 못하고, 세금은 낮은 지역)으로 그리고 유럽연합 밖(세금, 노동권 임금이 더욱 싼)으로 재배치하라는 압력을 받을 것이기 때문이었다.

진보적 자본주의의 모델로서 서구의 코포라티즘은 점차로 강한 위협을 받고 있다. 모델로서 그것은 상당한 내적인 강점을 지니고 있으며, '잘 돌아가는 경제'의 새로운 사례를 지속적으로 만들어낼 수 있을 것 같아 보인다. 1997~98년의 유행은 확실히 네덜란드, 덴마크판이다(Brittan, 1997a: 24; Gray, 1998: 17). 보다 일반적으로 유럽의 코포라티즘이 40년에 걸쳐 쌓은 기업 자본과 노동 숙련(그리고 연계된 사회간접자본, 정치적 안정성, 시장의 규모와 세련도)은 점차적으로 불안정해지는 세계 질서 안에서 높은 수익률을 찾는 새로운 자본에겐 아직도 강력한 매력으로 작용할 수 있을 것처럼 보인다. 독일의 제조업 부문은 아직도 모든 독일 노동자의 3분의 1 이상을 고용하고 있으며(미국이나 영국의 제조업 부문보다 상당히 높은 비율이다), 독일의 인플레이션과 이자율은 국제적 기준에 비추어보면 낮은 상태이다(이 모델의 미래에 대한 열정적인 지지는 Henzler, 1992를 보라). 그러나 점증하는 경쟁으로 촉발된 이윤에 대한 압박, 점증적으로 발전하는 해외의 생산 체제, 새로운 노동력과 기업 구조에조차 번지는 기술 확산의 속도와 정도는 모두 합쳐져 자본을 반대 방향으로 끌어당기고 있다. 새로운 세계 질서 안에서 이들 유인과 배척 요인의 균형이 가져올 결과의 완전한 의미는 다음 절에서 다루어질 것이다; 지금은 서유럽 자체 안에서의 국내적이고 즉각적인 영향에 대해 주목하는 것으로서 족하다. 즉 전후 자본주의 전체의 시각에서 볼 때, 독일과 스웨덴식의 복지 자본주의가 그 절정에 있었을 때 사회적으로 가장 진전된 형태를 대변했었으며, 그 절정은 이젠 지나갔고, 사회적으로 진전된 자본주의의 형태는 이제 점증하는 국제 경쟁과 고조된 자본 수출의 연결된 영향력하에서 내적인 해체의 위험에 처해 있다.

시장 주도형 자본주의: 영국과 미국

최근 영국에서는 영국 경제와 독일 및 일본 경제와의 성과의 간격이 좁아지는 점에 공적인 토론의 초점을 맞추며 "상대적 쇠락의 종말"에 관해 많은 논의를 하고 있다(Wolf, 1996c: 11); 일반적인 경제 성과의 통계적 지표가 이런 견해를 어느 정도 지지해 준다는 데는 의심의 여지가 없다. 얼마 전의 자신의 과거에 비추어 본 1990년대 영국 경제의 성과는 여러 지표상에서 더 낫다: 즉,

인플레이션, 실업, 경제 성장률 등. 1990년대 영국의 실업률은
국제노동기구ILO 규정에 따를 때, 6.4퍼센트로 떨어졌다. 1980
년대 중반에 그것은 11.9퍼센트까지 치솟았다. 1990년대 영국의
인플레이션은 지속적으로 4퍼센트를 훨씬 밑돌았다; 1974~83
년 사이에 그것은 보통 10퍼센트 이상이었다. 1992년부터 1998
년까지 영국 경제는 꾸준히(불황 없이) 성장했다. 영국 경제는
1982~88년 사이에 유사한 성장의 고점에 도달했는데, 이 고점
은 매우 심각한 불황 사이에서 뭉개지고 말았다. 먼저 1980~82
년 사이에 영국 경제는 1930년대 이후 가장 깊고 매서운 불황을
겪었다; 1989~92년 사이의 두번째 불황에서 영국은 1945년 이
후 가장 길게 이어진 GDP의 하락을 경험했다. 따라서 이 경제사
를 배경으로 내세우며, 메이저 정부의 옹호자들은 상당한 경제의
개선이 이루어졌다고 주장할 수 있고, 1997년 선거로 권좌에서
쫓겨난 일을 경제적으로 정의롭지 않은 일이라고 비탄해하는 일
도 당연하며, 제2차 세계 대전 이후 가장 강력하고 활력 있는 경
제적인 유산을 후임 정부에 물려주었다고 주장할 수도 있다. 그
리고 실제로 그렇게 했다.

　이와 유사하게 논의가 비교적인 방식으로 옮겨가더라도 최근
의 영국의 경제 성과에 관해 낙관적인 해석이 일반적이다—특
히 영국 정치권의 중도우파의 경우 그러하다. 이때 주장은 기본
적으로 두 가지이다. 하나는 보다 코포라티즘적인 유럽의 이웃과
영국을 구분짓던 생산성의 격차는 거의 잊혀질 정도로 좁아졌으
며, 그 까닭은 1979년 이후 영국이 취한 자유주의적 정책 체제
하에서의 규제가 가벼워진 노동 시장 조건으로 인해 좀더 커진
노동 시장의 유연성 때문이라고 한다. 우리는 이 주장을 제2부
제1장에서 상세히 본 적이 있다. 두번째, 이에 병행하는 주장은
1990년대 영국의 경제는 일자리를 창출하는 경제였다고 한다:

즉 코포라티즘적인 유럽의 보다 많이 규제받는 노동 시장은 실업의 점증을 경험하고 있을 때(미국과 마찬가지로), 영국 노동 시장의 조직 방식은 해외의 직접 투자를 끌어들였고, 민간 기업은 보다 거리낌 없이 인원을 고용하여 고용을 상승하는 궤도에 올려놓았다. 이 주장에 따르면 1990년대 영국 경제의 통계적 지표는 영국에 기반을 둔 산업의 장기적인 경쟁 생존력과 코포라티즘적인 방식에 대한 자유주의적 자본주의의 경제 조직 방식의 우위성 두 가지를 모두 입증하였다.

그렇지만 보다 균형 잡힌 현황 평가는 이런 주장 중 좀 비현실적인 요소를 배제해야만 하는데, 다음과 같은 두 가지 면에서 그렇게 해야 한다.

먼저—우리가 제1부 제1장에서 하였듯이—다양한 경제 지표로 볼 때, 1990년대 영국과 독일 사이의 성과의 격차가 줄어든 것은 영국이 고질적인 결점을 극복한 결과이기보다는 독일이 점차 곤란을 겪게 된 결과인 것처럼 보이며, 어떤 경우에도 격차(노동생산성, 투자 수준, 인플레이션, 이자율)는 아직도 지속되고 있다. 1998년까지 생산성 격차의 규모가 정확히 얼마인가는 논쟁거리이다(이 점에 대해선 McKinsey, 1998: Elliott, 1998); 그러나 아무리 격차가 작다고 하더라도, 격차가 존재한다는 것은 논쟁의 여지가 없다(1990년대 초 격차의 규모에 관한 다양한 계산치는 Lansbury and Mayes, 1996: 30; Broadberry, 1997: 36, 41을 보라; 1990년대 말에 대해선, Ministry of Trade and Industry, 1998을 보라). 새 천년이 다가오는데도 영국 경제는 비교적인 관점에서 볼 때 평균에 못 미치는 산업 투자 수준을 보여주며, 유수한 제조업 체조차도 심각한 경쟁적인 취약성을 보여주고 있다(Brown, 1998에 인용된 무역산업부의 수치를 보라). 영국 경제는 제조업 상품에 대한 내적인 필요 양의 규모에 비추어볼 때 제조업 기반이 너무

작은 상태를 유지하고 있으며(제조업의 GDP 기여와 고용의 기여는 1960년대 후반에는 30퍼센트, 850만이었는데, 1990년대 후반에는 단지 22퍼센트이며, 4백만을 넘지 못한다). 실제로 1999년 제조업은 공식적으로 불황에 빠졌는데 월간 산출액 수치의 추세는 1981년 대처 정부의 불황 이후 가장 나쁜 상태이다; 그런데도 이 제조업의 기반은 늘 심각한(그리고 경쟁적으로 손실이 큰) 숙련자의 부족을 겪는다고 알려져 있다. 영국의 연구 개발에 대한(그리고 혁신 일반에 대한) 투자 기록은 국제적인 기준에 비추어 여전히 형편없으며——포터는 1988년에 혁신의 구조를 연구하였는데 영국은 17개 국가 중 13번째였다(『파이낸셜 타임스』, 1988년 12월 11일: 9). 지나치게 방위 산업에 편중되었고(민간 부문에 있어서도), 좁은 범위의 산업에 지나치게 부문적으로 집중되었고(특히 제약업과 항공업), 양적인 측면을 보면 수입한 제조품의 수요에 균형을 맞추기 위해 영국 경제가 요구하는 경쟁력의 규모에는 부적절하다〔(균형적인 관점을 위해서는, 바로 같은 주에 영국의 향상된 기술 확산 능력 때문에 OECD가 영국에 이보다는 높은 점수를 주었다는 점에 주목해야 한다(『파이낸셜 타임스』, 1998년 12월 15일: 8)〕. 이 결과 영국 경제는 해외 무역에 있어 큰 적자를 지속적으로 발생시키며(1997년을 빼면), 이와 관련하여 전반적인 외환 지급액의 부족 현상을 겪고 있다——이 부족금은 1989년에 GDP의 4퍼센트에 이르렀고, 영국이 이 자금을 마련할 수 있었던 것은 런던의 금리 수준이 대부분의 유럽연합 국가가 유럽 통화의 도입에 맞추어서 채택한 금리의 두 배였기 때문이다(1998년 11월까지도 그러하였다). 그리고 이렇게 높은 이자율은 과거에 그랬던 것처럼 제조 공장과 설비에 대한 투자를 막는 강력한 방해물로 작용했다. 영국은 부적절한 수준의 제조 공장과 설비 투자로 인한 누적적인 경제 쇠퇴의 과정에 빠진 채 전후 40년을 낭비했는데, 이 성장의 궤도는 세기말에도 여전히 확고한 상태로 남아 있었다.

저투자에 의해 촉발된 생산성 하락과 결부되어진 생활 수준에 미치는 즉각적인 영향은 높은 이자율에 의해서 완화될 수 있으며, 완화되어왔다; 그러나 생산성 하락의 장기적인 결과는 현재 영국의 성장 체제가 지닌 두번째 특징에 의해서만이 호전될 수 있다——그런데 최근 영국의 성과를 '격찬하는' 사람들은 이 특징을 거의 언급하지 않는다. 즉 영국에서 낮은 투자와 낮은 혁신은 낮은 임금과 장시간 작업의 유지로 상쇄되어왔었다(현재도 그러하다). 영국의 노동자는 다른 주요한 유럽 국가의 노동자보다 적게 벌고 있으며 노동 비용은 적은 사회적 비용 때문에 부풀려지고 있다. 이런 지표로 보면 영국은 아일랜드와 스페인 같은 나라와 어깨를 나란히 하고 있다. 영국의 작업 시간은 북부 유럽 국가 중 가장 길다. 실제로 영국 정부는 보수당이든 신노동당이든 유럽연합에 적용될 취업의 시간과 조건에 관한 합의에서 빠질 길을 찾음으로써 이런 취업자를 만들어낼 영국 경제의 능력을 보호하려고 노력하였다. 영국의 옹호론자들이 내세우는 일자리 창조라는 주장은 현재 진행 중인 취업 추이의 진정한 성격을 모호하게 만들고 있다. 영국 경제는 일자리를 만들어냈는데, 대부분의 일자리는 시간제, 저기술, 저임금의 자리이다. 영국 경제는 지속적으로(그리고 불황 중에는 급속하게) 정규직 일자리의 파괴, 고임금직의 파괴, 제조업 일자리의 파괴, 다채로운 훈련과 높은 숙련 수준을 요구하는 일자리의 파괴를 겪어왔다. 우리가 제1부 제1장에서 보다 상세히 보았듯이, 영국의 취업 균형은 모든 주요한 지표에서 볼 때 지난 20년 동안 악화되었다. 민간 부문에서 3백만이 넘는 정규직 일자리가 1979년과 1993년 사이에 없어졌고, 영국은 이제는 주로 역외 창고 경제의 처지에 놓이게 되었다. 해외 직접 투자를 유치하기 위해서 저임금, 미숙련, 노조가 취약한 노동력이, 보다 번창하는 코포라티즘적인 유럽의 중심국에 중간 기술 수준의 대량 소비재를 수출하기 위해, 유럽연합이란 관세의 경계권 내의 조립 공장으로서의 역할을 맡는 경제가 되었다.

영국 경제는 불균형스럽게 서비스를 기반으로 한 경제—금융 서비스 면에선 국제적으로 경쟁력이 있지만, 다른 분야에서는 느리게 성장하는 국내 시장에 주로 저임금의 서비스를 제공하는 그런 서비스 경제이다. 영국은 그 결과(우리가 제2부 제1장에서 상세히 검토했듯이) 자본의 수출이 항시 자본의 수입을 초과하는 경제이며, 외국에 기반을 둔 다국적 기업이 들여온 제조업 부문의 자본이 고부가가치를 지니고, 연구 개발에 기초한 세계적 생산 과정의 요소를 유입해오는 일은 거의 없는 그런 경제이다. 배럴과 페인이 밝혀냈듯이, "영국이 상대적으로 노동 집약적인 투자를 유치할 수 있었던 것은 분명하지만, 보다 기술 집약적인 투자를 유치하는 데는 상대적으로 성과가 없었다"; 물론 "영국 기업은 외국 기업이 영국에 가진 자산보다 더 많은 자산을 해외에 갖고 있다"(Barrell and Pain, 1997 : 69, 70). 결과적으로 영국 경제는 유럽 대륙의 나머지 국가와의 관계에서 궁극적으로는 기생하며 종속적인 관계에 빠져버렸다. 즉, 노동 규칙과 노동 비용을 표준화할 유럽 전체에 통용될 혁신안을 계속 채택치 않음으로써 단기적으로는 생존할 수 있지만 이런 과정 때문에 사회적으로 보다 바람직한 고임금, 고생산성, 고투자의 성장 궤도로 파고 들 수 없는 관계에 빠져버렸다. 어떤 정치적 신조를 지녔든 영국의 정부 각료들은 영국의 생산성과 소비 수준을 서부 유럽의 평균으로 끌어올리기 위해 그런 조정을 할 지점에 이르렀다고 지속적으로 주장한다. 그들은 영국의 유권자들에게 이를 성취하기 위한 상이한 '모델들'—제1의 길, 제2의 길, 그리고 이제는 제3의 길—을 지속적으로 제공한다. 이것은 왜 영국에서 자본주의의 모델에 관한 논쟁이 그렇게 광범위하고 오랫동안 벌어져왔는가를 설명해 주는 한 이유이다. 그러나 실제로 정치인들은 언제나 서부 유럽 나머지 국가를 영국의 기존 관행과 성과의 수준으로 끌어내림으로써 따라잡기를 성취할 정책을 옹호했다; 그들은 영국의 성장 궤도를 수정하기 위해서 요구되는(사적인 금융 자본과 산업 자본의 권리에게는) 급진적인 제도적 변화를 불러일으킬 정치적인 의지와 용기(그리고 이와 관련된 사회적 세력과 국제적인 입법적인 자유)를 결여하고 있다. 그렇지만(우리가 이 책의 마지막 부분에서 보다 구체적으로 주장하듯이) 주요한 제도적 변화가 없다면——일종의 '제4의 길'이 없다면——영국 경제는 앞으로도 계속해서 유럽 국가의 경제적 성과표의 밑바닥을 헤맬 것이다; 거기서 헤매면 헤맬수록, 진정으로 이 성과표에서 도약하려고 할 때 중도좌파 정치인들이 동원해야 할 필요가 있는, 이들 정치인들과 영국의 유권자들이 오랫동안 찾아왔던 경제, 사회적 세력은 점점 더 약화될 것이다. 따라서 자본주의 모델의 어떤 척도에 따르더라도 영국식 자유주의적 자본주의를 진보적인 사회적 가치에 전제를 둔 서유럽의 코포라티즘의 상위에 위치시킬 특별히 바람직한 점이 영국식 자유주의적 자본주의에는 없다; 사실상, 미국식 모델에도 역시 특별히 바람직한 점이 없다. 실제로 미국 자본주의가 그 이전의 세계적인 지도력을 회복하게 되어 1990년대를 통하여 신자유주의적 논평가들에 의해 상당히 환호를 받고 있기는 하지만 미국식 모델에는 바람직한 점이 더욱 적다. 이들 논평가들은 10년 전의 미국 '쇠퇴론'의 비현실적인 측면을 강조하고 미국의 지속적인 세계적 경제적 지도력을 축복하는 데 특히 즐거움을 느꼈다(Spulber, 1995: 114~45). 그리고 영국의 경우와 마찬가지로, 전반적인 산업적인 성과에 대한 순수한 경제적인 지표는 신자유주의의 승리론에 많은 실탄을 제공해주고 있는 것은 사실이다. 미국 경제는 1992년부터 8년째 경제적인 성장을 누리고 있다. 전에 특히 일본과의 경쟁에서 전면적인 공격에 노출당했다고 느꼈던 미국 산업의 주요 부문은 놀랄 만큼 '제자리를 찾았고,' 특히 미국의 자동차 산업이 눈에 띄게 그러했다. 그리고 미국 경제는 중요한 새로운 첨단 산업 부문에서(일본의 경제에 대해서조차) 폭넓게 생산성의 우위를 유지하고 있으며, 동시에 강한 경쟁력을 보여주고 있다. 특히 미국의 주식 보유자들은 1990년대에 성공을 하였고, 1990년대 말에는 아시아의 금융 시장의 동요를 피하기 위해 투기적 자본이 대규모로 뉴욕으로 돌아옴에 따라 그들의 지위는 더욱 강화되었다. 1982년과 1997년 사이 미국 주식의 실질 수익률은 평균해서 놀랄 만한 수준인 12.8퍼센트에 달했다(Wolf, 1998: 21). 유럽의 코포라티즘 경제와는 달리, 1990년대의 미국 경제는(영국의 경제가 그랬던 것처럼) 일반적인 유럽의 실업률보다 훨씬 낮게 실업률을 끌어내려 일본 수준으로 만들었고 미국으로서도 지난 30년 동안 볼 수 없었던 수준(1998년에 4.4퍼센트)을 성취했다.

그렇다면 도대체 무슨 잘못이 있을 것인가? 실제로 두 가지 매우 중요한 사항이 있다: 하나는 경제적이며, 하나는 사회적인 것이다.

경제적으로는 1982년 이후 그랬던 것처럼 1990년대를 통하여 미국은 계속해서 엄청난 무역 적자를 쌓아갔다. 1979년 이후 영국의 '번영'과 해외 직접 투자를 유치할 수 있었던 능력이 궁극적으로는 코포라티즘적인 우수한 경제의 성과(그리고 시장 수요)에 달려 있었던 것처럼, 국내의 생활 수준을 유지한 미국의 능력도 특히 일본 경제의 생산의 성장에 의존했고, 일본의 투자가들이 점차적으로 자본을 일본에서 빼돌려서 미국의 부동산, 정부 채권, 기업에 투입한 점에 의존했다. 그것은 또 1985년 플라자 협약에 의해서 시발된 마르크화와 엔화에 대한 10년 간의 달러의 가치 하락에도 의존했다——엔화에 대해선 60퍼센트, 마르크화에 대해선 50퍼센트가 하락했다. 이런 가치 하락의 불안정성은 1998년 엔화가 폭락하자 여실히 드러났다. 미국 경제 전반에 걸친 노동생산성의 성장률은 비교적인 관점에 비추어도, 전후의 전반기에 보여준 노동생산성의 고점에 비교해도 1990년대를 통해 낮은 수준에 머물렀다; 그런 이유는 미국의 취업이 점차로 저생산성의 서비스 부문에 집중되었기 때문이기도 하고, 자본금이 산업의 재정비에는 제한되게 유입되었기 때문이기도 하다(Spulber, 1995: 186). 미국의 제조업은 1979년과 1996년 사이에 거의 2백만 명을 잃었고, 반면 저생산성 서비스 부문의 취업은 거의 3천만 명가량 증가하였다. 미국의 산업은 1990년대의 상당한 기간을 "다운사이징, 외주 제작, 노동 과정의 재편과 가속화 그리고 단지 작은 정도로 투자의 증대"(Brenner, 1998: 187)에 의하여 생산성 향상을 성취하였고, 바로 그 같은 메커니즘에 의해서 **제조업 부문에서의** 노동생산성 증가율을 '황금기' 수준으로 끌어올렸다(Lester, 1998: 43). 그러나 영국에서처럼, 미국에서도 1980년대, 1990년대의 '생산성 기적'은 브레너가 말하는 "최신 공장과 설비"(Brenner, 1998: 199)에 대한 투자보다는 오래된 공장의 폐쇄와 작업 과정의 강화에 훨씬 더 크게 의존했다; 그리고 그랬기 때문에 생산성 취약성의 해묵은 요인(특히 산업 훈련, 대중 교육의 부적절성과 미국 자본의 막대한 수출)은 거의 도전을 받지 않았다.

이런 취약성이 지속되었다는 것은 미국의 경제적 회복——이 회복은 전반적인 미국의 성장을 위해서는 단기적으로는 긍정적이지만, 새로이 등장하는 산업을 둘러싼 **사회적인 축적 구조**에 있어서의 지속적이고 장기적인 구조적(그리고 사회적) 취약성을 의미한다——의 또 다른 요인을 가리켜준다. 1990년대의 산업의 회복은 작업 과정의 강화와 달러의 평가 절하 그 이상의 것에 기초하고 있다. 1990년대 미국 산업의 회복은 미국 산업 노동자의 실질 임금이 꾸준히 계속해서 줄어들었다는 점에도 기초하고 있었다(1979년과 1990년 사이에 미국의 실질 임금은 연평균 1퍼센트 떨어졌다). 그것은(비교적인 관점에서 보아) 이미 전례 없는 높은 사회 불평등의 심화에 기초하고 있으며(강화된 작업 과정에 덧붙여서), 미국 노동자에게 요구된 작업 시간의 증대에 기초하고 있었다. 사실 이 성공의 얘기 전체를 통하여, 미국의 노동자는 자본주의의 향연에 참여하지 못한 손님이었다. 실제로 주로 백인 남성 육체 노동자를 대변한 노조의 힘은 1973년 이전 전후 자본주의 '황금기'에 포디즘의 활력을 유지하는 과정에서 보조적일지라도 중요한 역할을 수행하였다(Davis, 1986 : 190~1; Kotz et al., 1994; Coates, 1994 : 219~221); 그러나 그 이후 미국 노동운동의 이 부분마저도 실질적으로 이들에 대한 40년 동안의 '고용주의 공세'를 참고 견뎌왔다(Moody, 1997; Brenner, 1998 : 60, 191~2, 196). 이렇듯 미국 노동의 산업적 힘이 약화되어 미국의 백인 남성 노동자마저도 다운사이징, 임금 삭감과 증대된 작업 강도와 스트레스에 취약해졌다; 그리고 백인 남성 노동자들이 미국 노동력 중 단연 특권을 누리는 층이었기 때문에, 흑인과 남미계 미국인과 어떤 인종이든 여성 노동자에 대한 압박은 체계적으로 증대되었다.

이렇듯이 노동 과정의 강화와 대다수 미국 노동자가 겪은 정체한 실질 임금이 1990년대 미국 경제 성장을 떠받쳤고, 그 결과로 나타난 번영은 미국 사회 전반에 걸친 일반적인 것이 아니었다. 미국 경제와 사회는 우리가 검토한 어떤 자본주의 모델보다도 극심한 빈곤과 부의 병존 상태에서 다음 세기를 맞이한다(Mishel et al., 1997 : 393~406). 민족적이고 연령적인 요인을 포함시키면,

비교적인 관점에서 볼 때 자주 인용되는 미국의 일자리 창출 기구마저 별로 인상적이지 않다. 왜냐하면 현재 미국에서 상당히 놀랄 만한 비율의 젊은 흑인 남성이 감옥에 있고, 전체 죄수의 수는 180만 명을 넘고 있다; 이 투옥된 인원을 감안하면, '적극적인 활동 연령의 남성'(25~54세)의 취업률은 코포라티즘적인 유럽이 성취한 그것보다 우월하지 않다. 실제로 1992~93년에, 그것은 오히려 나빴다(Buchele and Christiansen, 1998: 121). 국제적인 기준에 의할 때 상당히 놀라운 정도로 미국의 실업이 낮은 이유는 잠재적인 노동자를 영국보다는 4배, 서유럽 다른 나라보다는 6배, 일본보다는 14배나 더 많이 투옥시켰기 때문이다(Gray, 1998: 22). 또 상당히 괄목할 만한 수준으로 미국의 실업률은 낮은데 그 이유는 '비정규적 취업'이 확산되었기 때문이다. 즉 시간제 근무자, 임시직, 자영업과 복수의 취업이 늘어났는데, 이런 일자리는 모두 다 "정규직 일자리보다는 낮은 임금, 적은 혜택, 훨씬 낮은 취업 안정성을 제공하는 것이 일반적"이다(Mishel et al., 1999: 253). 1997년에 4백만 명에 이르는 미국 노동자가 정규직을 원하지만 시간제 일자리 말고는 찾을 수 없었다고 보고하고 있다. 당시 미국 경제에서는 모든 가능한 일자리 중 30퍼센트가 이런 비정규직의 일자리였다.

취업의 성과에 관한 이런 차이점은 대단히 두드러지지만, 이 세 가지 모델에 대해 보다 놀라운 것은 그들이 현재 직면하고 있는 문제점의 공통성이다. '자본' 측을 보면, 어디서나 같은 이야기가 나오는 것 같다. '황금기'의 생산성 증가율은 사라졌고, 가격 경쟁은 심화되었으며, 생산적 투자에 대한 수익은 압박을 받고 있다. 그리고 각 모델의 중심에서 볼 때, 기업 자본의 대응은 항상 같아 보인다: 가능하다면 국내의 임금-노동 협약을 강화해라; 가능치 않다면, 노동력이 싸고, 잉여 추출률이 높은 다른 곳

을 찾아 떠나라. 그 결과 노동의 측을 보면, 그에 상응하는 유사
점이 있다. 핵심적인 자본주의 국가의 경우 '황금기' 동안에 이룬
협약——미국의 자본-노동 협약, 일본의 고용 체계, 서유럽의 복
지 민주주의——은 어느 곳에서든 도전을 받고 있다. 핵심 자본주
의 각국의 기존층 노동자들(즉 백인 남성)은 어느 나라에 사는가
에 따라 다르지만, 지난 15년과 25년 사이에 실질 임금의 동결
(혹은 저하), 증대된 취업 불안정성과 강화된 작업 과정을 겪어왔
다. 복지권이 공격을 받고 있음을 목도했고, 조직적으로 정치적
으로 힘이 미약한 곳에서는 복지권이 상당한 정도로 감축되는 것
을 보았다; 그리고 새로운 노동자들은(기존 자본주의 체제의 새로
운 계층이든 아니면 새로운 자본주의의 전체 프롤레타리아이든) 대
체로 이런 임금과 복지권이 전혀 주어지지 않는 상태에 있다. 달
리 말하면 기존 모델은 작동하지 않고 있다. 기존 모델은 성장과
자본 축적의 견인차로서 작동하기를 멈추었고, 국민 대다수에게
안정된 일자리와 증대되는 사적, 사회적 임금의 제공자로 작동하
기를 멈추었다. 그 이유를 알아낼 필요가 있다.

자본의 세계화와 노동 착취

오늘날 의례적인 대답은——적어도 자본주의 모델에 관하여 중
도좌파가 선호하는 대답은——세계화이다. 왜 새로운 형태의 수
렴이 필수적이 되고 있는가의 이유로서, 향상된 자본의 세계적
이동성이——정치인, 논평가, 신자유주의적 학자 등에 의해——항
상 인용되고 있다. 이 수렴은 그러나 산업 생산을 밑받침하는 기
술 사이의 수렴이 아니고, 그 생산을 둘러싼 축적의 사회적 구조
사이의 수렴이다. 오늘날 구미의 정책 결정 집단 내에서의 주도

적인 명제는 우리의 미래가 노동 시장의 유연성이 보장되는 자본주의 모델에 달려 있다는 것인 듯하며, 이런 모델은 모든 종류의 시장의 탈규제화에 의해서만 달성될 수 있고, 이런 탈규제화는 '국가의 철수'를 포함한다: 즉 자본의 배치에 관한 국가적인 통제를 가하려는 모든 시도로부터의 철수를, 그리고 국가가 노동을 위한 권리와 보상을 소중하게 다루려는 모든 시도로부터의 철수를 의미한다. 이런 불가피성을 열렬히 옹호하는 사람들에 따르면, 세계화가 행한 것은 모든 국가의 자본주의에 표준적인 요구 조건의 틀을 부과하여서 다양한 형태의 자본주의 모델을 위한 공간을(모델이 잊혀질 정도로) 협소화하였고, 나머지 공간도 탈규제화된 자본주의에 의해서(즉 자유주의 시장에 의해서) 접수될 것을 요구한 점이다.

이런 주장에 따르면 세계화의 도래는 신뢰에 기초한 자본주의 모델에 엄청난 결과를 초래하였다. 그것은 순전히 시장에 의해 추동되고, 완전히 사적 자본의 통제하에 놓인 전략만이 성공적일 수 있도록 제한을 둠으로써 국가의 지시 혹은 광범위한 복지의 제공을 기초로 한 성장 전략이 이전에 누려왔던 공간을 파괴해버린 것이다. 새로운 자본의 세계적 이동성이 이런 효과를 거두었는데, 그것은 국경을 넘나드는 상품, 기술과 투자 자금의 이동을 통해서 기존의 국민 경제의 경계를 침투함으로써 국내의 정치 제도의 통제를 넘어서는 진정 "국경 없는 세계"를 창조해냈다(Ohmae, 1995). 이 같은 국경 없는 환경에서는 성장을 추구하는 민족 국가에게 단지 두 가지 전략만이 가능하다. 하나는 세금, 노동의 권리와 자본 통제를 삭감하여(중도우파적, 신자유주의적 현대 국가의 역할에 관한 해석에 따를 때) 모든 형태의 시장의 '간섭'을 줄이는 것이다. 다른 하나는 지역적으로 움직일 수 없는 하나의 자원인(특히 로버트 라이치가 주창하는, 온건한 중도좌파적, 신성

장 이론의 현대 국가의 역할에 관한 이해에 따를 때) 노동의 질을 향
상시키는 데 국가의 에너지를 재집중시키는 것이다. 이 주장에
의하면, 과거에 어떤 일이 있었던지 간에, 과거엔 얼마나 많은 자
본주의 모델이 생존 가능했었던지 간에, 새로운 즉각적인 통신과
확장된 자금의 순환의 시대에는 어느 국가든지 자유주의적 자본
주의의 구판 혹은 신판 중의 하나를 운영할 수밖에 없고, 이 메커
니즘을 통해서 계속적으로 불안정한 상태의 경쟁 우위를 만들어
내기를 기대할 수밖에 없고, 결국은 그런 경쟁의 우위로부터 제
한된 정도의 복지 프로그램을 운영할 자금을 적절히 만들어낼 수
있을 것이다.

두말할 것도 없이 이렇게 황량한 정책의 시나리오는 유럽과 북
미의 중도좌파의 보다 급진적인 목소리의 도전을 받아왔고, 받고
있다. 이들 목소리는 보다 야심적인 자본주의 모델 설정을 위한
공간을 되찾기 위해 열렬한 주장을 폈는데, 이들은 세계화의 새
로움과 강도를 모두 부정하고, 시장이 점차 세계화됨에 따라, 시
장은 자동적으로 보다 '완전해질'(시장 안에서의 요소의 이동이 거
의 노력 없이 이루어질 것이라는 의미에서) 것이라는 가정을 의심
하였다. 그 결과 강력한 반대 입장의 문헌이 존재하는데, 이들은
1914년 이전에도(미국에서 독일에 이르는) 현재의 규모에 상응하
는 세계적인 연계와 흐름이 있었음을 주장하고, 많은 강력한 국
민적 자본주의 내의 사회적인 화학 작용 과정에서 자본 수출이
차지하는 정도(혹은 비중)를 부인하며, 적당한 양의 정치적인 의
지가 있다면, 자본과 노동에 통제를 행사할 수 있는 현대 국가의
능력을 다시 강조한다(이에 대한 조사는 Perraton et al., 1997과
Radice, 1999를 보라). 세계화가 모든 모델을 자유주의적 형식 하
나로 뭉뚱그리기는커녕, "국민경제의 죽음을 알리는 글은 지나
치게 과장되어 있고"(Wade, 1996: 60), "선진 국가에서의 국가별

성장 모델은 [······] 모두 독특한 궤도를 따르는 이행 과정을 겪고 있고" "정부는 경제로부터 밀려나고 있다기보다는, 지렛대의 지점이 옮아가고 있다"(Zysman, 1996: 159)는 주장을 펴고 있다. 이 반론을 따르면, 세계화된 경제에서는 국가 권력은 와이스가 말하는 "국내적, 국제적 연계"를 필요로 한다——이 연계에서는 "가장 강력한 행위자"가 "국내의 힘을 바탕으로 연계에 참여하는 자"이며, 이 연계는 각국 정부 내에서 국가별 기반을 지닌 기업이 국제 무역과 경쟁에 참여하는 것을 지휘하는 데에 중요한 촉매 기능을 발휘한다. 즉 해외 직접 투자를 권장하고, 국내 기업과 외국 기업 간의 기술적 연합을 매개하며, 생산 네트워크의 지역적 재배치를 촉진해야 한다(Weiss, 1997: 24~5; Weiss, 1998: 167~212). 웨이드는 이렇게 말한다:

> 세계 경제는 세계적이기보다는(global) 국제적이다(international). 규모가 큰 경제의 경우, 생산의 80퍼센트 이상이 국내 소비를 위한 것이며, 투자의 80퍼센트 이상은 국내 투자가에 의해 이뤄진다. 회사들은 국가별 규제 체제를 지닌 국가별 기지를 두고 있다. 사람은 상품, 자금 혹은 아이디어보다는 국경을 넘기 훨씬 힘들다. 이런 점은 정부가 자신들의 영토 내에서 활동하는 기업의 생산성을 높이기 위한 정부의 행동 공간이 일반적으로 생각되고 있는 것보다는 훨씬 넓다는 사실을 의미한다. (Wade, 1996: 61)

이 논쟁의 양측 모두 지난 30년 동안 세계 수준의 경제적 활동의 규모에 엄청난 변화가 있었다는 점은 인정하는 경향이 있다. 즉 무역, 금융, 투자, 기업의 소유권의 영역에서 국경을 넘어선 경제의 흐름에 의미있는 증가가 있었고, 어떤 생산 과정, 공급 네트워크와 생산의 연결 체계에 있어서 국제화에 의미있는 증가가 있었다. 또 특정한 세계적 금융 시장의 출현(그리고 잠재력)을 인정한다(Cerny, 1996: 84~6; Zysman, 1996: 170~4). 이들이 이견을 보이는 것은 "거의 모든 중요한 기준점에서——자산의 비중, 소유권, 경영, 취업, 연구 개발의 지점——본사의 중요성이 예외가 아니고 규칙이다"(Weiss, 1997: 10)라는 주장이 어느 정도 맞는가 하는 점이다. 일반적으로 세계화를 새롭고 포괄적이라고 보는 사람들은 이런 기준점에서 한 방향으로 나아가, 자본 이동, 국민국가의 취약성, 성공적인 자본주의의 운영에 있어서 다양성과 사회적인 관대함을 위한 공간의 잠식을 강조한다. 세계화가 새롭지도, 포괄적이지도 않다고 보는 사람들은 다른 방향으로 나아가서 자본 유출에 따른 사회적 비용, 대안적인 길의 지속성, 국제적 경쟁력을 향한 개혁적인 길을 위한 공간을 본다. 이 양자 중의 하나를 선택함에 있어서, 점차로 양극적인 입장의 비생산적인 옹호가 되는 것을 관통하고 초월할 길을 찾아감에 있어서, 우리는 이 논쟁이 노동의 힘 문제와 특정한 자본주의 모델의 국제적 경쟁력에 관련하는 두 가지 주요한 방식에 주목해야 한다.

먼저 우리가 제2부 제1장에서 보았듯이, 노동 시장의 유연성에 관한 논의의 상당한 부분은 불성실하였음을 주목할 필요가 있다. 시장의 규제가 약하다면 사적 자본이 제약을 받지 않고, 노동은 보호를 받지 못하게 된다는 사실을 회피할 수는 없다. 이런 시나리오는 자유주의 문화에 깊이 빠진 사람에게 신빙성 있게 들릴지 모르지만, 그것은 실제로는 사회적 권력을 노동운동과 민주적 제도로부터 멀리해서 기업의 사적인 이사회실로, 그리고 하나의 특정한(이미 고도의 특권을 누리는) 사회 집단의 손으로 되돌리려는 데 관심을 지닌 담론이다. 게다가 계급적인 기획으로서 그것은 반민주적일 뿐만 아니라, 경제적으로도 파탄을 낳는다. 왜냐하면, "시장의 논리는 그대로 내버려두면 필연적으로 **교정적이기**

보다는 누적적이기 때문이다"(Anderson, 1987: 72; 또 부록, pp. 271~3을 보라). 규제받지 않은 시장의 힘의 상호 작용에 의하여 형성된 세계 경제 수준에서의 불균등한 경제 발전의 과정은 바로 똑같은 시장의 힘에 의해서 제자리를 찾아갈 수 없다(이 점에 대해서는 Albo, 1997: 4~8). 이것이 바로 노동 시장의 유연성이 지닌 제약성에 관한 중도좌파의 반대 주장이 중요한 까닭이다. 만일 신자유주의자가 생산요소의 유연성이 성장의 열쇠라고 진정으로 믿고 있다면(이런 주장의 뒤에 숨겨진 규제받지 않는 자본 시장에 대한 강력한 이념적인 확신을 따르기보다), 이들은 일정한 형태의 노동의 유연성은 자본이 노동을 고용하는 방식을 규제함으로써 실질적으로 향상될 수 있다는 주장을(그리고 증거를) 인정해야 할 것이다. 즉 코포라티즘적인 확고한 노동 권리가 자본을 위해서 '유익한 제한'이 된다는 주장을 인정해야 할 것이다. 임금을 삭감하고 노조의 권리를 축소하는 것은, 그렉 앨보가 다음과 같이 지적했듯이, 궁극적으로는 자멸적이다:

> 임금 인상을 생산성 증가에 밑돌게 유지하고 국내 비용을 억누르는 신자유주의적 정책이 자본주의 블록에 퍼져서 **경쟁적 긴축**이라는 불안정한 악순환을 가져왔다: 즉 각국은 국내 수요를 줄이면서, 노동자의 생활 수준이 떨어지고, 생산성의 향상은 모두 자본가에게 가기 때문에 국내 시장에서는 고객이 줄어든 잉여 생산물을 세계의 시장에서 싸게 파는 수출 지향의 전략을 채택한다. 이로 인해서 경기 순환을 넘어서는 세계적인 수요의 위기와 잉여 능력의 성장이 창출된다. (Albo, 1994: 147)

그러나 앨보(그리고 파니치)가 또 입증했듯이(1997: 8~22), 그것이 중도좌파의 '진보적 경쟁력' 전략은 궁극적으로 자멸적인 모순으로부터 더 자유롭다는 것을 의미하지는 않는다. 그렇지 않다. 레오 파니치가 말했듯이, 고도로 숙련된, 고도로 유연한, 고도로 동기화된 노동력의 광범위한 훈련과 새로운 기술에 대한 투자의 촉진을 바탕으로 한 고기술, 고부가가치, 고임금의 생산의 강화를 목표로 한 전략은 여전히 다음과 같은 전제를 가지고 있다:

대량 실업은 과잉 생산의 위기의 한 측면이기보다는 무엇보다도 기술적 변화에 대한 숙련의 조정 문제이다; 그것은 고기술 부문의 취업 성장률이 다른 부문에서의 실업의 증가율을 상쇄하기에 충분하리라는 환상을 조장한다; 그것은 세계 시장의 성장률이 이런 전략을 택하는 모든 시장을 포용할 만큼 아주 충분하다는 더욱 비현실적인 가정을 하거나, 아니면 제한된 수요의 상황하에서 이런 전략에 성공하지 못한 시장에 실업을 수출하게 되는 것과 관련된(그리고 이것이 수요를 지속시키는 데 미칠 부수적인 결과와 관련된) 쟁점을 아무렇지도 않게 무시한다; 그것은 자본이 선도적인 기술을 저임금 경제에 적용할 수도 있다는 현실을 무시하며, 이런 맥락에서 첨단 기술 부문에 있어서조차 임금을 억누르고(무엇보다 이런 전략의 진보적 논리에 핵심적인) 사회적 임금과 구조 조정 정책의 비용을 그 부문에 한정토록하는 경쟁적인 압력이 자본에 가해지는 점을 무시하고 있다. (Panitch, 1994: 83)

왜냐하면 중도좌파 이론가들도 국가의 역할이 인적 자본의 투자에 축소됨으로써 형성된 세계에서의 비전의 빈곤을 인식해야 했기 때문이다. 성장 전략으로서 '노동의 재숙련화'가 하는 것은 투자로 하여금 국내의 노동력이(그리고 국가가) —창녀처럼— 이동 자본의 호의를 얻기 위해 입찰에 임하는 역경매장Dutch auction에 참가하게 만드는 일이다. 이런 전략은 신자유주의적 대안과 똑같이 자본을 규제받지 않는 상태로 두는 것을 바탕으로 하고 있으며, 이 전략은 두 가지 경우 모두 대안적인 경제를 저급한 경제로 밀어내는 일이 없이 특정한 경제를 고성장의 길로 끌어올릴 능력은 결여하고 있다. 그것은 성공적인 경제 안에서는 유권자에게 인기를 얻을 수 있을지 모른다. 그러나 그것도 세계 경제 전체의 수준에서는 사회적으로 진보적이지 못하며, 다른 지역에서의 유사한 방책에 의해 훼손된 내적인 경향으로부터 자유로운 것도 아니다——이것의 누적적인 효과는 각국의 경제를 재훈련화가 피하려고 했던 경쟁, 실업과 사회 비용의 삭감 위기에 끊임없이 영향을 받도록 내버려두는 것이다(이에 대해선, Bienefeld, 1994: 112~116; 1996: 429~31). 더 빨리 달린다고 해서 밟아서 돌리는 제분기를 벗어나는 것은 아니다. 이 메커니즘을 통해서는 남들이 더 빨리 달리게 될 때까지 일시적으로 남을 추월할 수 있을 뿐이며, 장기적으로는 모두가 속력을 내게 만들고 결국엔 멈추어 서게 한다. 이런 경주에서의 승자란 달리는 자가 아니라, 밟아서 돌리는 제분기이다.

　우리가 주목해야 할 두번째 사항은——여기에도 밟아 돌리는 제분기의 이미지가 적합한데——세계화에 대한 논쟁은 이상스럽게도 편협한 논쟁으로서 그것은 **노동**(밟고 돌리는 사람들)의 지위와 역할을 대체로 도외시하고 있다. 그것은 항상 자본의 이동, 특히 금융 자본의 이동의 논의에 집중하고, 국한되어 있는 논쟁이다. 국가의 무기력은(우리가 보아왔듯이) 진정으로 지구적인 자본 시장의 출현에 의해서, 이 시장에 관여하는 자본의 흐름의 규모에 의해서 그리고 화폐 형태의 자본이——현대의 기술을 통해서——한 국가 경제에서 다른 국가 경제로 움직이는 속도에 의해서 설명된다. 그것은 궁극적으로는 '은행가 위협'론으로서, 이 주장은 다국적 기업의 권력, 세계적 생산 체제의 등장(주요 행위자가 그들 나름의 세계적 구조, 생산의 우선 순위, 해외의 자원을 보유했을 때) 정부가 국내의 경제 활동을 통제할 능력의 부재에 관한 낡은(즉 1970년대의) '이전 지출'과 '투자가 파업' 주장을 뒤로 밀어냈다. 이들 오랜 주장은 아직도 세계화의 문헌에 남아 있지만, 현재의 강조점은 분명히 금융 자본의 이동성에 놓여 있다.

　이렇듯 세계화의 논의에서 자본 이동을 분리해내는 것은 오해를 낳는다. 왜냐하면 부분적으로는 다국적 기업과 정보 기술IT과 관련된 금융의 중심지가 등장하기 전에는 자본주의는 세계적인 차원을 갖지 않았다는 인상을 주기 때문에(그리고 그러는 만큼) 오해를 낳는다. 많은 세계화의 비판가들이 올바로 지적한 대로(특히 Radice, 1999) 이것은 분명히 잘못이다. 만일 국가의 행위를 둘러싼 세계적인 지표가 현재에는 질적으로 다르다고 한다면, 그것은 항상 세계적이었던 체제가 발전하였기 때문이다; 만일 어떤 자본주의 모델이 국경을 넘나드는 증가된 경제적인 흐름의 규모에 의해 제약을 받고 있다면, 이런 제약은 대체로 스스로 형성된 것이며, 전후 '황금기'에 자본주의의 성장을 촉발한 수출 주도의 역학이 낳은 직접적인 산물이다. 그러나 세계화에 대한 편협한 개념화는 보다 근본적인 의미에서(이것은 현재의 문헌에서 별로 언급되지 않고 있다) 오해를 낳는다. 즉 그것은 우리로 하여금 자본을 물상화한 형태로 생각하도록 유도한다. 그것은 논평가들로 하여금 자본을 '사회적 관계'이기보다는 '사물'로 취급하는 경향을 낳고, 그 결과 세계적 규모로 스스로를 실현해나가는 자본의 능력 자체가 똑같은 세계적 규모의 실제적인 생산 과정의 창출에 의존하는 정도를 간파하지 못하도록 하는 경향이 있다. 왜냐하면 자본의 운동 밑에는 세계적 노동의 세계가 있기 때문이다; 그리고 금융 자본의 세계적인 순환 밑에는 산업 생산 자체의 순환이 놓여 있기 때문이다. 많은 세련되지 못한 세계화 명제가 함축하는 것과는 달리 단순히 정보 기술 혁명 때문에 자본이 갑자기 세계적으로 유동적이 된 것은 아니다. 정보와 통신 체제의 기술적 변화가 자본 이동을 용이하게 만든다(그리고 증폭시킨다); 그러나 그 이동성을 만들어내거나 촉발시키지는 못한다. 과거 30년 동안 향상된 자본의 세계적인 이동성은 기술적인 뿌리보다는 사회적인 뿌리를 지니고 있다. 자본은 이제 상륙할 수 있는 더 많은 프롤레타리아가 있기 때문에 과거에 그랬던 것보다 지리적으로 더 이동적이다.

따라서 그 이동성은 지리적인 지도뿐만이 아니라 **사회적인 지도** 위에도 그려져야 한다. 자본이 이동하면, 상이한 자본가층, 즉, 산업 자본가, 금융 자본가, 이윤이 한 나라의 투자에 의존하는 자본가와 수익이 여러 나라의 투자에 의존하는 자본가층의 상대적인 권력이 바뀐다. 자본이 이동함에 따라, 다른 자본의 형태에(기존의 채권과 주식, 재산권, 투기적 상품 등에) 일시적으로 정착할지도 모른다; 그러나 그것은 궁극적으로는 그 가치를 향상시키기 위해서 현실적인 장소에서 현실적인 노동자에 의해서 만들어진 상품으로 돌아와야만 한다. 그것은 기존의 확립된 자본주의의 새로운 노동자층(특히 제2차 세계 대전 이후 중심 자본주의의 경우, 여성 노동자, 농촌 노동자와 이민자)을 고용하기 위하여 돌아와야만 한다; 그리고 자본은 한때 상품 생산과 자본주의적 임금 노동 체제로부터 완전히 배제되었던 자급적인 농민만이 서 있던 자리에 완전히 새로운 프롤레타리아를 창출해야만 한다. 즉 자본은 움직이면서 각 정부의 정책의 선택 폭을 제약하는 것 이상을 행한다. 즉 그것은 사회 계급의 균형과 성격을 실제로 바꾸어나가며, 점차적으로 세계적 규모로 바꾸어나간다. 현대적인 형태의 세계화는 컴퓨터의 확산보다는 프롤레타리아의 확산에 기초를 둔 과정이다. 세계 프롤레타리아의 성장과 그 무게 중심의 지리

적인 변화가——단순히 향상된 자본의 이동성이 아니라——현단
계 세계 자본주의를 규정하는 특징에 속한다. 1973년 이전에 세
계 프롤레타리아의 대다수는 북미, 서유럽, 일본에 살았고, 구식
민 제국의 종속적인 농민에 의해서 둘러싸여 있었으며, 공산권의
노동 세력으로부터는 철의 장막에 의해 차단되었고, 중남미, 남
아프리카 공화국, 오스트레일리아와 인도 대륙의 일부 지역에 몰
려 있던 산업 노동자에 의해 뒷받침되었다. 그러나 그것이 현재
세계적인 프롤레타리아의 모습은 아니다. 지난 30년 동안, 동부
(그리고 남부) 아시아와 남미의 프롤레타리아의 수는 막대하게
팽창하였다; 그리고 공산권에서 노동자들이 만든 상품으로부터
서반구의 프롤레타리아를 차단하였던 철의 장막이 거의 사라져
갔다(유럽에서는 완전히 그리고 물리적으로 사라졌고, 중국에서는 보
다 부분적으로 그러나 같은 정도로 강력하게 사라졌다). 실제로 현재
30억에 이르는 세계의 프롤레타리아는(국제노동기구에 의하면, 이
중 3분의 1은 실업이거나 불완전 취업 상태이다) 한 세대 만에 두 배
로 늘어났다.

세계화를 이렇듯 넓게, 자본뿐만 아니라 노동을 포괄하고, 기
술적 변화뿐만 아니라 사회적 변화를 포함하는 넓은 의미로 이해
한다면, 그것이 모델들의 생존 가능성과 좌파의 정치학에 미치는
영향을 보다 정확히 이해하는 것이 가능해진다. 우리가 여기서
관심을 기울이는 특정한 자본주의 모델이 바로 코츠와 다른 사람
들이 말하는 **축적의 사회적 구조**, 즉 상이한 사회적 계급 간의 특
정한 협약을 핵심으로 하는 구조임을 인식하는 일이 가능해진다
(Kotz et al., 1994). 1945년 이후에 세계체제로서의 결합된, 불
균등한 자본주의의 발달이 취한 형태는——적어도 한 세대 동
안은——일련의 핵심적인 자본주의 안에서 강력한 산업 부르주
아와 잘 조직화된 노동 계급이 공고화할 공간을 남겨두었다;

그리고 이들 자본주의는 바로 이 산업 부르주아가 자신들을 강화할 수 있는 정도로만 번창하였다(여러분이 기억하는 대로, 각 모델은 고성장 시기 동안에 국내에 기반을 둔 제조업의 대규모 자본 투자—이를 중심으로 국내 산업 자본과 조직된 노동 사이에 강력한 공통의 이해 관계의 융합이 있었다—에 의존했다). 계급의 강화와 이해의 융합은 두 단계를 거쳤다: 처음에는(미국을 제외한 모든 경우에) 재건과 미국 스타일의 기술에 따라 국내적으로 투자하는 데 바탕을 둔 따라잡기를 통하여 미국 자본과의 기술적인 수렴 단계를 거쳤고, 나중에는 핵심 자본주의 내에서 기존의 자본과 기술을 사용해 고부가가치의 생산품을 만드는 한편(특히 일본과 독일의 경우), 시장의 계단을 오르고, 저기술 생산을 새로운 프롤레타리아에게 재배치함으로써(국내에서, 특히 해외에서) 생존하였다. 그렇지만 바로 그 성격상, 각 단계는 일시적일 수밖에 없었다. 기술적 수렴이란 단 한 번 일어나는 현상으로서 일단 성취하고 나면 경쟁력이란 다양한 축적의 사회적 구조와 연계된 상이한 노동과 사회적 비용에 의존하게 된다. 일본의 산업 자본은 기술을 모방하고, 또 일본 노동자가 미국 노동자보다 더 오래 더 열심히 일하게 만듦으로써 미국의 산업 자본을 따라잡았다; 그 이후 양자는 오직 축적의 사회적 구조를 일치시킴으로써, 미국의 실질 임금을 삭감하고, 일본의 그것을 부풀려서 생존했다. 그리고 저기술 생산을(새로운 산업 부르주아와 새로운 프롤레타리아를 지닌) 새로운 경제에 이전한 '신국제 노동 분업'은 똑같이 단명한 것이었다. 왜냐하면 새로운 경제가 유사한 자본과 숙련을 강화하면서—그들의 사회적 능력(아브라모비츠의 용어를 빌리면)이 성장함에 따라—이들의 따라잡기로 인해서, 점점 더 많은 고품질의 시장이 축적의 사회적 구조에 의한 비용을 바탕으로 한 경쟁에 취약해졌기 때문이다. 기술 확산의 속도가 증가하면서 기술적으로 유도된 생산성의 격차로 인해 보호를 받던 보다 여유 있던 축적의 사회적 구조를 위한 공간은 아주 빨리 줄어들어 노동 비용(임금 비용과 사회적 비용 모두)은 점차적으로 경쟁력을 위한 현재의 싸움이 일어나는 유일한 영토가 되었다.

세계 자동차 산업에 대한 윌리엄스의 지극히 중요한 연구는 결정적인 지지 자료를 제공하고 있다. 그와 그의 동료들은 선진 자본주의 경제의 핵심적인 제조업을 괴롭히는 가격 회복의 위기를 주의 깊게 살펴보고, 세 가지 분명한 사실을 밝혀냈다. 첫째, 1940년대와 1980년대 사이에 주요 자동차 회사들은(북미, 서유럽, 일본에 발판을 두었다) 주요한 구조적 위기 없이 서로 경쟁을 벌였다. 그 이유는 각 회사는 넓게 보아 유사한(그리고 높은) 사회적 체제(settlement)를 지닌 경제에 뿌리를 두고 있었고 각각 "고임금, 짧은 작업 시간, 사회적 부담에 대한 높은 가격의 어떤 결합을 이루어내고" 있었다(Williams et al., 1995: 74). 일본은 이 기간의 대부분 동안 예외였지만, 나머지와의 기술적인 일치도가 커지자, 그 사회적 체제도 일치하게 되었다. 두번째는 적어도 자동차 산업에서는 기술적 일치가 동아시아의 새로운 생산자를 포함하여 모든 주요한 자동차 생산 회사에 생산 과정을 일치하도록 유도하였고, 세계의 자동차 시장이 포화되어 산업 전반에 걸쳐 가격 인하를 유도하는 바로 그 순간에 일치를 유도하였다(표 8-2는 북미와 한국의 자동차 생산업체 사이의 기술적 격차가 급속히 줄어들고 있음을 보여준다). 세번째는 새로운 생산자를 둘러싼 사회적 체제는 유서 깊은 생산자가 감싸여 있는 체제보다 상당히 저급하였고, 특히(우리가 이미 주목했듯이) 한국의 노동자들에게 주어진 작업 시간과 지불 임금에 관한 협약은 유럽과 미국의 노동자에게 주어진 것보다 훨씬 여유가 없었다. 원래의 핵심 자본주의에서 제조업 근로자당 노동 비용은 1980년대에도 한국의 그것보다 세 배나 높았는데, 이때 한국의 노동자들은 실질적으로 매년 스웨덴 노동자의 두 배나 오랜 시간 일을 하였다. 점차적으로 기술이 공유되면서도 아직은 상이한 사회적 체제가 존재하는 맥락에서 볼 때, 서부 유럽, 그리고 미국과 일본에서조차도 훨씬 편했던 시절에 타결된 계급 협약의 불안정성은 명백하다. 윌리엄스와 그의 동료들이 말하듯이, "사회적 체제로 인해 불리한 처지에 놓인 기업은, 본래의 체제에 속하는 주요 변수의 가치가 변경될 수 없다면, 생산을 줄이든지 다른 곳으로 이전해야 한다." "구조적인 변수가 상이한 가치를 지니는 사회적 체제 사이의 경쟁은 고임금, 상대적으로 특권이 주어진 체제의 노동자에게는 심각하게 위협적일 것"이라는 것이 확인되었기 때문이다(Williams et al., 1995: 73, 72).

표 8-2 자동차 제조업에서의 대당 제조 시간 비교:
미국, 독일, 일본, 한국

국가	1972	1975	1980	1985	1988
미국	169	174	202	155	174
독일	268	279	318	258	256
일본	217	176	135	139	132
한국	3,033	1,475	1,255	572	352

출처: Williams et al., 1995: 78.

일반적으로 일단 전후의 수렴과 따라잡기의 과정이 완성되고 나자, 이 단계의 세계 자본주의에 만연하는 과잉 생산과 신용 창출의 논리는 막을 수 없게 되었다는 점은 명백하다. 수요 인플레에 의해서만 유지되는 궁지에 몰린 산업 자본의 수익률이 떨어지면서, 산업 자본과 금융 자본의 순환 경로는 점차 갈라지게 되고, 산업 생산 영역에서의 한계 자본은 빠져나와 금융 투기로의 체계적인 전환이 심화되며, 세계 자본 이동의 속도는 더욱 빨라지며,

산업 자본을 보유하고 있는 사람들은 점차적으로 자신들이 뿌리 내릴 곳으로 축적의 사회적 구조가 저급한 곳을 찾게 된다. 국가 별로 상이한 부르주아에 의해 통제되는 생산 과정 사이의 기술적 격차가 줄어듦에 따라서, 다른 지역에서의 낮은 노동 비용과 사회 비용의 압력이 핵심 자본주의에서 향유되는 노동 계급의 권리의 안정성을 저해하기 시작하는데, 새로이 등장한 프롤레타리아 스스로가 이런 권리를 가질 전망은 전혀 가질 수 없게 만든다. 자본주의 간의 경쟁적 과정으로 인해 임금과 노동력 투여 간의 협약을 강화함으로써(임금을 낮추고, 작업 강도를 높이고, 장시간화함으로써), 복지 프로그램을 잠식함으로써 사회적 체제의 저하 과정이 시작된다. 이 과정에서 산업 자본의 일부 부문은 지속적으로 해외로 재배치되며, 그 과정에서 그 소유자가 서서히 국내 부르주아에서 국제 부르주아로 전환된다. 선진 자본주의 경제의 산업 부르주아 중 민족적인 부문이 주도적인 권력 블록 내에서의 중심성을 보다 국제적으로 종속적인 부르주아 계층에게 잃게 됨에 따라서, 그리고 남아 있던 민족적인 부르주아가 국내의 프롤레타리아보다 덜 조직화되고 권리를 갖지 못한 프롤레타리아로부터 저비용으로 보다 많은 상품을 추출해낼 능력을 가진 외국의 부르주아로부터의 점증하는 경쟁에 직면하게 됨에 따라서(Panitch, 1994: 87), 국내의 노동운동과 국내의 산업 계급 사이에 맺어졌던 국민적 계급 타협의 '황금기'는 종말에 이르게 된다. 선진 자본주의 세계 전반에 걸쳐서, 민족적인 산업 부르주아는 고향으로 물러났다. 그들은 더 이상 취업의 안정과 산업적, 사회적 권리를 결합하기 위해 국내의 노동운동과 경주를 하지 않을 것이다. 산업 자본가 모두에게, 유일한 새로운 경기는 노동 비용의 저하이며, 그와 함께 그들의 일부가 이제까지 참여해야만 했던 비자유주의적 자본주의 모델의 해체이다.

좌파의 새로운 정치학

세계화 논쟁의 양극화된 입장의 각각에 진실의 요소가 있다는 점이 이제는 아마도 분명해졌으리라 본다. 지난 50년 동안 다양한 자본주의 모델 안에서 공고화된 광범위한 제도적 구조는 그 자리에 남아 있을 것이며, 널리 공유되고 있는 일단의 경쟁적 압력이 상이한 국가의 자본주의 안에서 어떻게 매개될 것인가에 영향을 미치게 될 것이라는 점은 의심의 여지가 없다. 경로 의존성은 지속될 것이다. 특정한 제도적 구조가 하룻밤 만에 사라지기를 기대하기엔 너무나 많은 투자가 있어 왔다(현재도 이루어지고 있다. Zysman, 1996: 177~8). 특히, 일본식, 독일식 경제 운영 방식의 특징이 되어왔던 자본 부문 사이의 제도적 연계의 밀도는 대단히 서서히 엷어질 것이다. 이런 연계의 견고함에 대한 증거는 이미 있고(Baker, 1996: 13), 이 증거는 엷어지는 현상의 정도——독일의 경우 국내적으로 형성된 은행과 산업 간의 분리 정도와 (일본 은행 체제의 경우) 대체로 외부에서 촉발된 제도적 개혁의 정도——와 잘 부합하고 있다. 사용자가 임금 결정의 국가적인 체제로부터 후퇴하는 새로이 등장한 일반적인 유형에 대한 증거가 더 많기는 하지만, 자본과 노동 간의 코포라티즘적 매개의 구조도 역시 지속될 것이라고 생각하는 일조차 가능하다. 왜냐하면 우리가 관심을 기울이고 있는 다양한 자본주의 모델에 대해 세계화가 한 일은 그들 간의 차이를 없애기보다는 그들이 생성한 고성장과 저성장의 궤도의 유형을 공간적으로, 시간적으로 '동결' 해버린 일이다. 향상된 자본의 이동성과 이를 보호하는 국제적인 법적, 규제적 구조는 아직 광범위하게 산업화되지 않은 경제의 신생 민족 부르주아가 새로운 발전 국가적 성정 궤도를 형성할 수 있는 공간을 상당히 축소시켜버렸다; 그리고 새로운 코포라티즘적인 급속한 경제 성장의 사례가 등장할 공간도 확실히 사라져버렸다; 새로운 세계 질서는 자본주의 운영의 신자유주의적 처방이 확고하게 뿌리를 내린 질서이다; 시장 메커니즘이 각 경제의 성장 궤도에 여기서 주장된 것보다 더 주요한 변화를 촉진할 수 없다면, 1980년대로부터 우리에게 전해내려온 국제적인 경쟁력 비교표에 나타난 경제의 순위가 다가올 시기에 크게 변화할 것 같지 않다.

그러나 **제도의 연속성이 결과의 불연속성만큼은 중요하지 않다;** 세계적인 사회 세력의 균형의 변화가 결과의 수렴 현상을 만들어내고 있음이 분명하다. 제도적 장치의 건축물은 변하지 않을지 모른다. 하지만 그 건축물이 전달하는 것(특히 노동자에게)은 확실하게 변화한다. 특히 세계의 프롤레타리아의 규모(와 지리적 분포)가 대체로 고정되어 있던 전후의 '황금기'에 선진 자본주의 경제에서 강력한 노동운동이 성취한 사회적 체제는 현재 잠식되고 있다. 이 체제는 사용자의 공세에 의해 잠식되고 있고, 사용자의 공세는 이용 가능한 임금 노동자가 훨씬 더 많아진 상황하에서 자본주의 기업 사이의 격화된 경쟁에 의해서 촉발되었다. 만일 가렛과 랭이 스웨덴과 관련하여 주장하듯이 코포라티즘 구조가 남는 경우, 그것은 보다 자유주의적인 기반을 지닌 자본주의 모델에서 주도적인 무자비한 고용 정책에 의해 영향을 받는 것보다는 보다 느리고 보다 협상적인 방식으로 임금과 노동의 권리를 저하시키는 데 사용되고 있을 뿐이다. 이것이 보다 문명화된 처리 방식일지 모르지만, 그래도 그것은 저하의 방법이다; 그리고 그렇기 때문에, 우리는 '신뢰에 기반한' 자본주의의 제도적 구조가 그대로 있다고 하여도, 그 실질 내용은 그렇지 못할 것이라는 점을 인식해야만 한다. 어떤 자본주의 모델이 격화된 경쟁의 다음 단계를 '이겨낼 것'인가에 관한 급속히 늘어나는 문헌에서 가능한 승리자의 목록에는 자본을 소유한 구조만이 등재되어 있다는 점은 거의 주목받지 못하고 있다. 정확히 누가 승리할지 불확실성이 높은 상황에서도, 노동이 패배할 것이라는 확실성은 거의 언급되고 있지 않다. 즉 여러 모델의 형태는 잔존하겠지만, 노동자의 권리와 보상에 관해 각 모델이 대변했었던 실질적인 차이가 증발하고 있다는 점은 거의 인정되고 있지 않다.

불행하게도 생산 수단의 사적 소유자들을 믿고서는 핵심 노동자들에게마저도 생활 수준과 취업 안정을 보장해줄 수 없는 시대에 다시 들어서고 있는 것처럼 보인다. 따라서 이 시대에는 이미 확립된 임금과 권리를 지키기 위해서(한 세대 전에만 해도 이런 목적을 위해서 충분하였을 그런 종류의) 국내 고용 계급과의 새로운 계급 협약을 추구하는 것 이상이 필요하다. 각 세대마다, 노동자의 권리를 방어하기 위해서는 항상 그런 방어에 이용 가능한 계급 구성체와 제도의 구조를 이해하는 일이 요구된다; 그리고 새로운 세계 질서하에서는 과거에 중도좌파가 사용할 수 있었던 주요 계급은 이미 반프롤레타리아적인 압력에 굴복하였다. 핵심 자본주의 내의 국내 산업자본주의 부르주아와 국가 기구는 1973년 이전에 비한다면 확실히 새로운 자본-노동 협약의 협상 과정에서 이용하기가 어려워 보인다. 그 이유는 아주 넓은 의미에서 지역에 기반을 둔 사용자는 이제는 기존의 노동자의 권리와 보상의 (성장은 말할 것도 없이) 유지에 대해서조차 점차로 동의하지 않으려 하고 있기 때문인데, 왜냐하면 이 사용자들은 이미 해외로 진출하고 있거나 만일 국내의 투자와 고용에 힘쓰고 있다고 하더라도 고임금과 확고한 노동권에 의해 별로 부담을 받지 않는 외국 기업으로부터의 경쟁에 점점 더 취약해지고 있기 때문이다. 또 아주 넓은 의미에서, 일련의 선진 자본주의의 국내적인 국가 구조 안에서의 주도적인 요소는 세계화를 외부에서 발생한 문제로 경험하고 있기보다 실제로는 이 세계적인 자본의 이동성이 발전해나간 법적 제도적 틀을 구축하는 데 적극적으로 참여하였다. 그들은 서로 경쟁적으로 외환 통제를 낮추었고, 해외 직접 투자를 유치했으며, 노동의 비용 상승을 봉쇄하였다; 그들은 이런 작업을 국내적으로 생성된 단기적인 선거에서의 요구를 충족시키려는 결연한 시도로 보고 열성적으로 해냈다(Panitch, 1994: 72~3; 1998: 14; Watson, 1999: 74). 물론 세계화가 이런 방식으로 정치적으로 구축되었기 때문에, 바로 그런 이유로 해서, 원칙적으로는 해체될 수도 있다; 그러나 이제 그런 해체 작업은 현재 노동자의 권리에 대한 세계적 공세의 핵심에 자리 잡은 국가 정책과 자본가 이해의 융합에 성공적으로 대항할(그리고 초월할) 아주 근본적이고 자신에 찬 좌파의 정치를 요구한다. 이런 융합의 존재는, 만일 그런 권리가 지켜질 수 있다면, 아주 넓은 의미에서 노동자는 권리를 스스로 방어해야 한다는 것을 의미한다.

실제로 자본주의 모델이 연이어 겪고 있는 새로이 대두되는 경제적인 어려움은 그런 방어를 위해 명백히 도움이 되는 하나의 정치적 효과를 나타내고 있다. 대부분의 서유럽 국가에서 그리고(중도좌파를 아주 느슨하게 정의한다면) 미국에서, 중도좌파의 정부가 다시 권좌에 올랐다. 적어도 당분간은 그것은 확실히 유럽의 신자유주의 중도우파의 정치를 앞서가며, 좌파 정부를 영국, 프랑스, 스웨덴(최근에), 독일에 동시에 집권케 하여, 서유럽에서 집권하고 있는 사회주의 혹은 사회민주주의 정부의 수를 15개까지 끌어올렸다. 이것은 하나의 계기이다——프랑스 재무부 장관인 도미니크 스트로스칸의 말을 인용한다면(『파이낸셜 타임스』, 1998년 11월 10일: 3), "희귀한 정도의 지적인 동질성"의 계기——이 계기에 주요한 국가의 블록이 원칙적으로 하나가 되어 자본의 국제적 이동에 관한 어느 정도의 국제적인 통제를 다시 주장할 수 있고, 규제받지 않고 상품, 금융, 투자와 기업 소유권이 국경을 넘는 움직임을 촉진하고 있는 초국가적인 제도적 장치의 일부를 해체하기 시작할 수 있다. 그러나 이미 확실히 드러난 것은 이 계기가 이들 정부에 의해 이런 목적을 위해서 포착되지 않을 것이라는 점이다. 그 대신(그리고 잘해야) 촉발될 정책의 변화는 앨보가 말하는 '경쟁적 긴축'으로부터 '진보적 경쟁'으로의 변화일 것이다. 즉 노동자의 권리를 직접적으로 삭감하여 경쟁적 우위를 찾던 정책에서 노동의 재훈련을 국가가 지원하여 경쟁 우위를 추구하는 정책으로의 변화이다. 자본의 운동을 직접적으로 통제하려는 국가 주도로 조정된 노력은 어떤 식으로든 시도될 가능성이 없다. 혹은 만일 중도좌파의 새로운 '제3의 길'이 영국의 토니 블레어Tony Blair가 거칠게 떠들고 돌아다니는 대로 신자유주의적으로 해석된다면 적어도 그런 일은 일어나지 않을 것이다. 그 거친 주장의 많은 예 중에서도 '토빈세'에 관한 블레어와 BBC의 대담자인 존 험프리John Humphrys 사이의 대화는 이 점을 분명히 해줄 것이다:

험프리: ……그것에 대해서 당신이 할 수 있는 무언가가 있고, 그것은 일종의 세금, 투기세를 부과하는 일이다.

블레어: 아니다. 나는 그것도 잘못하는 일이라고 말하겠다. 왜냐하면 실제로는 당신이, 사람들이 돈을 아주아주 빨리 이동할 수 있기를 원하기 때문이다.

험프리: 그들이 하는 일은 도박일 뿐이며 전체 통화에 위협을 가한다고 할지라도 그런가?

블레어: 음, 우리는 이 문제에 대해 주의를 기울여야 한다. 왜 냐하면 수사적인 수준에서 말하기는 쉽다…… 그러나 이런 과정 뒤에서 실질적으로 경제에 관한 투자를 하는 사람들이 있고, 만 일 세계 전체가 보호주의로 되돌아가게 된다면……

험프리: 그러나 왜 그것이, 투기자들에게 세금을 부과하는 것 이 보호주의적이어야 하는가?

블레어: 만일 당신이 결국 사람들에게 가령 '우리는 당신이 돈 을 이동하므로 세금을 부과하겠다'고 말하게 되어버린다면, 그리 고 만일 우리가 가령 '우리는 환율 통제의 재도입을 고려하겠다' 고 말하게 되어버린다면, 내 생각에는 거기로부터 조금만 더 나 가면 가령 '우리는 수입 통제를 가하겠다'고 말하게 된다. 이제 나의 견해를 밝히면, 세계 시장은 결국 우리에게 좋은 것이다 …… 그리고 그 결과를 다루는 길은 미래를 위해 준비하고, 채비 하는 일이다. 저항하거나, 멀리하거나, 존재해서는 안 된다고 말 하면 안 된다. (Held, 1998: 26에서 인용)

만일 이 같은 블레어적인 지향이 유럽 사회민주주의 전체에 걸 쳐 우세하게 된다면, 다소간의 열의에 차이는 있더라도, 새로운 '제3의 길'의 정부가—급진주의, 근대화, 공동의 목적, 케인스 적인 수요 관리의 흔적을 포함하는 정책의 합성물 안에서—그 들 노동력의 권리와 노동력 자원에 대한 요구를 침식하게 될 것 이다. 그들은 세계적으로 이동하는 자본을 끌어들이기 위해 그렇 게 할 것이며, 누가 소유권을 지녔든 그 나라에 기반을 둔 기업에 경쟁적인 우위를 회복해주기 위해서 그렇게 할 것이며, 결국은 자신들의 실업 문제를 다른 나라에 수출함으로써 실업 문제를 풀기 위해서 그렇게 할 것이다. 물론 결국 이 연구의 증거와 주장이 어떤 지침이 될 수 있다면, 그들은 경기장을 저하시키는 일에만 성공할 수 있을 것이고, 그 경기장에서 다음 회의 경쟁적인 싸움이 벌어지게 되고, 이미 주류 정치에 대해서 대단히 회의적인 유권자를 더욱 소외시키게 될 것이다. 이 정부는 아마 아주 빠르게 선거에서 비싼 대가를 치르게 될 것이며, 이 과정에 뻥 뚫린 정치적 공간을 남기게 되는데, 이 공간이 신뢰할 수 있는(그리고 보다 급진적인) 좌파 정치의 형식에 의해 채워지지 않는다면, 이 공간은 미국의 부캐넌Buchanan과 프랑스의 르펜Le Pen에 의해 선보여준 그런 종류의 보호주의적이고, 민족주의적인 우파에 의해 점령될 것이다. 그것은 민주적이고 진보적인 진영에 중대한 재앙이 될 것이다. 이것은 '진보적인 경쟁성'에 대한 분명하고, 설득력 있으며, 진보적이고, 급진적인 대안의 형성과 확산이 왜 현재의 좌파에게 긴요하며, 긴박한가를 설명해준다.

당대의 자본주의에——세계체제의 남반구는 아니더라도 북반구에——대두하는 어려움에 대한 주된 정치적인 반응이 지금 현재 낡아빠진 사회민주주의의 무의미한 빛 바랜 변형에 국한되고 있다는 사실은 새 천년에 즈음하여 좌파가 고민하는 엄청난 문제인 **행위 주체**의 문제를 나타내주고 있다. 노동자의 권리를 방어하기 위해 요구되는 사회적 세력과 정치적 프로그램은 자본주의 침체의 영향을 받아 어느 곳에서든 약화되고 있고, 남아 있는(당연히 북부 유럽에) 노동운동 제도가 지금 가진 에너지는 현재 중도우파와 중도좌파 양자의 정치적 힘에 의해서 차가운 소시지와 같은 해체에 직면한 복지 자본주의의 방어에 완전히 집중하고 있다. 이 방어 작업은 생사가 걸린 일이다. 그러나 그것이, 세계화는 자유주의적 자본주의로 돌아갈 길 말고는 선택의 여지를 주지 않는다는 주장에 대한 명확한 대안적인 답변을 병행해서 창출하지 못하면, 그리고 노동 과정의 강화와 노동의 보상과 권리의 축소에 대한 국경을 넘어서는 강력한 세계적 세력이 출현하지 못하면, 방어 자체로는 충분할 수가 없다(결국 성공할 수 없다).

임금, 작업 조건, 취업 안정에 대한 압력의 강화는 점차적으로 이 새로운 세계 자본주의 전체에 노동자의 저항을 촉발시키고 있으며, 이제까지 지리적으로, 문화적으로 분산되어 있던 노동자 사이에 공통된 경험과 이해의 기초를 만들어가고 있다(Moody, 1997). 그것은 아직 이런 저항 사이에 효과적인 연계를 촉발시키지 못하고 있으며, 국제 무역을 신자유주의적 의제로 조정해나가는 이미 자리 잡은 세계적 구조를 따라잡고, 대항하기 위해서 노동이 필요로 하는 공식적인 세계 구조의 모체조차도 촉발시키지 못하고 있다. 또 그것은 세계적 노동이 이런 구조를 통하여 추구할 필요가 있는 대안적인 경제 전략의 내용에 관해 좌파 내에서 충분할 정도로 본격적인 논쟁을 촉발하지도 못하고 있다. 이 연구의 결과는 지금처럼 임금과 권리를 저하시키는 것이 아니라 임금, 노동 조건, 노동 권리를 **향상시키는**(각국 경제 간의) 역학의 확립이 이런 전략의 중심이어야 함을 시사하고 있다. 또 연구 결과는 이런 역학의 확립이 자본 이동의 엄격한 통제 조치를 다시 부과하고, 현재 투자 기금과 생산 자산의 소유자와 관리자의 경제적 활동에 대한 민주적, 사회적 통제를 재주장함으로써 현재와 같은 경제 정책의 표류와는 확고한 단절을 요구하고 있음을 시사하고 있다. 노동의 측면을 말하면, 이런 상승은 최소한, 국내 소비를 위한 상품과 무역에 사용될 상품 생산 모두에 적용하기 위한 보편적인 노동 기준의 설정과 집행을 요구한다(Sengenberger and Wilkinson, 1995). 그것은 필시 유급 노동의 구조, 분배, 보상의 근본적인 재편을 필요로 할 것이다(Albo, 1994: 165~7; 1997:

34~7). 자본의 측면을 말하면, 이런 상승은 최소한 투기 자본의 과세, 금융 기관의 민주화(Pollin, 1995) 그리고 자본 통제의 재개를 요구할 것이다(Crotty and Epstein, 1996). 그것은 국내적으로 보다 자급적인 생산과 국가가 지도하는 제조의 투자 쪽으로 되돌아갈 것을 요구할 개연성이 높다(Albo, 1994: 163~4; 1997: 30~2; Burden et al., 1990).

경제 방정식의 노동과 자본 측에 결국에는 온건한 재편이 필요하든 급진적인 재편이 필요하든, 이 연구의 결과와 주장은 현재의 자본주의 모델들에 대한 성공적인 좌파의 대안은 민주적 통제의 새로운 제도적 발전, 사회적 평등에 대한 새로운 확신, 그리고 시장에서의 교환과 개인적 이해의 충돌을 통하여 형성된 목적보다는 조용하고 집단적인 토론을 통해서 더 우수한 사회적 목적에 도달할 수 있다는 사람들의 능력에 대한 새로워진 믿음을 필요로 하게 될 것이 틀림없다. 물론 이런 능력에 대한 좌파의 믿음, 복합적인 경제를 운영할 질적으로 새로운 방식의 이용 가능성에 대한 믿음은 여기서 논의하지는 않은 다른 모델(소련식 중앙 계획)의 실패로 인하여 지난 반세기 동안에 심각하게 약화되었고, 우리는 이제 작동할 수 없는 모델에 관한 고도로 발달된 의식을 가지고 새로운 천년을 맞이하게 되었다. 그러나 자본주의 모델이 작동하지 못하는 방식으로 **작동할** 모델을 찾을 필요는 그 어느 때보다도 강력하다; 그리고 이런 의미에서 다음 세기에서의 좌파의 과제는 여전히 그전 세기에서 과제였던 것이다: 즉 생산, 분배, 교환 수단의 사적인 소유가 사회 생활에 미치는 왜곡된 영향을 받지 않는 경제 운영의 형식을 고안하여 자본주의적인 생산력의 발달에 의해서 방출된 풍요의 사회를 위한 잠재력을 현실화시키는 일이다. 기독교적인 달력에 의해서 지배되는 세계 체제의 일부분에 사는 우리는 이제 새로운 천년에 돌입하고 있다; 그러

나 사회주의자들은 아직도 낡은 천년에 완성하지 못한 과업의 완
성 작업을 떠맡고 있다.

[부록]
경제 성장론

서론에서 간단히 언급했듯이, 경제 성장의 원인에 관한 현재의 학술적 논쟁은 나름대로의 강력한 무게 중심과 나름대로의 주도적인 신고전파적 정통론을 갖고 있다. 그것은 시장을 최적의 경제적 사회적 분배자로 보는 견해를 중심으로 한 정통 이론이다. 그것은 또한 특정한 심적 상태, 즉 경제 활동을 별개의 행위자와 요인들이 일련의 연계된 시장(1차 생산품 시장, 노동 시장, 2차 생산품 시장) 안에서 서로 만나는 것으로 이해하는 심적 상태를 만들어낸다. 그것은 이런 시장에서 작용하는 중심적인 관계가 뚜렷한 생산 함수로 조직화되고 있다고 개념화한다. 그리고 성장 과정을 상이한 두 가지 운동, 즉 생산 함수를 따르는 운동(주어진 지식의 양, 주어진 기술의 맥락 안에서 노동 과정을 강화하고, 규모의 경제를 활용하고, 노동을 자본으로 대체하는 운동)과 전체 생산 함수의 운동(지식의 양이 증가하고, 기술의 진보가 뒤를 잇는 운동)의 결합으로 이해한다. 이런 개념의 세계에서는 상이한 성장 유형이 이런 생산 함수가 작동하는 차이의 필연적 결과로서, 즉 사용된 생산 요소의 양 혹은 이들 상호 작용의 질에 있어서의 차이의 결과로서 여겨진다. 이런 접근 방법의 일반적인 요점은 시장력의 구속받지 않은 상호 작용을 경제 성장 그리고 경제 간의 성장 궤도를 수렴케 해주는 최대의 보증인으로 다루는 것이며, 만일 성장과 수렴이 발생하지 않는다면, 분석의 초점은 시장 성과의 부적절성에 맞추어져야 한다는 것이다. 생산요소의 공급 혹은 질에서 부적절성을 찾아내든지, 자유롭고 규제받지 않은 상호 작용의 장벽 혹은 장애물의 존재에 초점을 맞추어야 한다.

이 같은 접근 방법은 전문적인 경제학자들 사이에서는 오랫동안 주도적인 것이었지만 이에 대한 도전이 없었던 것은 아니다. 그 중심적인 전제는 경제학계 내에서 정기적으로 의문시되었다: 슘페터주의자들과 포스트케인스주의자들에 의해서, 그리고 현재는(누구보다도) 루카스, 로머Romer, 스코트 등의 '신경제이론가'들에 의해서 의문시되고 있다. 이 접근법들 각각은 규제받지 않는 시장력의 상호 작용이 자원의 최적의 배분을 자동적으로 만들어내는가, 그것이 궁극적으로 경제를 유사한 성장의 궤도와 수준으로 끌어올리는가에 대해 상이한 방식으로 의문을 제기한다. 신자유주의적 정통론도(대체로 전문적인 경제학자층 밖에 있는) 두 가지 다른 일반적인 문헌에 의해서 도전을 받고 있다. 정통론은 중도/중도좌파의 문헌에 의해 도전을 받는데, 이것은 시장을 사회적 제도로 취급하고, 보다 전통적으로 훈련을 받은 경제학자라면 언제나 성장의 장애로 취급할 사회적 협력과 유대에 의해서 자유주의적 제도가 진정될 때 자본주의는 가장 잘 움직인다——그 성장률이 최고에 이른다——고 주장한다. 정통론은 또한 마르크스적인 영향을 받은 문헌에 의해서도 도전을 받고 있는데, 이것은 상이한 성장의 성과를 상이한 계급 관계와 자본주의 생산 양식에 깔려 있는 구조적 모순의 산물로서 설명하고, 성장 궤도의 수렴도 기대하지 않고, 경제 성장에 장기적인 단절 없는 기간이 존재한다고 기대하지도 않는다.

신고전파 성장 이론을 둘러싼 논쟁

　경제 성장의 원인에 대한 최근의 논쟁의 중심적인 준거점은 미국 경제학자 로버트 솔로Robert Solow의 저작인데, 그는 다른 사람들과 함께 1950년대에 지금은 '구성장 이론' 혹은 '신고전파 성장 모델'이라 불리는 것을 정식화했다. 후에 솔로는 1950년대 중반의 그의 저작이 당시에 지배적이던 경제 성장의 해로드도머Harrod-Domar 모델을 개선시키려 한 노력이었다고 기술한 바 있다. 해로드도머는 경제 성장을 주어진 것 혹은 상수인 세 가지 변수——저축률, 노동력 성장률, 자본-산출 비율——의 상호 작용의 결과로 설명했다: 첫번째는 선호의 문제이고, 두번째는 사회적 인구 구성의 문제이며, 세번째는 기술의 문제이다(Solow, 1988: 307). 이런 견해에, 특히 저축률만을 증대하여 성장을 이룩할 수 있다는 함축에 대해서 불만을 지닌 솔로는 자본-산출의 비율이란 관념을 그가 후에 "기술의 보다 함축적이고, 보다 현실적인 표현"이라고 명명한 것으로 대체하였다(Solow, 1988: 308, 314). 해로드도머에 반대하여, 그의 모델은 경제의 균형 성장률은 저축률과 투자율의 함수가 아니고 "아주 넓은 의미에서의 기술적 진보율"의 함수라고 주장하였으며(같은 책: 309), 따라서 각 경제는 "노동력과 기술적 진보의 성장에 의해서——기술적 진보는 보통 관측되지는 않았다고 하여도 일정한 비율로 팽창한다고 가정할 수 있다——결정되는 독특하고 안정된 성장의 궤도"를 가진다(Boltho and Holtham, 1992: 2). 크래프츠가 후일 기술하였듯이, 최초의 솔로 모델에 의하면, "성장은 투자율과 무관하며〔……〕투자를 촉진하려는 정책은" 반드시 "수익 체감의 현상에 부딪히게 되며," 장기적인 일인당 개인 소득의 성장은 "모델 내에서 결정되지 않는 기술의 향상"을 필요로 한다. 즉 최초의 솔로 모델에서는 "성장은 내생적이기보다는 외생적이다"(Crafts, 1996: 31).

　로버트 솔로의 저작은 왜 성장률이 다른가에 관한 최근의 논쟁에 엄청난 영향을 끼쳤다; 그러나 궁극적으로 그의 최초의 모델은 논거가 약했다(현재도 그렇다). 그것은 핵심적 변수인 기술적 진보를 설명하고 있지 않다. 자본에 대한 수익 체감으로 유발되는 수렴에 대한 가정도 이용 가능한 증거에 의하여 지지받지 못하고 있다. 그의 최초의 공식화는 성장을 형성하는 다양한 요인을 가려내고 솔로가 제시한 잔여적인 기술적 변수의 범위를 축소시키는 데 정성을 쏟는 일련의 다채로운 성장회계론자의 발전에 영감을 불어넣었다(특히 Dennison, 1962; 1967; 1979; 1985; Maddison, 1995a를 보라); 이런 지속된 취약점이 현재 관련된 전문 문헌에서 '신성장 이론'——혹은 보다 정확히, '신고전파 이후의 외생적 성장 이론'——이라는 일반적인 이름으로 폭넓게 논의되고 있는 경제 성장에 대한 광범위한 대안적 설명을 만들어내는데에 자극이 되었다. 이 새로운 저작들은 신고전파 경제학의 가정과 접근 방법으로부터 조심스럽게만, 그리고 제한된 정도로만 이견을 보이는 경향이 있지만, 그럼에도 불구하고 솔로의 최초의 모델에는 투자율과 성장률의 연계가 없었음을 비판하고 있다. (자본-산출의 비율을 높이는 자본에 대한 수익의 체감 때문에) 투자율이 성장 추세의 비율에 영향을 주지 않을 것이라는 가정을 버림으로써, 새로운 일단의 신성장 이론가들은, "투자의 생산성이 줄어들지 않기 때문에, 투자율의 증가가 추세적인 성장률을 증가시킬 것이라는 효과"를 포함하는 경제 성장의 모델 혹은 설명을 만들어낼 수 있었다(McCombie and Thirlwall, 1994: 149).

　신성장 이론가 각각은 자신만의 성장 모델을 가지고 있지만,

접근 방법 전체를 말하자면, 각 모델은 신고전파 모델에서 정상으로 보는 것보다는 자본을 보다 넓게 규정하고, 개선된 경제 성장의 외생적 근원을 강조하려는 일반적 경향을 공유한다. 새로운 접근 방법을 촉발시킨 초기 논문 중의 한 논문에서 루카스는 성장의 촉발자로서 인간 자본에 대한 투자의 중요성을 강조하였고(Lucas, 1988), 로머는, 또 다른 초기의 논문에서, 그 대신 자본 축적이 학습을 촉발하고, 이번에는 학습이(최초의 투자 회사를 넘어서서) 사방으로 퍼져서 경제 전체에 걸쳐 효율성을 제고하게 되는 방법을 강조하였다(Romer, 1986). 이런 방식으로 경쟁력과 성장은 외생적으로 발생한 기술적 진보에 의해서 경제에 '주어진' 그 무엇이 아니고, 투자에 의해서 '내적으로'——지식과 사람에 대한 투자——자극받은 그 무엇으로 취급된다. 그리고 스코트의 저작에 의하면, 솔로가 경제 성장의 외생적 원인으로 다루었던 기술적 진보는 투자의 관념하에 완전히 포섭되어, 인구 통계적인 변화를 고려했을 때, "모든 성장은 투자로부터 유래해야 하며" "'기술적 진보'라고 불리는 어떤 제3의, 아주 동떨어진 요인이 들어설 자리는 남지 않는다"라고 말할 정도가 된다(Scott, 1989: 15).

우리의 논의와 관련하여, 신성장 이론가들의 저작은 중요한 두 가지의 강한 메시지를 포함하고 있다. 선진 자본주의 경제 사이에서조차도 성장의 궤적은 영원히 다를 수 있다는 점이 그 하나이다. 기술적 진보는 내부적으로, 내생적으로 생성될 수 있기 때문에, 자동적인 수익 체감과 성장 궤도 간의 필연적인 수렴이란 존재하지 않는다——핵심 자본주의 경제 사이에서도 그렇다. 신성장 이론에서 도출되는 두번째 메시지는 성장의 궤도가 지속적으로 벌어질 것인가 좁혀질 것인가를 결정하는 데 국가의 정책이 중요한 역할을 한다는 것이다. 신고전파 이론에는 신경제 이론에서의 국가의 행위에 관해 원칙적으로 반감은 전혀 없다. "전통적인 신고전파 성장 모델을 사용하여 예측한 경우보다, 제도와 정책이 성장률에 보다 강력한 효과를 가질 수 있다는 것이 신성장 경제학의 일반적인 함축이기"때문에(Crafts, 1996: 41), "투자 혹은 연구 개발, 혹은 인적 자본(아니면, 아마도 이 모두)을 높이기 위한 보조 혹은 다른 정책적 개입"을 위한 주장을 신성장 이론의 안에서 만들어낼 수 있다(Boltho and Holtham, 1992: 11). 신성장 이론가들은 종종 '경로 의존성'이라고 불린 것의 가능성을 인지하고 있다. 즉 어떤 나라의 경제는 일단 특정한 성장의 궤도에 들어서면, 그에 따르는 내적인 자원 사이의 상호 작용의 유형에 의해서 그 궤도에 얽매이게 되며, 그 경제에 특정한 제도는 오랜 기간에 걸쳐 그 특정한 성장의 궤도를 유지하는 데 중요하다. 실제로 전문적인 경제학 내에서의 신경제 이론가들의 주장과 정치학에서의 폭넓은 '신제도주의파'의 주장은(우리의 탐구 영역과 관련해서 말한다면, 홀링스워스와 스트릭과 같은 분석가의 저작이 가장 대표적이다) 경제가 특정한 제도의 모체 안에 감싸여지는 방식과, 그 제도가 유발하는 상이한 경제적 논리 때문에 각 경제가 상이한 성과를 보이는 방식을 인지하고 있음으로 인해서 유사한 지적인 영역을 공유한다(그리고 이는 이미 이 책의 주요한 장에서 명백히 보았다).

슘페터적 성장 이론과 포스트케인스적 성장 이론

신성장 이론가만이 신고전파 성장 이론에 대해 불편해하는 것은 아니다; 그들의 저작이 보다 좋은 성장의 성과를 권장하는 데 예민한 관심을 기울이는 정책 결정자에게 이용 가능한 정책 처방의 유일한 원천인 것도 아니다. 주류 경제학에는——무엇보다도——슘페터적인 성장 이론과 포스트케인스적인 성장 이론을 위한 공간도 있다.

슘페터의 경제적 저작이 충분히 전개된 성장 이론을 제공하지는 않고 있으며, 왜 성장률이 다른가 하는 의문에 대한 완전히 전개된 답안을 포함하고 있지도 못하다. 물론 슘페터의 저작은 솔로의 그것보다 한 세대나 앞서 있기 때문에, 그의 저작이 어떤 방식으로든 솔로의 저작에 대한 응답인 것도 아니다. 그러나 슘페터의 1911년의 연구인 『경제 발전의 이론 *Theory of Economic Debelopment*』과 1942년의 연구인 『자본주의, 사회주의 그리고 민주주의 *Capitalism, Socialism and Democracy*』는 자본주의 성장의 유형을 가장 잘 설명하고 향상시키는 방법에 관한 몇몇 개의 유력한 암시를 제공한다. 특히 슘페터 저작 중 세 가지 차원은 이 책의 제1부에서 검토한 문헌에서 뚜렷한 위치를 차지하고 있다.

첫번째는 슘페터적인 경제학은 효율성을 신고전파 경제학자 그룹 내에서 주도적인 그것과는 아주 다르게 정의한다. 신고전파 경제학에서는 경제적 활동을 판단하는 척도——파레토 최적 Pareto optimum——가 보통 정태적이고 단기간에 걸쳐 적용된다. 이것이 슘페터 경제학자에게는 통하지 않는다. 이들에겐 경제적 효율성의 테스트가 그보다는 보다 동적이며 장기간에 걸쳐야 한다. 자원 분배 방식에 대한 슘페터적인 판단은 현존하는 기술적 조건하에서 각 자원이 부의 생산에 미치는 직접적인 효과가 아니라, 각 자원이 기술적 변화를 통하여 부의 창출을 위한 장기적인 자극에 기여하는 바에 의해 좌우된다. 이런 시각의 차이는 왜 성장률이 다른가에 대한 연구에 상당한 영향을 주는 결정적인 것이다. 우리가 다음 절에서 보겠지만, 그 차이는 장기적인 성장을 자극하는 데 있어서 시장과 경쟁이 차지하는 역할에 관한 신고전파 경제학에서 주도적인 해석과는 질적으로 다른 해석을 만들어내기 때문이며, 성장에 장애가 되는 것이 무엇인가에 대해 아주 다른 종류의 해석을 가능케 하기 때문이다. 신고전파 경제학은 대기업(그리고 노동조합과 큰 정부)을 명약관화한 성장의 장애물로 여기는 정신 자세를 유발한다. 슘페터적인 성장 이론은 그와 같은 편협한 시야를 갖고 있지 않다.

둘째, 이미 언급한 대로, 기술 변화 발생에서 경쟁의 역할에 대한 슘페터적 이론가와 신고전파 성장 이론가(구이론 및 신성장 이론 모두)의 태도 사이에는 상당한 격차가 존재한다. 슘페터가 자본주의 기업 사이의 경쟁적인 관계를 독점적 지위를 위한 끊임없는 투쟁의 관계이고, 시장 우위의 추구가 기술 혁신의 박차가 되며, 자본주의가 '창조적 파괴라는 강풍'을 불러일으킨다고 특징지은 것은 유명하다. 그러므로 슘페터적인 성장 모델에서는, "자본으로 하여금 시도하지 않은 길로 유인하는 미끼를 제공하고(Lazonick, 1991: 123)," 그 결과 기술 진보의 핵심적인 내재적 원천이 되는 것은 경쟁의 압력 자체가 아니고, 경쟁적 관계를 독점적 관계로 일시적으로 대체할 가능성이다. 그리고 슘페터주의자에게는 오늘날 이 같은 기업적 혹은 혁신적 행위를 취할 제도적인 초점은 항시 대기업이다.

셋째로 이런 모델에 있어서, 성공적인 경제 성장의 열쇠는—그리고 암묵적으로 성장 유형의 차이에 대한 열쇠는—위험 감수 혹은 기업가 정신이다. 슘페터적인 성장론의 핵심에 놓여 있는 것은 두 종류의 자본가 활동, 즉 기업 정신과 경영에 대한 구분이다. 슘페터에게 있어서 성장 과정을 추동하는 것은 혁신적인 성격의 기업가적 행위, 즉 기존의 지식을 경영적으로 적용하는 것과는 질적으로 다른 행위이다. 혁신과 적응은 슘페터적 규범에서는 중요한 개념이며, 그렇기 때문에, 경제 성장의 원인과 관련된 유의미한 쟁점의 목록은 신고전파 성장 모델의 제한된 범위를 훨씬 벗어나게 된다. 그것은 적어도 혁신을 만들어낼 수 있는 제도적 구조의 연구에까지 미치며, 심지어는 기술 전파와 기술 이전의 사회적 결정 요인에까지 이를 수도 있다.

포스트케인스 경제학은 신고전파의 성장의 관점이——사소한 의미에서——진실인 반면(산출은 투입의 함수이다), 왜 자원이(시간적으로 공간적으로) 상이하게 투입되었는가, 라는 근본적인 문제는 여전히 남아 있다고 지적하면서, 성장을 결정하는 요인의 공급적 측면의 목록에다가 수요의 문제를 첨가한다. 토지는 고정되어 있을 수 있지만, 노동력은 그렇지 않다; 노동의 동원과(토지를 포함한) 자본의 동원은 유발되어야 한다. 불확실성을 피할 수 없는(그러므로 기대가 경제의 결과에 중대한) 세상에서, 그리고 경제 제도와 정치 제도가 경제적인 사건의 형성에 의미있는 역할을 수행하는 세계에서, 포스트케인스 학자들은 경제 성장을 설명함에 있어서, 신고전파 경제학과는 뚜렷이 구분되게, 수요의 역할, 체증하는 수익(그리고 연관된 누적적 인과 관계), 경제 부문 간의 역동적인 차이에 역점을 둔다. 포스트케인스 경제학에서의 성장 이론의 중요한 지적인 원천은 니콜라스 칼도Nicholas Kaldor의 저작이었다. 성장에 관한 그의 저작(1957; 1961)은 "성장의 엔진"으로서 제조업 부문의 특별한 역할에 역점을 두었고, "수출과 산출의 급속한 성장률이 [……] 산출 성장과 생산성 성장 사이의 연계를 통하여 성장의 누적적인 과정 혹은 성장의 선순환"을 만들어내는 경향에 역점을 두었다(Thirlwall, 1987: 185~6). 이와 같이 포스트케인스 성장 이론은 내생적으로 창출된 경제 성장뿐만 아니라, 스스로 지속되는 성장의 가능성에도 대단히 민감하게 되었다. 즉, 급속한 수요의 성장이 급속한 공급의 성장으로 전환되어 급속한 생산성의 성장을(그리고 경제의 여러 부문, 특히 제조업 부문에서 체증하는 수익을) 가져올 수 있는 방식과 기술적 진보율이(투자율을 통해서) 기업의 행위에 의해 영향을 받으며 (실행에 의한 학습을 통한) 일반적인 성장률에 의해서 영향을 받을 수 있는 방식, 양자 모두에 민감한 주의를 기울이게 되었다.

포스트케인스적인 경제 성장 이해의 핵심에는 누적적 인과 관계와 불균등한 교환이 자리 잡고 있다. 포스트케인스 경제학자에 따르면, 경제란 일단 약해지고 그대로 내버려두면 더욱더 약화된다. 미미한 이윤의 수준이 저투자를 발생시키고, 저투자는 위축된 경쟁력을 만들어내며, 위축된 경쟁력은 미미한 이윤을 보장해 줄 뿐이다; 그리고 이 주기는 다시 진행된다. 그에 따르는 수지 적자는 외국 자본을 붙잡아두기 위해 고이자를 필요로 한다; 높은 이자는 국내 투자를 '막고, 결국 점차적으로 더욱 심각한 종류의 수지 적자를 만들어낸다. 이 주장에 의하면 고전적 성장 이론과는 아주 대조적으로 시장의 힘은 그 자체로는 누적적으로, 스스로 지속되는 저성과의 주기를 깨뜨릴 수 없고, 그러므로 경제 성장 혹은 경제적 수렴 현상을 자동적으로 유발할 수 없다. 만일 이것이 사실이라면, 솔로의 성장 모델의 적합성은 상당히 의심스럽다. 이런 의심은 기술적 변화의 내적인 원천에 대한 신성장 이론의 잠정적인 탐구로 다소 가라앉을 수 있고, 그 내생적 원천으로 대기업을 지정하는 확신에 찬 슘페터적인 명제에서 보다 크게 가라앉을지 모른다. 이에 대해 포스트케인스 학자가 덧붙이는 것은 혁신하는 대규모 기업의 생산 시장에 존재하는——성장을 유발하고 누적적인 쇠퇴를 방지하는 데 있어서——유리한 조건의 중요성인데, 이렇게 함으로써 이들은 또 원래의 솔로 모델에는 없는 이윤의 실현에 관한 쟁점을 제기한다. 이 지점에서 우리는 자본주의적 성장의 성과에 대한 마르크스적 비판에 오랫동안 친숙하게 알려진 영역에 들어서게 된다. 즉 자본 축적을 둘러싼 필요 조건(신경제 이론가와 슘페터주의자들에 의해서 탐구된 그런 조건)에 관한 주장과 이윤의 실현에 필요한 조건(슘페터적인 종류)에 관한 주장을 결합하고 있는 비판의 영역에 들어선다.

마르크스적 경제 성장 이론들

신고전파 성장 이론이 단 하나가 아닌 것처럼 마르크스적 성장 이론도 단 하나가 아니다. 그러나 신고전파 성장 이론에서와 마찬가지로, 자본주의 발전 문제에 대한 일반적인 마르크스적 접근 방법이 존재한다고 말하는 것은 온당하다. 그 접근 방법은 자본과 자본 축적을 언급하고, 경제 성장을 자본 순환의 확대된 재생산 과정으로 개념화함으로써, 신고전파 경제학의 용어와는 결별하고 있고, 생산 함수에 대한 신고전파의 몰입으로부터 벗어나 있다.

마르크스주의자들은 경제 성장의 기원이 개별적인 생산요소의 기술적인 교류 작용(interplay)에 있는 것이 아니라, 생산하는 계급의 사회적인 상호 작용(interaction)에 있다고 이해한다. 신고전파 경제학의 중심 범주가 '시장'이고, 결정적인 분석의 도구가 '생산 함수'라고 한다면, 마르크스주의자에겐 중심적인 개념의 범주가 '생산 양식'이며 결정적인 분석의 수단은 '자본의 순환'이다. 마르크스주의자에게 자본주의란 생산 활동을 조직하는 특정한 방식으로서 그것은 봉건주의와 같은 이전의 생산 양식과 공산주의와 같은 이후의 생산 양식과는 종류(그리고 내적인 논리)가 다르다. 다른 어느 생산 양식과 마찬가지로 자본주의는 두 가지, 즉 생산력과 생산력이 그 속에서 동원되고 배치되는 사회적 관계의 융합이다. 마르크스주의자에게 이 사회적 관계는 항시 계급의 형태를 띤다. 물론 공산주의 이전의 모든 생산 양식에서는 사회적 관계가 소유 계급과 무자산 계급, 노동하는 계급과 노동의 산물을 자신들의 사적인 자산으로 빼앗아가는 착취 관계의 형태를 가진다. 상품 생산이 일반적이고 노동력 자체가 상품('임금 노동')이 되어버린 자본주의적 생산 양식에서는 활동하는 기본 계급이 자본가와 프롤레타리아이다; 그리고 성장은(마르크스주의의 용어로 표현하면, 생산력이 발전하는 것은) 프롤레타리아 노동자의 잉여 산물, 즉 이윤의 형태로 자본가에 의해 실현되고, 자본의 형태로 보유된 잉여를 자본가 계급이 체계적으로 탈취함으로써 일어난다.

마르크스주의 경제학에서는 자본의 유형을 구분하고, 각 유형 안에서 생산과 교환이 작용하는 상이한 순환 과정을 명시하는 것이 일반적이다. 상인 자본, 산업 자본, 금융 자본을 구분하고, 상업 활동, 산업 활동, 금융 활동의 독특한 순환 과정을 개념화하는 일이 일반적이다. 상인 자본은——역사적으로 보면 최초의 주요한 자본 형태이다——처음에는 새로이 생성되던 자본주의 시장을 비자본주의적인 생산 양식에서 만들어진 잉여와 연결시키고, 그 후에는 자본주의 자체의 불균등한 발전을 활용함으로써, 싸게 사고, 비싸게 팔아서 축적되어왔고, 지금도 축적되고 있다. 금융 자본은——역사적으로 보면 세 유형 중 마지막으로 주도권을 발휘하게 되었다——상품의 구매와 교환을 위한 윤활제로서 시작되었고, 현재는 본질적으로 산업 자본의 순환 과정에서 창출되는 잉여로부터 추출해낸 지대로서 축적되고 있다. 산업 자본가는 노동력과 원재료를 구입하여, 이것을 상품을 만드는 생산적 과정으로 조직화하며, 그 이후에 이 상품을 판매함으로써 자신들의 노력에 의한 이윤을 현실화한다. 이 이윤의 원천은 상품으로서의 노동력에 지불한 가격과 그렇게 고용된 노동력이 산출한 상품의 판매로 얻어진 수입과의 차이이다. 마르크스적인 경제 성장의 원천에 대한 해석에 의하면, 이윤은 교환의 영역에서 **실현되지만**, 생산의 영역에서 **창출된다**; 수요와 공급은 단일한 경제 활동 순환 과정——이것의 재생산은 잉여 가치의 체계적인 추출에 의존한다——의 계기일 뿐이다.

이런 체제에서, 성장은 이윤을 만들고 실현하려는 투쟁에 의해서 유발된다. 이 성장 투쟁은 필연적으로, 영구적으로, 동시적으로 두 가지의 계급적 전선에서, 즉 시장의 우위를 위한 자본가들의 경쟁적 싸움과 잉여의 추출을 둘러싼 자본가와 노동자의 계급적 대립을 통해서 벌어진다. 자본가 간의 경쟁은 시간이 지나면서 상이한 유형의 자본의 상대적인 무게를 변화시키는데, 보통 전체 자본가 계급의 무게의 중심은 최초에는 무역에서 산업으로, 궁극적으로는 산업에서 금융으로 옮아간다. 경쟁은 또 경기 순환의 오르내림 과정에서 승리자가 패배자를 집어삼킴에 따라 독점적 경향을 형성한다. 동시에 자본과 노동 간의 계급 투쟁은, 자본주의가 작업 시간을 무한대로 연장하며 작업 과정을 강화할 수 없기 때문에, 결국 개별 자본가들이 새로운 기계에 투자하지 않을 수 없기 때문에——마르크스주의 용어로 표현하면, 자본의 유기적 구성을 변화시킴으로써, 절대적인 잉여 가치의 탈취에 기초한 자본 축적의 과정으로부터 상대적인 잉여 가치 탈취에 기초한 과정으로 옮아감으로써——생산성을, 그리고 궁극적으로 기술적 혁신력을 향상시켰다. 이런 해석에 따르면, 경제 성장은 파동의 형식으로 온다. 먼저 새로운 기술이 노동생산성과 잉여 추출을 극적으로 증가시키고, 그리하여 이윤율을 증가시키는데, 새로운 기술의 생산성 증대가 완전히 실현되고, 잉여 추출의 증가율이 자본량의 증가율에 미치지 못하게 됨에 따라(마르크스주의자들이 '자본의 유기적 구성의 변화'라 부르는 과정이다), 점차로 이윤율이 저하된다(그리고 자본의 축적이 완만해진다). 고전적인 마르크스주의 이론에 의하면, 자본의 집권화와 집중이 자유주의적 자본주의를 독점적 자본주의로, 그리고 제국주의로 밀고 감에 따라, 그에 따른 노동운동의 상승으로 인해 국가와 복지 프로그램이 점차로 중요한 안정적인 역할을 하게 되는 새로운 사회적인 축적의 구조가 창출됨에 따라, 경제 성장의 추구는 질적으로 독특한 자본주의 단계를 만들어낸다. 또 고전적인 마르크스주의 이론에 의하면, 자본에 의한 노동 착취율과 변화하는 자본의 유기적 구성 자체의 피할 수 없는 체제의 긴장이 궁극적으로 이윤율을 끌어내리고, 새로이 시작된 자본 축적을 더디게 하기 때문에——적어도 계급 관계가 변화하고, 새로운 기술이 출현하고 새로운 노동생산성의 분출이 유발되기 전까지는——경제 성장은 결코 연속적이지 못하고, 잘해야 파동의 유형을 보여준다. 상이한 마르크스주의적인 이론 구성이 이 고전적인 기초 위에(혹은 이 기초에서 멀어지며) 세워졌지만——예를 들면, 다양한 장기 파동 이론가들(Mandel, 1979), 세계체제 이론가들(Shannon, 1992) 혹은 조절 이론가들(Aglietta, 1979)——이들은 모두 포괄적으로 마르크스주의적 담론, 즉 자본 성장이란 결국엔 노동을 집합적으로 지배하고, 복속시키면서 벌이는 자본가 간의 시장 경쟁을 통해서 성취된 자본 축적의 문제라고 이해하는 담론에 공통의 기원을 두고 있다.

참고 문헌
References

Abe, E.(1997), "The state as the 'third hand': MITI and Japanese industrial development after 1945," in E. Abe and T. Gourvish(eds), *Japanese Success? British Failure? Comparisons in business performance since 1945,* Oxford University Press, pp. 17~44.

Abel, J. D.(1990), "Defence spending and unemployment rates: an empirical analysis disaggregated by race," *Cambridge Journal of Economics,* vol. 14, pp. 405~19.

Abramovitz, M.(1962), "Economic growth in the United State: a review article," *American Economic Review,* vol. 52, no. 4, pp. 762~82.

Abramovitz, M.(1986), "Catching up, forging ahead and falling behind," *Journal of Economic History,* vol. 46, no. 2, pp. 385~406.

Abramovitz, M.(1989), *Thinking About Growth,* Cambridge University Press.

Abramovitz, M.(1993), "The search for the sources of growth: areas of ignorance, old and new," *Journal of Economic History,* vol. 53, no. 2, pp. 217~43.

Abramovitz, M.(1994a), "Catch up and convergence in the postwar growth boom and after," in W. Baumol et al.(eds), *Convergence of Productivity,* pp. 86~125.

Abramovitz, M.(1994b), "The origins of the postwar catch-up and convergence boom," in J. Fagerberg, B. Verspagen and N. von Tunzelmann(eds), *The Dynamics of Technology, Trade and Growth,* Edward Elgar, pp. 21~53.

Abramovitz, M. and David, P.(1996), "Convergence and deferred catch-up: productivity leadership and the waning of American exceptionalism," in R. Landau, T. Taylor and G. Wright(eds), *The Mosaic of Economic Growth,* Cambridge University Press, pp. 21~62.

Abromeit, H.(1990), "Government-industry relations in West Germany," in M. Chick(ed), *Governments, Industries and Markets,* Edward Elgar, pp. 61~83.

Adams, G.(1982), *The Politics of Defense Contracting: the iron triangle,* Transaction Books.

Aglietta, M.(1979), *A Theory of Capitalist Regulation : the US experience,* New Left Books.

Albert, M.(1993), *Capitalism Against Capitalism,* Whurr Publishers.

Albert, M. and Gonenc, R.(1996), "The failure of Rhenish capitalism," *Political Quarterly,* vol. 67, no. 3, pp. 184~93.

Albo, G.(1994), "Competitive austerity and the impasses of capitalist employment policy," in R. Miliband and L. Panitch(eds), *The Socialist Register 1994,* Merlin Press, pp. 144~70.

Albo, G.(1997), "A world market of opportunities? Capitalist obstacles and Left economic policy," in L. Panitch(ed), *The Socialist Register 1997,* Merlin Press, pp. 1~43.

Aldcroft, D, H.(1982), "Britain's economic decline 1870~1980," in G, Roderick and M. Stephens(eds), *The British Malaise,* Falmer Press, pp. 31~61.

Aldcroft, D, H(1992), *Education, Training and Economic Performance 1944~1990,* Manchester University Press.

Allen, C, S.(1989), "The underdevelopment of Keynesianism in the Federal Republic of Germany," in P. Hall(ed), *The Political Power of Economic Ideas : Keynesianism across nations,* Princeton University Press, pp 263~90.

Alvarez, R. M. Garrett, G. and Lange, P.(1991), "Government partisanship, labor organisation and macro-economic performance," *American Political Science Review,* vol. 85, no 2, pp. 539~56.

Amsden, A, H.(1989), *Asia's Next Giant : South Korea and late industrialization,* Oxford University Press.

Amsden, A. H.(1990), "Third world industrialization : 'global fordism' or a new model," *New Left Review,* 182, pp. 5~32.

Anchordoguy, M.(1988), "Mastering the market : Japanese government targeting of the computer industry," *International Organization,* vol, 42. no, 3, pp. 509~43.

Anderson, P.(1987), "The figures of descent," *New Left Review,* 161, pp. 20~77.

Anglo-German Foundation(1994), *Regional-level Development Initiatives in Germany,* Anglo-German Foundation.

Aoki, M.(1994). "The firm as a system of attributes : a survey and research agenda," in M. Aoki and R. Dore(eds), *The Japanese Firm : the sources of competitive strength,* Oxford University Press, pp. 11~40.

Arrighi, G.(1982), "A crisis of hegemony," in S. Amin et al.(eds), *Dynamics of Global Crisis,* Macmillan, pp. 55~108.

Arrighi, G.(1994). *The Long Twentieth Century : money, power and the origins of our times,* Verso.

Ashton, D. and Green, F.(1996), *Education, Training and the Global Economy*, Edward Elgar.

Atkinson, A. B.(1995), "Is the welfare state necessarily an obstacle to economic growth?," *European Economic Review*, vol. 39, pp. 723~30.

Baker, G.(1996), "Japan's limited revolution," *Financial Times*, 20 August, p. 13.

Baker G.(1997), "Brave new world?," *Financial Times*, 9 September, p. 19.

Barnett, C.(1986), *The Audit of War : the illusion and reality of Britain as a great nation*, Macmillan.

Barnett, C.(1995), "The human factor and industrial decline," in D. Coates and J. Hillard(eds), *UK Economic Decline : key texts*, Harvester-Wheatsheaf, pp. 60~72.

Barrell, R. and Pain, N.(1997), "The growth of foreign direct investment in Europe," *National Institute Economic Review*, April, pp. 63~75.

Bartlett, D. L. and Steele, J. B.(1992), *America : what went wrong?*, Andrews and McMeel.

Batra, R.(1993), *The Pooring of America : competition and the myth of free trade*, Collier Books.

Baumol, W. J.(1986), "Productivity growth, convergence and welfare : what the long run data show," *American Economic Review*, vol. 76, no 5, pp. 1072~85.

Baumol, W. J.(1994), "Multivariate growth patterns : contagion and common forces as possible sources of convergence," in W. J. Baumol, R. R. Nelson and E. N. Wolff(eds), *Convergence of Productivity : cross-national studies and historical evidence*, Oxford University Press, pp. 62~85.

Baumol, W, J., Blackman, S. A. B. and Wolff, E. N.(1991), *Productivity and American Leadership : the long view*, MIT press.

Baumol, W. J. and McLennan, K.(1985), *Productivity Growth and US Competitiveness*, Oxford University Press.

Baumol, W. J., Nelson, R. R. and Wolff, E. N.(eds, 1994), *Convergence of Productivity : cross-national studies and historical evidence*, Oxford University Press.

Bernstein, M. A. and Adler, D. E.(eds, 1994), *Understanding American Economic Decline*, Cambridge University Press.

Best, M.(1990), *The New Competition : institutions of industrial restructuring*, Polity Press.

Best, M. and Forrant, R.(1996), "Creating industrial capacity : Pentagon-led versus production-led industrial policies," in J. Michie and J. Grieve Smith(eds), *Creating Industrial Capacity : towards full employment*, Oxford University Press, pp. 225~54.

Bienefeld, M.(1994), "Capitalism and the nation state in the dog days of the twentieth century?," in R. Miliband and L. Panitch(eds), *The Socialist Register 1994*, Merlin Press, pp. 94~129.

Bienefeld, M.(1996), "Is a strong national economy a utopian goal at the end of the twentieth century?," in R. Boyer and D. Draiche(eds), *States Against Markets*, Routledge, pp. 415~49.

Blackburn, R.(1999), "The new collectivism: pension reform, grey capitalism and complex socialism," *New Left Review*, 233, January/February, pp. 3~65.

Blair, T.(1998), 'Foreword' to *Fairness at Work*, Cm 3968, May, HMSO.

Blank, S.(1977), "Britain: the politics of foreign economic policy, the domestic economy and the problem of pluralistic stagnation," *International Organisation*, vol. 31, pp. 674~721.

Bliss, I. and Garbett, J.(1990), "Learning lessons from abroad," in P. Summerfield and E. J. Evans(eds), *Technical Education and the State since 1850*, Manchester University Press, pp. 189~216.

Bluestone, B. and Harrison, B.(1982), *The De-industrialisation of America*, Basic Books.

Boltho, A.(1985), "Was Japan's industrial policy successful?," *Cambridge Journal of Economics*, vol. 9, pp. 187~201.

Boltho, A. and Holtham, G.(1992), "The assessment: new approaches to economic growth," *Oxford Review of Economic Policy*, vol. 8. no. 4, pp. 1~14.

Booth, A.(1995), *The Economics of the Trade Union*, Cambridge University Press.

Borgos, S.(1991), "Industrial policy in a federalist polity: micro-corporatism in the United States," in M. D. Hancock, J. Logue and B. Schiller(eds), *Managing Modern Capitalism*, Praeger, pp. 65~94.

Bosch, G. and Lehndorff, S.(1995), "Working time and the Japanese challenge: the search for a European answer," *International Contributions to Labour Studies*, vol. 5, pp. 1~26.

Boskin, M. and Lau, L. J.(1992), "Capital, technology and economic growth," in N. Rosenberg, R. Landau and D. C. Mowery(eds), *Technology and the Wealth of Nations*, Stanford University Press, pp. 17~56.

Boswell, J. and Peters, J.(1997), *Capitalism in Contention: business leaders and political economy in modern Britain*, Cambridge University Press.

Botwinick, H.(1993), *Persistent Inequalities: wage disparity under capitalist competition*, Princeton University Press.

Bowles, S. and Edwardes, R.(1993), *Understanding Capitalism*,

HarperCollins.

Bowles, S., Gordon, D. and Weisskopf, T.(1984), *Beyond the Wasteland: a democratic alternative to economic decline*, Verso.

Bowles, S., Gordon, D. and Weisskopf, T.(1990), *After the Wasteland: a democratic economics for the year 2000*, M. E. Sharpe.

Boyd, R.(1987), "Government-industry relations in Japan: access, communication, and competitive collaboration," in S. Wilks and M. Wright(eds), *Comparative Government-Industry Relations: Western Europe, the United States and Japan,* Oxford University Press, pp. 61~90.

Brenner, R.(1998), "The economics of global turbulence: a special report on the world economy 1950~1998," *New Left Review,* 229, May/June, pp. 1~265.

Brezis, E. S., Krugman, P. R. and Tsiddon, D.(1993), "Leapfrogging in international competition: a theory of cycles in national technological leadership," *American Economic Review,* vol. 83, no. 2, pp. 1211~19.

Brittan, S.(1997a), "New role models for old," *Financial Times,* 27 February, p. 24.

Brittan, S.(1997b), "Asian model R. I. P.," *Financial Times,* 4 December, p. 24.

Britton, A.(ed., 1992), *Industrial Investment as a Policy Objective,* National Institute of Economic and Social Research.

Broadberry, S. N.(1997), *The Productivity Race: British manufacturing in international perspective, 1850~1990,* Cambridge University Press.

Broadberry, S. N, and Crafts, N.(1990), "Explaining Anglo-American productivity differences in the mid-twentieth century," *Oxford Bulletin of Economics and Statistics,* vol. 52, pp. 375~402.

Broadberry, S. N. and Wagner, K.(1996), "Human capital and productivity in manufacturing during the twentieth century: Britain, Germany and the United States," in B. van Ark and N. F. R. Crafts(eds), *Quantitative Aspects of Postwar European Economic Growth,* Cambridge University Press, pp. 244~70.

Brown, K.(1998), "Scoreboard reveals worrying picture for companies' investment goals," *Financial Times,* 9 November, p. 9.

Brown, W., Deakin, S. and Ryan, P.(1997), "The effects of British industrial relations legislation 1979~1987," *National Institute Economic Review,* no. 161, July, pp. 69~83.

Brunetta, R. and Dell'Arringa, C.(eds, 1990), *Labour Relations and Economic Performance,* Macmillan.

Brunhoff, S. de.(1978), *The State, Capital and Economic Policy,* Pluto

Press.

Buchele, R. and Christiansen, J.(1992), "Industrial relations and productivity growth: a comparative perspective," *International Contributions to Labour Studies*, vol. 2, pp. 77~97.

Buchele, R. and Christiansen, J.(1998), "Do employment and income security cause unemployment? A comparative study of the US and the E-4," *Cambridge Journal of Economics*, vol. 22, pp. 117~36.

Burden, T., Breitenbach, H. and Coates, D.(1990), *Features of a Viable Socialism*, Harvester Wheatsheaf.

Burkett, P. and Hart-Landsberg, M.(1996), "The use and abuse of Japan as a progressive model," in L. Panitch(ed.), *Socialist Register 1996*, Merlin Press, pp. 62~92.

Buttler, F., Franz, W., Schetter, R. and Soskice, D.(1995), *Institutional Frameworks and Labour Market Performance: comparative views on the US and German economies*, Routledge.

Buxton, T.(1998), "Overview. The foundations of competitiveness: investment and innovation," in T. Buxton, P. Chapman and P. Temple(eds), *Britain's Economic Performance*, 2nd edn, Routledge, pp. 165~86.

Cain, P. and Hopkins, A.(1993a), *British Imperialism: Innovation and Expansion 1688~1914*, Longman.

Cain, P. and Hopkins, A.(1993b), *British Imperialism: crisis and deconstruction 1914~1990*, Longman.

Calder, K. E.(1998), *Crisis and Compensation: public policy and political stability in Japan*, Princeton University Press.

Calder, K. E.(1993), *Strategic Capitalism: private business and public purpose in Japanese industrial finance*, Princeton University Press.

Callon, S.(1995), *Divided Sun: MITI and the breakdown of Japanese high-tech industrial policy 1975~1993*, Stanford University Press.

Cameron, D.(1984), "Social democracy, corporatism, labour quiescence and the representation of economic interest in advanced capitalist society," in J. Goldthorpe(ed), *Order and Conflict in Contemporary Capitalism*, Oxford University Press, pp. 143~78.

Cameron, D.(1988), "Distribution coalitions and other causes of economic stagnation," *International Organisation*, vol. 42, pp. 592~604.

Carling, W. and Soskice, D.(1997), "Shocks to the system: the German political economy under stress," *National Institvte Economic Review*, no. 159, pp. 57~76.

Carnoy, M.(1988), "The changing world of work in the information age," *New Political Economy*, vol. 3, no. 1, pp. 123~8.

Carr, C.(1992), "Productivity and skills in vehicle component manufacturers in Britain, Germany, the USA and Japan," *National*

Institution Economic Review, no. 139, February, pp. 79~87.

Casson, M.(1993), "Cultural determinants of economic performance," *Journal of Comparative Economics,* vol. 17, pp. 418~42.

Caves, R. E.(1980), "Productivity differences among industries," in R. E. Caves and L. B. Krause(eds), *Britain's Economic Performance,* Brookings Institution.

Cerny, P.(1996), "International finance and the erosion of state policy," in P. Gummett(ed.), *Globalization and Public Policy,* Edward Elgar, pp. 83~104.

Chalmers, N.(1989), *Industrial Relations in Japan : the peripheral workforce,* Routledge.

Chandler, A.(1990), *Scale and Scope,* Harvard University Press.

Chandler, M. A.(1986), "The state and industrial decline: a survey," in A. Blais(ed.), *Industrial Policy,* University of Toronto Press.

Chapman, P. G.(1993), *The Economics of Training,* Harvester Wheatsheaf.

Child-Hill, R. and Fujita, K.(1996), "Flying geese, swarming sparrows or preying hawk? Perspectives on East Asian industrialization," *Competition and Change,* vol. 1, no. 3, pp. 285~98.

Chote, R.(1998), "Poverty coming back to East Asia: World Bank Report," *Financial Times,* 28 September, p. 4.

Chowdhury, A. and Iyanet, I.(1993), *The Newly Industrializing Economies of East Asia,* Routledge.

Clegg, S. R., Higgins, W. and Spybey, T.(1990), "Post-Confucianism, social democracy and economic culture," in S. Clegg et al.(eds), *Capitalism in Contrasting Cultures,* de Gruyter, pp. 31~77.

Clement, W.(1994), "Social democracy unhinged," *Studies in Political Economy,* vol. 44, Summer, pp.95~123.

Clinton, B.(1993), *President Clinton's New Beginning : the Clinton-Gore Economic Conference in Little Rock, Arkansas, December 14~15 1992,* Donald I. Fine Inc.

Coates, D.(1980), *Labour in Power? A study of the Labour Government 1974~79,* Longman.

Coates, D.(1983a), "The political power of trade unions," in D. Coates and G. Johnston(eds), *Socialist Arguments,* Martin Robertson, pp. 55~82.

Coates, D.(1983b), "The character and origin of Britain's economic decline," in D. Coates and G. Johnston(eds), *Socialist Strategies,* Martin Robertson, pp. 32~63.

Coates, D.(1984), *The Context of British Politics,* Hutchinson.

Coates, D.(1994), *The Question of UK Decline : economy, state and society,* Harvester.

Coates, D.(ed., 1995a), *Economic and Industrial Performance in Europe,*

현대 자본주의의 이해

Edward Elgar.

Coates, D. (1995b), "UK economic under-performance: causes and cures," *Developments in Economics,* vol. 11, pp. 47~63.

Coates, D.(ed, 1996), *Industrial Policy in Britain,* Macmillan.

Coates, D.(1999a), "Why growth rates differ," *New Political Economy,* vol. 4, no. 1, pp. 77~96.

Coates, D.(1999b), "Models of capitalism in the new world order: the British case," *Political Studies,* vol. 47, no. 4, pp. 643~60.

Coates, D. and Wiggen, W.(1995), "State expenditure and economic performance," in D. Coates(ed), *Economic and Industrial Performance in Europe,* Edward Elgar, pp. 185~201.

Cohen, D.(1995), *The Misfortunes of Prosperity: an introduction to modern political economy,* MIT Press.

Cohen, S. and Zysman, J.(1987), *Manufacturing Matters: the myth of the post-industrial economy,* Basic Books.

Cohen, S. D.(1995), "Does the United States have an international competitiveness problem?," in D. P. Rapkin and W. P. Avery(eds), *National Competitiveness in a Global Economy,* Lynne Rienner Publishers, pp. 21~40.

Conservative Government(1994), *Competitiveness: helping business to win,* Cmnd 2563, HMSO.

Conservative Government(1995), *Competitiveness: forging ahead,* Cmnd 2867, HMSO.

Conservative Government(1996), *UK Investment Performance: fact and fantasy,* Cabinet Office.

Cooke, W. and Noble, D.(1998), "Industrial relations systems and US foreign direct investment abroad," *British Journal of Industrial Relations,* vol. 36, no. 4, pp. 581~609.

Corbett, J.(1994), "An overview of the Japanese financial system," in N, Dimsdale and M. Prevezer(eds), *Capital Markets and Corporate Governance,* Clarendon Press, pp. 306~24.

Corry, D. and Glyn, A.(1994), "The macro-economics of equality, stability and growth," in A. Glyn and D. Miliband(eds), *Paying for Inequality: the economic costs of social injustice,* IPPR/Rivers Oram Press, pp. 205~16.

Costello, D.(1993), "A Cross-country, cross-industry comparison of productivity growth," *Journal of Political Economy,* vol. 101, no. 2, pp. 207~22.

Cox, A., Lee, S. and Sanderson, J.(1997), *The Political Economy of Modern Britain,* Edward Elgar.

Crafts, N.(1991), "Reversing relative economic decline: the 1980s in historical perspective," *Oxford Review of Economic Policy,* vol. 7, no. 3, pp. 81~98.

Crafts, N.(1992), "Institutions and economic growth: recent British experience in an international context," *West European Politics*, vol. 15, no. 4, pp. 16~38.

Crafts, N.(1993a), *Can De-industrialisation Seriously Damage Your Health? A Review of Why Growth Rates Differ and How to Improve Economic Performance*, Institute of Economic Affairs.

Crafts, N.(1993b), "Was the Thatcher experiment worth it? British economic growth in a European context," in A. Szirmai, B. van Ark And D. Pilat(eds), *Explaining Economic Growth*, North Holland Publishers, pp. 327~51.

Crafts, N.(1996), "Post-neo-classical endogenous growth theory: what are its policy implications?," *Oxford Review of Economic Policy*, vol. 12, no, pp. 30~47.

Crafts, N.(1997a), *Britain's Relative Economic Decline 1870~1995: a quantitative perspective*, Social Market Foundation.

Crafts, N.(1997b), "Economic growth in East Asia and Western Europe since 1950: implications for living standard," *National Institute Economic Review*, no. 162, pp. 75~84.

Crafts, N.(1997c), "The Human Development Index and changes in standards of living: some historical comparisons," *European Review of Economic History*, vol. 1, part 3, pp. 299~322.

Crafts, N. and Toniolo, G.(eds, 1996), *Economic Growth in Europe* since 1945, Cambridge University Press.

Crepaz, M. M. L.(1992), "Corporatism in decline? An empirical analysis of the impact of corporatism on macroeconomic performance and industrial disputes in 18 industrialised countries," *Comparative Political Studies*, vol. 25, no. 2, pp. 139~68.

Crotty, J. and Epstein, G.(1996), "In defence of capital controls," in L. Panitch(ed.), *The Socialist Register 1996*, Merlin Press, pp. 118~49.

Crouch, C. and Streeck, W.(eds, 1997), *Political Economy of Modern Capitalism*, Sage.

Cuomo Commission on Competitiveness(1992), *American's Agenda: rebuilding economic strength*, M. E. Sharpe.

Cusomano, J.(1989), *The Japanese Automobile Industry: technology and management at Nissan and Toyota*, Harvard University Press.

Cutler, T.(1992), "Vocational training and British economic performance: a further instalment of the British labour problem," *Work, Employment and Society*, vol. 6, no. 2, pp. 161~83.

Daly, A., Hitchens, D. M. W. N. and Wagner, K.(1985), "Productivity, machinery and skills in a sample of British and German manufacturing plants: results of a pilot enquiry," *National Institute Economic Review,* no. 111, pp. 48~61.

Daniel, W. W.(1987), *Workplace Industrial Relations and Technical Change,* Frances Pinter/Policy Studies Institute.

David, P. A.(1985), "Understanding the economics of QWERTY: the necessity of history," in B. van Ark(ed.), *Economic Growth in the Long Run,* volume III, Edward Elgar.

Davis, M.(1986), *Prisoners of the American Dream,* Verso.

DeGrasse, R. W.(1983), *Military Expansion, Economic Decline: the impact of military spending on US economic performance,* M. E. Sharpe.

Delsen, L. and van Veem, T.(1992), "The Swedish model: relevant for other European countries," *British Journal of Industrial Relations,* vol. 30, no. 1, pp. 84~105.

Denison, E. F.(1962), *The Sources of Economic Growth in the United States and the Alternatives Before Us,* Brookings Institution.

Denison, E. F.(1967), *Why Growth Rates Differ: postwar experience in nine western countries,* Brookings Institution.

Denison, E. F.(1979), *Accounting for Slower Economic Growth: the United States in the 1970s,* Brookings Institution.

Denison, E. F.(1985), *Trends in American Economic Growth 1929~1982,* Brookings Institution.

Denison, E. F. and Chung, W. K.(1976), *How Japan's Economy Grew So Fast: the sources of postwar expansion,* Brookings Institution.

Department of Trade and Industry(1998), *Our Competitive Future: building the knowledge-driven economy,* Stationery Office.

Dertouzos, M. L., Lester, R. K. and Solow, R. M.(1989), *Made in America: regaining the productive edge,* MIT Press.

Deyo, F. C.(ed, 1987), *The Political Economy of the New Asian Industrialism,* Cornell University Press.

Diebold, W.(1982), "Past and future industrial policy in the United States," in J. Pinder(ed.), *National Industrial Strategies in the World Economy,* Croom Helm, pp. 158~205.

Dimsdale, N. and Prevezer, M.(eds, 1994), *Capital Markets and Corporate Governance,* Clarendon Press.

Dobbin, F.(1994), *Forging Industrial Policy: the United States, Britain and France in the Railway Age,* Cambridge University Press.

Dohse, K., Jurgens, U. and Malsch, T.(1985), "From 'Fordism' to 'Toyotism': the social organization of the labor process in the Japanese automobile industry," *Politics and Society,* vol. 14, no. 2, pp. 115~46.

Dollar, D. and Wolff, E. N.(1993), *Competitiveness, Convergence and*

International Specialization, MIT Press.

Dore, R.(1973), *British Factory-Japanese Factory : the origins of national diversity in industrial relations,* University of California Press.

Dore, R.(1985), "Authority or benevolence: the Confucian recipe for industrial success," *Government and Opposition,* vol. 20, no. 2. pp. 196~217.

Dore, R.(1986), *Flexible Rigidities : industrial policy and structural adjustment in the Japanese economy 1970~1980,* Athlone Press.

Dore, R.(1987), *Taking Japan Seriously : a Confucian perspective on leading economic issues,* Athlone Press

Dore, R.(1988), "Goodwill and the spirit of market capitalism," in D. Okimoto and T. P. Rohlen(eds), *Inside the Japanese System,* Stanford University Press, pp. 90~99.

Dore, R.(1990). "Two kinds of rigidity: corporate communities and collectivism," in R. Brunetta and C. Dell'Arringa(eds), *Labour Relations and Economic Performance,* Macmillan, pp. 92~113.

Dore, R.(1993), "What makes the Japanese different?," in C. Crouch and D. Marquand(eds), *Ethics and Markets : co-operation and competition within capitalist economies,* Blackwell, pp. 66~79.

Dore, R.(1997), "The distinctiveness of Japan," in C. Crouch and W. Streeck(eds), *Political Economy of Modern Capitalism : mapping convergence and diversity,* Sage, pp. 19~32.

Dosi, G., Tyson, L. D. and Zysman, J.(1989), "Trade, technologies and development: a framework for discussing Japan," in C. Johnson, L. D. Tyson and J. Zysman(eds), *Politics and Productivity : how Japan's development strategy works,* Harper Business, pp. 3~38.

Dowrick, S. and Nguyen, D.(1989), "OECD comparative economic growth 1950~85: catch-up and convergence," *American Economic Review,* vol. 79, no. 5, December, pp. 1010~30.

Drucker, P.(1988), "Economic realities and enterprise strategies," in D. L. Okimoto and T. P. Rohlen(eds), *Inside the Japanese system : readings on contemporary society and political economy,* Stanford University Press, pp. 106~12.

Drysdale, P. and Huang, Y.(1997), "Technological catch-up and economic growth in East Asia and the Pacific," *Economic Record,* vol. 73, no. 22, September, pp. 201~11.

Dumas, L. J.(1982), *The Political Economy of Arms Reduction : reversing economic decay,* Westview Press.

Dunne, P.(1990), "The political economy of military expenditure: an introduction," *Cambridge Journal of Economics,* vol. 14, pp. 395~404.

Dyson, K.(1986), "The state, banks and industry: the West German case," in A. Cox(ed.), *State, Finance and Industry: a comparative analysis of postwar trends in six advanced industrial economies*, Wheatsheaf, pp. 119~41.

Eccleston, B.(1989), *State and Society in Post-War Japan*, Polity Press.

Edelsten, M.(1990), "What price cold war? Military spending and private investment in the US, 1946~1979," *Cambridge Journal of Economics*, vol. 14, pp. 421~37.

Edgerton, D.(1991a), "Liberal militarism and the British State," *New Left Review*, 185, pp. 138~69.

Edgerton, D.(1991b), *England and the Aeroplane: an essay on a militant and technological nation*, Macmillan.

Edwards, J. and Fischer, K.(1994a), *Banks, Finance and Investment in Germany*, Cambridge University Press.

Edwards, J. and Fischer, K.(1994b), "An overview of the German financial system," in N. Dimsdale and M. Prevezer(eds), *Capital Markets and Corporate Governance*, Clarendon Press, pp. 257~83.

Edwards, P. K.(1994), "A comparison of internal regimes of labor regulation and the problem of the workplace," in J. Belanger, P. K. Edwards, and L. Haiven(eds), *Workplace Industrial Relations and the Global Challenge*, ILR Press, pp. 23~42.

Eisinger, P.(1990), "Do the American states do industrial policy?," *British Journal of Political Science*, vol. 20, no. 4, pp. 509~35.

Elbaum, B. and Lazonick, W.(1984), "The decline of the British economy: an institutional perspective," *Journal of Economic History*, vol. xliv, no. 2, pp. 576~83.

Elliott, L.(1998), "McKinsey's waste output," *Guardian*, 30 November, p. 19.

Ellsworthy, R. R.(1985), "Capital markets and competitive decline," *Harvard Business Review*, September-October, pp. 171~83.

Employment Policy Institute(1993), "Britain's jobs deficit," *Economic Report*, vol. 7, no. 6, Employment Policy Institute.

Employment Policy Institute(1998), *Employment Audit*(in association with the Centre for Economic Performance), Employment Policy Institute.

Ergas, H.(1987), "The importance of technology policy," in P. Dasgupta and P. Stoneman(eds), *Economic Policy and Technological Performance*, Cambridge University Press, pp. 57~96.

Esping-Andersen, G.(1990), *The Three world of welfare Capitalism*, Polity Press and Princeton University Press.

Esping-Andersen, G.(1994), "Welfare states and the economy," in N. J. Smelser and R. Swedberg(eds), *The Handbook of Economic Sociology*, Princeton University Press, pp. 711~32.

Esser, J.(1990), "Bank power in West Germany revised," *West European Politics,* vol.13, pp. 17~32.

Fagerberg, J.(1998), "Why growth rates differ," in G. Dosi, C. Freeman, R. Nelson, G. Silverberg and L. Soete(eds), *Technical Change and Economic Theory,* Pinter, pp. 432~57.

Feinstein, C.(1988), "Economic growth since 1870: Britain's performance in international perspective," *Oxford Review of Economic Policy,* vol. 4, no. 1, pp. 1~13.

Feinsten, C.(1990), "Benefits of backwardness and costs of continuity," in A. Graham and A. Seldon(eds), *Government and Economies in the Post-war World: economic policies and comparative performance 1945~85,* Routledge, pp. 284~93.

Feng, Y.(1997), "Democracy, political stability and economic growth," *British Journal of Political Science,* vol. 27, pp. 391~418.

Fine, B. and Harris, L.(1985), *The Peculiarities of the British Economy,* Lawrence and Wishart.

Finegold, D. and Soskice, D.(1998), "The failure of training in Britain: analysis and prescription," *Oxford Review of Economic Policy,* vol. 4, no. 3, pp. 21~53.

Fitzgerald, R.(ed., 1995), *The State and Economic Development: lessons form the Far East,* Frank Cass.

Freeman, C.(1988), "Japan: a new national system of innovation," in G. Dosi, C. Freeman, R. Nelson, G. Silverberg and L. Soete(eds), *Technical Change and Economic Theory,* Pinter, pp. 329~48.

Freeman, C.(1995), "The 'national system of innovation' in historical perspective," *Cambridge Journal of Economics,* vol. 19, pp. 5~24.

Freeman, C. and Perez, C.(1998), "Structural crises of adjustment: business cycles and investment behaviour," in G. Dosi, C. Freeman, R. Nelson, G. Silverberg and L. Soete(eds), *Technical Change and Economic Theory,* Pinter, pp. 38~66.

Freeman, C. and Soete, L.(1997), *The Economics of Industrial Innovation,* Pinter.

Freeman, R. B. and Medoff, J. L.(1984), *What Do Unions Do?* Basic Books.

Friedman, D.(1988), *The Misunderstood Miracle: industrial development and political change in Japan,* Cornell University Press.

Froud, J., Haslam, C., Johal. J. and Williams, K.(1996), "Sinking ships? Liberal theorists on the American economy," *Asia Pacific Business Review,* vol. 3, no. 1, pp. 54~72.

Fruin, M. and Nishgushi, T.(1993), "Supplying the Toyota Production System: intercorporate organizational evolution and supplier subsystems," in B. Kogut(ed.), *Country Competitiveness: technology and the organizing of work,* Oxford University Press, pp. 225~48.

Fruin, W. M.(1992), *The Japanese Enterprise System : competitive strategies and cooperative structures,* Clarendon Press.

Fukuyama, F.(1996), *Trust : the social virtues and creation of prosperity,* Free Press.

Fulcher, J.(1987), "Labour movement theory versus corporatism: social democracy in Sweden," *Sociology,* vol. 21, no. 2, pp. 232~52.

Galbraith, J. K. and Calmon, P. de P.(1994), "Industries, trade and wages," in M. Bernstein and D. Adler(eds), *Understanding American Economic Decline,* Cambridge University Press, pp, 161~98.

Garrett, G.(1998), *Partisan Politics in the Global Economy,* Cambridge University Press.

Garrett, G. and Lange, P.(1986), "Performance in a hostile world: economic growth in capitalist democracies 1974~1982," *World Politics,* vol. xxxviii, July, pp. 517~45.

Gerlach, M. L.(1989), "Kieretsu organisation in the Japanese economy: analysis and implications," in C. Johnson, L. Tyson and J. Zysman(eds), *Politics and Productivity : how Japan's development strategy works,* Harper Business, pp. 141~74.

Gerlach, M. L.(1992), *Alliance Capitalism,* University of California Press.

Gerschenkron, A.(1996), *Economic Backwardness in Historical Perspective,* Bellnap Press.

Giersch, H., Paque, K.-H. and Schmieding, H.(1992), *The Fading Miracle : four decades of market economy in Germany,* Cambridge University Press.

Gittleman, M. and Wolff, E. N.(1998), "R&D activity and across-country growth comparisons," *Cambridge Journal of Economics,* vol. 19, pp. 189~207.

Glazer, N.(1976), "Social and cultural factors in Japanese economic growth," in H. Patrick and H. Rosovsky(eds), *Asia's New Giant : how the Japanese economy works,* Brookings Institution, pp. 813~96.

Glyn, A.(1992), "Corporation, patterns of employment and access to consumption," in J. Pekkarinen et al.(eds), *Social Corporatism : a superior economic system?,* Oxford University Press, pp. 132~77.

Glyn, A.(1995), "Social democracy and full employment," *New Left Review,* 211, May/June, pp. 33~55.

Gordon, D.(1994), "Chickens home to roost: from prosperity to stagnation in the postwar US economy," in M. Bernstein and D. E. Adler(eds), *Understanding American Economic Decline,* pp. 34~76.

Gordon, W. et al.(1994), "Equality and the Swedish work environment,"

Employee Responsibilities and Rights, vol. 7. no. 2, pp. 141~60.

Gough, I.(1996), "Social Welfare and Competitiveness," *New Political Economy,* vol. 1, no. 2, pp. 209~32.

Graham, O.(1992), *Losing Time : the industrial policy debate,* Harvard University Press.

Granovetter, M.(1985), "Economic action and social structure : the problem of embeddedness," *American Journal of Sociology,* vol. 91, pp. 481~510.

Gray, J,(1998). "When the dream turns into a nightmare," *Financial Times,* 23 March, p. 22.

Green, F.(1988), "Neoclassical and Marxian conceptions of production," *Cambridge Journal of Economics,* vol.12, pp. 299~312.

Green, F.(1998), "Securing commitment to skill formation policies," *New Political Economy,* vol. 3, no. 1, 134~8.

Haggard, S.(1990), *Pathways from the Periphery: the politics of growth in the newly industrializing countries,* Cornell University Press.

Hajime, O.(1988), "Productivity changes in Japan, 1960~1980," in D. L. Okimoto and T. P. Rohlen(eds), *Inside the Japanese system : readings on contemporary society and political economy,* Stanford University Press, pp. 144~9.

Hall, P.(1986), *Governing the Economy : the politics of state intervention in Britain and France,* Polity Press.

Hall, R. E. and Jones, C. I.(1997), "What have we learnt from recent empirical growth research," *American Economic Review,* vol. 87, no. 2, pp. 173~7.

Hamilton, G. G.(1997), "Organisation and market processes in Taiwan's capitalist economy," in M. Orru, N. W. Biggart and G. G. Hamilton(eds), *The Economic Organisation of East Asian Capitalism,* Sage, pp. 237~96.

Hampden-Turner, C. and Trompenaars, F.(1993), *The Seven Cultures of Capitalism,* Piatkus.

Handy, C.(1987), *The Making of Managers,* MSC/NEDC/BIM.

Harrison, L. E.(1992), *Who Prospers? How cultural values shape economic and political success,* Basic Books.

Hart, J, A.(1992a), *Rival Capitalists : international competitiveness in the United States, Japan and Western Europe,* Cornell University Press.

Hart, J. A.(1992b), "The effects of state-societal arrangements on international competitiveness : steel, motor vehicles and semi-conductors in the United States, Japan and Western Europe," *British Journal of Political Science,* vol. 22, part 3, pp. 255~300.

Hart, J. A.(1994), "A comparative analysis of the sources of America's economic decline," in M. A. Bernstein and D. E. Adler(eds),

Understanding American Economic Decline, Cambridge University Press, pp. 199~240.

Hayes, R. H. and Abernathy, W. J.(1980), "Managing our way to economic decline," *Harvard Business Review*, July/August, pp. 67~77.

Held, D.(1998), "Globalization: the timid tendency," *Marxism Today*, November/December, pp.24~7.

Helliwell, J. F.(1994), "Empirical linkages between democracy and economic growth," *British Journal of Political Science*, vol. 24, part 2, pp. 225~48.

Henderson, D.(1990), "Comparative economic performance of the OECD countries 1950~1987: a summary of the evidence," in A. Graham and A. Seldon(eds), *Governments and Economies in the Post-war World: economic policies and comparative performance*, Routledge, pp. 273~83.

Henderson, J.(1993a), "Against the economic orthodoxy: on the making of the East Asian miracle," *Economy and Society*, vol. 22, no. 2, pp. 200~17.

Henderson, J.(1993b), "The role of the state in the economic transformation of East Asia," in C. Dixon and D. Drakakis-Smith(eds), *Economic and Social Developments in Pacific Asia*, Routledge, pp. 83~114.

Henderson, J. and Appelbaum, R. P.(1992), "Situating the state in the East Asian development process," in R. P. Appelbaum and J. Henderson(eds), *States and Development in the Asia Pacific Rim*, Sage, pp. 1~26.

Henley, A. and Tsakalotos, E.(1993), *Corporatism and Economic Performance*, Edward Elgar.

Henrekson, M., Jonung, L. and Stymme, J,(1996). "Economic growth and the Swedish model," in N. Crafts and G. Toniolo(eds), *Economic Growth in Europe since 1945*, Cambridge University Press, pp. 240~89.

Henzler, H. A. (1992), "The new era of Eurocapitalism," in K. Ohmae(ed), *The Evolving Global Economy*, Harvard Business Review Books, pp. 3~18.

Heseltine, M.(1996), "Investment in progress," *Financial Times*, 12 June, p. 22.

Hicks, A.(1998), "Social democratic corporatism and growth," *Journal of Politics*, vol. 50, no. 4, pp. 677~704.

Hidaka, C.(1997), "A re-examination of Japan's postwar financing system," in E. Abe and T. Gourvish(eds), *Japanese Success? Bristish Failure? Comparisons in Business Performance since 1945*, Oxford University Press, pp. 141~70.

Hiroshi, O.(1988), "The closed nature of Japanese intercorporate relations," in D. L. Okimoto and T. P. Rohlen (eds), *Inside the Japanese System: readings on contemporary society and political economy,* Stanford University Press, pp. 81～3.

Hirsch, B. T. and Addison, J.(1986), *The Economic Analysis of Unions: new evidence and approaches,* Allen Unwin.

Hirst, P. and Thompson, G.(1996), Globalisation in Question, Polity Press.

Hobday, M.(1995), *Innovation in East Asia: the challenge to Japan,* Edward Elgar.

Hobsbawm, E.(1968), *Industry and Empire,* Pantheon.

Hollingsworth, J. R.(1997a), "The institutional embeddedness of American capitalism," in C. Crouch and W. Streeck(eds), *Political Economy of Modern Capitalism,* Sage, pp. 133～47.

Hollingsworth, J. R. (1997b), "Continuities and changes in social systems of production: the cases of Japan, Germany and the United States," in J. R. Hollingsworth and R. Boyer(eds), *Contemporary Capitalism: the embeddedness of institutions,* Cambridge University Press, pp. 265～317.

Hollingsworth, J. R. and Boyer, R.(1997), "Co-ordination of economic actors and social systems of production," in J. R. Hollingsworth and R. Boyer(eds), *Contemporary Capitalism: the embeddedness of institutions,* Cambridge University Press, pp. 1～48.

Hollingsworth, J. R., Schmitter, P. and Streeck, W.(eds, 1994), *Governing Capitalist Economies: performance control of economic sectors,* Oxford University Press.

Hollingsworth, J. R. and Streeck, W.(1994), "Countries and sectors: concluding remarks on performance, convergence and competitiveness," in J. R. Hollingsworth, P. Schmitter and W. Streeck(eds), *Governing Capitalist Economies: performance and control of economic sectors,* Oxford University Press, pp. 270～300.

Hook, G.(1990), "The rise of the Pentagon and US state building: the defense program as industrial policy," *American Journal of Sociology,* vol. 96, no. 2, pp. 358～404.

House of Lords Select Committee on Overseas Trade(1985), *Report,* Command Paper 238～1.

Howell, C.(1992), *Regulating Labor: the state and industrial relations reform in France,* Princeton University Press.

Howells, J. and Neary, I.(1991), "Science and technology policy in Japan: the pharmaceuticals industry and new technology," in S. Wilks and M. Wright(eds), *The Promotion and Regulation of Industry in Japan,* Macmillan, pp. 81～109.

Hudson Report(1974), *The United Kingdom to 1980,* Associated Business

Programmes.

Hutton, W.(1994), *The State We're In*, Cape.

Hutton, W.(1997), "Let's dig deeper behind this black propaganda," *Observer*, 26 January, p. 28.

Imai, K.-I.(1992), "The Japanese pattern of innovation and its evolution," in N. Rosenberg, R. Landau and D. C. Mowery(eds), *Technology and the Wealth of Nations*, Stanford University Press, pp. 225~46.

IPPR, Commission on Public Policy and British Business(1997), *Promoting Prosperity : a business agenda for Britain*, Vintage Books(for the Institute for Public Policy Research).

Israel, J.(1978), "Swedish socialism and big business," *Acta Sociologica*, vol. 21, no. 4, pp. 341~53.

Itoh, M.(1990), *The World Economic Crisis and Japanese Capitalism*, Macmillan.

Iversen, T.(1998), "The choices for Scandinavian Social Democracy in comparative perspective," *Oxford Review of Economic Policy*, vol. 14, no. 1, pp. 59~75.

Iwaki, I.(1996), "Labour market mechanisms in Japan," in J. Michie and J. Grieve Smith(eds), *Creating Industrial Capacity*, Oxford University Press, pp. 143~64.

Jackson, T.(1998), "The eclipse of manufacturing," *Financial Times*, 15 December, p. 15.

Johnson, C.(1982), *MITI and the Japanese Miracle : the growth of industrial policy 1925~1975*, Stanford University Press.

Johnson, C.(ed., 1984), *The Industrial Policy Debate*, University of California Press.

Johnson, C.(1986), "The institutional foundations of Japan's industrial policy," in C. E. Barfield and W. A. Schambra(eds), *The Politics of Industrial Policy*, American Enterprise Institute, pp. 187~205.

Johnson, C.(1995), *Japan : who governs? The rise of developmental state*, W. W. Norton.

Johnson, C., Tyson, L. D'A., and Zysman, J.(eds, 1989), *Politics and Productivity : how Japan's development strategy works*, Harper Business.

Joseph, Sir Keith(1979), *Solving the Union Problem is the Key to Britain's Recovery*, Conservative Party Central Office.

Kaldor, M., Sharp, M. and Walker, W.(1986), "Industrial competitiveness and Britain's defence," *Lloyds Bank Review*, October, pp. 31~49.

Kaldor, N.(1957), "A model of economic growth," *Economic Journal*, vol. 57, pp. 591~624.

Kaldor, N.(1961), "Capital accumulation and economic growth," in F. Lutz(ed), *The Theory of Capital*, Macmillan, pp. 177~222.

Kaldor, N.(1996), *Causes of the Slow Rate of Economic Growth of the United Kingdom*, Cambridge University Press.

Katzenstein, P.(1985), *Small States in World Markets*, Cornell University Press.

Kay, J.(1998), "Crisis: what crisis?," *Financial Times*, 25 November, p. 17.

Keeble, S. P.(1992), *The Ability to Manage: a study of British management 1890~1990*, Manchester University Press.

Keep, E. and Mayhew, K.(1988), "The assessment: education, training and economic performance," *Oxford Review of Economic Policy*, vol. 4, no. 3, pp. i ~xv.

Keep, E. and Mayhew, K.(1998), "Vocational education and training and economic performance," in T. Buxton, P. Chapman and P. Temple(eds), *Britain's Economic Performance*, 2nd edn, pp. 367~95.

Kendrick, J. W.(1993), "How much does capital explain?" in A. Szirmai, B. van Ark and D. Pilat(eds), *Explaining Economic Growth*, Elsevier Science Publisher, B. V., pp. 129~45.

Kenney, M. and Florida, R.(1993), *Beyond Mass Production: the Japanese system and its transfer to the US*, Oxford University Press.

Kenworthy, L.(1995), *In Search of National Economic Success: balancing competition and cooperation*, Sage.

Keynes, J. M.(1936), *The General Theory of Employment, Interest and Money*, Macmillan.

Kitson, M. and Michie, J.(1995), "Britain's industrial performance since 1960," Bulletin no. 9, Center for Industrial Policy and Performance, University of Leeds, pp. 1~3.

Kitson, M and, Michie, J.(1996a), "Britain's industrial performance since 1960: under-investment and relative decline," *Economic Journal*, vol. 106, no. 434, pp. 196~213.

Kitson, M. and Michie, J.(1996b), "Manufacturing capacity, investment and employment," in J. Michie and J. Grieve Smith(eds), *Creating Industrial Capacity: towards full employment*, Oxford University Press, pp. 24~51.

Kitson, M. and Michie, J.(1996c), "Incredible shrinking Britain," *Observer*, 21 January.

Kittel, B.(1998), "The impact of trade unions on economic performance: theoretical elegance and empirical ambiguity," paper to the Political Studies Association, University of Keele.

Knoke, D.(1996), *Comparing Policy Networks: labour politics in the US, Germany and Japan*, Cambridge University Press.

Kogut, B.(ed., 1993), *Country Competitiveness: technology and the organization of work,* Oxford University Press.

Korpi, W.(1985), "Economic growth and the welfare state: a comparative study of 18 OECD countries," *Industrial and Labor Relations Review,* vol. 38, no. 2, pp. 195~209.

Korpi, W.(1992), "Strategies of reformist socialist parties in a mixed economy: the Swedish model," *Socialism of the Future,* vol. 1, no. 1, pp. 101~9.

Kosonen, K.(1992), "Saving and economic growth from a Nordic perspective," in J. Pekkarinen et al(eds), *Social Corporatism,* Oxford University Press. pp. 178~209.

Kotz, D.(1994), "The regulation theory and the social structure of accumulation approach," in D. Kotz, T. McDonough and M. Reich(eds), *Social Structures of Accumulation: the political economy of growth and crisis,* Cambridge University Press, pp. 85~98.

Kotz, D., McDonough, T. and Reich, M.(eds, 1994), *Social Structures of Accumulation: the political economy of growth and crisis,* Cambridge University Press.

Krauss, E. S.(1992), "Political economy: policy-making and industrial policy in Japan," *Political Science and Politics,* vol. xxv, no. 1, pp. 44~57.

Krugman, P.(1994a), "Competitiveness: a dangerous obsession," *Foreign Affairs,* March/April, pp. 28~44.

Krugman, P.(1994b), "The myth of Asia's miracle," *Foreign Affairs,* November/December, pp. 62~78.

Krugman, P.(1996a), "Making sense of the competitiveness debate," *Oxford Review of Economic Policy,* vol. 12, no. 3, pp. 17~25.

Krugman, P.(1996b), *Pop Internationalism,* MIT Press.

Kim, Kyoung-Dong(1994), "Confucianism capitalist development in East Asia," in L. Sklair(ed.), *Capitalism and Development,* Routledge, pp. 87~106.

Kyotani, E.(1996), "Sociological foundations of inter-firm co-operation: the case of Sakaki, a manufacturing town in Japan," paper to the 14th International Labour Process Conference, Birmingham.

Landesmann, M.(1992), "Industrial polices and social corporatism," in J. Pekkarinen et al.(eds), *Social Corporatism,* Oxford University Press, pp. 242~79.

Lane, C.(1989), *Management and Labour in Europe: the industrial enterprise in Germany, Britain and France,* Edward Elgar.

Lane, C.(1990), "Vocational training and new production concepts in Germany: some lessons for Britain," *Industrial Relations Journal,* vol. 21, no. 3, pp. 247~59.

Lane, C.(1992), "European business systems: Britain and Germany compared," in R. Whitley(ed.), *European Business Systems*, Sage, pp. 64~97.

Lane, C.(1995), *Industry and Society in Europe: stability and change in Britain, Germany and France*, Edward Elgar.

Lange, P.(1984), "Unions, workers and wage regulation: the rational bases of consent," in J. Goldthorpe(ed.), *Order and Conflict in Contemporary Capitalism*, Oxford University Press, pp. 98~123.

Lange, P. and Garrett, G.(1985), "The politics of growth: strategic interaction and economic performance in the advanced industrial democracies, 1974~1980," *Journal of Politics*, vol. 47, no. 5, pp. 792~827.

Lansbury, M. and Mayes, D.(1996), "Productivity growth in the 1980s," in D. Mayes(ed.), *Sources of Productivity Growth*, Cambridge University Press, pp. 20~51.

Lash, S. and Urry, J.(1987), *The End of Organised Capitalism*, Polity Press.

Lash, S. and Urry, J.(1994), *Economies of Signs and Space*, Polity Press.

Laverack, D.(1996), "British banks have changed," in S. Milner(ed.), *Could Finance do More for British Business?*, Institute for Public Policy Research, pp. 55~8.

Lawrence, R. Z.(1984), *Can America Compete?*, Brookings Institution.

Lawrence, R. Z.(1987), "Is de-industrialisation a myth?," in P. D. Staudohar and H. E. Brown(eds), *De-industrialisation and Plant Closure*, Lexington Books, pp. 25~40.

Lazonick, W.(1991a), *Business Organisation and the Myth of the Market Economy*, Cambridge University Press.

Lazonick. W.(1991b), "Organisations and markets in capitalist development," in B. Gustafsson(ed.), *Power and Economic Institutions*, Edward Elgar, pp. 253~301.

Lazonick, W.(1992), "Business organisation and competitive advantage: capitalist transformations in twentieth century," in G. Dosi, R. Giannetti and P. A. Toninelli(eds), *Technology and Enterprise in a Historical Perspective*, Oxford University Press, pp. 119~63.

Lazonick, W.(1994a), "Social organisation and technological leadership," in W. Baumol, R. Nelson and E. Wolff(eds), *Convergence of Productivity*, Oxford University Press. pp. 164~96.

Lazonick, W.(1994b), "Creating and extracting value: corporate investment behaviour and American economic performance," in M. A. Bernstein and D. E. Adler(eds), *Understanding American Economic Decline*, Cambridge University Press, pp. 79~113.

Lazonick, W.(1995), "Co-operative employment relations and Japanese economic growth," in J. Schor and J.-I. You(eds), *Capital, the State and Labour: a global perspective*, Edward Elgar, pp. 70~110.

Lee, S.(1997a), "Industrial policy and British decline," in A. Cox, S. Lee and J. Sanderson, *The Political Economy of Modern Britain*, Edward Elgar, pp. 108~65.

Lee, S.(1997b), "The city and British decline," in A. Cox, S. Lee and J. Sanderson, *The Political Economy of Modern Britain*, Edward Elgar, pp. 206~53.

Lester, R.(1998), *The Productive Edge: how US industries are pointing the way to a new era of economic growth*, W. W. Norton.

Levitas, R. and Guy, W.(eds) (1996), Interpreting Official Statistics, Routledge.

Leyshon, A.(1994), "Under pressure: finance, geo-economic competition and the rise and fall of Japan's postwar growth economy," in S. Corbridge, N. Thrift and R. Martin(eds), *Money, Space and Power*, Blackwell, pp. 116~45.

Lincoln, J. R.(1993), "Work organization in Japan and the United States," in B. Kogut(ed.), *Country Competitiveness: technology and organizing of work*, Oxford University Press, pp. 54~74.

Lincoln , J. R., Gerlach, M. and Takahashi, P.(1992), "Kieretsu networks in the Japanese economy: a dyad analysis of intercorporate ties," *American Sociological Review*, vol. 57, no. 3, pp. 561~85.

Lindbeck, A.(1980), "Consequences of the advanced welfare state," *The World Economy*, vol. 11, no. 1, pp. 19~38.

Lindbeck, A.(1985), "What is wrong with the West European economies," *The World Economy*, vol. 8, no. 2, pp. 153~70.

Lindbeck, A. et al.(1994), *Turning Sweden Round*, MIT Press.

Lindberg, L. N. and Campbell, J. L.(1991), "The state and economic governance," in J. L. Campbell, J. R. Hollingsworth and L. N. Lindberg(eds), *Governance of the US Economy*, Cambridge University Press, pp. 356~95.

Lipietz, A.(1989), *Towards a New Economic Order: post-fordism, ecology and democracy*, Polity Press.

Lipset, S. M.(1959), "Some social requisites of democracy: economic development and political legitimacy," *American Political Science Review*, vol. 53, pp. 69~105.

Lipset, S. M.(1996), *American Exceptionalism: a double-edged sword*, W. W. Norton.

Lodge, G. C.(1986), *The American Disease*, New York University Press.

Lodge, G. C. and Vogel, E. F.(1987), *Ideology and National Competitiveness*, Harvard Business School Press.

Looker, R. J. and Coates, D.(1986), "The state and the working class in nineteenth century Europe," in J. Anderson(ed), *The Rise of the*

참고문헌

Modern State, Harvester Press, pp. 99~114.

Lucas, R. E.(1988), "On the mechanics of economic development," *Journal of Monetary Economics,* vol. 22, pp. 3~42.

Lundberg, E.(1985), "The rise and fall of the Swedish model," *Journal of Economic Literature,* vol. xxiii, pp. 1~36.

Lundvall, B.(1988), *National Systems of Innovation : towards a theory of innovation and interactive learning,* Pinter.

McCombie, J. S. L. and Thirlwall, A. P.(1994), *Economic Growth and the Balance of Payments Constraint,* Macmillan.

McKinsey Global Institute(1998), *Driving Productivity and Growth in the UK Economy,* McKinsey and Co.

Maddison, A.(1994), "Explaining the economic performance of nations 1820~1989," in W. Baumol et al.(eds), *Convergence of Productivity,* Oxford University Press, pp. 20~61.

Maddison, A.(1995a), *Explaining the Economic Performance of Nations : essays in time and space,* Edward Elgar.

Maddison, A.(1995b), *Monitoring the World Economy,* OECD.

Maddison, A.(1996), "Macroeconomic accounts for European countries," in B. van Ark and N. Crafts(eds), *Quantitative Aspects of Post-war European Economic Growth,* Cambridge University Press, pp. 27~83.

Madrick, J.(1995), *The End of Affluence : the causes and consequences of America's economic dilemma,* Random House.

Magaziner I. C. and Reich, R. B.(1982), *Minding America's Business : the decline and rise of the American economy,* Harcourt Brace Jovanovich.

Mahnkopf, B.(1999). "Between the devil and the deep blue sea: the German model under the pressure of globalization," in L. Panitch and C. Leys(eds), *The Socialist Register 1999,* Merlin Press, pp. 142~77.

Mandel, E.(1979), *Late Capitalism,* Verso.

Mankiw, N. G., Romer, D. and Weil, D.(1992), "A contribution to the empirics of economic growth," *Quarterly Journal of Economics,* vol. 107, no. 2, pp. 407~37.

Mann, M.(1988), "The decline of Great Britain," in M. Mann, *State, Wars and Capitalism : studies in political sociology,* Blackwell, pp. 210~327.

Markusen, A. and Yudken, J.(1992), *Dismantling the Cold War Economy,* Basic Books.

Marquand, D.(1988), *The Unprincipled Society,* Cape.

Marquand, D.(1996), *"Introduction"* in P. Hirst and G, Thompson, *Globalization in Question,* Polity Press.

Marsh, P.(1997), "Manufactures must try harder: an OECD study of productivity," *Financial Times,* 17 April, p. 4.

Mason, G., van Ark, B. and Wagner, K.(1996), "Workforce skills, product quality and economic performance," in A. L. Booth and D. J. Snower(eds), *Acquiring Skills: market failures, their symptoms and policy responses,* Cambridge University Press, pp. 175~98.

Masuyama, S.(1994), "Role of Japanese capital markets: the effect of cross-shareholdings on corporate accountability," in N. Dimsdale and Prevezer(eds), *Capital Markets and Corporate Governance,* Oxford University Press, pp. 325~42.

Mathieson, M. and Bernbaum, G.(1988), "The British disease: a British tradition?," *British Journal of Educational Studies,* vol. XXVI, no. 2, pp. 126~74.

Matthews, R. C. O., Feinstein, C. H. and Odling-Smee, J. C.(1982), *British Economic Growth 1856~1973,* Stanford University Press.

Maurice, M., Sellier, F. and Silvestre, J.-J.(1986), *The Social Foundations of Industrial Power,* MIT Press.

Meidner, R.(1992), "The rise and fall of the Swedish model," *Studies in Political Economy,* vol. 39, pp. 159~71.

Meidner, R.(1993), "Why did the Swedish model fail?," in R. Miliband and L. Panitch(eds), *The Socialist Register 1993,* Merlin Press, pp. 211~28.

Metcalf, D.(1989), "Water notes dry up: the impact of the Donovan reform proposals and Thatcherism at work on labour productivity in British manufacturing industry," *British Journal of Industrial Relations,* vol. 27, no. 1, pp. 1~31.

Metcalf, D.(1990a), "Union presence and labour productivity in British manufacturing industry: a reply to Nolan and Marginson," British *Journal of Industrial Relations,* vol. 28, no. 2, pp. 249~66.

Metcalf. D.(1990b), "Trade unions and economic performance: the British evidence," in R. Brunetta and C. Dell'Arringa(eds), *Labour Relations and Economic Performance,* Macmillan, pp. 283~303.

Metcalf, D.(1993), "Industrial relations and economic performance," *British Journal of Industrial Relations,* vol. 31, no. 2, pp. 255~83.

Metcalf, D.(1994), "Transformation of British Industrial relations? Institutions, conduct and outcomes 1980~1990," in R, Barrell(ed.), *The UK Labour Market,* Cambridge University Press, pp. 126~57.

Midland Bank(1994), *The Mittelstand: the German model and the UK,* Midland Bank.

Minkin, L.(1991), *The Contentious Alliance: Trade unions and the Labour Party,* Edinburgh University Press.

Mintz, A.(1992), "Guns vs butter: a disaggregated analysis," in A. Mintz(ed.), *The Political Economy of Military Spending in the*

United States, Routledge, pp. 185~95.

Mishel, L., Bernstein, J. and Schmitt, J.(1997), *The State of Working America 1996~97,* M. E. Sharpe.

Mishel, L., Bernstein, J. and Schmitt, J.(1999), *The State of Working America 1998~99,* Cornell University Press.

Mishel, L. and Voos, P. B.(eds, 1992), *Unions and Economic Competitiveness,* M. E. Sharpe.

Mishra, R.(1990), *The Welfare State in Capitalist Society,* Harvester Wheatsheaf.

Miwa, Y.(1996), *Firms and Industrial Organization in Japan,* Macmillan.

Moody, K.(1997), *Workers on a Lean World,* Verso.

Moore, B.(1966), *The Social Origins of Dictatorship and Democracy,* Beacon Press,

Morishima, M.(1982), *Why Has Japan Succeeded? Western Technology and the Japanese ethos,* Cambridge University Press.

Mowery, D. C. and Rosenberg, N.(1993), "The US national innovation system," in R. Nelson(eds), *National Innovation Systems: a comparative analysis,* Oxford University Press. pp. 29~76.

Mutel, J.(1988), "The Modernization of Japan: why has Japan succeeded in its modernization?," in J. Baechler, J. A. Hall and M. Mann(eds), *Europe and the Rise of Capitalism,* Blackwell, pp. 136~58.

Nakatani, I.(1995), "Sources of competitive asymmetries between the United States and Japan," in D. P. Rapkin and W. P. Avery(eds), *National Competitiveness in a Global Economy,* Lynne Rienner, pp. 41~54.

Nau, H. R.(1990), *The Myth of America's Decline: leading the world economy into the 1990s,* Oxford University Press.

Nelson, R. R.(ed, 1993), *National Innovation Systems: A comparative analysis,* Oxford University Press.

Nelson, R. R. and Wright, G.(1994), "The erosion of US technological leadership as a factor in postwar economic convergence," in W. Baumol et al.(eds), *Convergence of Productivity,* pp. 129~63.

Newman, K.(1992), "Uncertain seas: cultural turmoil and the domestic economy," in A. Wolfe(ed.), *America at Century's End,* University of California Press, pp. 112~30.

Newman, K.(1994), "Troubled times: the cultural dimensions of economic decline," in M. Bernstein and D. Adler(eds), *Understanding American Economic Decline,* Cambridge University Press, pp. 330~58.

Nichols, T.(1986), *The British Worker Question: a new look at workers and productivity in manufacturing,* Routledge and Kegan Paul.

Nickell, S., Wadhwani, S. and Wall, M.(1989), *Union and Productivity*

Growth in Britain 1974~1986, Centre for Labour Economics Discussion Paper 353, London School of Economics.

Nishizawa, T.(1997), "Education, change and in-firm training in postwar Japan," in E. Abe and T. Gourvish(eds), *Japanese Success? British Failure? Comparisons in business performance since 1945*, Oxford University Press, pp. 107~20.

Noguchi, Y.(1994), "The 'bubble' and economic policies in the 1980s," *Journal of Japanese Studies*, vol. 20. no. 2, pp. 291~329.

Nolan, P.(1994), "Labour market institutions, industrial restructuring and unemployment in Europe," in J. Michie and J. Grieve Smith(eds), *Unemployment in Europe*, Academic Press, pp. 61~71.

Nolan, P.(1995), "Trade unions and productivity," in D. Coates and J. Hillard(eds), *UK Economic Decline: key texts*, Harvester Wheatsheaf, pp. 122~36.

Nolan, P. and Marginson, P.(1990), "Skating on thin ice: David Metcalfe on trade unions and productivity," *British Journal of Industrial Relations*, vol. 28, no. 2, pp. 227~47.

Norman, P.(1998), "Germany looks out," *Financial Times*, 24 August, p. 20.

Norman, P.(1999). "Working up to change," *Financial Times*, 8 March 1999, p. 18.

North, D. C.(1990), *Institutions, Institutional Change and Economic Performance*, Cambridge University Press.

Norton-Taylor, R.(1998), "Arms sales leap to record post-cold war levels," *Guardian*, 23 October, p. 16.

Ohmae, K.(ed, 1995), *The Evolving Global Economy: making sense of the new world order*, Harvard Business Review Books.

Okimoto, D.(1989), *Between MITI and the Market: Japanese industrial policy for high technology*, Stanford University Press.

Olson, M.(1982), *The Rise and Decline of Nations: economic growth, stagflation and social rigidities*, Yale University Press.

O′Mahoney, M.(1992), "Productivity levels in British and German manufacturing," *National Institute Economic Review*, February, pp. 46~63.

O′Mahoney, M.(1994/5), "Relative productivity in British and German manufacturing industry," *Signal, Winter*, p. 12.

O′Mahoney, M. and Wagner, K.(1996), "Anglo-American productivity performance since 1973," in D. Mayes(ed.), *Sources of Productivity Growth*, Cambridge University Press, pp. 141~63.

Omerod, P.(1994), *The Death of Economics*, London, Faber and Faber.

Omerod, P.(1996), "National competitiveness and state intervention," *New Political Economy*, vol. 1, no. 1, pp. 119~28.

Oulton, N.(1994), "Labour productivity and unit labour costs in manufacturing: the UK and its competitors," *National Institute Economic Review*, no. 148, May, pp. 49~60.

Oulton, N.(1995), "Supply side reform and UK economic growth: what happened to the miracle," *National Institute Economic Review*, no. 154, November, pp. 53~70.

Oulton, N.(1996), "Workforce skills and export competitiveness," in A. L. Booth and D. J. Snower(eds), *Acquiring Skills: market failures, their symptoms and policy responses*, Cambridge University Press, pp. 199~230.

Ozaki, R.(1991), *Human Capitalism: the Japanese enterprise system as world model*, Penguin.

Pain, N.(1998), "Prospects for the world economy," *National Institute Economic Review*, no. 166, pp. 28~35.

Panitch, L.(1994), "Globalization and the state," in R. Miliband and L. Panitch(eds), *The Socialist Register 1994*, Merlin Press, pp. 60~93.

Panitch, L.(1998), "'The state in a changing world': social democratizing global capitalism?," *Monthly Review*, vol. 50, no. 5, pp. 11~22.

Pascale, R. and Rohlen, T.(1998), "The Mazda turnabout," in D. L. Okimoto and T. P. Rohlen(eds), *Inside the Japanese System: readings on contemporary society and political economy*, Stanford University Press, pp. 149~70.

Patrick, H. and Rosovsky, H.(eds, 1976), *Asia's New Giant: how the Japanese economy works*, Brookings Institution.

Peck, J. and Miyamachi, Y.(1994), "Regulating Japan? Regulation theory versus the Japanese experience," *Environment and Planning D; Society and Space*, vol. 12, pp .639~74.

Pekkarinen, J., Pohjala M. and Rowthorn, B.(eds, 1992), *Social Corporatism: a superior economic system?*, Oxford University Press.

Pempel, T. J.(1998), *Regime Shift: comparative dynamics of the Japanese political economy*, Cornell University Press.

Perkin, H.(1997), "The third revolution," in G. Kelly, D. Kelly and A. Gamble(eds), *Stakeholder Capitalism*, Macmillan, pp. 35~48.

Perraton, J.(1998), "Education and Growth: introduction," *New Political Economy*, vol. 3, no. 1, pp. 121~3.

Perraton, J., Goldblatt, D., Held, D. and McGrew, A.(1997), "The globalization of economic activity," *New Political Economy*, vol. 2, no. 2, pp. 257~78.

Persand, A.(1998), "Don't blame Japan" *Financial Times*, 21 August, p. 20.

Pfaller, A.(1991), "The United States," in A. Pfaller, I. Gough and G. Therborn, *Can the Welfare State Compete?*, Macmillan, pp. 45~99.

Pfaller, A., Gough, I. and Therborn, T.(1991) *Can the Welfare State Compete? A comparative study of five advanced capitalist countries*, Macmillan.

Pianta, M.(1995), "Technology growth in OECD countries 1970~1990," *Cambridge Journal of Economics*, vol. 19, pp. 175~87.

Pilat, D.(1994), *The Economics of Rapid Growth: the experience of Japan and Korea*, Edward Elgar.

Piore, M. J. and Sabel, C. F.(1984), *The Second Industrial Divide: possibilities for prosperity*, Basic Books.

Pollard, S.(1992), *The Development of the British Economy, 1914~1990*, Edward Arnold.

Pollin, R.(1995), "Financial structures and egalitarian economic policy," *New Left Review*, 214, pp. 26~61.

Pollin, R.(1996), "Saving and finance: real and illusory constraints on full employment policy," in J. Michie and J. Grieve Smith(eds), *Creating Industrial Capacity*, Oxford University Press, pp. 255~88.

Pontusson, J.(1987), "Radicalization and retreat in Swedish social democracy," *New Left Review*, 165, pp. 5~33.

Pontusson, J.(1992), "At the end of the third road: Swedish social democracy in crisis," *Politics and Society*, vol. 20, no. 3, pp. 305~22.

Porter, M.(1990), *The Competitive Advantage of Nations*, Macmillan.

Porter, M.(1995), "Capital disadvantage: America's failing capital investment system," in K. Ohmae(ed.), *The Evolving Global Economy*, Harvard Business Review Books, pp. 33~66.

Prais, S. J.(1987), "Educating for productivity: comparisons of Japanese and English schooling and vocational preparation," *National Institute Economic Review*, no. 119, February, pp. 40~55.

Prais, S. J.(1988) "Qualified manpower in engineering," *National Institute Economic Review*, no. 123, February, pp.76~83.

Prais, S. J.(1995), *Productivity, Education and Training: an international perspective*, National Institute of Economic and Social Research, Occasional Paper XLVIII.

Prais, S. J.(1997), "How did English schools and pupils really perform in the 1995 international comparison in mathematics?," *National Institute Economic Review*, no. 161, July, pp. 53~68.

Pratten, C.(1976), *Labour Productivity Differentials Within International Companies*, Cambridge University Press.

Prevezer, M.(1994), "Overview. Capital and control: city-industry relations," in T. Buxton, P. Chapman and P. Temple(eds), *Britain's Economic Performance*, Routledge, pp. 193~214.

Prevezer, M. and Ricketts, M.(1994) "Corporate governance: the UK compared with Germany and Japan," in N. Dimsdale and M. Prevezer(eds), *Capital Markets and Corporate Governance*, Oxford University Press, pp. 237~56.

Price, J.(1997), *How Japan Works: power and paradox in postwar industrial relations*, Cornell University Press.

Quilley, S., Tickell, A. and Coates, D.(1996), *Corporate Relocation in the European Union*, European Parliament Directorate-General for Research, Working Paper Series, Social Affairs Series.

Radice, H. (1995), "Britain in the world economy: national decline, capitalist success?," in D. Coates and J. Hillard(eds), UK *Economic Decline: key texts*, Harvester, pp. 233~49.

Radice, H.(1999). "Taking globalization seriously," in L. Panitch and C. Leys(eds), *The Socialist Register 1999*. Merlin Press, pp. 1~28.

Randlesome, C.(1994), *The Business Culture in Germany: portrait of a power house*, Butterworth-Heinemann.

Rapkin, D. P. and Avery, W. P.(eds, 1995), *National Competitiveness in a Global Economy*, Lynne Rienner.

Ray, G. F.(1987), "Labour costs in manufacturing," *National Institute Economic Review*, no. 120, May, pp. 71~4.

Reeder, D.(1980), "A recurring debate: education and industry," in G. Bernbaum(ed.), *Schooling in Decline*, Macmillan, pp. 115~48.

Reich, R.(1983), *The Next American Frontier*, Penguin.

Reich, S.(1990), *The Fruits of Fascism : postwar prosperity in historical perspective*, Cornell University Press.

Reich, S.(1995), "Ideology and competitiveness: the basis for US and Japanese economic policies," in D. P. Rapkin and W. P. Avery(eds), *National Competitiveness in A Global Economy*, Lynne Rienner, pp. 55~102.

Reynolds, P. and Coates, D.(1996), "Conclusion," in D. Coates(ed.), *Industrial Policy in Britain*, Macmillan, pp. 241~68.

Romer, P. M.(1986), "Increasing returns and long-run growth," *Journal of Political Economy*, vol. 94, no. 5, pp. 1002~37.

Rose, M. B.(1997), "Education and industrial experience: influences on British experience since 1945," in E. Abe and T. Gourvish(eds), *Japanese Success? British Failure? Comparisons in Business performance since 1945*, Oxford University Press. pp. 121~38.

Rostow, W. W.(1960), *The Stages of Economic Growth : a non-communist manifesto*, Cambridge University Press.

Rothstein, B.(1985), "The success of Swedish labour market policy: the organisational connection to policy," *European Journal of Political Research*, vol. 13, pp. 153~65.

Rothstein, B.(1990), "Marxism, institutional analysis and working class power: the Swedish case," *Politics and Society*, vol. 18, no. 3, pp. 317~46.

Rowthorn, B. and Wells, J.(1987), *Deindustrialisation and Foreign Trade*, Cambridge University Press.

Rubery, J.(1994), "The British production regime: a societal specific system?," *Economy and Society*, vol .23, no. 3, pp. 334~54.

Rubinson, R. and Browne, I.(1994), "Education and the economy," in N. Smelser and R. Swedberg(eds), *The Handbook of Economic Sociology*, Princeton University Press, pp. 581~99.

Rubinstein, W. D.(1993), *Capitalism, Culture and Decline in Britain*, Routledge.

Rueschemeyer, R., Stephens, E. H. and Stephens, J. D.(1994), *Capitalist Development and Democracy*, Polity Press.

Ryner, M.(1994), "Economic policy in the 1980s: the "Third Way," the Swedish Model and the transition from Fordism to post-Fordism," in W. Clement and R. Mahon(eds), *Swedish Social Democracy: a model in transition*, Toronto, Canadian Scholars' Press, pp. 245~84.

Sako, M. and Dore, R.(1998), "Teaching or testing: the role of the state in Japan," *Oxford Review of Economic Policy*, vol .4, no. 3, pp. 72~81.

Samuels, R.(1987), *The Business of the Japanese State: energy markets in comparative and historical perspective*, Cornell University Press.

Samuels, R.(1990), "The business of the Japanese state," in N. Chick(eds), *Government, Industries and Markets*, Edward Elgar, pp. 36~57.

Sanderson, M.(1986), "Education and economic decline, 1980~1980s," *Oxford Review of Economic Policy*, vol. 4, no. 1, pp. 38~49.

Sandler, T. and Hartley, K.(1995), *The Economics of Defense*, Cambridge University Press.

Saxonhouse, G.(1983), "What is all this about 'industrial targeting' in Japan?," *World Economy*, vol. 6, no. 3, pp. 253~73.

Schlossstein, S.(1989), *The End of the American Century*, Congdon and Weed.

Schneider-Lenne, E. R.(1994), "The role of the German capital markets and the universal banks, supervisory boards, and interlocking directorships," in N. Dimsdale and M. Prevezer(eds), *Capital Markets and Corporate Governance*, Oxford University Press, pp. 284~305.

Schor, J.(1992), *The Overworked American: the unexpected decline of leisure*, Basic Books.

Scott, B. and Lodge, G. C.(eds, 1986), *US Competitiveness in the World Economy*, Harvard Business School Press.

Scott, J.(1997), *Corporate Business and Capitalist Classes*, Oxford University Press.

Scott, M.(1989), *A New View of Economic Growth*, Oxford University Press.

Select Committee on Trade and Industry(1994), *Competitiveness of UK Manufacturing: second report*, HMSO.

Sengenberger, W. and Wilkinson, F.(1995), "Globalization and labour standards," in J. Michie and J. Grieve Smith(eds), *Managing the Global Economy*, Oxford University Press, pp. 111~34.

Shackleton, J. R.(1995), *Training for Employment in Western Europe and the United States*, Edward Elgar.

Shaikh, A. M. and Tonak, E. A.(1994), *Measuring the Wealth of Nations: the political economy of national accounts*, Cambridge University Press.

Shannon, T. R.(1992), *An Introduction to the World-System Perspective*, Westview Press.

Sharp, M. and Pavitt, K.(1993), "Technology policy in the 1990s: old themes and new realities," DRC Discussion Paper no. 89, Science Policy Research Unit, University of Sussex.

Sheard, P.(1994), "Interlocking shareholdings and corporate governance," in A. Aoki and R. Dore(eds), *The Japanese Firm: sources of competitive strength*, Oxford University Press, pp. 310~49.

Sheridan, K.(1993), *Governing the Japanese Economy*, Polity Press.

Shin, J. -S.(1996), *The Economics of the Latecomers: catching-up, technology transfer and institutions in Germany, Japan and South Korea*, Routledge.

Shonfeld, A.(1965), *Modern Capitalism*, Oxford University Press.

Sierman, C. L. J.(1998), *Politics, Institutions and the Economic Performance of Nations*, Edward Elgar.

Singh, A.(1993), "Asian economic success and Latin American failure in the 1980s: new analyses and future policy implication," *International Review of Applied Economics*, vol. 7, no. 3, pp. 267~89.

Singh, A. J.(1977), "UK industry and the world economy: a case of deindustrialisation," *Cambridge Journal of Economics*, vol. 1, pp. 113~36.

Sirowy, L. and Inkeles, A.(1990), "The effects of democracy on economic growth and inequality: a review," *Studies in Comparative International Development*, vol. 25, pp. 126~57.

Smith, R. P.(1977), "Military expenditure and capitalism," *Cambridge Journal of Economics*, vol.1, pp. 61~76.

Solow, R.(1988), "Growth theory and after," *American Economic Review*, vol. 78, no. 3, August, pp. 307~17.

Solow, R.(1990), *The Labor Market as a Social Institution*, Blackwell.

Solvell, O., Zander, I. and Porter, M.(1992), *Advantage Sweden*, Norstedts.

Sorge, A.(1991). "Interpreting cross-national comparisons of technology, organisation and human resources," *Organization Studies*, vol. 12, no. 2, pp. 161~90.

Sorge, A.(1993), "IV: Introduction," in D. Foray and C. Freeman(eds), *Technology and the Wealth of Nations*, Pinter, pp. 271~6.

Sorge, A. and Warner, M.(1986), *Comparative Factory Organization: an Anglo-German comparison of management and manpower in manufacturing*, Gower.

Soskice, D.(1990), "Reinterpreting corporatism and explaining unemployment: co-ordinated and non-co-ordinated market economies," in R. Brunetta and C. Dell'Arringa(eds), *Labour Relations and Economic Performance*, Macmillan, pp. 170~211.

Soskice, D.(1991), "The institutional infrastructure for international competitiveness: a comparative analysis of the UK and Germany," in A. B. Atkinson and R .Brunetta(ed.), *Economics for the New Europe*, Macmillan, pp. 45~66.

Soskice, D.(1993), "Social skills from mass higher education: rethinking the company–based initial training paradigm," *Oxford Review of Economic Policy*, vol. 9, no. 3, pp. 101~13.

Soskice, D.(1997), "Stakeholding yes: the German model no," in G. Kelly, D. Kelly and A. Gamble(eds), *Stakeholder Capitalism*, Macmillan, pp. 219~25.

Spulber, N.(1995), *The American Economy: the struggle for supremacy in the twenty-first century*, Cambridge University Press.

Standing, G.(1988), "Training flexibility and Swedish full employment," *Oxford Review of Economic Policy*, vol. 4, no. 3, pp. 94~107.

Staudohar, P. D. and Brown, H. E.(eds, 1987), *De-industrialisation and Plant Closure*, Lexington Books.

Steedman, H. and Wagner, K.(1987), "A second look at productivity, machinery and skills in Britain and Germany," *National Institute Economic Review*, no. 122, November, pp. 84~95.

Strath, B.(1996), *The Organisation of Labour Markets: modernity, culture and governance in Germany, Sweden, Britain and Japan*, Routledge.

Streeck, W.(1989), "Skills and limits of neo-liberalism: the enterprise of the future as a place of learning," *Work, Employment and Social*, vol. 3, no. 1, pp. 89~104.

Streeck, W.(1992), *Social Institutions and Economic Performance*, Sage.

Streeck, W.(1997a), "German capitalism: does it exist? Can it survive?," *New Political Economy*, vol. 2, no. 2, pp. 237~56.

참고문헌

Streeck, W.(1997b), "German capitalism: does it exist? Can it survive?," in C. Crouch and W. Streeck(eds), *Political Economy of Modern Capitalism: mapping convergence and diversity,* Sage, pp. 33~54.

Streeck, W.(1997c), "Beneficial constraints: on the economic limits of rational voluntarism," in J. R. Hollingsworth and R. Boyer(eds), *Contemporary Capitalism: the embeddedness of institutions,* Cambridge University Press, pp. 197~219.

Swenson, P.(1991), "Bringing capital back in, or social democracy reconsidered," *World Politics,* vol. 43, July, pp. 513~44.

Tabb, W. K.(1995), *The Postwar Japanese System: cultural economy and economic transformation,* Oxford University Press.

Taylor, R.(1995), "Work culture that brings no satisfaction," *Financial Times,* 23 August, p. 8

Therborn, G.(1977), "The rule of capital and the rise of democracy," *New Left Review,* 103, pp. 3~42.

Therborn, G.(1987), "Does corporatism really matter: the economic crisis and issues of political theory," *Journal of Public Policy,* vol. 7, pp. 259~84.

Therborn, G.(1991), "Sweden," in A. Pfaller et al.(eds), *Can the Welfare State Compete?,* Macmillan, pp. 229~69.

Therborn, G.(1992), "Lessons from 'corporatist' theorising," in J. Pekkarinen et al.,(eds), *Social Corporatism: a superior economic system?,* Oxford University Press. pp. 24~43.

Thirlwall, A. and Sanna, G.(1996), "The macro determinants of growth and 'new' growth theory: an evaluation and some new evidence," in P. Arestis(ed.), *Employment, Economic Growth and the Tyranny of the Market,* Edward Elgar, pp. 131~56.

Thirlwall, A. P.(1987), *Nicholas Kaldor,* Edward Elgar.

Thompson, G.(1989), *Industrial Policy: USA and UK Debates,* Routledge.

Thompson, G.(1991), "Why wasn't there a Keynesian revolution in economic policy everywhere?," *Economy and Society,* vol. 20. no. 1, pp. 103~19.

Thurow, L.(1992), *Head to Head: the coming economic battle among Japan, Europe and America,* William Morrow.

Thurow, L.(1996), *The Future of Capitalism,* Nicholas Brealey Publishing.

Tolliday, S. and Zeitlin, J.(eds. 1986), *The Automobile Industry and its Workers: between Fordism and flexibility,* Polity Press.

Tomlinson, J.(1997), "British industrial policy through a Japanese mirror: why no MITI in Britain," in E. Abe and T. Gourvish(eds), *Japanese Success? British Failure? Comparisons in business performance since 1945,* Oxford University Press. pp. 45~60.

Trompenaars, F.(1993), *Riding the Waves of Culture: understanding cultural diversity in business,* The Economist Books.

Tyson, L. and Zysman, J.(1983), "American industry in international competition," in J. Zysman and L. Tyson(eds), *American Industry in International Competition : government policies and corporate strategies,* Cornell University Press, pp. 15~59.

Tyson, L. and Zysman, J.(1989), "Developmental strategy and production innovation in Japan," in C. Johnson, L. D. Tyson, J. Zysman(eds), *Politics and Productivity : how Japan's development strategy works,* Harper Business, pp. 59~140.

Tyson, L. D'A.(1992), *Who's Bashing Whom? Trade conflict in high-technology industries,* International Institute for Economics.

van Ark, B.(1992), "Comparative productivity in British and American manufacturing," *National Institute Economic Review,* no. 142, November, pp. 62~73.

van Ark, B. and Crafts, N.(1996), "Catch-up, convergence and the sources of postwar European growth: introduction and review," in B. van Ark and N. Crafts(eds), *Quantitative Aspects of Post-War European Economic Growth,* Cambridge University Press. pp. 1~27.

Verspagen, B.(1996), "Technology indicators and economic growth in the European area: some empirical evidence," in B. van Ark and N. Crafts(eds), *Quantitative Aspects of Post-War European Economic Growth,* Cambridge University Press, pp. 215~43.

Vitois, S.(1997), *German Industrial Policy: an overview,* European Network on Industrial Policy: Working Papers in European Industrial Policy, no. 9, Department of Commerce, University of Birmingham.

Vogel, D.(1987), "Government-industry relations in the United States: an overview," in S. Wilks and M. Wright(eds), *Comparative Government-Industry Relations: Western Europe, the United States, and Japan,* Clarendon Press, pp. 91~116.

Vogel, E. F.(1987), "Conclusion," in G. C. Lodge and E. F. Vogel(eds), *Ideology and National Competitiveness,* Harvard Business School Press, pp. 327~42.

von Tunzelmann, G.(1995), *Technology and Industrial Progress: the foundations of economic growth,* Edward Elgar.

Wade, R.(1988), "The role of government in overcoming market failure: Taiwan, Republic of Korea and Japan," in H. Hughes(ed.), *Achieving Industrialization in East Asia,* Cambridge University Press, pp. 129~63.

Wade, R.(1990), *Governing the Market: economic theory and role of government in East Asian industrialisation,* Princeton University Press.

Wade, R.(1992), "Review article: East Asia's economic success:

conflicting perspectives, partial insights, shakey evidence," *World Politics*, vol. 44, no. 2, pp. 270~320.

Wade, R.(1996), "Globalization and its limits: reports of the death of the national economy are greatly exaggerated," in S. Berger and R. Dore(eds), *National Diversity and Global Capitalism*, Cornell University Press, pp. 60~88.

Wadhwani, S.(1990), "The effect of unions on productivity growth, investment and employment: a report on some recent work," *British Journal of Industrial Relation*, vol. 28, no. 3, pp. 371~85.

Wakiyama, T.(1987), "The implementation and effectiveness of MITI's administrative guidance," in S. Wilks and M. Wright(eds), *Comparative Government-Industry Relations: Western Europe, the United States and Japan*, Oxford University Press, pp. 211~32.

Walker, M.(1993), "National innovation systems: Britain," in R. R. Nelson(ed.), *National Innovation Systems: a comparative analysis*, Oxford University Press, pp. 158~91.

Warwick, P.(1985), "Did Britain change? An enquiry into causes of national decline," *Journal of Contemporary History*, vol. 20, pp 99~133.

Watson, M.(1999), "Rethinking capital mobility," *New Political Economy*, vol. 4, no.1, pp. 55~76.

Watson, M. and Hay, C.(1998), "In the dedicated pursuit of dedicated capital: restoring an indigenous investment ethic to British capitalism," *New Political Economy*, vol. 3, no. 3, pp. 407~26.

Weidenbaum, M. L. and Athey, M. J.(1984), "What is the rust belt's problem?," in C. Johnson(ed.), *The Industrial Policy Debate*, University of California Press, pp. 117~32.

Weiner, M.(1981), *English Culture and the Decline of Industrial Spirit 1850~1980*, Cambridge University Press.

Weiss, L.(1993), "War, the state and the origins of the Japanese employment system," *Politics and Society*, vol. 21, no. 3, pp. 325~54.

Weiss L.(1997), "Globalization and the myth of the powerless state," *New Left Review*, 225, September/ October, pp. 3~27.

Weiss, L.(1998), *The Myth of the Powerless State: governing the economy in a global era*, Polity.

Weiss, L. and Hobson, J.(1995), *States and Economic Development: a comparative historical analysis*, Polity.

Westney, E.(1993), "Country patterns in R&D organization: the United States and Japan," in B. Kogut(ed.), *Country Competitiveness: technology and the organizing of work*, Oxford University Press, pp. 36~53.

Wever, K. and Allen, C. S.(1991), "The financial system and corporate governance in Germany: institutions and diffusion of innovations," *Journal of Public Policy,* vol. 13, no. 2, pp. 183~202.

Wever, K. and Berg, P.(1993), "Human resource development in the United States and Germany," *International Contribution to Labour Studies,* vol. 3, pp. 31~49.

Whitley, R.(1992a), *Business Systems in East Asia: firms, markets and societies,* Sage.

Whitley, R.(1992b), *European Business Systems: firms and markets in their national contexts,* Sage.

Wilkinson, F.(1991), "Industrial organisation, collective bargaining and economic efficiency," *International Contributions to Labour Studies,* vol. 1, pp. 1~25.

Wilks, S.(1990), "The embodiment of industrial culture in bureaucracy and management," in S. Clegg, S. G. Redding and M. Cartner(eds), *Capitalist in Contrasting Cultures,* Walter de Gruyter, pp. 131~52.

Wilks, S. (1996), "Class compromise and the international economy: the rise and fall of Swedish social democracy," *Capital and Class,* no. 58, pp. 89~111.

Wilks, S. and Wright, M.(1991), "Part 1: Context," in S. Wilks and M. Wright(eds), *The Promotion and Regulation of Industry in Japan,* Macmillan, pp. 11~50.

Williams, K., Cutler, T., Williams, J. and Haslam, C.(1987), "The end of mass production?," *Economy and Society,* vol. 16, no. 3, August, pp. 405~39.

Williams, K., Haslam, C., Williams, J. and Cutler, T.(1992), "Against lean production," *Economy and Society,* vol. 21, no. 3, August, pp. 321~54.

Williams, K., Haslam, C., Williams, J., Johal, J., Adcroft, A. and Willis, R.(1995), "The crisis of cost recovery and waste of the industrialised nations," *Competition and Change,* vol. 1, no. 1, pp. 67~93.

Williams, K., Thomas, D. and Williams, J.(1983), *Why are the British Bad at Manufacturing?,* Routledge and Kegan Paul.

Williams, K., Williams, J. and Haslam, C.(1989), "Do labour costs really matter?," *Work, Employment and Society,* vol. 3, no. 3, pp. 281~305.

Williams, K., Williams, J. and Haslam, C.(1990), "The hollowing out of British manufacturing," *Economy and Society,* vol. 19, pp. 456~90.

Williams, K., Williams, J., Haslam, C. and Wardlow, A.(1989), "Facing up to manufacturing failure," in P. Hirst and J. Zeitlin(eds), *Reversing Industrial Decline,* Berg, pp. 71~93.

Wolf, M.(1996a), "No answer in Germany," *Financial Times,* 16 April, p. 18.

Wolf, M.(1996b), "The ills of manufacturing," *Financial Times,* 14 May, p. 18.

Wolf, M.(1996c), "End of relative decline," *Financial Times,* 12 June, p. II.

Wolf, M.(1998), "The equity puzzle," *Financial Times,* 16 December, p. 21.

Wolff, E. N.(1994), "Technology, capital accumulation, and long-run growth," in J. Fagerberg, B. Verspagen and N. von Tunzelmann(eds), *The Dynamics of Technology, Trade and Growth,* Edward Elgar, pp. 53~74.

Wolff, E. N. and Gittelman, M.(1993). "The role of education in productivity convergence: does higher education matter?," in A. Szirmai, B. van Ark and D. Pilat(eds), *Explaining Economic Growth,* North Holland, pp. 147~67.

Womack, J. P., Jones, D. T. and Roos, D.(1990), *The Machine that Changed the World,* Rawson Associates.

Yoshitomi, M.(1996), "On the changing international competitiveness of Japanese manufacturing since 1985," *Oxford Review of Economic Policy,* vol. 12, no. 3, pp. 61~73.

Young, A.(1995), "The tyranny of numbers: confronting the statistical realities of the East Asian growth experience," *Quarterly Journal of Economics,* vol. CX, August, pp. 641~80.

Young, G.(1992), "Industrial investment and economic policy," in A. Britton(ed.) *Industrial Investment as a Policy Objective,* National Institute of Economic and Social Research, Report Series no. 3, pp. 1~36.

Young, M. K.(1991), "Structural adjustment of mature industries in Japan: legal institutions, industry associations and bargaining," in S. Wilks and M. Wright(eds), *The Promotion and Regulation of Industry in Japan,* Macmillan, pp. 135~66.

Zysman, J.(1983), *Governments, Markets and Growth,* Cornell University Press.

Zysman, J.(1996), "The myth of a 'global economy': enduring national Foundations and emerging regional realities," *New Political Economy,* vol. 1, no. 2, pp. 157~84.

Zysman, J. and Cohen, S.(1986), "The international experience," in D. Obey and P. Sarbanes(eds), *The Changing American Economy,* Blackwell, pp. 41~55.

Zysman, J. and Tyson, L.(eds, 1983), *American Industry in International Competition,* Cornell University Press.

옮긴이의 말

지난 1997년 외환 위기를 겪으면서 한국형 발전 모델의 문제점에 관한 논의가 본격적으로 시작되자, 영미식 신자유주의적 발전 유형이 세계화 시대에 우리가 선택해야 할 당위적인 모델로 제시되었다. 또한 코포라티즘이나, 독일식의 라인 모델이 진보적인 방안으로서 거론되었으며, 일본형 발전 모델의 강점도 논의되곤 한다. 또다시 국가 기반을 뒤흔드는 경제 위기를 겪지 않기 위해 한국이 선택해야 할 발전 모델은 무엇인가? 선진국의 다양한 모델을 두고 우리가 취하고 버려야 할 점은 없는가? 이 책은 현대 자본주의의 각 모델을 고용의 관점, 생산력과 경쟁력의 관점, 문화의 관점, 노동 인권의 관점 등 다양한 측면에서 바라보고, 그 장점과 문제점 및 정치적인 함의를 이론적이고 경험적으로 심도 있게 비교함으로써 당면한 우리 과제의 해결 방향에 대하여 귀중한 시사점을 제공하고 있다.

번역의 대본은 데이빗 코우츠David Coates의 『Models of Capitalism: Growth and Stagnation in the Modern Era』(Polity Press, 2000)이다. 서론과 결론을 포함하여 모두 8개 장으로 구성된 이 책을 읽으며 옮긴이는 논의의 포괄성과 깊이, 그리고 서술 방식의 치밀함에 깊은 감명을 받았다. 코우츠는 제2차 세계 대전 이후에 전개된 선진국 자본주의의 발전 유형을 세 가지, 즉 첫째, 영국과 미국이 대표하는 '자유주의적 자본주의'(제1부 제1장); 둘째, 독일과 스웨덴이 대표하는 '협상적 또는 합의제적 자본주의'(제1부 제2장) — 이것은 코포라티즘 모델이라고도 불린다 —
셋째, 일본이 대표하고 한국, 대만 등이 뒤를 따른 '발전 지향형
자본주의'(제1부 제2장)로 나누고, 각 모델이 보여준 경제적 성과
와 문제점을 먼저 간단한 통계 지표를 통해 비교한다. 동시에 영
국과 스웨덴의 비교, 영국과 독일의 비교, 독일 · 스웨덴과 일본
의 비교 등 적절한 양자 비교(pair comparison)에 의한 사례 연구
를 통하여 쟁점을 부각하면서 심도 있는 분석을 하고 있다. 이
책의 장점은 거시 지표의 분석과 사례 비교를 적절히 활용하여,
자본주의의 성장 유형과 관련되어 제기되는 중요한 쟁점들, 즉,
노동조합의 힘과 크기(제2부 제1장), 교육과 훈련, 문화의 문제
(제2부 제2장), 자본 구성의 차이(제2부 제3장), 국가의 역할 문제
(제2부 제4장)를 모두 다루고 있으면서도 쟁점을 구체적으로 전
달해주는 데 있다. 이런 비교를 통해서 코우츠는 왜 1980년대 후
반까지 미국과 영국의 성장이 다른 나라에 뒤처졌는지, 1990년
대에 들어 호조를 보이고 있는 미국, 영국 경제의 문제는 무엇인
지, 왜 전후 최고의 성장을 기록한 일본은 1990년대에 침체에 빠
지게 되었는지, 1990년대에 들어 세계화의 틀 속에 들어간 독일
과 스웨덴 자본주의는 그것에 어떻게 대응하고 있는지 등의 문제
를 깔끔하게 정리한다.

전후 자본주의의 성장과 침체를 유형별로 비교한다고 하면, 난
해한 기술에다가 복잡한 경제학 수식이 등장하는 까다로운 책으
로 여기기 쉬운데, 저자는 경제 정책의 정치적 의미에 관심을 두
고 있는 일반 독자와 정책 관계자까지 염두에 두고, 간결한 통계
와 평이한 서술을 통해, 어려운 문제를 쉽게 이해시킨다. 이 또한
이 책의 감탄할 만한 매력이자 장점이다.

정치학자 파니치Panitch는 이 책이 자본주의 비교 연구에 있
어서 고전으로 꼽히는 숀필드Shonfield의 『Modern Capitalism』

(1965)에 필적한다고 평가하였는데, 논의 수준과 깊이를 볼 때 다소 인색한 평가라는 생각이 든다. 이 책을 읽고 나면, 전후 선진 자본주의의 성장에서 나타난 노동의 문제, 자본 구성의 문제, 국가의 역할, 문화의 의미 등에 대해 깊은 이해를 얻을 수 있을 것이다. 노동 정책을 공부하고 있는 옮긴이는 선진 자본주의 각국의 노동 문제에 대한 저자의 명쾌한 설명으로부터 일본 노동 시장의 이중성과 코포라티즘 자본주의 노동 시장의 인본주의적 바탕, 영국과 미국의 취업자수 증가 — 그것은 값싼 서비스직 취업의 증가였다 — 등에 관해 새로운 인식을 할 수 있었다.

최근에 진보 세력권에서는 독일형 자본주의 모델을 영미식 모델의 대안으로 논의하곤 하는데, 이 책은 우리에게 독일의 자본 시장이 어떻게 구성되고, 기업이 어떻게 자금을 운영하는지 등에 관하여 일방적인 주장을 넘어선 세련된 분석을 제시한다. 또 영국과 미국의 경제는 기본적으로 군사주의적 케인스주의에 바탕을 두고 있다는 저자의 분석은 영국과 미국 자본주의에서 국가의 역할은 미미하다는 통념적인 사고를 바꾸어놓을 것이다. 또 영국의 산업 발전에서 '기업가 문화'의 역할을 논의한 부분도 문화가 동아시아의 발전을 설명할 때에만 중요한 것이 아님을 잘 보여준다. 옮긴이와 같은 연구자뿐만 아니라 정치경제 분야에 관심이 있는 일반 독자, 경제학도, 정치학도, 기업인들도 코우츠의 명쾌하고 치밀한 논의로부터 많은 것을 얻을 것이라고 확신한다. 이 책은 오늘날 한국 자본주의의 문제점을 제대로 이해하려는 분들께, 바람직한 한국 경제를 모색하는 분들께 필독서가 될 것이다.